Mathias Schwabe

Eskalation und De-Eskalation in Einrichtungen der Jugendhilfe

Mathias Schwabe

Eskalation und De-Eskalation in Einrichtungen der Jugendhilfe

Konstruktiver Umgang mit Aggression und Gewalt in Arbeitsfeldern der Jugendhilfe

6. Auflage

BELTZ JUVENTA

Der Autor

Prof. Dr. Mathias Schwabe, Evangelische Hochschule Berlin, ist Professor für Methoden der Sozialen Arbeit am Institut für Innovation und Beratung INIB, Systemischer Berater (SIT & IGST) und Supervisor und Denkzeit-Trainer.

Dieses Buch ist erhältlich als:
ISBN 978-3-7799-6007-2 Print
ISBN 978-3-7799-5280-0 E-Book (PDF)

6. Auflage 2019

Herstellung: Ulrike Poppel
Satz: Helmut Rohde, Euskirchen
Druck und Bindung: Beltz Grafische Betriebe, Bad Langensalza
Printed in Germany

Weitere Informationen zu unseren Autor_innen und Titeln finden Sie unter: www.beltz.de

Vorwort zur 1. Auflage 1996

Von der Praxis für die Praxis

Es ist schon sonderbar: Konstitutives Element jeder Form reflektierter Erziehung ist, sich mit den aggressiven Impulsen von Kinder und Jugendlichen wie der Erziehenden auseinanderzusetzen. Gerade die Heimerziehung ist ein institutionelles Lebensfeld, in dem Auseinandersetzungen über Grenz- und Normverletzungen zum Alltag gehören. Dennoch wird öffentlich wenig über diese belastende Seite professionellen Tuns diskutiert. Sind Eskalationen der Gewalt im Heim ein Tabu oder so alltäglich, dass es kein Thema eines bundesweiten fachlichen Diskurses ist?

Das vorliegende Buch geht der Sache im doppelten Sinne auf den Grund. Es bleibt nicht bei der oberflächlichen Gewaltdebatte in den Medien stecken, sondern beschreibt die differenzierte Dynamik eines komplexen Alltagsgeschehens. Es wird das Knäuel der misslungenen Interaktionen entwirrt. Da hier jemand schreibt, der als Praktiker seinen persönlichen Auseinandersetzungsprozess darstellt, legt Matthias Schwabe einerseits die Machtlosigkeit der Profession offen, macht aber indirekt deutlich, dass eine methodisch reflektierte Fachlichkeit Wege aus der Verzweiflung weisen kann. Dadurch wird der elementare Gebrauchswert von Theorie deutlich. Doch hier liegt kein Handbuch für eine pädagogische Technologie vor, sondern es wird Mut gemacht, sich bei der Auseinandersetzung mit der Gewalt im Erziehungshilfe-Alltag persönlich mit seinen eigenen Ambivalenzen einzubringen. Ansonsten bliebe es bei einem Versuch, die Wirklichkeit des pädagogischen Alltags quasi von oben herab zu erfassen.

Die Tatsache, dass erst heute nach dem vorläufigen Abschluss struktureller Reformdiskussionen im Bereich der Heimerziehung ein solches Buch aus diesem Kernbereich sozialpädagogischer Arbeit vorliegt, deutet daraufhin, dass wir tiefsitzende Verunsicherungen nicht länger verdrängen und dass wir den Ambivalenzen, die mit der Modernisierung unserer Gesellschaft verbunden sind, nicht ausweichen können. Wir müssen an uns selbst den Anspruch haben, dass wir genauer Bescheid wissen und dass wir handlungssicher sind, wenn wir mit Eskalationen von Gewalt konfrontiert oder selbst an ihnen beteiligt sind. Unser gesellschaftspolitischer Auftrag ist weitergefasst als der einer professionellen Leistung gegenüber den Kindern, Jugendlichen und deren Familien. Wir sind, wie Mathias Schwabe es entwickelt, Vermittler zwischen den Systemen und wir müssen unsere Erfahrungen in den gesellschaftspolitischen Diskurs um Reaktionen auf Gewalt einbringen, damit wir nicht in alte Verhältnisse rigider Pädagogik zurückgeworfen werden. Wir brauchen weiterhin Handlungsräume für neue Erfahrungen, für ein gemeinsames Lernen und die Verstärkung, dass es sich lohnt, den Dingen auf den Grund zu gehen. Aber ein professioneller Umgang mit Eskalationen dient auch pragmatisch einer besseren Arbeitszufriedenheit und ist letztlich auch betriebswirtschaftlich gesehen effizient. Dem Buch ist zu wünschen, dass es so schnell nicht in die Regale gestellt wird, sondern Gegenstand von Teamgesprächen wird oder z. B. bei der Nachtbereitschaft und auf Fortbildungen gelesen wird, vor allem aber, dass sich die Idee der Qualifizierung verbreitet. Es ist auch eine gute Ergänzung zu dem Rechte-Ratgeber, der jüngst von der IGfH veröffentlicht worden ist.

Klaus Münstermann

Vorwort zur 5. Auflage (2010)

Die Rückmeldung vieler Kolleginnen, das vorliegende Buch besitze auch nach vier Neuauflagen für ihre Praxis immer noch einen hohen Gebrauchswert, hat mich sehr gefreut. Die IGfH bat mich deshalb um Zustimmung bezüglich einer fünften unveränderten Neuauflage. Gründlich überarbeitet habe ich das Buch zuletzt 2000. Ich habe damals Hinweise auf weitere Literatur eingefügt und drei Kapitel ergänzt. Ein Kapitel handelt von *Aggressionen im Kontext von Gruppen*; es wurde aufgrund seiner hohen Alltagsrelevanz verschiedentlich eingefordert; für sein Zustandekommen danke ich u. a. Frauke Gommel, Stefan Lenz und Stefanie Lindner. Das zweite, neue Kapitel schlägt eine Brücke zum Qualitätsmanagement und zeigt, dass dieses, will es Praxis ernsthaft qualifizieren, auch um die Themen Gewalt und Aggression nicht herumkommt.

Das dritte neue Kapitel entzündete sich an dem Buch von Klaus Wolf *Machtprozesse in der Heimerziehung* und stellt einen Zusammenhang zwischen Eskalations- und Machtprozessen her. Das schien mir umso wichtiger als einige Leserinnen und Leser aus dem Buch Bekenntnisse zur „Machtlosigkeit der Profession“ oder gar „Verzweiflung“ herausgelesen haben. Nichts liegt mir ferner: Auch wenn ich nicht an die Möglichkeit eines wissenschaftlichen Nachweises der Wirksamkeit von Sozialpädagogik glaube, so bin ich fest davon überzeugt, dass es immer mehrere Möglichkeiten gibt, sich sinnvoll pädagogisch zu verhalten und dass man bezüglich seines Handelns in Konfliktsituationen in Übung bleiben muss und sich immer noch weiterentwickeln kann. Allerdings möchte ich die Vertreterinnen des mittleren Managements enttäuschen, die meinten, nach intensivem Studium des Buches und dem Besuch einer Fortbildung hätten ihre Mitarbeiterinnen das Thema „Eskalation und Gewalt“ ein für alle Mal fest im Griff. Diese ‚Technologie-Gläubigkeit‘ wird durch immer neue Konstellationen von Erzieher- und Jugendlichen-Persönlichkeiten und durch die alten strukturellen Zwänge (8–10 Kinder in der Heimgruppe; unattraktive Arbeitszeiten mit verhältnismäßig niedriger Entlohnung, qualifiziertes Personal wechselt in ambulante Betreuungsformen) Lügen gestraft. Schade finde ich daran nur das niedrige Image, das eines der für mich dichtesten und spannendsten aller sozialpädagogischen Arbeitsfelder, die Heimerziehung, besitzt.

In allen Kapiteln ging es mir um eine enge Verschränkung von Theorie und Praxis; für meinen Geschmack sind viele Praxis-Bücher noch nicht praktisch genug und etliche Theorie-Artikel noch zu wenig theoretisch; ob das Neben- und Ineinander von theoretischen Ausführungen und praktischen Handlungsempfehlungen gelungen ist, kann ich nur für das V. Kapitel (Welche Antworten braucht Gewalt …) entscheiden: An ihm scheint mir der Anspruch Theorie für Praxis und Praxis für Theorie aufzuschließen, ohne deren Spannungsverhältnis aufzulösen, aufgegangen zu sein. Gleichzeitig ist es das Kapitel, welches bisher am wenigsten gelesen bzw. diskutiert wurde. Aber auch für das Schreiben gilt: „Der Wurm muss dem Fisch schmecken, nicht dem Angler!"

Bedanken möchte ich mich auch bei (fast) allen Teilnehmerinnen der De-Eskalationstrainings, die ich mit meinem Freund Christoph Lampe und mit David Vust durchgeführt habe: Sie haben mich durch ihre Fragen und/oder unzufriedenen Minen angespornt, dieses heikle, aber auch spannende Thema weiter zu durchdringen. Ich bin immer noch nicht damit fertig!

Mathias Schwabe

Vorwort zur aktuellen, 6. Auflage

„Eskalation und De-Eskalation“, erstmals 1996 publiziert, erscheint nun in der 6. Auflage und in einem neuen Verlag. Das Buch hat in den letzten 20 Jahren eine weite Verbreitung gefunden und ist so etwas wie ein Klassiker der modernen Jugendhilfeliteratur geworden. Es war eine Zeitlang vergriffen, wird aber immer noch kräftig nachgefragt, was eine Neuauflage sinnvoll erscheinen ließ.

An den zentralen Aufgaben der Mitarbeiter*innen bei der Handhabung von Konflikten, der Verhinderung von Gewalt und der immer wieder schwierig auszutarierenden Balance zwischen Konfrontation (bzw. Regeldurchsetzung) und De-Eskalation hat sich im Rahmen der Erziehungshilfen nichts verändert. Sie stellen nach wie vor ein herausforderungsvolles Geschäft dar, jeden Tag aufs Neue, das einen immer wieder an die eigenen Grenzen bzw. den Rand der eigenen Möglichkeiten bringen kann. Aber gerade diese Herausforderungen tragen gleichzeitig wesentlich dazu bei, dass man sich als Mitarbeiter*in, Team oder Einrichtung in professioneller Hinsicht weiterentwickelt.

Entwickelt haben sich in den letzten 20 Jahren auch die institutionellen Vorkehrungen dem Thema Aggression und Gewalt in Einrichtungen der Jugendhilfe professionell zu begegnen. Heute gehören regelmäßige Fortbildungsangebote und Schulungen zum selbstverständlichen Repertoire jeder guten Einrichtung und werden schwelende oder akute Konflikte (Team-intern) rasch öffentlich gemacht und bearbeitet bevor sie zu Eskalationen führen und in Gewalthandeln münden. Erziehungs- und Heimleiter*innen haben in den meisten Institutionen ein offenes Ohr für dieses Thema und einen wachen Blick für institutionelle Strukturen, die Gewalt begünstigen und/oder Team- bzw. Psychodynamiken auf Seiten der Mitarbeiter*innen, die sie befördern.

Das war zu der Zeit, in der ich in der Heimerziehung praktisch gearbeitet habe (1984 bis 2000) vielerorts noch anders. Da wurde man als Einzelner und Team oft sehr alleine mit diesem Thema gelassen und haben institutionelle Schweigegebote dafür gesorgt, dass der hohe Druck, der auf allen lastete, sich gar nicht artikulieren konnte und/oder Gewalt(re)aktionen von MitarbeiterInnen anschließend verschwiegen wurden.

Zu dieser Trendwende, die heute (2019) viele, wenn auch noch nicht alle Einrichtungen erfasst hat, hat vieles beigetragen. Ganz sicher die gute Aufklärungsarbeit von Verbänden wie dem EREV, der IGFH und dem AFET, die sich immer wieder des Themas angenommen haben. Ganz sicher die vielen guten Fortbildungsangebote, die dazu entwickelt wurden, von denen PART und das von mir entwickelte ViDeT wahrscheinlich die weiteste Verbreitung gefunden haben. Ein klein wenig, so bilde ich mir ein, hat auch dieses Buch mit zu einer Öffnung und fachlichen Weiterentwicklung beigetragen.

Dem Verlag Beltz Juventa, in dem ich meine neue publizistische Heimat gefunden habe, danke ich sehr herzlich dafür, dass er es in seinen Bestand aufgenommen hat.

Berlin im Februar 2019
Mathias Schwabe

Inhalt

Zur Einführung: Jugendhilfe und Gewalt – … auch in Einrichtungen der Jugendhilfe

Zusammenfassung

Die Einführung skizziert zentrale Diskursstränge in der gegenwärtigen Debatte um Jugendhilfe und Gewalt (1). Sie entwickelt die theoretischen und pädagogisch-praktischen Grundpositionen des Buches, das sich mit einem Ausschnitt aus dieser Debatte beschäftigt: Eskalationen und De-Eskalationen von (potentiell) gewalttätigen Konflikten in Einrichtungen der Jugendhilfe (2). Der Autor stellt seine persönliche Betroffenheit und Geschichte mit diesem Thema vor (3). Es folgen Hinweise zum Lesen des Buches und seiner Anwendung für die sozialpädagogische Praxis der Jugendhilfe (4).

1. Gewaltdebatten in der Jugendhilfe

Gewalttaten, die von Kindern und Jugendlichen ausgeübt werden, haben in den letzten Jahren viel Aufmerksamkeit auf sich gezogen: in der Jugendhilfe selbst, aber auch in der breiten Öffentlichkeit: Mölln und Solingen sind zu Chiffren des Schreckens geworden, die Wut, Betroffenheit und Ohnmacht ausgelöst haben. „Der Krieg auf den Straßen“ (Farin/Seidel-Pielen 1992) führt nicht nur zu schweren Verletzungen bei Mitgliedern rivalisierender Jugendgangs, sondern gefährdet auch das Leben unbeteiligter PassantInnen. Neben der Debatte um den gesetzlichen Anspruch auf einen Kindergartenplatz und die jetzt erst ins Bewusstsein tretende dramatische Zunahme von Jugendarbeitslosigkeit (bzw. des Mangels an Ausbildungsplätzen) ist es den Vorfällen jugendlicher Gewalt ‚gelungen‘, Kindheit und Jugend zu einem sozialpolitischen Thema zu machen, das weit über Fachkreise hinaus heftige Diskussionen angeregt hat. Voyeuristische Interessen, das scheußlich-schöne Entsetzen über „Schläger mit den Kindergesichtern“ (*Bild* vom 4.3.1995) haben von Anfang an dazugehört. Genauso wie Häme darüber, dass manche der Täter sich aktuell oder in der Vergangenheit in Einrichtungen der Jugendhilfe befunden haben. Von der Jugendhilfe werden häufig Patentrezepte verlangt, wie solchen Gewalthandlungen schlüssig begegnet werden kann bzw. wie unterschwellige Gewaltbereitschaft dauerhaft zu ‚entschärfen‘ sei. Wenn dieses Ansinnen von der Jugendhilfe als unfachlich abgelehnt wird, fordern u. a. Politiker populistische Maßnahmen wie ‚geschlossene Unterbringung‘, Arbeitslager oder nächtliche Ausgangsverbote für Jugendliche. Die Jugendhilfe hat gut daran getan, eine differenzierte Fachdebatte über das Thema ‚Gewalt‘ zu führen. Wie immer, wenn diskursive Komplexität erzeugt wird, droht allerdings die Gefahr, dass die sich immer weiter verzweigenden Debatten sowohl untereinander den Kontakt als auch den Anschluss an die sozialpädagogische Praxis verlieren, von dem Kontakt mit der Öffentlichkeit ganz zu schweigen: Mindestens sechs, zum Teil miteinander verschlungene Diskursstränge haben sich in den letzten Jahren entwickelt (vgl. den ausgezeichneten und ausführlichen Einführungsaufsatz zum Thema von Thiersch 1995).

1.1 Jugendgewalt auf dem Hintergrund struktureller Gewalt

Jugendhilfe betrachtet individuelle Gewalthandlungen von Kindern und Jugendlichen im Kontext struktureller Gewalt. Beispielhaft schrieb die IGfH: „Die Konsequenzen struktureller Gewalt lassen sich durch keine noch so guten Konzepte der Jugendhilfe neutralisieren. Wo Arbeitslosigkeit grassiert, beengte Wohnverhältnisse für kinderreiche Familien die Regel sind, wo gewachsene Nachbarschaften durch Sanierungen zerstört und Schlafstätten ohne soziale Infrastruktur hochgezogen werden, wo der private Autoverkehr gefördert und Kindertagesstättenplätze abgebaut werden, ist gewalttätiges Verhalten bei Kindern und Jugendlichen geradezu logisch und konsequent. Jugendhilfe darf trotz und wegen ihres Auftrages, sich um diese Kinder und Jugendlichen zu kümmern, nicht den Eindruck erwecken, Allheilmittel parat zu haben. Sich sofort und umstandslos für das punktuelle Mißlingen im Umgang mit diesem Gewaltpotential persönlich verantwortlich zu fühlen, käme einem Bewußtsein gleich, mit dem sich z. B. Förster für das Waldsterben in ihrem Revier verantwortlich glauben und vergessen, daß dieses ökologische und ökonomische Gründe zur Ursache hat, die in erster Linie politisch verantwortet werden müssen“ (Schwabe/Trede 1994). „Gewalt erscheint in diesem Kontext als Indiz unzumutbarer, entfremdeter, vergewaltigender Strukturen …“ Und: „Gewalt – pointiert geredet – exekutiert, … was in den Strukturen angelegt ist“ (Thiersch 1995, S. 139 f.).

Hinter diese Einsicht gilt es nicht zurückzufallen. Zugleich muss sich diese gesellschaftspolitische Position für praktische Handlungsmöglichkeiten aufschließen. Jugendhilfe kann (gewaltbereiten) Kindern und Jugendlichen Wege aufzeigen, wie (gewaltfördernde) Strukturen auch von ihnen selbst ansatzweise verändert werden können: die gemeinsame Neugestaltung von seelenlosen Pausenhöfen als Schulprojekt, die Sanierung eines Hauses mit arbeitslosen Jugendlichen, Motorrad- und Fahrradwerkstätten, die nicht nur eine größere Mobilität, sondern auch die legale Erhöhung des eigenen Taschengeldes ermöglichen, sind dafür nur einige Beispiele (ISS/IFFJ 1994; Pilz 1995; Thimm 1994).

1.2 Biografie und Psychodynamik jugendlicher Gewalttäter

Trotz der Erweiterung des Blickwinkels zu den gesellschaftlichen Bedingungen von Gewalt, kommt Jugendhilfe nicht umhin, sich auch dem einzelnen Gewalttäter zuzuwenden: Häufig wirkt dieser sprachlos, kann selbst nicht formulieren, warum er gewalttätig wurde bzw. was er stattdessen an Perspektiven bräuchte. Seine Psychodynamik, die Familiendynamik seines Herkunftssystems und die Strukturen seiner persönlichen Lebenswelt müssen nachvollzogen und verstanden werden können, um aus dieser Sackgasse herauszukommen. Dabei kann Jugendhilfe auf einen differenzierten Fundus psychologisch-pädagogischer Forschung zurückgreifen (vgl. beispielhaft: Böttger, A. 1998; Cirillo/de Blasio 1993; Heinemann/Rauchfleisch/Grüttner 1992; Lempp 1990: Schweitzer 1992; Winnicott 1988). Praktische Relevanz erhalten deren Ergebnisse, wenn sie beispielsweise in ‚Anti-Gewalt-Trainings' umgesetzt werden, die mit Einzelnen oder in Gruppensettings stattfinden können (Kohaus/Cladder-Mikus 1995: Petermann/Petermann 1988; Weidner 1995; Weidner/Kilb/Kreft 1997).

1.3 Sozialgeschichte der Jugendgewalt

Einen alternativen Zugang zum Thema liefern Forschungen zur Sozialgeschichte der Jugendgewalt (Hafeneger 1994; Kiebel 1989; Blessing/Liebel 1981; Simon 1996). Sie belegen, dass die Suggestion, aktuell mit einem bis dato nicht bekannten Ausmaß von Gewalthandlungen konfrontiert zu sein, so nicht stimmt. Eher scheint latente und manifeste Gewaltbereitschaft eine Konstante von Jugendkulturen zu sein, die in den unterschiedlichsten historischen Gewändern (Navaios, Edelweißpiraten, Teds und Mods, Rocker etc.) erscheint. Gewalttätiges Handeln im Umkreis verschiedener Jugendlichen -cliquen entzündet sich offensichtlich zunächst in lokalen Zusammenhängen, dehnt sich dann auf andere Sozialräume bzw. Jugendkulturen aus und führt schließlich zu einer öffentlich wahrgenommenen Gewaltwelle, die (mit oder ohne staatliche bzw. polizeiliche Intervention) auch wieder verebbt. Offen bleibt, ob es sich bei diesen zyklischen Gewalteskalationen um ein entwicklungspsychologisches Phänomen (z. B. Gewaltepisoden als notwendiges Durchgangsstadium zwischen kindlicher Außensteuerung und erwachsener Selbststeuerung) handelt oder um einen legitimen, jeweils an anderen historischen Repressionszusammenhängen entzündenden Jugendprotest, der einerseits durch Integrationsbemühungen (Integration in Arbeit, Gründung eigener Familien etc.), andererseits durch gesellschaftliche Reformen kanalisiert wird (Gewalt als gesellschaftliches Frühwarnsystem, durch das rechtzeitig begrenzte Reformen eingeleitet werden).

Praktisch bedeutsam wird dieser Forschungszweig z. B. im Zusammenhang mit ‚Abenteuer- bzw. Erlebnispädagogik' als einer sozialpädagogischen Methode, die zugleich legale als auch aufregende Formen, die eigenen Körperkräfte, Aggressionen und Gewaltphantasien einzusetzen, anbietet (bsj 1993; Wolters 1993; Ziegenspeck 1992). Ebenso bedeutsam sind Theaterprojekte aus dem Bereich ‚Jugendkulturarbeit', die jungen Menschen, Tätern und/oder Opfern, ermöglichen ihre Erfahrungen mit Gewalt in gemeinsam entwickelte Stücke einfließen zu lassen. Als konkrete Orte für solche Inszenierungen kommen Jugendzentren genauso in Frage wie Jugendarrestanstalten, Heime oder Schulen. Durch den Prozess der kreativen Aufarbeitung und Transformation (siehe Kapitel VI) kann einerseits soziales Lernen (Perspektivübernahme, Absprachen treffen und Verbindlichkeiten eingehen etc.) gefördert und andererseits ein Phantasieraum eröffnet, in dem man Gewalt spielen kann, ohne jemanden real zu schädigen.

1.4 Jugendgewalt und Medien

Medien (Fernsehen, Presse, Filme) sind in doppelter Weise in das Thema Gewalt verstrickt: einerseits stilisieren sie – relativ unabhängig von der ‚tatsächlichen' Quantität einzelner Gewaltepisoden – diese zum Thema ‚Jugendgewalt', und tragen durch die mediale Inszenierung desselben, nolens volens zu seiner Ausdehnung auf andere Sozialräume bei (siehe dazu Beispiele bei Simon 1996, S. 187 ff.). Deswegen beschäftigen sich auch einige Untersuchungen ernsthaft mit der Frage, ob eine Zunahme von Gewalthandlungen von Kindern und Jugendlichen statistisch überhaupt zu belegen ist, kommen dabei aber nicht zu eindeutigen Ergebnissen (Greszik/Hering/Euler 1995; Kreuzer 1995; mit Belegen für eindeutige Steigerungsraten: Pfeiffer/Brettfeld/Delzer 1997).

‚Natürlich' geschieht die mediale Berichterstattung über Gewalthandlungen im Tenor der Skandalisierung und Abwehr einer ‚öffentlichen Gefahr'. Andererseits sind es dieselben Medien, die die Gesellschaft täglich mit einer Flut fiktiver Gewalttaten beliefern und sich aus kommerziellen Gründen nicht scheuen, diese zu Sendezeiten zu platzieren, in denen Jung und Alt am besten erreichbar sind (Theunert 1987). Ob und wie weit Bilder von (realer und/oder fiktiver Gewalt) Kompensationen oder gar Transformationsmöglichkeiten für eigene aggressive und sadistische Impulse ermöglichen oder diese verstärken und zu deren Ausagieren im Realen ‚anstiften', bleibt eine spannende Diskussion, die nicht vorschnell abgebrochen werden darf (Hartwig 1986; Mosebach 1993; Rost 1994). Pädagogisch zentral scheint dabei die Frage, welche individuellen Lernerfahrungen in der familialen und öffentlichen Sozialisation vermittelt werden müssen bzw. welche gesellschaftlichen Rahmenbedingungen etabliert sein müssen, damit symbolische Gewaltdarstellungen zu ‚funktionalen Äquivalenten' für reales Gewalthandeln werden können (vgl. Thiersch 1995, S. 168 ff.; vgl. auch Kapitel V in diesem Buch).

1.5 Diversifizierung von Gewalt in unterschiedlichen Jugendkulturen

Programm gegenwartsorientierter Jugendkultur-Forschung ist es, unterschiedliche Cliquen, die je eigene Subkulturen ausbilden und je eigene Inszenierungen und Ideologien von Gewalthandlungen entwickeln, in den Blick zu bekommen. Gewalt reduziert sich in dieser Perspektive auf eine relativ äußerliche Klammer, die so unterschiedliche Milieus und Lebenswelten wie die von Punks, Skinheads, Hooligans, Autonomen und Neonazis charakterisiert (Clarke 1979; Farin/Seidel-Pielen 1992, 1993; Heitmeyer/Peter 1988; Heitmeyer 1992; Krafeld 1992; Schröder 1992). Andere, weit spezifischere und für den Zusammenhalt der Gruppierungen relevantere Überzeugungen und Selbst- bzw. Fremdbilder werden auf diese Weise sichtbar. Sehr viel deutlicher wird dabei auch, inwieweit Jugendgewalt männliche Gewalt ist bzw. in welchen geschlechtsspezifischen Formen Mädchen und junge Frauen daran teilhaben (Diez 1985; Holtkamp/Rommelspacher 1991; Mc Robbi/Carber 1979; Rommelspacher 1994).

Von großer praktischer Bedeutung sind diese Forschungsergebnisse deshalb, weil sich ein sozialpädagogischer Zugang zu dies en Cliquen und Subkulturen jeweils nur in einer spezifischen Annäherung finden lässt: Mit der Fanclub-Arbeit, dem Street work mit Punkern oder Autocrash-Kids, der Jugendclub-Arbeit mit rechtsradikalen Jugendlichen etc. haben sich inzwischen lebenswelt- und zielgruppenorientierte Formen von ‚aufsuchender Jugendarbeit' entwickelt, in denen für Jugendhilfe-Mitarbeiterinnen jeweils andere Hürden und Zumutungen professionell zu meistern sind (Heitmann/Klose/Schneider 1995; Krafeld 1992; Kraußlach 1978, 1981; Birtsch/Kluge/Trede 1994).

1.6 Glanz und Elend des Zivilisationsprozesses

Von grundsätzlicher Bedeutung ist die Debatte um Zustand und Folgen von Zivilisations-Standards (Elias 1969). Einerseits leben wir in Mitteleuropa in „[...] einem der gewaltärmsten Abschnitte der Geschichte unserer Gesellschaft" (Albrecht/Backes 1990). Andererseits waren die gesellschaftlichen und strukturellen Zwänge zur Selbstdisziplinierung noch nie so groß wie heute (Foucault 1976; Thiersch 199 5; S. 152 ff.). Einerseits ist es gelungen, direkte Gewaltanwendung in weiten Bereichen der Gesellschaft als nicht legitime Konfliktdurchsetzungsstrategie zu ächten und sie in einem ‚staatlichen Gewaltmonopol' an wenige Institutionen (Polizei, Psychiatrie, Militär etc.) und besondere Situationen zu delegieren. Andererseits wurde Gewalt noch nie so intensiv wie heute als etwas Faszinierendes erlebt, als das ‚andere der Ordnung', als Durchbruch zur eigenen Leidenschaftlichkeit und Vitalität, die dem Menschen im Zivilisationsprozess immer energischer ‚ausgetrieben' wurde: „Gewalt ist geil!" Es fällt schwer, zwischen diesen beiden gegenläufigen Bewegungen nicht auch Zusammenhänge zu konstruieren: So könnte man mit Honig (1992) überlegen, ob die schrittweise Humanisierung unserer aggressiven und sadistischen Impulse und Potentiale nicht so viele neue Zwänge geschaffen hat, dass die Individuen zwar oberflächlich angepasster, in ihrer Tiefenstruktur aber umso gewalttätiger geworden sind (vgl. dazu auch Engler 1995, S. 120 ff.). Wie schnell zivilisatorische Dämme brechen, ist ja in jedem Krieg, in vielen Familienkonflikten (Misshandlung, Missbrauch) und eben auch in der Jugendgewalt zu erkennen.

Aus diesem zivilisatorischen Dilemma gibt es keinen einfachen Ausweg. Auf keinen Fall sollte man frühere Epochen mit anderen Zivilisationsstandards, beispielsweise solche, in denen öffentliche Hinrichtungen von Volksmengen ‚genossen' werden durften, idealisieren. Aber es bleibt doch eine irritierende Anfrage, gerade an sich progressiv verstehende Jugendhilfe und Sozialpädagogik, welche ‚Politik' sie gegenüber unterschiedlichen Formen von körperlichen Auseinandersetzungen führen möchte: Sollen wir uns wie bisher für die immer striktere Verbannung solcher Praktiken stark machen und sowohl Erwachsenen (Eltern, Lehrern, Kolleginnen) als auch Kindern und Jugendlichen ‚predigen', dass nur verbale Konfliktlösungsformen gut und richtig sind? Oder müssen wir nicht auch überlegen, in welchen Formen und Räumen Kinder und Jugendliche sich z. B. nicht nur prügeln dürfen, sondern vielleicht sogar lernen, wie man sich ‚gut', d. h., ohne dem anderen schwere Verletzungen zuzufügen, prügelt? Denn offensichtlich hat das Verbot des Prügelns auf dem Pausenhof nicht nur dazu geführt, dass dieses Phänomen tatsächlich seltener geworden ist, sondern auch dazu, dass Kinder und Jugendliche heute nur noch über unzureichende Techniken und Rituale verfügen, wie ein körperlicher Kampf fair und risikoarm zu gestalten ist. Kommt es dann trotz der pädagogisch vermittelten Selbstzwänge zu Auseinandersetzungen, ist das Ausgangsniveau der Erregung sehr hoch und fügen sich ungeübte ‚Kämpfer' oftmals mehr Leid zu, als das bei ‚kampferfahrenen' Kindern/Jugendlichen nötig wäre.

Solche selbstkritischen Überlegungen führen bis hin zur Frage, ob sich Jugendhilfe im Zusammenhang mit Kinderrechten für Gesetzesinitiativen stark machen soll, in denen Eltern auch das einmalige und ‚leichte' Schlagen ihrer Kinder per Gesetz verboten wird (wie z. B. in Schweden), oder ob man diesen zivilisatorischen Standard zwar für wünschenswert hält, aber darauf verzichtet, diesen durch Gesetzeskraft zu einem noch schärferen Selbstzwang auszubauen (vgl. Kapitel VI in diesem Buch). Als das Buch geschrieben wurde, war diese Frage tatsächlich noch offen; inzwischen ist sie entschieden, aber ein gewisses Unbehagen, ob die immer weiter fortschreitende Ächtung von Gewalt langfristig wirklich humanisierend wirkt, bleibt – zumindest bei mir – bestehen.

Diese grobe Skizzierung der wichtigsten Diskussionsstränge in der Debatte um Jugend und Gewalt muss im Rahmen dieses Buches, das sich ja nur mit einem Ausschnitt des Phänomens beschäftigt, genügen.

2. Pädagogische und theoretische Grundpositionen

Bei allem inhaltlichen Reichtum in der bisherigen Jugendhilfe/Gewalt-Debatte fallen doch auch ‚blinde Flecken' auf: Sehr wenig wird und wurde Aggression und Gewalt in Einrichtungen der Jugendhilfe thematisiert. Das hat zunächst seinen Grund darin, dass ein Großteil der Gewalttaten, die das Interesse der Öffentlichkeit erregen, sich außerhalb des Einflussbereiches der Jugendhilfe ereignen und Jugendhilfe häufig erst nach bereits geschehenen Gewalttaten in Form von mobiler Jugendarbeit, Heimerziehung etc. aktiviert wird. Verwunderlich bleibt diese Lücke dennoch:

Erstens gehört das Erleben und Bearbeiten von Aggressions- und Gewaltepisoden zum Alltag fast jeden Heimes, jeder Tagesgruppe und jedes Jugendhauses, zweitens bilden Heime, Tagesgruppen, Jugendhäuser und andere Einrichtungen im Gegensatz zu relativ offenen Situationen wie der Straße, dem Stadion oder dem Bahnhof „Lebensfelder" (Schwabe 1995), die nicht nur wegen der Zugehörigkeit der dort interagierenden Personen (Kinder/Jugendliche und Pädagoginnen) relativ konstante Milieus bilden, sondern auch Lernfelder, die in hohem Maße von Pädagoginnen organisiert und gestaltet werden (können).

Gerade aber unter diesen Bedingungen müsste es doch besonders lohnend sein, sowohl das Zustandekommen von sich zuspitzenden Gewalt-Episoden zu verfolgen als auch Erfolg bzw. Misserfolg von pädagogischen Be- und Verarbeitungsversuchen zu studieren. Außer zwei Studien (Kindschuh-van Royen 1984, bezüglich Heimerziehung; Kraußlach 1981, bezüglich Jugendhäusern) sind mir aber keine Veröffentlichungen bekannt, die sich dezidiert dieses Themas angenommen hätten. Diese Ausblendung hat meines Erachtens zwei Gründe:

Zum einen verändert sich bei dem Thema Gewalt in Einrichtungen der Jugendhilfe der Fokus der Betrachtung: Nicht mehr die fremde Gewalt (der Jugendlichen, aber auch die strukturelle Gewalt externer Aspekte wie z. B. der Betonstädte) stehen im Zentrum, sondern der eigene Umgang mit Aggressionen und Gewalt bzw. die gewollte oder ungewollte Mitbeteiligung von Pädagoginnen an Gewaltepisoden. Über eigene Anteile an solchen Situationen nachdenken und sprechen zu müssen, scheint aber weitaus brisanter zu sein als die Gewalt der anderen zum Thema zu machen.

Zum anderen haben gerade Jugendhilfe-Mitarbeiterinnen (insbesondere Heimpädagoginnen) immer wieder schmerzhaft erleben müssen, dass die Offenlegung von Missständen und Problemen in Einrichtungen der Jugendhilfe von der Öffentlichkeit nicht als Information und/oder Hilferuf aufgegriffen wurde, sondern dazu benutzt wird, um die gesellschaftlich nur bedingt als notwendig erachteten Erziehungshilfen/Heimerziehung zu diskreditieren. Deswegen wird eine offene und schonungslose Diskussion von Schwachstellen und/oder Problemen in Einrichtungen der Jugendhilfe immer wieder hinausgeschoben. Das gilt ganz sicher für das Thema Misshandlung und Missbrauch (Conen 1995), aber auch für die ‚normalen' Alltagsbelastungen, die in vielen Einrichtungen von einem hohen Konflikt- und Aggressionsniveau geprägt sind.

Viele Jugendhilfe-Einrichtungen tendier(t)en dazu, solche Vorfälle und Problemlagen mit sich alleine bzw. dem zuständigen (Landes-)Jugendamt auszumachen (das hat sich m. E. seit 1996 geändert). Nur als Insider oder in der Rolle des externen Supervisors erfährt man z. B., dass drei in einem Landkreis ansässige Heime von ähnlichen oder gleichen Vorfällen betroffen sind. Öffnet man als MitarbeiterIn solche Themen nach außen, gerät man häufig in die Gefahr, als ‚Nestbeschmutzer' denunziert zu werden. Selbst in einer so offenen und wenig ängstlichen Organisation wie der IGfH stieß die Idee, zum Thema „Gewalt in Einrichtungen der Jugendhilfe" ein Schwerpunktheft der Zeitschrift *Materialien zur Heimerziehung* zu machen (siehe MzH 4/1995), nicht nur auf positive Resonanz: Es wurde auch davor gewarnt, das mühsam erarbeitete positive Image der Heimerziehung nicht durch die Thematisierung eigener Schwachstellen und Probleme leichtfertig aufs Spiel zu setzen. Der Legitimationsdruck, unter dem Jugendhilfe aufgrund der prekären Finanzlage der kommunalen Haushalte steht, begünstigt solche Tendenzen auf eigene Weise.

Kommen wir zu den pädagogischen und theoretischen *Grundpositionen* dieses Buches:

1. Unter Gewalt wird ganz pragmatisch körperliche Gewalt gegen andere Personen verstanden, d. h. mit intensiver emotionaler Erregung verbundene Akte wie Schlagen, Treten, Beißen, Spucken etc. Diese zweifellos äußerst verkürzte Sichtweise ist durch das Erkenntnisinteresse der Arbeit bedingt: Zweck ist es, Methoden und Begriffe zu entwickeln, mit deren Hilfe Gewaltvorfälle verstanden und bearbeitet werden können bzw. mit denen potentiell zu Gewalt führende Konflikte rechtzeitig in alternativer Weise ‚gesteuert' werden können.
2. Gewalt wird als Endpunkt eines Prozesses verstanden. Als aufklärungsbedürftig wird vor allem der Weg bis zur Gewaltanwendung betrachtet, also der Eskalationsprozess.
3. In diesen sind immer zugleich mehrere Personen und mehrere Ebenen involviert. Dabei setzt das Buch den Schwerpunkt auf Konflikte, in die PädagogInnen (Erwachsene) und Betreute (Kinder/Jugendliche) verwickelt sind. Die vielen Eskalationen unter den Kindern/Jugendlichen werden dagegen nur in Ausschnitten (Kapitel III) thematisiert.
   Als für Eskalationen mit Gewaltausgang entscheidende Ebenen werden betrachtet:
   - die personale Ebene (Lebensgeschichte der am Konflikt unmittelbar Beteiligten)

- die prozesshafte Ebene (Eigendynamik des Eskalationsprozesses)
- die systemische Ebene (Problemsystem Jugendhilfeeinrichtung/Familie/andere Helfersysteme),
- die institutionelle Ebene (gewaltbegünstigende Faktoren in der Organisation bzw. Kooperation der Einrichtung selbst bzw. im Zusammenwirken dieser Institution mit anderen).

4. Systemisch ist dieses Interaktionsverständnis deswegen, weil davon ausgegangen wird, dass die unterschiedlichen Ebenen und die in diese eingebundenen Personen sich nicht isoliert voneinander verhalten, sondern sich in steten Rückkoppelungsschleifen durch Verhalten, Kommunikation, aber auch Gedanken (Verhaltenserwartungen) gegenseitig beeinflussen.
5. Dieser systemische Ansatz ist konstruktivistisch (oder systemtheoretisch) unterlegt, da angenommen wird, dass erstens das Gesamtsystem (Eskalationseinheit, Problemsystem Heim/Familie, Institution und ihre Umwelten) so komplex ist, dass immer nur selektiv beobachtet und wahrgenommen werden kann und dass es, zweitens, keinen Beobachtungsstandpunkt außerhalb des Systems gibt, so dass jede Beschreibung die ‚Wirklichkeit' des Beobachteten mit-konstruiert.
   Ziel ist es deswegen nicht, vollständige oder wahre Aussagen über die Prozessdynamik oder die Struktur von Eskalationsepisoden zu treffen, sondern Beschreibungen zu liefern, welche die eigenen Optionen im Denken und Handeln erweitern und so zu neuem Denken und Handeln anregen.
6. Zielvorstellung des Buches ist, Gewalthandlungen (eigene wie fremde) zu minimieren und Eskalationsverläufe so zu ‚steuern', dass an ihrem Ende eine momentane oder länger anhaltende Beruhigung eintritt, aus der heraus das zugrundeliegende oder ein anderes Konfliktthema weiterbearbeitet werden kann. Das setzt einen zeit- und teilweisen Konsens zwischen den unmittelbar im Konflikt verwickelten Personen voraus. Entlassungen aus der Jugendhilfe und Verlegungen in andere Einrichtungen, sofern sie im Dissens erfolgen, widersprechen deswegen ganz ausdrücklich der Zielvorstellung.
   Diese Zielvorstellung beinhaltet nicht die Idee, dass es möglich ist, die Konflikthäufigkeit in Einrichtungen der Jugendhilfe grundsätzlich zu reduzieren: manchmal sind Eskalationen mit gewalttätigem Ausgang sogar die Folge von verschleppten, nicht gewagten Konflikten. Keine Aussagen will das Buch darüber machen, ob Gewalt grundsätzlich schlecht ist, oder ein untaugliches Erziehungsmittel darstellt. Gewalt scheidet als Konfliktlösungsmittel deswegen aus, weil es im Kontext ‚öffentliche Erziehung' untersagt ist und unter Strafandrohung steht.
7. ‚Steuerung von Konfliktsituationen' bedeutet nicht, dass es möglich ist, das eigene oder fremde Verhalten bzw. die Situation oder den Prozess einseitig zu kontrollieren. Steuerung wird verstanden als anhaltender, mehrmaliger Input von Verhaltensweisen in einen Eskalationsprozess (siehe die ver-

schiedenen Eskalationstypen wie sie im Kapitel II beschrieben sind), die eine De-Eskalation oder andere Lösungen begünstigen. Professionell ist dieser Input, wenn er variabel ist, d. h. sich an neue Personen und/oder Situationen anpasst, was einen breiten Fundus solcher Verhaltensweisen und eine stete Lernbereitschaft (Experimentierfreudigkeit) voraussetzt. Steuerung ist dabei nicht auf den willentlichen und bewussten Einsatz von strategischen Verhaltensweisen beschränkt. Jede/r Pädagogin schöpft bei gelungenen De-Eskalationen oder anderen Konfliktlösungen aus einem Vorrat von ritualisierten und/oder spontanen (erstmaligen), unbewusst angestoßenen Verhaltensweisen, die verbale, aber auch gestische, mimische und körperliche Elemente umfassen. Deswegen verwende ich in dem Buch den Begriff der Steuerung in Anführungszeichen oder synonym mit „Professionellem Spiel" (Schwabe 1994 b). Beide zeichnen sich durch Wissen um eskalations- bzw. de-eskalationsfördernde Verhaltensweisen aus, durch Vertrauen in die eigenen spontanen und ritualisierten Möglichkeiten, wie auch durch Respekt vor der Unvorhersagbarkeit jeden Konfliktverlaufes.

‚Steuerung' bzw. ‚professionelles Spiel' bedeutet nicht, dass die Pädagoginnen immer emotional kontrolliert sein müssen: Das Deutlichmachen der eigenen Wut und Betroffenheit, Gesten von Verzweiflung, Angst und Erregung, ja sogar der begrenzte Einsatz von Sehimpfworten oder heftigen Bewegungen (Türe schlagen etc.) kann in Konfliktsituationen durchaus hilfreich sein (vgl. Kapitel II). Körpereinsatz mit dem Ziel, jemanden an einer akuten Selbst- oder Fremdgefährdung zu hindern, oder ihn aus einem erregenden Konfliktfeld hinauszuziehen, sollte allerdings so kontrolliert wie möglich erfolgen.

‚Steuerung' von Eskalationsprozessen meint aber nicht nur situatives Handeln, sondern auch die planmäßige Analyse und gezielte Intervention in Bezug auf einen Eskalationsverlauf.

8. Deutlich wird geworden sein, dass dieses Buch zwar eine ziel- und ergebnisorientierte Pädagogik vertritt, aber weder Rezepte noch Garantien vermitteln kann und will. Menschen sind keine ‚trivialen Maschinen' und ‚instruktive Interaktion', d. h. ein Vorgehen, in dem der Pädagoge das Verhalten des Gegenübers vollständig zu kontrollieren vermag, ist bei aller Professionalität (gottseidank) nicht möglich. Zudem unterliegen pädagogische Interventionen dem Dilemma, Risiken und Nebenwirkungen zu beinhalten. Während Ärzte und Rechtsanwälte diese Begriffe in ihre Profession längst integriert haben und jeder Klient/Patient vorher ausgiebig aufgeklärt wird, welches Vorgehen (operativer Eingriff/Einspruch beim Verwaltungsgericht) mit welchen Risiken (taubes Gefühl an der Wange/Verlieren des Prozesses) und welchen unerwünschten Nebenwirkungen (erhöhte Reizbarkeit/öffentlicher Skandal) behaftet ist, schwanken Sozialpädagoginnen meistens zwischen dem Anspruch, alles oder nichts bewirken zu können.

Was ihnen fehlt, ist ein professionelles Bewusstsein von den Möglichkeiten und Grenzen der Wirksamkeit der eigenen Profession. Ein abruptes Sich-Umdrehen und den Raum verlassen, stoppt eine Eskalation, in deren Verlauf ein potentiell gewalttätiger Jugendlicher vielleicht zugeschlagen hätte. Freilich ist der Konflikt damit noch nicht gelöst. Dadurch ist die Gefahr, dass dieser das Zimmer (in dem er nun allein steht) verwüstet oder seine Erregung am nächsten, der durch die Türe hineinkommt, auslässt, durchaus gegeben. Durch den Rückzug des Pädagogen versäumt der Jugendliche vielleicht einen wichtigen Termin oder fühlt sich so unverstanden, dass er wegläuft und sich betrinkt. Alle diese Risiken und Nebenwirkungen können eintreten und es ist gut, um sie zu wissen und diese auch in das spontane Verhalten in der Eskalationssituation mit einzubeziehen. Fast alle Konflikte bedürfen auch nach erfolgreicher De-Eskalation einer weiteren Bearbeitung. Und doch: Mit und ohne alle Nebenwirkungen und Risiken aus dem Konflikt ausgestiegen zu sein, kann in dieser speziellen Situation einen großen Erfolg darstellen und muss als ein solcher auch wahrgenommen werden. Pädagoginnen müssen erst lernen, ihr eigenes Handeln auch als ‚Verhaltens-Kunst' zu betrachten.

9. Die Beobachtungen und Aussagen, die in diesem Buch in Bezug auf Eskalation und De-Eskalation und andere Konfliktlösungen getroffen werden, beziehen sich in erster Linie auf den Kontext „Heimerziehung und andere betreute Wohnformen" (§ 34 KJHG). Sicherlich sind sie auch auf Tagesgruppen, Horte, feste Gruppen in Jugendhäusern etc. zu beziehen. Ganz sicher müssen sie für offenere Formen der Jugendhilfe (mobile Jugendarbeit bzw. Streetwork etc.) abgewandelt und ergänzt werden. Je einrichtungsspezifischer Jugendhilfe organisiert wird, umso eher und schneller werden sich direkte Anwendungsmöglichkeiten ergeben. Für alle anderen Formen von Jugendhilfe kann und will dieses Buch bestenfalls Anregungen geben.

3. Persönlicher Bezug zum Thema

Wie kommt einer dazu, ein ganzes Buch über das Thema ‚Gewalt in Einrichtungen der Jugendhilfe' zu schreiben? Steckt hinter so viel Begeisterung und ‚Besserwisserei' nicht auch ein ganz persönliches Thema? Als ich meine pädagogische Karriere 1986 in einer kinder- und jugendpsychiatrischen Einrichtung begann, verfasste ich noch in der Probezeit den folgenden Artikel in einer Mitarbeiter-Zeitung:

> „18.55 Uhr – in 5 Minuten gibt es Abendessen. 7 Kinder, aber in diesem Moment sind es 7 unberechenbare Gegner, sitzen vor dem Fernseher. Ein neuer Film hat gerade begonnen und ich soll ins Wohnzimmer gehen und sie zum Essen holen.

Werden sie den Abbruch des Films hinnehmen? Lautstark krakeelen? Werden sie wieder mit den Sofakissen werfen, untereinander oder auf mich? Muss ich schon wieder mehreren das Kissen mit roher Gewalt entreißen, mir ihre verletzenden Schimpfwörter anhören? Tief Luft holen! Viel Kraft in den Akt des Türe-öffnens legen! Klare Stimme, Zittern möglichst unterdrücken. Mit sicheren Schritten die paar Meter bis zum Fernseher zurücklegen, stark auftreten, gezielter Druck auf den Fernsehknopf! So ist es geplant! Stattdessen höre ich meine flackernde Stimme, die paar Meter zum Fernseher wirken gehetzt, unsicheres Suchen nach dem Schalter. Verdammt, wo ist er nur? Kurzer Blick über die Schulter, 7 Gegner im Rücken, ohne jede Deckung, endlich den Aus-Knopf gefunden:

Das Bild erlischt, und ... nichts! Heute nehmen sie es gelassen hin, kein Aufstand, nichts. Vielleicht haben sie Hunger oder akzeptieren sie mich jetzt schon besser?

Solche Situationen gibt es anfangs oft, sehr oft. Die Zahl der Prüfungen scheint unendlich. Das sind die großen. die erste Stunde allein mit den Kindern; die erste Nachtwache; das erste Mal die Aufgabe. sie während der Teambesprechung in Schach zu halten, während die anderen im Wohnzimmer sitzen und besprechen. Und das sind die vielen kleinen Prüfungen, bei denen man etwas verbieten, etwas wegnehmen oder etwas beenden muss. Und regelmäßig ist da morgens, anfangs schon beim Aufwachen, später erst während der Fahrt zur Arbeit, dieses Drücken im Magen. dieses zittrige Krampfen ums Herz herum, wenn man zwei, drei Tage frei hatte und der scheinbare Neubeginn einem als schier unüberwindbare Hürde erscheint. Irgendwann hört die Angst auf oder besser, reduziert sich auf eine Stimmlage im Konzert der Gefühle: Freude an wachsenden Beziehungen, Routine und gewöhnte Genervtheit, Spaß an manchen Aktivitäten, Freude an oder über Kollegen, all das hat zugenommen, und die Angst klingt jetzt nur noch manchmal dazwischen.

Dafür fängt etwas Anderes an: zunehmende Sicherheit im Umgang mit der Kindergruppe ist auch immer erkauft mit zunehmender Sicherheit im Zupacken bei brenzligen Situationen, beim Ausstoßen von Drohungen und beim Durchführen von Bestrafungen. Sicherlich auch gewachsen aus den sich entwickelnden Beziehungen, aber eben auch aus all dem anderen. Und da gibt es im breiten Spektrum der pädagogischen Maßnahmen und Hilflosigkeit eben auch die Gewalt. Einig ist man sich hier zu Recht darüber, dass Gewalt kein reguläres pädagogisches Mittel sein soll. Uneinig darüber, wie offen man sich zu seiner trotzdem praktizierten Gewalt bekennen kann oder soll."

An dieser Stelle des Textes enthielt das Manuskript eine Aufzählung der Gewalthandlungen, die ich mir in den ersten sechs Monaten meines beruflichen Handelns habe zuschulden kommen lassen. Diese Liste enthielt damals zwei Ohrfeigen, einmal ein Kind mit dem Kopf in den Schnee gedrückt; dreimal Kinder so hart angefasst, dass sich nachher blaue Flecken an ihren Oberarmen sehen ließen; einmal ein Kind im Schwimmbad absichtlich unter Wasser getaucht. Diese nüchterne und ernüchternde Liste meiner Gewalthandlungen alarmierte damals die Mitarbeitervertretung, die gleichzeitig Herausgeberin dieser Zeitung war. Mir wurde dringend angeraten, zu meinem eigenen Schutz diese Passage zu streichen. Es bedurfte damals einiger Überredungskunst, um mich von der Richtigkeit dieses Vorgehens zu überzeugen. Zu groß war mein Wunsch, das eigene Schweigen zu brechen, auch um mit anderen über dieses Thema in Kontakt zu kommen. Heute bin ich den Kolleginnen von der MAV ganz dankbar für ihren Rat. Meine berufliche Position in diesem Heim war noch ganz ‚wackelig' und wenn diese Zeitung einer missgünstigen Person in die Hände gefallen wäre, hätte diese leicht einen Skandal daraus machen können, der mich oder andere in größere Schwierigkeiten gestürzt hätte.

Ist das das späte Bekenntnis eines inzwischen etablierten Heimleiters (1991–1999) bzw. Hochschullehrers (2000 bis 2010 und 2015 bis heute, d. h. 2019), der auch einmal „klein" und „ungeschickt" angefangen hat? Hat nicht gerade er sich am Anfang seiner beruflichen Laufbahn besonders oft und in besonders gravierender Weise unprofessionell verhalten? Das kann durchaus sein! Auf keinen Fall ist das Ausmaß der Gewalthandlungen, die ich vorgenommen habe, zu verallgemeinern: weder was Berufsanfängerinnen betrifft, noch was die vielen Kolleginnen angeht, die viele Jahre im Heimbereich auch mit hochaggressiven Kindern und Jugendlichen gewaltfrei arbeiten. Die oben angesprochenen Episoden bleiben ein Stück individueller Schuld, die mich freilich dazu angespornt hat, mich diesem Thema mit viel Engagement zu widmen. So produktiv können also Schuldgefühle – oder sind es nicht eher narzisstische Kränkungen unserer vermeintlich hochstehenden Professionalität? – sein!

Drei Jahre später habe ich in der Einrichtung, in der ich angefangen hatte und die ich übrigens als eine sehr professionell und erfolgreich arbeitende Institution bezeichnen würde, einen Skandal miterlebt: Ein Zivildienstleistender hatte ein Mädchen bei dem Versuch, sie zum Küchendienst zu zwingen, heftig die Treppe hinuntergezogen. Das Mädchen stürzte, zog sich einen Bänderriss am Fuß zu, und musste ins Krankenhaus. Die Eltern des Mädchens, das tragischerweise aufgrund von familiärer Misshandlung im Heim war, erstatteten Anzeige bei der Polizei. *Bild*-Zeitung und Lokalfernsehen griffen den Fall auf und genossen ganz offensichtlich seine Skandalisierung. ‚Natürlich' war das damals ein Zivildienstleistender und kein Pädagoge. Und doch wussten alle Pädagoginnen dieser Einrichtung, dass dieser Vorfall zumindest vielen von ihnen in ähnlicher Weise hätte geschehen können. Die Betroffenheit war sehr groß. Eine Selbstanzeige nach dem Motto „auch ich habe schon misshandelt …" wurde erwogen. Die Angelegenheit kam vor Gericht und wurde mit Geldstrafen abgegolten.

Auch damals blieb ein tiefes Unbehagen zurück. Dieses Mal kam es zur Bildung von Arbeitsgruppen, die sich des Themas ‚Gewalt in Einrichtungen der Jugendhilfe' angenommen haben. Etwa zwei Jahre wurde relativ intensiv an diesem Thema gearbeitet. Allerdings ließen sich nicht alle MitarbeiterInnen in diesen Prozess involvieren. Später ist das Thema dann wieder untergegangen. Etliche Kolleginnen aus dieser Zeit haben aber weiterhin professionellen Kontakt zueinander gesucht und gehalten, und engagieren sich auch heute noch für dieses Thema. Ohne ihre Mitwirkung, ihr Mitdenken, aber auch ihre ganz praktische Moderation in verschiedenen De-Eskalations-Trainings, wäre dieses Buch nicht zustande gekommen. Ihnen allen sei an dieser Stelle ganz herzlich gedankt.

4. Wie dieses Buch zu lesen ist und was in ihm fehlt

Alle vier Kapitel thematisieren Gewalt in Einrichtungen der Jugendhilfe, und zwar welche Möglichkeiten bestehen, diese situativ zu steuern, ihr präventiv auch vorzubeugen oder sie nachträglich zumindest so aufzuarbeiten, dass ihre negativen Folgen minimiert und die Gefahr einer raschen Wiederholung vermieden wird. Die ersten beiden Kapitel (I und II) beziehen sich auf den Alltag in der Heimerziehung. Sie entwickeln anhand von Fallbeispielen den Begriff Eskalation, De-Eskalation, persönliches Eskalationsprofil, Eskalationstyp (Adhoc-Eskalation, Verzögerte Eskalation, institutionelle Eskalation) und schildern ein breites Repertoire an praktischen Handlungsmöglichkeiten, um auf diesen drei Zeitachsen (situativ, präventiv, nachträglich) konstruktiv zu intervenieren. Während Kapitel I und II vor allem Situationen analysieren, in denen ein Pädagoge mit einem Kind/Jugendlichen in Konflikt geraten, wendet sich das dritte Kapitel (III) dem Thema Gruppe zu: Hier geht es zum einen um das Intervenieren in Situationen, in denen Kinder und Jugendliche handgreiflich aneinandergeraten sind und zum anderen um Konflikteskalationen, in denen sich ein Pädagoge mehreren Kindern/Jugendlichen gegenüber sieht oder bei denen ein Konflikt vor den Augen anderer Gruppenmitglieder geregelt werden muss, was diesem häufig eine besondere Brisanz verleiht. Kapitel IV beschäftigt sich mit den Möglichkeiten des Qualitätsmanagements ‚Aggression und Gewalt' in der Einrichtung zum Gegenstand systematisierter Reflexion bzw. Dokumentation bzw. klar geregelter Bearbeitungsformen zu machen.

Kapitel V und VI setzen zwar bei praktischen Fallbeispielen an, erheben aber zugleich einen theoretischen Anspruch: *Jugendhilfe-Mitarbeiterinnen zwischen Lebenswelt, Institution und Öffentlichkeit* möchte eine pädagogische Theorie der Jugendhilfe (‚Basteln', Querschnitts- und Vermittlungsfunktion zwischen Lebenswelt, Institution und Öffentlichkeit) entwickeln, deren Stichhaltigkeit an konkreten Gewaltvorfällen aufgezeigt, aber auch für ganz andere Situationen und Konfliktfelder innerhalb der Jugendhilfe Gültigkeit haben soll. Das Kapitel *Transformation aggressiver Impulse im Entwicklungs- und Zivilisationsprozess* stellt die Präsentation und Einübung des Gebrauchs von ‚symbolischen Äquivalenten' für Gewaltimpulse als eine zentrale und bisher vernachlässigte Aufgabe der Sozialpädagogik/Jugendhilfe vor. Zugleich werden viele praktische Möglichkeiten aufgezeigt, dieser präventiv wirkenden Aggressions-Pädagogik einen Platz im Alltag zu verschaffen.

Kapitel VII knüpft an das Buch *Machtprozesse in der Heimerziehung* von Klaus Wolf an und versucht dessen von Norbert Elias entliehenen Ansatz der „Machtkonfiguration“ für das Thema ‚Eskalation und De-Eskalation‘ nutzbar zu machen (Elias 1981). Dabei wird ‚Macht‘ als eine zentrale Kategorie in Interaktion zwischen Erzieher und Zögling begriffen, die in mancher Hinsicht ein gelungenes Zusammenwirken erst möglich macht.

Allen Kapiteln ist eine kurze Zusammenfassung vorausgestellt, aus dem der Leser sich einen Überblick verschaffen kann. Ich empfehle, zunächst die ersten beiden Aufsätze zu lesen, da alle anderen direkt oder indirekt auf ihnen aufbauen.

Zuletzt seien noch einige Lücken angesprochen, auf die sich die/der Leserin einstellen sollte: In diesem Buch werden nur Maßnahmen und Handlungsmöglichkeiten geschildert, die sich sofort oder zumindest kurzfristig in den Alltag der Jugendhilfe-Einrichtung umsetzen lassen. Dadurch ist allerdings ganz ausdrücklich nur ein Teil der institutionellen Bedingungen thematisiert, die Aggressionen und Gewaltepisoden in Einrichtungen der Jugendhilfe fördern und/oder sogar provozieren: „Jugendhilfe-Einrichtungen und -maßnahmen sind nicht per se ‚gute Orte‘ für die Entwicklung von Kindern und Jugendlichen. Sie benötigen hinreichende personelle und materielle Ausstattungen, die es den Pädagoginnen erlauben, angemessen auf die Bedürfnisse von Kindern und Jugendlichen einzugehen. Schon die üblichen acht bis zehn Kinder pro Heimgruppe stellen aber häufig für Betreuerinnen und Betreute eine Zumutung dar: Die Komplexität der sozialen Interaktionen, der Lärmpegel, das überwiegen organisatorischer Erfordernisse vor individuellen Lebenssituationen, das knappe Personal etc. schaffen ein Stress-Niveau, das Kinder/Jugendliche und Pädagoginnen gereizt, und damit für gewalttätige Eskalationen anfällig macht. Gewalt in Einrichtungen der Jugendhilfe ist nicht selten das fatale Ergebnis einer kurzfristig denkenden Sparpolitik, die an bereits Ausgegrenzten durchgesetzt werden soll: Die Letzten beißen die Hunde, allerdings beißen sie auch ‚wie Hunde‘ “ (Schwabe/Trede 1994, S. 1).

Genauso offensichtlich ist die Verantwortung von Standortfaktoren bzw. Setting-Strukturen für nicht abreißende Konfliktketten: Wer acht bis zehn halbwüchsige Jugendliche, die zumindest zum Teil aus Großstadt-Zusammenhängen stammen, in eine Institution auf dem ‚flachen Lande‘ verfrachtet, auf dessen weitläufigem Gelände nicht nur Jugendliche, sondern auch alte Menschen, Behinderte und psychisch kranke Erwachsene betreut werden, muss sich nicht wundern, dass diese Jugendlichen immer wieder mit heftigen Aggressionen nach innen und außen agieren. Würde man solche Gruppen in Stadtnähe und in ‚normale‘ Wohngebiete in Form von I bis 2 Außenwohngruppen umsiedeln, würde sich sofort das Aggressions- und Konfliktlevel dramatisch senken. So aber werden der Persönlichkeit und der Gruppendynamik der Jugendlichen. die negativen Voraussetzungen und Faktoren (Dissozialität, Borderline-Störung etc.) zugeschrieben, die zumindest zum großen Teil aus den unzureichenden und unpassenden Strukturen der Institution resultieren.

In solchen ‚schlechten' institutionellen Rahmenbedingungen (Gruppengröße, falscher Standort etc.) kann man natürlich auch die eigene Pädagogik verbessern. Es muss allerdings hinterfragt werden, ob die Zeit und Energie, die in sozialpädagogisches Lernen investiert wird, nicht sehr viel stärker in Organisationsentwicklung und Strukturveränderung fließen müsste.

Nur ganz am Rande thematisiert dieses Buch die Wichtigkeit von ‚Aushandlungsprozessen' mit Kindern und Jugendlichen, obwohl diese für ein relativ konfliktfreies Leben in Einrichtungen der Jugendhilfe unverzichtbar sind. Nur wenn Kinder und Jugendliche nicht nur nach ihren eigenen Wünschen, Zielen und Perspektiven gefragt, sondern ihnen auch aktive Hilfe angeboten wird, unklare und oft sprachlich schwer zu formulierende Zielvorstellungen zu entwickeln und nur wenn es gelingt, die kindlichen bzw. jugendlichen Perspektiven zugleich offensiv wie auch geschickt mit den oftmals abweichenden Perspektiven der personensorgeberechtigten Eltern, des Jugendamtes oder der Einrichtung selbst zu vermitteln, kann man auch auf Kooperation und Einsicht der Kinder/Jugendlichen hoffen. Dieses ganz zentrale Thema der Auftragsklärung und Perspektivenentwicklung (wie sie z. B. auch im Hilfeplangespräch erfolgt) ist von vielen Autoren in der letzten Zeit auch anhand vieler praktischer Beispiele beschrieben worden, so dass ich im Rahmen dieses Buches auf diesen Aspekt verzichtet habe (vgl. Arend/Hekele/Rudolph 1993; Freigang 1994; Schwabe 1996 a, b; Thimm 1994).

Noch ein letzter Hinweis

Im Zusammenhang mit Fortbildungen zum Thema ‚Eskalation und De-Eskalation in Einrichtungen der Jugendhilfe' wurde ViDeT entwickelt, ein videogestütztes De-Eskalationstraining, das speziell für die Zielgruppe MitarbeiterInnen in (teil-)stationären Einrichtungen gedacht ist. Eine rund 70-seitige Arbeitshilfe über ViDeT, die zu (Selbst-)Evaluations- oder Fortbildungszwecken eingesetzt werden kann, ist zum Preis von 12 Euro bei der Internationalen Gesellschaft für erzieherische Hilfen, Schaumainkai 101–103, 60596 Frankfurt a. M. erhältlich. Viele der in der Arbeitshilfe geschilderten Übungen und Methoden können auch aus dem Rahmen des Trainings herausgelöst und in anderen Zusammenhängen (Team-Beratung, Supervision, Fachtag, Fallkonferenz etc.) angewandt werden.

Teil A
Theorie und Praxis der (De-)Eskalation

I Eskalation und De-Eskalation von körperlicher Gewalt in stationären Einrichtungen der Jugendhilfe bzw. der Kinder- und Jugendpsychiatrie[1]

Zusammenfassung

Dieses Kapitel untersucht die Entstehung und Funktion von Konflikteskalationen mit gewalttätigem Ausgang zwischen Pädagoginnen und Kindern/Jugendlichen auf den vier Ebenen: Individuum, Prozess, Familie und Institution. Neben psychoanalytischen Kategorien kommen vor allem systemische Sichtweisen zur Anwendung. Vor allem G. Batesons Ausführungen über Symmetrie und Komplementarität erweisen sich als nützliche Schlüsselbegriffe. Eskalationsphasen und persönliche Eskalationsstile werden vorgestellt. Praktische Maßnahmen zur De-Eskalation, Prävention und Aufarbeitung von Gewaltepisoden werden für jede Ebene (Individuum, Prozess, Familien, Institution) erörtert. Ein konstruktivistischer Metalog soll dabei behilflich sein, die verschiedenen Interventionsmöglichkeiten sinnvoll aufeinander zu beziehen.

Thema, Standort und Perspektive

In stationären Kontexten, in denen Kinder und Jugendliche erzogen und/oder behandelt werden, (Heime, Kinder- und Jugendpsychiatrien, Wohngruppen, Internaten etc.) ereignen sich mehr Episoden körperlicher Gewalt zwischen dem Personal (Pädagoginnen, Pflegerinnen) und den Klienten (Kinder, Jugendliche) als gemeinhin angenommen wird. Ausführliche empirische Untersuchungen zu diesem Themenkomplex liegen nicht vor (vgl. für den Bereich Behindertenhilfe die hervorragende Arbeit von Peter Windisch 1998). Eine Arbeitsgruppe, die ein heilpädagogisches Zentrum mit 60 Plätzen für Kinder und Jugendliche untersucht hat, kam zu dem Ergebnis, dass dort elfmal in der Woche massive körperliche Gewaltanwendungen von Seiten der Kinder und Jugendlichen gegenüber dem Personal stattfinden (Beißen, Treten, Schlagen, Spucken). Durchschnittlich einmal in der Woche ereigneten sich nach Ein-

1 Dieser Aufsatz ist der Originaltext einer wesentlich gekürzten Fassung, die unter dem Titel: „... und plötzlich gab's ein Handgemenge. Eskalation und De-Eskalation von körperlicher Gewalt in Einrichtungen der Jugendhilfe" in den *Materialien zur Heimerziehung* der IGfH, Heft 4/1994 erschienen ist.

schätzung der (insgesamt 32) Pädagoginnen Gewalthandlungen von Seiten der Pädagoginnen gegenüber dem Klientel (Heftiges Schütteln, Anpacken mit blauen Flecken als Folgewirkung, Einschließen, Ohrfeigen und Kopfnüsse etc.). Zweiundzwanzig Situationen in der Woche hätten nach Einschätzung der Pädagogen eskalieren und mit einer gewalttätigen Handlung (aufseiten des Kindes/Jugendlichen bzw. aufseiten der PädagogInnen) enden können, auch wenn es ‚irgendwie' gelungen ist, diese Gefahr abzuwenden (vgl. Rau/Schwabe/Wengenroth 1994).

Es ist realistisch davon auszugehen, dass die verschiedenen mit Heimerziehung befassten Personen und Institutionen (Landeswohlfahrtsverband, Heimaufsicht, Ligaverbände, Heimträger, HeimleiterInnen, HeimmitarbeiterInnen, Fortbildungsinstitute, Supervisoren etc.) je nach Funktion (Aufgabe, Kontext, Hierarchieebene) jeweils eigene bzw. andere Positionen zu Gewaltvorkommnissen beziehen, wenn Pädagoginnen an diesen in aktiver Weise beteiligt sind. Das Spektrum reicht dabei von klarer Verurteilung, Strafverfolgung und Kündigung bis hin zu Verständnis und Solidarität (mit den KollegInnen oder den Kindern/Jugendlichen) und/oder beraterischer Neutralität. Die Innenperspektive (aus dem Heim) und die Außenperspektive (auf das Heim) können und müssen dabei nicht bruchlos ineinander auf- bzw. übergehen.

Der Blickwinkel für diesen Artikel ist die Innenperspektive des Heimalltags. Mein Ansatz ein verstehender, ähnlich wie er von Beratern z. B. auch gegenüber misshandelnden Eltern eingenommen wird. Parteilich könnte er insofern genannt werden, als mich in erster Linie interessiert, wie es den PädagogInnen im Heim geht und wie ihnen dabei geholfen werden kann, ihre Verwicklung in Eskalationen mit gewalttätigem Ausgang zu reduzieren.

Wie geht es den Pädagoginnen?

Gewalt-Vorfälle, an denen Pädagogen/Pädagoginnen in aktiver Weise beteiligt sind, werden häufig verschämt verschwiegen und/oder tabuisiert. Manchmal erfahren noch nicht einmal die unmittelbaren Kollegen oder Vorgesetzten davon. Häufig werden sie an den Leiter der Einrichtung nicht weitergegeben. Und fast nie werden sie über die Grenzen der Einrichtung hinweg bekanntgemacht (und z. B. an das Landesjugendamt oder den Landschaftsverband etc. gemeldet). Auch im Ausbildungsbereich, d. h. an Fach-(Hoch-)Schulen und Universitäten, werden solche Themen selten erwähnt und noch seltener ausführlich behandelt.

Solche Tabuisierungen haben ihren ‚guten Grund' darin, dass Gewalt gegen Kinder eine Straftat darstellt (nach§ 223b StGB: Misshandlung Abhängiger bzw. Schutzbefohlener). Wer sich als Erwachsener innerhalb einer Erziehungseinrichtung offen zu der von ihm praktizierten Gewalt bekennt, läuft – unabhängig davon, ob er sie als legitime Maßnahme oder persönliche Schuld begreift – Gefahr, angezeigt und/oder ausgegrenzt zu werden: Eine solche Person stellt ein

‚Risiko' für die Institution dar und wird meist der erzieherischen Inkompetenz verdächtigt. In einem solchen Klima wird sich der Pädagoge/die Pädagogin, die Gewalt angewandt hat, alleingelassen fühlen und ähnliche Vorfälle das nächste Mal noch ‚besser' verbergen.

Auch wenn man generell übereinstimmt, dass Gewalt gegenüber Kindern bzw. Jugendlichen kein geeignetes Erziehungsmittel darstellt, so macht die bloße Tatsache, dass es gewaltsam eskalierende Situationen im stationären Kontext gibt, deutlich, dass Tabuisierung, Ausgrenzung und Strafverfolgung bzw. Kündigung (auch wenn diese im Einzelfall durchaus sinnvoll sein können) keine ausreichenden Antworten auf diese Vorfälle darstellen. Dieser Artikel möchte Episoden, in denen Konflikte gewaltsam eskalieren, benennen, sie analysieren und sie in Bezug auf ihre Vermeidbarkeit bzw. ihre Sinnhaftigkeit diskutieren. Ohne zur Prügelstrafe zurückkehren zu wollen, ist es vielleicht in Zukunft notwendig, die Öffentlichkeit von der Unmöglichkeit völlig gewaltfreier Erziehung zu informieren. Gesellschaftlich mitverursachte Probleme und Verhaltensschwierigkeiten lassen sich eben nicht unproblematisch und einfach ‚entsorgen', indem man die ‚Symptomträger' (Kinder und Jugendlichen) in Einrichtungen ‚verschickt' und an diese alle Verantwortung für ihre ‚Besserung' bzw. ‚Heilung' delegiert. Das könnte man durchaus in Analogie mit den materiellen Produktionsrückständen der Gesellschaft (atomare Brennelemente, Giftmüll etc.) betrachten (auch hier versucht man unsere ‚Altlasten' an ökonomisch und sozial randständige Länder abzuschieben) und begreifen lernen, dass selbst hochprofessionelle Einrichtungen oftmals nicht in der Lage sind, mit dem hohen Konflikt-, Aggressions- und Gewalt-Potential ihrer Klienten immer und überall gewaltfrei umzugehen.

Trotz dieser von vornherein deutlichen Grenzen in Bezug auf völlige Vermeidung von Gewalt, ist es unsere Pflicht als Experten für Erziehung und/oder Behandlung von Kindern und Jugendlichen, all unser verfügbares Wissen und all unsere selbstkritischen Kompetenzen in den Dienst eines möglichst gewaltfreien Zusammenlebens auch mit sehr schwierigen Kindern und Jugendlichen zu stellen. Dazu stellt dieser Artikel einen Versuch dar.

Anhand eines Fallbeispiels werden 4 verschiedene Reflexionsebenen von gewaltsamen Eskalationsprozessen vorgestellt (sicher nicht die einzig möglichen, aber die für die pädagogische Praxis relevantesten):

1. Die individual-psychologische Ebene. Welche biographische Thematik kommt in dem Gewaltausbruch zum Ausdruck?
2. Die prozessimmanente Ebene. Was macht der Eskalationsprozess mit den Beteiligten?
3. Die familiendynamische Ebene. Welche Funktion kommt der Gewalt für das Problemsystem Familie/Heim (bzw. Station) zu?

4. Die ökologisch-systemische Ebene. Welche Hintergründe haben bzw. welchen ‚Sinn‘ machen solche Vorfälle für die institutionelle(n) Umwelt(en), in der/denen sie stattfinden (z. B. Heim) bzw. die in einen Hilfeprozess involvierten Helfersysteme?

An jede dieser 4 Betrachtungsebenen schließt sich ein praktischer Maßnahmekatalog zur Aufarbeitung und zur Vermeidung solcher Vorfälle an. Die dort gemachten Vorschläge gelten in erster Linie für Kinder/Jugendlichezwischen 8 und 16 Jahren. Der Umgang mit der Aggressivität älterer Jugendlicher erfordert sicherlich weitere Überlegungen. Keine der 4 Betrachtungsebenen (bzw. keine der Präventionsmaßnahmen) sollte zunächst für sich isoliert betrachtet werden. Der reflexive Durchgang durch alle 4 Ebenen und die Verknüpfung der praktischen Maßnahmen auf allen 4 Ebenen, kann in einer Institution für eine spezifische Eskalations-Episode die notwendigen Erkenntnisse für das aktuelle Konflikt-Management und die zukünftige Prävention erbringen.

Der Fall – was eine Beschreibung darstellt und ausblendet

Episoden, die gewaltsam eskalieren, werden selten präzise dargestellt. Der mündliche Bericht enthält häufig nur Bruchstücke und dient vor allem der emotionalen Entlastung. Aber auch schriftliche Schilderungen blenden einen Teil der ‚Geschichte‘ aus. Dabei ist eine detaillierte Rekonstruktion des Hergangs für viele weiterführende Maßnahmen unverzichtbar. Ohne jemanden, der sich ausdrücklich dafür interessiert, wie was genau geschehen ist, versinken diese Vorfälle schnell im Halbdunkel der ‚unangenehmen‘ Erinnerung. Ohne jemanden, der in der Lage ist, emotionale Unterstützung und praktische Hilfestellungen zu geben und dem man dies auch zutraut, werden Pädagogen nicht bereit sein, sich der Herausforderung einer Aufarbeitung zu stellen. Im Folgenden nun ein Text aus dem Dienstbuch eines heilpädagogischen Kinderheimes und einige Ergänzungen, die sich erst nach interessiertem Nachfragen herausgebildet haben:

> „Heute gab es wieder einen größeren Vorfall mit Mike (12 Jahre). Er interessiert sich gerade nur noch für sein neues, ferngesteuertes Auto, das er gestern von zuhause mitgebracht hat. In der Mittagspause ließ er es mehrfach über den Gang fahren, stand ständig neben seiner Zimmertüre und verleitete die anderen Kinder damit auch, ihre Türen aufzumachen und auf dem Flur herumzulaufen en. Ich ging zweimal nach oben, um für Ruhe zu sorgen, das dritte Mal kassierte ich das Auto ein, worauf mich Mike „Arschloch“ und „Ficker“ nannte. Nach der Nachmittagsbesprechung und nachdem wir klar ausgemacht haben, dass es mit dem Auto keine weiteren Provokationen geben dürfe, bekam er das Auto zurück. Nach einer Stunde

fing jedoch der neue Arger an, weil Mike mit Hausschuhen im Schnee herumlief. um den anderen zu zeigen, wie gut sein Auto über Schneeberge klettern könnte. Das funktionierte zwar gar nicht so richtig, aber er wollte es unbedingt vorführen. Als er zum zweiten Mal mit Hausschuhen draußen erwischt wurde, nahm Anja ihm das Auto ab. Sie trug es ins Büro, entnahm die Batterien und gab es dem völlig verdutzten Mike zurück. Für 3 Tage sollten die Batterien einbehalten bleiben. Daraufhin rastete Mike völlig aus, griff Anja an, so dass ich (männlicher Kollege) dazwischen musste. Mike zerschmetterte einen Stuhl, warf sämtliche Polster die Treppe hinunter und randalierte dann auf seinem Zimmer weiter. Dorthin hatte ich ihn gebracht und ihn auch kurzzeitig eingeschlossen. Nach zehn Minuten war er zu keinem Gespräch bereit, sondern raste durch die offene Türe ohne Schuhe ins Freie. Er bewarf unser Haus mit Schneebällen, wir schlossen ihn aus. Nach 20 Minuten hat er, hereingelassen zu werden. Er versprach, sich normal zu verhalten und musste auf seinem Zimmer zu Abend essen. Andere Kinder erzählten. er hätte gedroht, Anja noch Arger zu machen."

Ergänzungen

Im Verlauf eines längeren Gesprächs ließ sich rekonstruieren, dass Mike die Erzieherin, nachdem sie die Batterien aus dem Auto entnommen hatte, angespuckt hat. Daraufhin hatte der männliche Erzieher ihn zunächst am Arm festgehalten. Mike hatte sich losgerissen, war die Treppe hoch in den ersten Stock gelaufen und hatte dort Polster sowie Spielsachen anderer Kinder durch die Gegend geworfen. Nach Absprache mit der Erzieherin und nachdem zu befürchten war, dass Mike auch andere Kinder angreifen würde, war der männliche Erzieher dann nach oben gegangen, hatte Mike ‚gepackt' und wollte ihn in sein Zimmer schieben. Dabei hatte sich Mike heftig gewehrt und den Erzieher zweimal schmerzvoll getreten, worauf dieser ihm mit dem Knie einen festen Stoß an den Oberschenkel gab (beim Schwimmen, zwei Tage später, konnte man einen blauen Fleck an Mikes Oberschenkel erkennen). Daraufhin hatte sich Mike weinend fallengelassen und sich die letzten Meter bis in sein Zimmer auf dem Boden liegend ziehen lassen. Der Erzieher schloss Mike 20 Minuten(!) ein.

Praktische Konsequenzen

Solche detaillierten Rekonstruktionen eines Gewaltvorfalls erlauben die auf der Gruppe arbeitenden Pädagogen/innen nur einer Person, die weiß, wie schnell man unter schwierigen Umständen in Eskalationen hineingeraten kann. Diese Person muss deutlich machen können, dass sie Gewalt von PädagogInnen nicht ‚moralisch' bewertet, sondern an der Verbesserung ihrer Professionalität interessiert ist. Eine solche Haltung wird wohl nur bei denjenigen Vorgesetzten bzw. Beratern als glaubwürdig eingeschätzt, die in Krisensituationen bereit sind, selbst ‚Hand anzulegen' und die in anderen Zusammenhängen sich selbst und anderen Fehler und Schwächen zugestehen konnten.

Wenn dagegen in einer Einrichtung Krisenmanagement und/oder die Aufgabe, ein Kind/einen Jugendlichen eventuell körperlich zu begrenzen durchgängig an die Mitarbeiter der ‚unteren' Hierarchie-Ebenen delegiert werden, entsteht leicht der Eindruck, dass sich die Vertreter von Leitung und/oder Beratung mit so etwas ‚nicht die Finger schmutzig machen' wollen.

Dieser Verdacht wertet solche ‚Einsätze' implizit ab, was oft dazu führt, dass Kriseninterventionen und eventuell notwendige körperliche Begrenzungen unprofessionell ausgeführt werden und nicht die notwendige Aufmerksamkeit und Anerkennung finden, die sie verdienen.

1. Ebene der individual-psychologischen Betrachtung

1.1 Die ‚Anteile' sortieren ...

Auf dieser Ebene interessieren wir uns für die Biographie und Psychodynamik der einzelnen Personen, die an einer gewaltsamen Auseinandersetzung beteiligt waren. Die manifeste Gewalt wird in dieser Perspektive als ein ‚Symptom' angesehen, deren latente Ursachen in der psychischen Struktur der Konfliktpartner bzw. im Zusammenwirken derselben verankert sind und dieser entspringen (Bittner 1976 und 1985). Deswegen geht es in der individualpsychologischen Perspektive darum, die Anteile der Einzelnen an der Gewalt, d. h. ihren spezifischen Beitrag zu analysieren. Weil in dieser Situation, so lautet die perspektivenleitende Idee, ‚wunde Punkte' aus der Lebensgeschichte der Konfliktpartner berührt und aktualisiert wurden, haben sie die bewusste Kontrolle über ihre Handlungen verloren. Ihre triebhaften und/oder narzisstischen, in jedem Fall aber vor- bzw. unbewussten Szenarien preisgegeben, haben sie ein Stück Hass und Gewalt agiert, wie sie grundsätzlich in jeder menschlichen Psyche ‚schlummern'. Von der Bewusstmachung und Aufarbeitung dieser Dynamik(en) erhofft man sich in dieser Perspektive eine größere innere Freiheit, durch die konstruktivere Konfliktlösungen möglich werden können (zu einer anderen Interpretation derselben Episode im Kontext struktureller Bedingungen von Heimerziehung: Schwabe 1994).

Der Übersichtlichkeit zuliebe beschränken wir uns bei der Darstellung auf die Konfliktanteile von Mike und der Erzieherin Anja. Hören wir zunächst, was ein einfühlsamer Erzieher, der Mike schon lange kennt, als dessen spezifische biographische Hintergrunde schildert:

> „Mike ist ein 12-jähriger Junge, der große Probleme damit hat, seine eigenen Impulse zu kontrollieren: Phasen von Übererregung, in denen er hektisch und verbissen ein häufig antisoziales Ziel verfolgt, wechseln mit Zeiten, in denen er sich niedergeschlagen und lustlos fühlt und auf gar nichts mehr ‚Bock' hat.

Bei vertrauten und starken Personen, die ihn sehr direktiv steuern, kann Mike gehorchen und wirkt dabei manchmal sogar ‚hündchenhaft' angepasst. Sobald er jedoch bei seinem Gegenüber Unsicherheiten und Schwächen wittert, lässt er es zu heftigen Konfrontationen kommen.

Auf diesem Hintergrund gewinnt das ferngesteuerte Auto seine symbolische Bedeutung und wird die starke Faszination, die davon auf Mike ausgeht, verständlich: Das ferngelenkte Auto gehorcht seinen Befehlen und er vermag es geschickt zu steuern. Zwei Dinge, die er in Bezug auf sich selbst nicht beherrscht. Normalerweise ist er derjenige, der von seinen inneren Impulsen und Stimmungen gesteuert wird und jegliche Kontrolle über sie verliert. Insofern verkörpert das Auto einen Zugriff auf etwas, das Mike auch für seine eigene Person lernen möchte. So wie er das Objekt Auto steuert, so möchte er einmal sich selbst kontrollieren können. Kein Wunder, dass er an diesem Auto hängt, als wäre es ein ‚Schatz'.

Noch ein anderer Gedanke ist wichtig: Das ferngesteuerte Auto berührt Mikes ambivalente Gefühle gegenüber dem Thema Gehorsam und Kontrolle. Denn, was sich zwischen Mike und dem Auto abspielt, ist ein lineares und einseitiges Steuerungsverhältnis, eine Herr/Knecht-Beziehung: Mike dirigiert, das Auto gehorcht. Wenn sich Mike, wie wir oben angenommen haben, mit dem Auto identifiziert, dann stellt er mit dem Auto auch seine eigene verhängnisvolle Philosophie des Gehorsams dar. Sie besteht in Schwarz-weiß-Gegensätzen. Einer dirigiert, der andere gehorcht. Beides ist total und ohne Wechsel. Vermittelnde Spielräume existieren dabei nicht.

Und so ist auch Mikes Verhältnis zu den Erziehern: Den einen gehorcht er hündchenhaft, von den anderen lässt er sich nichts sagen und beherrscht sie mit seinem Terror. Einen Mittelweg gibt es noch nicht."

Die Erzieherin Anja, um eine Beschreibung ihrer Konflikt-Anteile gebeten, formuliert:

„Mike hat mich schon Wochen und Tage davor geärgert. Es war sein freches, vorlautes, respektloses Benehmen mir gegenüber, das mir Angst machte. Bei anderen ist er oft das brave, liebe Kind, das überangepasst ist. Aus meiner eigenen Geschichte weiß ich, dass auch ich mich manchmal, je nach Person, sehr verschieden verhalten habe. Am deutlichsten ist das in meiner Erinnerung an die Schulzeit: Es gab Lehrer, die bewunderte ich und bei denen passte ich auf und versuchte, sie für mich einzunehmen. Und andere, bei denen ich mit die ‚Frechste' von der Klasse war und die ich häufig auch verachtet habe. Und diese ‚Spaltung' bei mir hat etwas mit meinem Vater zu tun, den ich oft als viel zu weich und lasch erlebt habe. Vor allem in Bezug auf den Kommando-Ton meiner Mutter, die mit ihm häufig gemacht hat, was sie wollte (zumindest habe ich es so gesehen). Bei ihr habe ich viel gekämpft, während er mir oft leidtat. Und mitten in diesen ganzen Wust aus meiner Familie, den ich selbst nicht ganz verstehe, sticht dann Mike hinein mit seiner ‚Spaltung', wie ich das nenne. Wenn andere Kinder mit mir kämpfen wollen, kann ich oft sehr viel ruhiger und geduldiger bleiben und ihre Not dabei sehen. Bei Mike ist es diese Spaltung, die mich einfach ärgerlich macht und die dazu führt, dass ich ziemlich schnell die Geduld bei ihm verliere."

Anja beschreibt sich und Mike als Personen, die zu einer Aufspaltung des Verhaltens neigen. Ihre eigene ‚Spaltung' erklärt sie aus der Polarität von (zu) schwachem Vater und (zu) mächtiger Mutter. Anja besitzt beide Pole in sich (Angepasstheit bzw. Unterwürfigkeit und Kämpfergeist bzw. provozierendes Verhalten) aber hat diese noch nicht ausreichend miteinander versöhnt oder integriert. Deswegen weckt der ‚gespaltene Mike' ihre infantilen Rache- und Kastrations-Phantasien, die sie in der Auseinandersetzung mit ihm ausagiert (z. B. Herausnahme der Batterien).

Betrachtet man die biographisch motivierten, individuellen Konfliktanteile von Mike und der Erzieherin Anja, so wird deutlich wie diese in der oben beschriebenen Situation ineinander ‚geklinkt' sind. Die Unfähigkeit beider, sich konstruktiv aufeinander zu beziehen und die explosionsartige Heftigkeit der Eskalation, wird so zumindest im Nachhinein für beide Individuen nachvollziehbar.

1.2 Praktische Konsequenzen aus der individual-psychologischen Betrachtung

Sicherlich gibt es im stationären Kontext kaum einen Gewaltvorfall, an dessen Zustandekommen nicht auch der Erwachsene ‚seinen Anteil' hat. Trotzdem wäre es in vielen Fällen falsch, das Kind/den Jugendlichen aus der Verantwortung für sein Verhalten zu entlassen. Gerade Gewaltvorfälle sind hervorragend dazu geeignet, die eigene persönliche Beteiligung am Konfliktverlauf auch solchen Kindern/Jugendlichen deutlich zu machen, die ansonsten stereotyp alle Schuld von sich weisen und grundsätzlich andere Personen für das eigene Verhalten verantwortlich erklären.

Dieses ‚Spiel' darf die Pädagoginnen jedoch auch wieder nicht dazu verführen, ins andere Extrem zu verfallen und nur das Kind für den Konfliktverlauf verantwortlich zu machen. Wo eigene Anteile deutlich sind oder die Eskalation verschärft haben (wie das in dem oben geschilderten Beispiel der Fall ist), ist der Erwachsene in der Pflicht. Je nach Sachlage kann eine einseitige oder wechselseitige Entschuldigung bzw. Wiedergutmachung angebracht sein.

In jedem Fall sind die Eltern des Kindes/Jugendlichen zu informieren. Ihnen gegenüber sollten die erzieherisch nicht verantwortbaren Handlungsweisen der Pädagoginnen mitgeteilt und auch als solche definiert werden. Die ganze Episode sollte als Not- bzw. Ausnahmesituation gekennzeichnet werden, an der die Pädagoginnen und das Kind gleichermaßen beteiligt, wenn auch unterschiedlich verantwortlich sind. Die Eltern sollten deutlich um Zustimmung gefragt werden, diesen Vorfall innerhalb der eigenen Einrichtung aufzuarbeiten und zunächst keine äußeren Instanzen (Landesjugendamt, Polizei etc.) einzuschalten. Außerdem sind die Eltern über die weiteren Schritte, die auf den Vorfall folgen sollen, aufzuklären und ggf. an ihrer Planung bzw. Durchführung zu beteiligen (Entschuldigungssitzung etc.).

Konkret bedeutet dies für die am oben geschilderten Konflikt beteiligten Personen:

Für Mike

In Bezug auf Mike stellt sich erstens die Frage, wie ihm sein eigener Konflikt-Anteil aufgezeigt und von ihm selbst anerkannt werden kann und zweitens, welche Angebote er vonseiten seiner Umwelt bedarf, damit sich solche Vorfälle möglichst nicht wiederholen (auf eine weniger auf Mikes Person als auf den gesamten institutionellen Kontext bezogene pädagogische Maßnahme gehe ich in Punkt 2 ausführlich ein).

Um den ersten Komplex zu bewältigen, ist es sinnvoll mit Mike ein Einzelgespräch über den Vorfall zu führen. Dieses sollte erst am nächsten Tag, nicht aber später als zwei Tage nach dem Vorfall erfolgen, um eine optimale emotionale Nähe und Distanz zu dem Konflikt zu erreichen. Am besten eruiert man zunächst seine ‚Geschichte' (siehe oben) des Vorfalls und konfrontiert ihn dann schrittweise mit der Beschreibung der Pädagogen. Wahrscheinlich ist es für Mike leichter, eigene Anteile zuzugestehen, wenn das Gespräch von einer am Konflikt unbeteiligten Person, einer Art neutralem Konfliktschlichter, geführt wird.

Methodische Hilfsmittel dafür können das Nachspielen des Vorfalls (evtl. vor der Videokamera) oder das gemeinsame Aufschreiben der ‚Geschichte' sein. Besonders bei ‚bockigen' Kindern und Jugendlichen hat sich die ‚Briefkuvert-Methode' als motivierend erwiesen: Zu Beginn des Gespräches wird dem Kind/Jugendlichen ein Briefumschlag gezeigt, der die Beschreibung des Eigenanteiles der Pädagogin enthält (mit dicken Lettern steht darauf: „Was ich in dieser Situation falsch gemacht habe …"). Dem Kind/Jugendlichen wird versprochen, unmittelbar nach Erarbeitung seines Eigenanteiles an der Eskalation, die ‚Selbstbezichtigung' der Pädagogin lesen bzw. hören zu können. Diese Botschaft stellt von vornherein klar, dass es bei dem Gespräch nicht um einseitige, destruktive Schuldzuweisungen geht, sondern darum, dass alle Beteiligten aus dem Vorfall lernen.

Wenn Mike seinen eigenen Anteil wahrnehmen kann, ist es sinnvoll, mit ihm eine persönliche Wiedergutmachung für Anja und den männlichen Pädagogen auszuhandeln. In einer ‚Entschuldigungssitzung' mit den angegriffenen Pädagoginnen kann Mike seinen Anteil formulieren. Konkret: Er hätte in der Mittagsruhe mit dem Autofahren aufhören können; er hätte wissen können, dass er mit den Hausschuhen im Schnee auf den nächsten Konflikt zusteuert; er hätte Anja nicht anspucken dürfen. Die von Mike in Aussicht gestellte Wiedergutmachung (z. B. Mike übernimmt für Anja eine Woche das Einkaufen oder das Aus- und Einräumen der Spülmaschine etc.) muss wahrgenommen und gewürdigt bzw. bei ihrem Ausbleiben oder ihrer unvollständigen Erledigung von dem Konfliktschlichter angesprochen und angemahnt werden.

Der *zweite Komplex* lässt sich nur im Teamgespräch klären. Es ist von größter Wichtigkeit, dass die beiden Gruppen (diejenige, bei der sich Mike hündchenhaft verhält und diejenige, bei der er bedrohlich auftritt), welche Mikes innere Spaltung bzw. Ambivalenz widerspiegeln, miteinander ins Gespräch kommen: Beide Gruppen hätten zusammenzutragen, wie sie Mike im Alltag erleben, was sie an ihm schätzen, was sie an ihm ärgert und wie sie die Unterschiede im Verhalten jeweils verstehen. Das Ziel eines solchen Fallgesprächs ist die Integration von Mikes Spaltung im Geist der Team-Mitglieder. Gelingt diese, so hat dies oft erstaunliche Verhaltensveränderungen zur Konsequenz. Hierbei handelt es sich nicht um irgendeine mystische Heilung durch den ‚Geist'. Von R.W. Bion wissen wir, wie bedeutsam solche mentalen und/ oder imaginären Integrationsleistungen einzelner Personen oder Gruppen in Bezug auf ein hochambivalentes Individuum sein können. Das Team bzw. das Teamgespräch wirkt bei solchen Fällen wie ein bergender ‚Container', in dem die emotionale Zerrissenheit des behandelten Falles eine (zumindest vorläufige) ‚Heilung' erfahren kann (Bion 1974).

Im pädagogischen Alltag ginge es darum, diese Integrationsleistung von der Ebene des Gesprächs auf die Ebene des Verhaltens zu bringen: Gerade eine Person, bei der Mike sich angepasst verhält, sollte ihm das widerspiegeln und hinterfragen (z. B. „Würdest du dich jetzt bei Anja auch so verhalten, wenn sie dir etwas verbietet oder wäre es bei ihr ganz anders?" oder „Ich bin ja heute wieder sehr zufrieden mit dir, ich bin gespannt, was Anja mir erzählen wird, wie es mit ihr gegangen sein ist."). Außerdem wäre es für Mike von größter Wichtigkeit, dass das ganze Team ihm Möglichkeiten für Autonomie-Spielräume aufzeigt: Gemeinsam mit Mike wäre auszuhandeln, in welchen Bereichen er über sich selbst bestimmen kann (z. B. wann mache ich meine Hausaufgaben, wie teile ich mein Taschengeld selbst ein) und wo er sich wie alle anderen an allgemeine Gruppenregeln halten muss.

Alle Teammitglieder, auch diejenigen, bei denen Mike sich hündchenhaft verhält, müssten in nächster Zeit darauf verzichten, ihre pädagogischen Forderungen gegenüber Mike rigide zu formulieren, oder ‚durchzuziehen'. Stattdessen käme es darauf an, dass das Team Mike zeigt, dass es einen ‚langen Atem' besitzt und auch dann auf die Erfüllung von Forderungen besteht, wenn Mike diese nicht sofort bzw. am selben Tag ausführt. Für solche Situationen wäre es sinnvoll, die täglich stattfindende ‚Dienstübergabe' dazu zu nutzen, dass der kommende und der gehende Pädagoge/Pädagogin Mike zu sich zitieren bzw. gemeinsam zu ihm hingehen, um die nicht erfüllte Pflicht bei ihm einzuklagen. Sicherlich wäre es für das Team hilfreich, im Hintergrund eine Person zu haben, die das Team bei solchen ‚kniffligen' Verhandlungen unterstützt bzw. selbst Teile des Krisenmanagements übernimmt.

Konsequenzen in Bezug auf die Pädagogin Anja

Die Erzieherin Anja hat ihren Konfliktanteil selbst beschrieben. Sicherlich wäre es für sie hilfreich, wenn eine Person in einem Einzelgespräch diese Anteile mit ihr ordnet bzw. auf den Punkt bringt. Allerdings ist hierbei darauf zu achten, dass der pädagogische und supervisorische Kontext dieses Gesprächs deutlich bleibt und es nicht darum gehen kann, eine Therapiesitzung abzuhalten. Auch für Anja kann es sinnvoll sein, den Vorfall noch einmal nachzuspielen bzw. Mikes Version des Konfliktverlaufes und damit seine (persönlich verzerrte) Wahrnehmung der Situation kennenzulernen. Wenn, wie in diesem Fall, Konfliktanteile des Erwachsenen deutlich sind oder sogar im Vordergrund stehen, ist es sinnvoll, dass der Erwachsene das Kind (evtl. im Beisein der Eltern) zu einer Entschuldigungs-Sitzung einlädt. Die Strukturierung dieses Gesprächs sollte von einer dritten Person übernommen werden. Unter Umständen ist es pädagogisch sehr wirkungsvoll, wenn der Pädagoge/die Pädagogin die volle Verantwortung für die Gewaltepisode übernimmt. Er/sie kann z. B. sagen: „Egal, wie sehr du mich provoziert hast und unabhängig davon, dass du den Konflikt mit angeheizt hast, hätte ich als Erwachsener einen kühlen Kopf bewahren müssen. Stattdessen bin ich ausgerastet und habe mich falsch verhalten, indem ich X und Y und Z gemacht habe. Das war schlecht von mir als Erwachsener und schlecht von mir als Erzieher. Ich bitte dich deswegen um Entschuldigung und ich bin bereit, für dich XY als Wiedergutmachung zu leisten. Ich kann es auch verstehen, wenn du vorerst keinen Kontrakt mit mir willst oder noch wütend auf mich bist..." etc.

Eine solche Formulierung kommt für viele Kinder/Jugendliche (und Eltern) unerwartet. Sie können es häufig kaum ertragen und werden sehr schnell ihren eigenen Anteil benennen oder sogar in den Vordergrund stellen. Trotzdem ist es gut, darauf zu bestehen, dass man als Erwachsener die Verantwortung für die Situation besitzt und auch in Zukunft zu übernehmen gedenkt. Als Vorgesetzter bzw. Verantwortlicher hätte man die Möglichkeit, Anja zu einem De-Eskalationstraining einzuladen, wie es unter Punkt 2.5.3 beschrieben wird.

1.3 Typologien aggressiven Verhaltens von Individuen

Durch die Einzigartigkeit je situativer und personeller Konstellationen, von denen ein „Fall für" die Jugendhilfe (Müller 1994) charakterisiert ist, verbietet sich im sozialpädagogischen Feld ein rezepthaftes Vorgehen und ist eine konsequente Orientierung am Einzelfall geboten. Trotzdem ist es sinnvoll auch zu reflektieren, was an ‚brenzligen' Situationen und/oder ‚schwierigen' Personen gleichbleibt, weil man dadurch Erfahrungen sammeln und weitergeben kann und nicht bei jedem Einzelfall mit dem Verstehen und Handeln bei null anfangen muss. Für mich ergänzt sich der Blick für die Unterschiedlichkeit und Einzigartigkeit von Situationen mit dem Blick für die Wiederholung und das Typische. Die Eskalationsepisode mit Mike und Anja enthält Neues, Unbekanntes und Einzigartiges, aber auch Typisches im Verlauf, Erwartbares, geradezu Stereotypen. Der eine Blick führt zu einer Komplexitätserweiterung (je mehr man in den Einzelfall eintaucht, umso mehr Facetten enthüllt er), der andere zu einer Komplexitätsreduktion (je mehr Fälle ich kennengelernt habe, umso deutlicher wird mir auch, was in bestimmten Fallgruppen vergleichbar ist bzw. was an ihnen Variationen desselben Themas sind). Komplexitätserweiterung dient in erster Linie dem notwendigen Nachvollziehen und Verstehen des Falls bzw. der Suche nach Handlungsformen, die bisher noch nicht angewandt wurden, also neu und kreativ sind; Komplexitätsreduktion dient dazu an bereits bewährte Handlungsschritte anknüpfen zu können, um so eine gewisse Verhaltenssicherheit finden zu können. Diese Bemerkung vorausgeschickt, möchte ich zwei Typen-Bildungen vorstellen, die mir sowohl für das Verstehen von wie das Verhalten in Einzelfällen sehr nützlich waren (es gibt noch andere Typologien, die sehr gut lesbar und äußerst anregend sind, beispielsweise die von Michael Langhangy entwickelte bezüglich ‚Straßenkinder'; oder die von Anette Streeck-Fischer vorgestellte bezüglich jugendlicher Gewalttäter mit Psychiatrie-Kontakten; Langhanky 1998, Streeck-Fischer 1995;). Die erste Typologie. die von Andreas Dutschmann konzeptioniert wurde. der seit vielen Jahren als Psychologe in einer Kinder- und Jugendpsychiatrie arbeitet, trägt den Namen „A-B-C-Typologie aggressiver Verhaltensweisen" (Dutschmann 1999 a, S. 14 ff.):

> „Aggression vom Typ A ist der Versuch, gezielt und/oder geplant anderen Menschen zur Erlangung eines persönlichen Vorteils Schaden zuzufügen."
>
> „Aggression vom Typ B ist ein durch Emotionen bzw. Erregung hervorgerufenes und/oder begleitetes Verhalten zur Reduktion von Spannung und zur Abwehr bedrohlicher Reize, wobei die Schädigung eines Anderen in Kauf genommen wird."
>
> „Aggression von Typ C ist ein durch hohe Erregung hervorgerufenes, weitgehend ungesteuertes Verhalten mit schwerer Gefährdung von Personen und Sachen" (ebd. 14 ff.).

Jedem Pädagogen werden dazu beispielhafte Situationen und Kinder/Jugendliche einfallen.

In drei eigenen Manualen (Dutschmann 1999 a und 1999 b) zeigt Dutschmann sehr differenziert auf, wie unterschiedlich von Seiten des pädagogischen Personals mit den verschiedenen aggressiven Personen in den unterschiedlichen Situationen umgegangen werden kann und muss. Dazu hat er ein eigenes Fortbildungsprogramm entwickelt, das sich ‚ABPro' (Aggressions-Bewältigungs-Programm) nennt. Zur Situationstypologie eine knappe Zusammenfassung (Adresse von Herrn Dutschmann im Anhang an das Literaturverzeichnis):

- Beim *A-Typ* geht es überwiegend um eine konsequente, erzieherische Konfrontation mit Mitteln des verbalen Intervenierens, des Aufzeigens von Konsequenzen, u. U. auch des Festhaltens oder Isolierens (Kontext Kinder- und Jugendpsychiatrie!). Die theoretische Basis hierfür ist überwiegend die Lerntheorie: instrumentelles aggressives Verhalten wird als erlernt betrachtet; über die Gestaltung von Konsequenzen positiver oder aversiver Art kann es auch wieder verlernt werden.
- Beim *B-Typ* werden primäre und sekundäre Gefühle unterschieden, die es diagnostisch zu erfassen gilt. So kann hinter Aggression (sekundäres Gefühl) z. B. das Gefühl von Angst oder Enttäuschung (primäres Gefühl) stecken, die – weil schmerzlich und belastend – durch aggressives Verhalten abgewehrt werden. Die Aufgabe der Pädagogen besteht hier darin die Quellen der primären Gefühle so anzugehen, dass das aggressive Verhalten mit der Zeit nicht mehr ‚nötig' ist und/oder das Kind mit Unterstützung des Pädagogen/Psychologen Strategien entwickelt hat, diese (primären) Gefühle (z. B. Angst, Trauer etc.) besser zu bewältigen.
- Beim *C-Typ* geht es zunächst um die Strukturierung des Alltags in einer Art und Weise, dass Auslöser für ‚Ausraster' vermieden bzw. Bedingungen geschaffen werden die das ‚Ausrasten' unwahrscheinlicher machen (z. B. ausreichend Bewegung, oder genügend Schlaf oder regelmäßige Kleingruppensituationen. In der Akutphase der Hocherregung geht es vor allem um Schutz (der anderen, aber auch des wütenden Kindes) und Beruhigung. Weiterreichende pädagogische Ziele werden bewusst von der Akutphase getrennt (Bedeutung der Konfliktnachbehandlung), weil sie das Kind überfordern würden.

Was den Fall ‚Mike' betrifft, fällt es nicht schwer in ihm den Situationstyp B als Ausgangskonflikt zu erkennen, der sich ab einem bestimmten Moment zu Typ C entwickelt. Allerdings beinhaltet Dutschmanns Typologie keine Phasenlehre, was sie von meinem Ansatz unterscheidet (siehe Kapitel 2.3). Duschmann kennt zwar Situationen, in denen sich ein Konflikt von Typ A über B nach C entwickelt; allerdings würde er jedem Kind/Jugendlichen eine gewisse Neigung unterstellen, bestimmte Situationen zu inszenieren bzw. in diese ‚hineinzurutschen', (in) andere dagegen nicht. Diese mittlere Position zwischen Situations- und Persönlichkeits-Typologie finde ich sehr anregend und betrachte sie als wichtige Ergänzung zu dem Einschätzen-Können von Eskalationsphasen. Dasselbe gilt für die aus einem amerikanischen Fortbildungsprogramm stammende Typologie, die vier unterschiedliche Motive für aggressives Verhalten postuliert (Smith u. a., ohne Jahr; zitiert nach Papenberg 1998). Unterschieden werden aggressive Attacken aus Angst, aufgrund von Frustration, mit dem Ziel der Manipulation und mit dem Ziel der Einschüchterung. Je nachdem kann/muss die erzieherische Antwort auf das aggressive Verhalten anders aussehen:

Zuallererst ist bei einem aggressiv auftretenden Menschen zu prüfen, ob er Angst hat (z. B. Angst von anderen angegriffen, bestraft, verhöhnt etc. zu werden) und ob seine Aggressivität der Angstabwehr bzw. dem Kampf gegen ein stellvertretendes Angstobjekt dient; sollte diese der Fall sein, ist eine Art ‚Erste Hilfe' zur Angstreduzierung vorzunehmen. Erst wenn die Angst im Griff ist, können weiterführende pädagogische Überlegungen angestellt werden.

Beispiel

Ein erregter Zwölfjähriger stürzt ins Erzieherbüro und verlangt lautstark und gereizt seine Luftmatratze. Die Pädagogin kann sich erst gar nicht daran erinnern; langsam dämmert ihr, dass der Junge diese Luftmatratze vor vier Wochen anlässlich einer Radtour mit Übernachtung von zu Hause mitgebracht haue. Der Junge bedrängt sie wütend, sie solle diese Luftmatratze endlich suchen, sein Bus fahre in zehn Minuten. Der Mitarbeiterin wird klar, dass der Junge wegen der Matratze stark unter Druck steht und dass es keinen Sinn macht ihm zu sagen, er solle sie doch selbst suchen (denn das hat er wahrscheinlich schon getan). Sie sagt ihm als erstes, dass sie ihn zum Bus fahren wird (dadurch gewinnen sie Zeit zum Überlegen und Suchen). Nachdem der erste Druck weg ist, kann der Junge zugeben, dass er nicht weiß wo er die Matratze hingelegt hat und dass er große Angst hat zu Hause wegen des Verlusts der Matratze geschlagen zu werden. Die Pädagogin sucht erst eine Weile mit ihm; später ruft sie die Eltern an und klärt mit ihnen ab, wie mit der verschwundenen Matratze weiterverfahren wird.

Die Pädagogin in diesem Beispiel hat die massive Angst des Jungen rechtzeitig erkannt und etwas dagegen unternommen. Hätte sie sich auf den Standpunkt gestellt, die Matratze gehe sie nichts an und sei alleine Sache des Jungen, hätte der diese Gleichgültigkeit leicht zum Anlass nehmen können sie körperlich anzugreifen; er hätte sie dann sowohl für ihre Nicht-Empathie bestraft als auch sich selbst an ihrer ‚Vernichtung' vorgeführt wie er mit dem vermuteten Angriff zu Hause (Eltern, großer Bruder) umgehen würde.

Bei einem frustrierten Kind/Jugendlichen, der anlässlich einer starken Enttäuschung/Zumutung sein inneres Gleichgewicht verloren hat und seine Ärger und seine Wut am liebsten am Nächstbesten (Nächstschwächsten) auslassen will, ist das vorrangige Ziel der pädagogischen Intervention das ‚Ablassen der Frustrationssäure': Das Kind/der Jugendlichem muss seinen Ärger verbal oder körperlich (gegen eine Sache aber nicht gegen eine Person gerichtet) ausdrücken können und/oder einfühlsam beruhigt und getröstet werden.

Beispiel
Der zehnjährige Tim rast vom Sportplatz, auf dem er von größeren Jungen sehr gemein geärgert wurde hoch in die Gruppe und fängt an diese zu verwüsten; er ist sprachlos vor Wut und kann, von einem Pädagogen angesprochen, zunächst gar nicht äußern, was ihm wiederfahren ist. Erst nachdem ihm der Pädagoge ein sowieso schon von der Wand gerissenes Plakat zum weiteren Zerfetzen in die Hand drückt, kann er sich beruhigen und trösten lassen. Später ist er auch bereit die von ihm in Unordnung gebrachten Dinge wieder aufzuräumen und das zerfetzte Plakat zu ersetzen. Auf dem Höhepunkt seiner Wut und Gekränktheit wären alle pädagogischen Konsequenzen dagegen fehl am Platz gewesen.

Während man die ersten beiden Formen von Aggressivität als ‚expressive' oder ‚emotionale' bezeichnen könnte, geht es bei den beiden anderen um ‚instrumentelle' Aggressivität:

Diese kann eingesetzt werden, um jemanden (relativ bewusst) einzuschüchtern:

Beispiel
Der sechzehnjährige Alex reißt die Türe zum Erzieherzimmer auf baut sich vor der Mitarbeiterin auf und fordert lautstark sein Taschengeld. Die Pädagogin entgegnet ihm ruhig, dass er keines mehr habe und dass er das wohl auch wisse oder zumindest wissen könnte, da er vor zwei Tagen bereits nachgefragt hätte. Der Jugendliche droht ihr Schläge an und kommt noch näher. Die Pädagogin zeigt ihm die Konsequenzen auf, die einträten, wenn er sie schlägt. Er tritt gegen ihren Stuhl und verlangt den Schlüssel zum Tresor, sie verweist auf den Schlüssel, der auf dem Tisch liegt, macht ihm aber wiederum die Konsequenzen klar, die dieser Raub auch von Seiten der anderen beraubten Jugendlichen hätte. Mit einem Fluch verlässt der Jugendliche das Büro.

Wenn die Aggressivität so instrumentell eingesetzt wird, ist es das oberste Ziel dem Angreifer ruhig und klar die Stirn zu bieten; die amerikanischen Forscher gehen davon aus, dass allein Festigkeit und der stete Hinweis auf die für ihn negativen Konsequenzen den Aggressiven davon abhält tatsächlich Gewalt anzuwenden; während Unsicherheit und Zögern ihn darin bestärkt sein Einschüchterungsverhalten weiter zu steigern und tatsächlich zuzuschlagen. Gibt der Pädagoge in solchen Situationen einfach nach, ist die Wahrscheinlichkeit, dass der Jugendliche auch weiterhin seine Ziele über Einschüchterung zu erreichen versucht, groß. Sicher gibt es Situationen in denen es vernünftig ist sich in Sicherheit zu bringen und auf die Konfliktnachbearbeitung (u. U. auch in ihrer justiziellen Form) zu vertrauen. Zunächst einmal gehört es jedoch zum pädagogischen Handwerkszeug dazu mit der eigenen Angst angegriffen zu werden umzugehen und den Einschüchterungsversuch klar und eindeutig zurückzuweisen.

Dasselbe gilt für den manipulativen Einsatz von Aggressivität; dieser ist variabler und uneindeutiger angelegt als die Einschüchterungs-Strategie; der/die Jugendliche kann am Anfang ganz nett sein, zwischendurch quengeln und nerven, um es dann mit einer bedrohlichen Geste oder einer Erpressung zu versuchen. Auch hier geht es darum klar und fest zu bleiben: bestenfalls ist es zu Beginn sinnvoll ein Kompromissangebot zu machen: nach einer längeren Phase manipulierenden Verhaltens würde das für den Jugendlichen aber wie ein Erfolg wirken und ihn darin bestätigen auch das nächste Mal sein manipulatives Verhaltensregister auszuspielen.

Im Zuge des PART-Trainings (siehe 2.5.4) werden diese vier Motive genau analysiert und differenzierte (nach meinem Geschmack etwas zu rezepthaft geratene) Verhaltensformen für die unterschiedlichen Typen eingeübt. Im Unterschied zu meinem interaktionistischen Ansatz ist der aus dem PART-Programm (zumindest was die Motive betrifft) ein individual-psychologischer: Er geht davon aus, dass das Kind/der Jugendliche schon mit einer festen Stimmung/Motivlage/Ziel in die Konfliktsituation mit dem Pädagogen gerät und dieser sich darauf einstellen muss, was das Kind/der Jugendliche jeweils mitbringt. Ich gehe davon aus, dass sich bestimmte Gefühle und Motive erst im Verlauf des Konflikts ‚herstellen', und zwar sowohl beim Kind/Jugendlichen als auch beim Pädagogen. Das Kind wollte vielleicht durch seine Weigerung das Zimmer aufzuräumen ‚nur' seine Ruhe: im weiteren Verlauf aber geht es ihm darum gegenüber dem Pädagogen Recht zu behalten oder vor der zuschauenden Gruppe sein Gesicht zu bewahren. Das heißt sein erstes Ziel (meine Ruhe haben) geht nicht auf und es/er wird ‚zwangsläufig' in andere, nicht erwartete Interaktionen verstrickt. Dasselbe geschieht auf der Seite des Pädagogen: Er wollte beispielsweise nur ‚Gute Nacht' sagen, entdeckt dabei aber, dass zwei Jungen auf dem Zimmer rauchen und gerät mit den beiden in einen Riesen-Konflikt, in dessen Verlauf er vielleicht sogar angegriffen wird. Diese plötzlichen, unerwarteten, zum Teil auch unplanbaren Konflikte und deren Eskalation als eine ihrer typischen Verlaufsformen und wie PädagogInnen damit umgehen können, stehen im Mittelpunkt meiner Überlegungen. Das heißt aber nicht, dass es nicht auch sinnvoll sein kann, was unterschiedliche Kinder/Jugendliche von sich aus d. h. ihrer Geschichte und Persönlichkeit her in eine Situation mitbringen und wie sie dort evtl. immer wieder ein bestimmtes Verhaltensprogramm abspielen. Die eine Betrachtungsweise ergänzt die andere: es ist wichtig beide Perspektiven und deren Unterschiede zu kennen, damit man sie bewusst getrennt (nicht vermischt!) anwenden und von beiden profitieren kann.

2. Die prozessimmanente Betrachtung: Was die Eskalation mit uns macht

2.1 Symmetrische und komplementäre Verhaltensmuster im Eskalationsprozess

Unabhängig von den spezifischen Motiven und individuellen, psychischen Dispositionen der an einer Eskalation beteiligten Personen, kann diese als ein relativ autonomer und quasi automatisch ablaufender Prozess beschrieben und empfunden werden. Diese Betrachtungsweise nimmt subjektive Aussagen von Eskalations-Teilnehmern ernst, die etwa so lauten: „Und plötzlich war ich da am Agieren und konnte nicht mehr aussteigen. Ein Wort ergab das andere, er fing zu brüllen an und dann ich und ehe ich mich versehen hatte, war es zu spät." Oder „Nachher kam mir das vor, wie eine Maschine, ein Auto oder ein Zug, in dem wir beide drin saßen und er raste führerlos dem Unfall entgegen. Ich glaube wir beiden hätten uns tierisch gefreut, wenn wir die Chance zum Anhalten oder Aussteigen gehabt hätten. Aber das war es ja gerade, dass ich nicht die Bremse oder den Ausgang gefunden habe und dann hat es geknallt ..." (persönliche Aussagen von Teilnehmerinnen eines De-Eskalationstrainings).

Eskalationsprozesse mit gewaltsamem Ausgang haben zumindest im Rückblick etwas Zwangsläufiges an sich. Wenn man die ersten Etappen des sich aufschaukelnden Interaktionsprozesses mitgemacht hat, scheint man die Kontrolle über den Prozess zu verlieren und landet an einem Punkt, an dem man nicht enden wollte. Damit gehören solche Eskalationen zu einem Typ von Verhalten, den Gregory Bateson als „kumulative Interaktion" beschreibt. D. h. zu einem Typ von wechselseitigem Verhalten, in dem Tempo, Dynamik und Intensität der einzelnen Interaktions-Einheiten (beobachtet man einen bestimmten Zeitraum) ständig zunehmen und sich verdichten (Bateson 1981, S. 161 ff.). Jedes Verhalten scheint unmittelbar vom Verhalten des jeweils anderen hervorgebracht zu sein. Dazu passt, dass die einzelnen Interaktionen nachträglich nur noch schwer erinnerbar sind und sich die persönliche Verantwortung für das eigene Verhalten auflöst. Ab einer (jeweils) bestimmten Phase dieses Prozesses scheint es nur noch die Möglichkeit zu geben, ‚weiterzumachen'. Bevor dieser Verlauf aber ‚unendlich' wird, geschehen häufig Ereignisse, die ein Ende der Interaktion herbeiführen.

‚Kumulative Interaktionen' die eine Eskalation beinhalten, sind nicht grundsätzlich etwas Schlechtes oder Gefährliches. Denken wir nur an das Sich-Verlieben eines Paares, das über verschiedene Etappen mit immer häufigeren und intensiveren Begegnungen zum sexuellen Akt führt. Oder an den sexuellen Akt selbst, der mit zarten Berührungen beginnen kann, über verschiedene Arten sich zu küssen weiterführt, bei heftigen Koitus-Bewegungen anlangt und schließlich im Orgasmus endet. Oder an die Beziehung von Sportler und Trainer vor einem wichtigen Wettkampf: Nicht nur die Häufigkeit der Trainingseinheiten nimmt zu, auch die Intensität der sportlichen und menschlichen Anforderungen, die beide an sich und den anderen stellen. Die ganze Energie wird auf den ‚großen Tag' hin gebündelt und explodiert dann quasi im Wettkampf.

Ein mögliches Ende von Eskalationen sind also durchaus angestrebte und mit Spannung und Freude erwartete Höhepunkte, deren Erreichen zu Entspannung und zu größerer Dichte menschlicher Beziehungen führen. Insofern besitzen sie einen Sinn im Zusammenhang mit der menschlichen (biologischen) Aufgabe des „Spannungsabbaus durch totale Beanspruchung" (Bateson 1981, S. 161).

Ein anderes Ende von Eskalationsprozessen besteht allerdings in panikartiger Flucht, emotionaler Trennung und/oder Gewalt. Diesen ‚negativen', weil trennenden Ausgang der Eskalation nennt Bateson ‚Schismogenese' (= Entstehung von Trennung). Er unterscheidet dabei den Typ der komplementären und den der symmetrischen ‚Schismogenese'. Bei der ‚komplementären Schismogenese' nehmen zwei Individuen oder Gruppen gegensätzliche, aber aufeinander bezogene Verhaltensmuster ein, so dass das Verhalten ‚A' von Individuum ‚I' das Verhalten ‚B' von Individuum ‚2' verstärkt, und das Verhalten ‚B' wiederum das Verhalten ‚A'. Herrschaft und Unterwerfung z. B. können so auf zwei Personen verteilt sein, dass jeder neue Herrschaftsanspruch von Individuum ‚I' zu immer größerer Unterwürfigkeit bei Individuum ‚2' führt. Dieser Typ komplementärer Schismogenese lässt sich z. B. in einer Situation finden, in der ein Pädagoge, der eine Forderung durchsetzen will, auf einen ‚coolen' Jugendlichen trifft, der ihn durch Vertröstungen oder zur Schau getragenes Unbeteiligt-Sein zur ‚Weißglut' reizt. Je deutlicher und heftiger der Pädagoge auf seiner Forderung besteht, umso ‚cooler' verhält sich der Jugendliche (mit Kommentaren wie „jetzt reg' dich halt nicht so auf", „He Alter, bleib doch Ruhig") bis am Ende einer der beiden Konfliktpartner die Geduld verliert und den anderen attackiert.

Für den von uns geschilderten Fall ist ein anderer Eskalations-Typ kennzeichnend: die *symmetrische Schismogenese*. Beide Individuen zeigen dasselbe Verhalten, das den jeweils anderen dazu anregt noch mehr von diesem Verhalten zu zeigen: Je mehr z. B. die Pädagogen eine bestimmte Forderung durchsetzen wollen (Erheben der Stimme, Androhung von Konsequenzen, körperlicher Zugriff), umso vehementer versucht auch Mike, seine Forderungen gegenüber den Pädagogen durchzusetzen (Nicht-Anhören ihre Argumente, Nicht-Befolgen ihrer Anordnungen, Anheben der Stimme, Androhung von Konsequenzen gegenüber den Pädagogen, körperliche Zugriffe). Dieser Typ symmetrischer Schismogenese liegt dem ‚Wettrüsten' ebenso zugrunde wie den meisten Wirtshausschlägereien. Die symmetrische Eskalation kann sich innerhalb von zwei Minuten entwickeln und mit einem ‚Knall‘ enden, sich aber auch über Etappen verteilt durch einen ganzen Tag bzw. durch Wochen oder Monate hindurch ziehen, immer nur vorläufige Endpunkte finden, bis ein gewaltsames Finale irgendwann erreicht ist (siehe dazu die Begriffe ‚Ad-hoc-Eskalation‘, ‚verzögerte Eskalation‘ und ‚institutionelle Eskalation‘ in Kapitel II in diesem Buch). Gerade in längerfristigen symmetrischen Eskalationsprozessen spielen Androhungen von Konsequenzen eine große Rolle, da diese oft nicht zurückgenommen werden können, ohne ‚sein Gesicht zu verlieren‘. Dadurch geraten die Kontrahenten oft in Zugzwang, auch wenn sie eigentlich ‚aussteigen‘ wollen.

Kompliziert wird die Phänomenologie der eskalierenden Schismogenese dadurch, dass symmetrische und komplementäre Phasen in einem Konfliktverlauf miteinander kombiniert sein bzw. einander ablösen können: Ein Wortwechsel zwischen Mutter und Kind kann sich z. B. symmetrisch aufschaukeln (jeder ‚arbeitet‘ mit denselben Verhaltensweisen, z. B. immer lauter sprechen, immer heftiger werdende Schimpfworte benutzen), dann aber in eine komplementäre Eskalation umschlagen: z. B. wenn die Mutter nach einer heftigen Beleidigung wegläuft, das Kind der Mutter hinterhergeht, sich entschuldigt, weint, fleht, aber die Mutter in ihrer Ablehnung immer rigider wird und sich immer weiter zurückzieht. Oder wenn nach der auslösenden Beleidigung Schläge der Mutter erfolgen, welche durch die darauffolgenden Demuts-Gebärden des Kindes nicht gebremst, sondern intensiviert werden. In einem mir bekannten Fall konnte diese komplementäre Eskalation erst dann unterbrochen werden, als das Kind bewusstlos war, wobei sie anschließend mit umgekehrten Rollen fortgesetzt wurde: Das Kind erwachte aus einer kurzfristigen Ohnmacht, die Mutter flehte es an, ihr zu verzeihen, das Kind wollte bzw. konnte dies nicht, was die Mutter zu immer heftigerer ‚Erniedrigung‘ trieb (so bat die Mutter z. B. das Kind sie zu treten, um für ihre Misshandlung zu büßen etc.).

2.2 Symmetrie und Komplementarität im Erziehungsprozess

Grundsätzlich beinhaltet das Verhältnis von Erzieherinnen/Pädagoginnen zu Kindern/Jugendlichen sowohl komplementäre als auch symmetrische Elemente: Erzieher verstehen sich als Erwachsene, die bestimmen können und sollen, was Kinder bzw. Jugendliche tun können und nicht tun dürfen, und definieren so ein komplementäres Verhältnis. Darüber hinaus versorgen die Erwachsenen die Kinder/Jugendlichen und nicht umgekehrt, was ebenfalls eine eindeutig komplementäre Position beinhaltet. Dasselbe gilt für die (Selbst-)Definition der Pädagoginnen als Menschen, die emotional belastbar und lebenserfahren sind im Unterschiede zu einem Klientel, das eine niedrige ‚Frustrationstoleranz‘ aufweist und über geringe Lebenserfahrung verfügt.

Miteinander spielen (Fußball oder ein Phantasiespiel), gemeinsames ‚Herumblödeln', diskutieren, aber auch streiten und sich gegenseitig anschreien dagegen beinhalten symmetrische Verhaltensweisen, da man bei diesen Aktivitäten davon ausgehen kann, dass Kinder/Jugendliche und Pädagoginnen dieselben Handlungen vornehmen und auf einer Ebene stehen. Solche symmetrischen Angleichungen ‚passieren' nicht einfach, sondern leiten sich aus dem Selbstverständnis der Erwachsenen ab, die sich nicht nur als Erzieher (komplementäre Position), sondern auch als gleichberechtigte Partner und wesensgleiche Menschen (symmetrische Position) gegenüber den Kindern verstehen (wollen).

Auch in der Erziehung bestimmen also Kombinationen und Überkreuzungen von symmetrischen und komplementären Verhaltensweisen die Phänomenologie des Alltags: Wenn z. B. Erwachsene Kindern erlauben, mitzureden, dann bieten sie im Rahmen einer komplementären Position eine symmetrische Beziehung an. Wenn dagegen Erzieher den Kindern erlauben, alleine etwas zu bestimmen (z. B. Ausflug in den Zoo oder zur Eislaufbahn), so findet hier eine Umkehrung der Komplementarität statt (Erwachsene machen das mit, was Kinder sagen). Grundsätzlich sind Pädagogen meiner Einschätzung nach umso bereiter, symmetrisches Verhalten von bzw. zu Kindern/Jugendlichen zuzulassen und zu kultivieren, je klarer die Kinder/Jugendlichen ihre grundsätzlich komplementäre Position (Erwachsene bestimmen, Kinder gehorchen) anerkennen. Viele Konflikte in stationären Einrichtungen haben allerdings gerade das Nichtanerkennen der Komplementarität der Pädagogen vonseiten der Kinder und Jugendlichen als Thema.

2.3 Phasen des Eskalationsprozesses und phasenspezifische Manöver der De-Eskalation

Die meisten Eskalations-Episoden enden nicht in Gewalt. Darüber, wie es Konfliktpartnern gelingt, Streit anzufangen und ‚gut' zu beenden, liegen noch sehr wenig wissenschaftliche Forschungsergebnisse vor. Fest steht, dass vor allem längerfristig zusammenlebende Individuen (Ehepaare, Freunde, Kinder und Erzieher) Streit-Rituale entwickeln, die (heftige) Auseinandersetzungen aber auch Versöhnung und Vertiefung der Beziehung ermöglichen. Sogar Formen von körperlicher Züchtigung bzw. Begrenzung können dabei hilfreich sein und müssen durchaus nicht immer zu weiterer Eskalation bzw. Schismogenese führen. So beschreibt z. B. Winnicott, dass Kinder in bestimmten Erregungssituationen ‚einen Klaps auf den Po' durchaus als angemessene und hilfreiche Antwort auf den momentanen Kontrollverlust, unter dem sie selbst leiden, erleben (Winnicott 1973, S. 13).

Viele Eskalationen mit drohender symmetrischer Schismogenese werden dadurch verhindert, dass einer der Konflikt-Partner nach einer Phase des ‚Aufschaukelns‘ eine komplementäre Position einnimmt: Solche Verhaltensweisen können in einem breiten Spektrum liegen: Formulierung eines Kompromissangebotes, interessiertes Nachfragen, in Tränen-Ausbrechen, die ‚Diskussion vertagen‘, sich hinsetzen (d. h. eine andere Raumposition einnehmen, die den anderen größer sein lässt), Türen knallend weglaufen usw. Gemeinsam ist diesen Verhaltensweisen, dass sie aus der Eskalationsspirale, die nach dem Muster ‚mehr desselben‘ organisiert ist, aussteigen und ‚irgendetwas anderes tun‘ (Watzlawick 1979).

Im Folgenden habe ich versucht allgemeine Phasen für den symmetrischen Eskalationsprozess dazustellen und phasenspezifische De-Eskalationsmöglichkeiten zu benennen:

Erste Phase: Das Konfliktfeld abstecken

Eine Reihe von Interaktionen (manchmal auch nur ein einzelner Satz), in deren Verlauf die unterschiedlichen Standpunkte der Konfliktpartner deutlich gemacht werden. Argumente und Gegenargumente werden ausgetauscht. Forderungen(en) und Verweigerung(en) thematisiert. Die Atmosphäre kann sachlich sein, aber auch zunehmende Erregung beinhalten. Häufig enthalten die ersten Interaktionen auch das ‚unterschwellige‘ Thema (wie z. B. Beziehungswünsche über Konflikt befriedigen, paradoxer Auftrag: „Kümmere Dich um mich/Lass mich in Ruhe!“ etc.).

Möglichkeiten der De-Eskalation: Verständnis für den Standpunkt des anderen äußern, Kompromissangebote machen bzw. aushandeln, Beziehungswünsche thematisieren (die eigenen wie die des anderen), komplementäre Positionen einnehmen (z. B. räumlich-körperlich: sich hinsetzen, während der andere steht; inhaltlich: auf positive Ereignisse hinweisen, z. B. auf Ausflug am Nachmittag etc.; die ‚gute Beziehung‘, die man ansonsten hat, ins Spiel bringen usw.). Andere (Kinder/Jugendliche oder Erwachsene) bitten den ‚Schlichter‘ zu spielen. Kommentare auf einer ‚Meta-Ebene‘ können nützlich sein („Ich glaube, wir sind wieder dabei, uns zu verkämpfen …“). Weggehen und den Konflikt verschieben, um Zeit zu gewinnen.

Zweite Phase: Aufschaukeln – bis an die Grenzen gehen

Eine Reihe von kumulativen Interaktionen, welche die Stimmung ‚pushen‘, d. h. zunehmend gereizt und aggressiv machen. Sie werden als einzelne, individuelle und selbstverantwortete Aktionen erlebt. Beide Interaktionspartner haben sich entschlossen, den Machtkampf zu gewinnen: Jeder glaubt, dass es ihm noch gelingen wird, den anderen argumentativ oder durch Demonstration von Entschlossenheit (Körpersprache) zu überzeugen. Je länger der Machtkampf andauert, umso stärker verrennen sich die beiden Konfliktpartner in ihre Positionen und blockieren sich dadurch wechselseitig durch Angst ‚das Gesicht zu verlieren'.

Möglichkeiten der De-Eskalation: Zukunftserwartungen sind in der Lage, das aktuelle Verhalten zu steuern: Konstruktionen wie ‚der Klügere gibt nach' oder ‚langfristig sitze ich am längeren Hebel', aber auch die Angst vor potentieller Gewalttätigkeit können dazu anregen, die Streitsituation zu beenden: Ultimatives Kompromissangebot, thematisieren, wie es dem anderen bzw. einem selbst mit dem Streit/Machtkampf geht. Sich deutlich genervt, ratlos, erschöpft etc. zeigen. ohne dem anderen Schuldgefühle zu machen. Energisches Wiederholen der eigenen Forderung, dann sich sofort Umdrehen und Weggehen.

Dritte Phase: Eskalations-Sog/an den Grenzen

In dieser Phase beginnt sich ein so dichtes Gewebe von Interaktionen herzustellen, so dass die jeweiligen Reaktionen scheinbar ‚automatisch' und zwangsläufig auseinander resultieren. Die Verantwortung für das jeweilige Handeln wird diffus. Die Kontrolle über das, was jeder sagt oder tut, ist bereits minimal. Die Körpersprache zeigt deutlich die emotionale Erregung. Je nach persönlichem Eskalationsstil kann das mit Euphorie und Größenphantasien oder mit wachsender Angst (vor Kontrollverlust) und Unsicherheit verbunden sein. Gefühle von Hass und Wut, die aus ganz anderen Zusammenhängen (z. B. Familie) und/oder Situationen (z B. Frust in der Schule vom Vormittag) stammen, können in den aktuellen Konflikt ‚einfließen' (Übertragung/Gegenübertragung). Verletzende und beleidigende Äußerungen (‚Unter der Gürtellinie') nehmen stark zu. Häufig reicht ein ‚Schlüsselwort', damit die Situation nach Phase 4 ‚rutscht'.

Möglichkeiten der De-Eskalation: Nur wer in dieser Situation starke Angst vor den Konsequenzen der möglichen Gewalthandlungen besitzt, vermag zu diesem Zeitpunkt aus der Eskalationsspirale auszusteigen: Es besteht nur noch die Möglichkeit, sich abrupt umzudrehen und den Schauplatz (mehr oder weniger eindrucksvoll z. B. unter Zuhilfenahme von Sehimpfworten und Türeschlagen etc.) zu verlassen oder in eine deutlich körperlich unterstützte komplementäre Position zu gehen (in Tränen ausbrechen, körperlicher Zusammenbruch). Alle anderen Maßnahmen (Kompromissangebote, signalisieren von Verständnis etc.) wirken in dieser Phase kontliktverschärfend.

Vierte Phase: Höhepunkt (‚Theaterdonner' oder Gewalt)

Entweder gelingt es einem der beiden Konfliktpartner einen ‚guten' Höhepunkt zu setzen, d. h. einen dramatischen und/oder überraschenden Endpunkt, der nicht mehr überboten werden kann, aber den anderen auch nicht zu sehr demütigt: z. B. Verlassen des Schauplatzes unter Zuhilfenahme von Türeschlagen und Sehimpfworten; Äußerung einer besonders eindrucksvollen Drohung, die einen davon befreit, sich in der Situation durchsetzen zu müssen; körperlicher Zusammenbruch (Schluchzen, verzweifelt aufschreien), der beim anderen eine ‚Beißhemmung' und Schuldgefühle auslöst; oder völlig unerwartete Geste wie ‚Zigarette anbieten', ‚Einladung zum Eis', Rückkehr zu einem völlig ruhigen und sachlichen Tonfall etc. Andernfalls setzt eine körperliche Attacke einen ‚schlechten' Höhepunkt, da diese weitere Konsequenzen und Konflikte nach sich ziehen muss. Die manifeste Gewalthandlung wird von demjenigen Konfliktpartner vorgenommen, der seine bisher entwickelte Machtposition am stärksten bedroht sieht, und/oder der die ‚schlechtere' Impulskontrolle besitzt bzw. für den Gewalt, im Rahmen seiner Lerngeschichte, nicht eindeutig negativ besetzt ist. Auf die vielen narzisstischen Kränkungen, die er/sie in seiner/ihrer Wahrnehmung erlitten hat, wird mit ‚narzisstischer Wut' reagiert: Der Impuls, den anderen zu ‚vernichten' (bzw. zum Verschwinden zu bringen) wird erst dann gestoppt, wenn die erste Gewalthandlung ausgeführt ist. Dieser folgen jedoch häufig Vergeltungsschläge des Angegriffenen.

Fünfte Phase: Nach dem Höhepunkt …

Abhängig von dem Erlebnis eines ‚guten' oder ‚schlechten' Höhepunktes, gestaltet sich der weitere Konfliktverlauf sehr unterschiedlich. Nach einem ‚guten' Höhepunkt haben beide KonfliktteilnehmerInnen das Gefühl, ‚ihr Gesicht gewahrt' oder zumindest nicht völlig ‚verloren' zu haben. Besitzen sie die Möglichkeit sich eine Zeit lang aus dem Weg zu gehen, kann ihr Zorn über den anderen ‚verrauchen' und es ist eine Nachbearbeitung des Konfliktes nach 2 bis 12 bzw. 24 Stunden möglich. Allerdings stellt sich die Frage, welcher der beiden Kontrahenten den ersten Schritt macht (sicherlich sollte dies eher der Erwachsene, aber auch nicht immer derselbe sein).

Nach dem Ausbruch von körperlicher Gewalt erlischt das Hassgefühl des Angreifers relativ schnell. Häufig gewinnt ein euphorisch es Gefühl, gesiegt zu haben (es dem anderen einmal richtig gezeigt zu haben), eine Zeit lang die Oberhand. Schuld- und Schamgefühle sind häufig jedoch ebenso rasch zur Stelle, können jedoch selten langfristig gehalten werden, da sie oft an archaische und grausame Selbstbestrafungsphantasien gebunden sind. Rechtfertigungs- und Rationalisierungsmechanismen setzen deswegen rasch ein. Im besten Falle gibt es ein Wiedergutmachungs-Bedürfnis (Winnicott 1977).

Auf der Seite des Angegriffenen (der nicht oder nicht in demselben Maße gewalttätig wurde), steht anfangs häufig ein Schock (mit den entsprechenden körperlichen Symptomen wie Knie-zittern etc.) Sobald dieser abklingt, wird die Demütigung der Schläge als Verletzung der eigenen persönlichen Würde empfunden. Mit dem Wechsel vom körperlichen zum seelischen Schmerz, gehen häufig starke Wutgefühle einher. Diese können in den Stunden und Tagen nach der Attacke sogar noch zunehmen. Es besteht meistens ein klarer Wunsch, dem Angreifer eine Zeit lang nicht zu begegnen. Die erlittene

Schmach schreit nach Sühne (Wunsch nach eindeutiger Bestrafung des Gewalttäters).

Möglichkeiten der De-Eskalation: Gespräche und/oder Gesten konkreter Wiedergutmachung.

2.4 Körperliche Gewalt als Ergebnis des Zusammentreffens von unterschiedlichen Eskalations-Stilen

Aus der Annahme von einzelnen, abgegrenzten Eskalationsphasen ergeben sich Anregungen für ein differenziertes Modell des Eskalationsverlaufes:

Die einzelnen Phasen des Eskalationsverlaufes werden nicht von allen Individuen in gleicher Weise durchlaufen. Im Gegenteil: Abhängig von Biographie und kulturspezifischer Sozialisation bilden sich bei jeder Person höchst individuelle Eskalations-Stile und -muster heraus: Jedes Individuum kann sich in jeweils verschiedenen Phasen dieses Prozesses besser bzw. schlechter behaupten, und besitzt deswegen so etwas wie einen ‚inneren Fahrplan', mit dem es sein Verhalten in den einzelnen Phasen bzw. den Wechsel von einer zur anderen Phase steuert. In den allerwenigsten Fällen schließt dieser von vornherein Gewalt mit ein.

PädagogInnen sind zum Beispiel häufig ‚Meister' im verbalen Argumentieren, was sie zu Experten für Eskalationsphase 1 (Das Konfliktfeld abstecken) werden lässt. Das bedeutet, dass sie sich in dieser Phase sicher und kompetent fühlen und deswegen dazu neigen diese so lange als möglich auszudehnen. Von ihrem beruflichen Selbstverständnis her sind sie ‚gut', solange sie ruhige und sachliche Begründung vorbringen. Dass die Inhalte und die Form dieser Argumentation von anderen als Bedrohung und Gewalt (auch und gerade wenn sie im Verbalen verbleibt) erlebt und damit als Einladung zu einer Eskalation bedeutet werden kann, wird zunächst nicht reflektiert.

Dies ist jedoch bei vielen Kindern und Jugendlichen der Fall, vor allem, wenn sie aus einem Sozialrand ständigen Milieu stammen, in dem der Austausch rationaler Argumentationen in einem elaborierten Code eine untergeordnete Rolle spielt.

Solche Kinder/Jugendlichen fühlen sich eventuell schon nach wenigen Worten oder setzen so ‚an die Wand gedrückt', dass sie von Phase 1 auf Phase 2 (Aufschaukeln – bis an die Grenzen gehen) springen: Im Sprechen unterlegen, sind sie geübte ‚Kämpfer' und Provokateure, den ein begründetes ‚Nein' noch lange nicht ausreicht und dieses als eindeutige Grenzen akzeptieren zu können. Als Experten in aggressiv gefärbt der Selbstbehauptung rechnen sie sich bei fortgesetzter Provokation, Beschimpfungen oder Verweigerung mehr Chancen auf einen für sie erfolgreichen Ausgang des Konflikts aus, als wenn sie in Phase 1 verblieben.

Die Experten schafft in Phase 2 und 3 wird uns Mitteleuropäern auch bei Bewohnern südlicher Länder besonders deutlich. Uns erscheint es angesichts einer größeren Gruppe von Männern auf einer Piazza, die laut durcheinanderreden und dabei heftig gestikulieren, oft unsicher, ob es sich hierbei um eine ganz normale Gesprächssituation handelt oder in Kürze ein Handgemenge ausbrechen wird. Hier geht es um ein gesellschaftliches Kontaktritual, in dem die Freude an der leidenschaftlichen Selbstdarstellung und Körper betonten Selbstbehauptung mit (scheinbar) aggressiven Gesten wichtiger ist, als der Austausch von Informationen. Ein ähnlich lauter Geräuschpegel und eine ähnlich heftige Körperdynamik würde jedoch in einem deutschen Bierzelt durchaus zutreffend als vor Phase für eine Massenschlägerei gedeutet werden (müssen).

Auch was Phase 3, den Eskalationssog, angeht, gibt es große individuelle und kulturelle Unterschiede. Bei manchen Menschen reißt der ‚Geduldsfaden' sehr schnell und mit heftigen Folgewirkung, andere können sich dagegen trotz beginnender Kontrollverlustes relativ lange in dieser Phase ‚halten' und diese ohne Gewalthandlung (d. h. ohne in Phase 4 zu ‚rutschen') abbrechen.

Dafür haben sie häufig Techniken für einen ‚dramatischen Abgang' entwickelt, der das Gegenüber beeindruckt zurücklässt. Andere sind insofern ‚Meister' als sie ihr Gegenüber solange provozieren, bis dieses die Nerven verliert und durch ein Schimpfwort oder einen (harmlosen) Schlag die Legitimation gibt, mit massiver Gewalttätigkeit angegriffen zu werden.

Das Entscheidende bei diesen individuellen und kulturellen Expertenschaften ist, dass in alltäglichen Konfliktsituationen Personen aufeinandertreffen, welche den Eskalations-Stil und die Steuerungsmuster des jeweils anderen nicht kennen oder einschätzen können. Jeder neigt dazu, in solchen Situationen sein individuelles Eskalationsmuster ‚abzuspulen' und hofft darauf, dass er sein Ziel ohne Gewaltanwendung erreichen kann. Vom eigenen Prozessmuster gefangen, verliert er sehr bald den Kontakt zu seinem Gegenüber und nimmt deshalb nicht mehr wahr, wann dieser von einer Phase zur andern wechselt, wo sich dieser im Moment aufhält und was als nächster Handlungsschritt von diesem zu erwarten ist. Vor allem aber weiß er nicht, welche seiner Handlungen bzw. Kommentare für den anderen offensichtlich hinreichende ‚Stichworte' gewesen sind, um in die nächste Phase überzuspringen. Dadurch können sich erhebliche Phasen-Differenzen ergeben: Schätzt der eine die Situation gemäß seines individuellen ‚Eskalations-Fahrplans' als zwar erregt, aber durchaus noch ungefährlich ein (Phase 2), befindet sich der andere schon seit Minuten im ‚Rotbereich' seiner Wut und bedarf nur eines geringfügigen Anlasses, um zu ‚platzen' (Phase 3). Diese Phasendifferenzen bewirken, dass die körperliche Gewalt, zumindest für den einen, meistens vollkommen unerwartet ausbricht, ohne dass er per se der friedlichere Mensch sein muss oder sich generell besser kontrollieren kann.

Der argumentierende Pädagoge (siehe oben) wundert sich dann, warum er plötzlich einen Gegenstand nachgeworfen bekommt, wo er doch ‚nur geredet‘ hat. Der Südländer fragt sich, warum er im Bierzelt plötzlich von dem Deutschen angegriffen wurde, obwohl er ihn ‚doch nur Faschist genannt‘ hat, was auf der heimischen Piazza durchaus noch zur Choreographie des erregten Streitrituals, mit (eigentlich nebensächlichem) politischen Hintergrund dazugehört hätte. Das Kind versteht nicht, warum es von dem Pädagogen eine Ohrfeige bekommen hat, ‚nur weil es mal kurz gemault hat‘. Es weiß nicht, dass der Pädagoge, der seit 12 Stunden im Dienst ist, von den zahllosen ‚Nörgeleien‘ schon völlig entnervt ist. Darüber hinaus hat es die erregte Stimme des ansonsten sehr geduldigen Pädagogen fehlinterpretiert, da diese für den Pädagogen zwar das ultimative Warnsignal bedeutet hat, für das Kind jedoch eine relativ ungefährliche Stimmlage darstellt, die in seinem häuslichen Milieu etwas Anderes signalisiert.

Das gewaltsame Ende von Eskalationsprozessen kann in dieser Perspektive als Folge einer Kette von ‚Missverständnissen‘ betrachtet werden, das sich aus der ‚Selbstorganisation‘ und ‚strukturellen Rückkoppelung‘ individueller und kollektiver Eskalationsmuster ergibt (Maturana/Varela 1987). Anders als bei Bateson steht hier nicht die quasi natürliche ‚Leidenschaftlichkeit‘ kumulativer Interaktionen, mit all ihren positiven wie negativen Konsequenzen, im Zentrum der Betrachtung, sondern die begrenzte soziale Wahrnehmungsfähigkeit miteinander interagierender Wesen. Auch wenn diese sicher nicht unbegrenzt zu erweitern ist, so gibt eine solche Theorie doch Mittel und Wege an die Hand, die es ermöglichen, einen dauerhaften Konfliktpartner (wie ihn z. B. Pädagoginnen in bestimmten Kindern/Jugendlichen vor sich haben) hinsichtlich seines persönlichen Eskalationsstils zu beobachten, um daraus Ansatzpunkte abzuleiten, wie mit diesem in Konfliktsituationen umgegangen werden müsste, um gewalttätige Entgleisungen zu vermeiden.

2.5 Praktische Konsequenzen aus der prozess-immanenten Betrachtungsweise

Die prozess-immanente Betrachtung der Gewalt-Episode (siehe Fallbeispiel), führt zu anderen Konsequenzen als die individual-psychologische Perspektive: Stand in dieser das empathische Verstehen und Reflektieren zum Zwecke der Bewältigung im Vordergrund, geht es in jener neben der situativen ‚Steuerung‘ (siehe De-Eskalationsmöglichkeiten im Anschluss an die Darstellung der einzelnen Phasen, aber auch in Kapitel II) darum, die Pädagoginnen in die Lage zu versetzen, ihre Erziehungsverantwortung in Zukunft besser wahrzunehmen. Unmittelbares Krisenmanagement (2.5.1) in Bezug auf den konkreten Vorfall, das wenn auch nachträgliche Entwickeln alternativer Verhaltensweisen (2.5.2) und längerfristig angelegte präventive Maßnahmen (2.5.3) sind dabei zu unterscheiden.

2.5.1 *Krisenmanagement*

Beurlaubung

Gewalttätiges Verhalten wie das von Mike darf im Kontext einer Erziehungshilfeeinrichtung schon allein mit Blick auf die Gruppe der anderen Kinder/Jugendlichen, die diesen Vorfall mitbekommen haben, nicht ohne eindeutige Konsequenzen bleiben. Wenn von Seiten der Einrichtung nichts geschieht, ist die Gefahr groß, dass die Kinder/Jugendlichen den Eindruck entwickeln die Grenzüberschreitung, die mit körperlichen Attacken verbunden ist, würde hingenommen oder sogar akzeptiert werden. Manche Einrichtungen reagieren auf körperliche Angriffe in allen Fällen mit einer gleichförmigen Konsequenz: Alle Kinder und Jugendlichen, die Gewalt gegen PädagogInnen anwenden, werden, unabhängig von der Nachvollziehbarkeit ihrer Motive (und damit auch unabhängig von den möglichen Fehlern im Verhalten der PädagogInnen) je nach Schweregrad des körperlichen Übergriffs für zwei bis sieben Tage nach Hause ‚beurlaubt' oder wenn das nicht möglich ist, in einer kooperierenden Einrichtung ‚geparkt'.

Für Einige mag ein solches Vorgehen im Falle von Mike und Anja übertrieben erscheinen, da die Konfliktanteile von beiden auf der Hand liegen und man sich fragen muss, warum nur Mike für seine Fehler bestraft werden soll. Trotzdem kann ich mir institutionelle Kontexte vorstellen, in denen eine solche ‚starre' Regelung Sinn macht: Je größer die Einrichtung ist, je mehr Kinder/Jugendliche bzw. Gruppen einen solchen Vorfall mitbekommen, je mehr ‚Geschichten' über ihn kursieren und je mehr solche Handlungen ‚einzureißen drohen', desto stärker ist dieser Gruppenkontext zu berücksichtigen und eine für alle klare und eindeutige Regelung von Konsequenzen für Gewalthandlungen gegenüber Pädagoginnen zu favorisieren. Gerade die vom Einzelfall abstrahierende Immergleichheit der pädagogischen Reaktion bietet in solchen unübersichtlichen Feldern eine klare Orientierung. Je kleiner bzw. individualisierter die Einrichtung bzw. Gruppe ist, umso eher kann, ja muss man Lösungen von Fall zu Fall suchen und darauf vertrauen, dass die Besonderheiten des Vorgehens im Einzelfall den einzelnen Gruppenmitgliedern transparent und nachvollziehbar gemacht werden können. Die Beachtung der ‚Passung' von unterschiedlichen pädagogischen Interventionen in unterschiedliche institutionelle Kontexte halte ich für sehr bedeutsam. Ob individualisierte, kleine Einrichtungen dennoch immer konzeptionell besser sind als Mehr-Gruppen-Einrichtungen auf einem größeren Gelände (z. B., weil in ihnen individuellere Absprachen zwischen Pädagoginnen und Kindern/Jugendlichen möglich sind und deswegen weniger Konflikte anfallen) wage ich nicht zu beurteilen.

Was bedeutet eine solche Intervention (Beurlaubung für zwei bis sieben Tage) für die davon Betroffenen: Kind/Jugendlicher, Eltern, abgebende Einrichtung, aufnehmende Einrichtung? Zunächst handelt es sich dabei um eine Maßnahme mit Strafcharakter, zu dem man von seilen der Institution auch stehen sollte. In Bezug auf die Familie stellt diese Intervention eine Erweiterung des Problemsystems dar: Ist die Einrichtung mit der Aufnahme gegenüber der Familie in eine komplementäre Position gegangen, indem sie Hilfe anbot, signalisiert sie jetzt, dass sie selbst Hilfe braucht. Schon vorher sollte gegenüber der Familie deutlich gemacht werden, dass die Aufnahme in ein Heim immer nur das teilweise Übernehmen von bestimmten Verantwortungsbereichen beinhaltet (vgl. Schwabe 1992). Angesichts einer Gewalt-Episode kann das Heim deswegen auf die grundsätzliche Erziehungsverantwortung der Eltern verweisen und diese um ihre konstruktive Mitarbeit bitten.

Unabhängig davon, ob das System, welches das Kind/den Jugendlichen zwecks ‚Beurlaubung' aufnimmt, die Familie oder eine andere Heimgruppe ist, halten wir es für äußerst ratsam, dass die dort lebenden Personen das Kind weder mit Vorwürfen noch mit Strafen traktieren. Im Gegenteil: Ihre Bereitschaft, das Kind aufzunehmen, stellt für beide (das Kind/den Jugendlichen sowie die Gruppe/Station, aus der das Kind kommt), eine Unterstützung dar: Sie helfen damit, die Eskalationsspirale bzw. weitere drohende Eskalationen zu unterbrechen. Das Kind/der Jugendliche, soll an diesem ‚anderen Ort' (vgl. Mannoni 1987) zur Ruhe kommen, sich über seine Gefühle klar werden und sich auf einen Neuanfang vorbereiten. Dazu ist es notwendig, dass es sich dort zumindest einigermaßen wohlfühlt. Die Dauer der Beurlaubung sollte je nach Schweregrad des Vorfalls zwischen 3 Tagen und einer Woche festgelegt werden.

Das Wiederaufnahme-Ritual

Die Wiederaufnahme in die ursprüngliche Gruppe sollte für das Kind/den Jugendlichen, vor allem wenn es/er das erste Mal Gewalt angewendet hat, selbstverständlich sein. Selbstverständlich, aber durchaus an Bedingungen geknüpft. Bietet die Familie den ‚anderen Ort' der Beurlaubung, so muss diese bei der Formulierung von Bedingungen und Wiedergutmachungsansprüchen miteinbezogen werden und hinter diesen stehen können. Bei ‚Wiederholungstätern' sollte mit allen Beteiligten (Eltern, Jugendamt, Pädagoginnen etc.) geprüft werden, welche Veränderungen im Lebensfeld sinnvoll und organisierbar sind, damit sich solche Vorfälle nicht wiederholen (z. B. Wechsel in eine selbständigere Wohnform, Entlastung von Gruppenansprüchen und separate Versorgung etc.). Die Entlassung und Verlegung in ein anderes Heim sollte nur im äußersten Notfall erfolgen und niemals ad hoc verhängt, sondern als gemeinsame Perspektive erarbeitet werden. Das Wiederaufnahme-Ritual sollte mindestens aus 3 Teilen bestehen:

a) Eine gemeinsame Beurteilung des Vorfalls sollte formuliert werden. Die Anteile der Pädagogen an der Eskalation können, müssen aber nicht formuliert werden. Alle Beteiligten müssen jedoch deutlich ausdrücken, dass „es nicht gut war, wie es gelaufen ist" und dass sie sich wünschen, dass sich solche Vorfälle in Zukunft nicht wiederholen.
b) Eine Wiedergutmachung sollte dem Kind auferlegt werden, so dass es seine (wenn auch oft verleugneten) Schuldgefühle ‚abarbeiten' kann. Diese Wiedergutmachung ist nicht so sehr persönlich an die betroffenen PädagogInnen gerichtet, als an das Heim (bzw. die Station), deren Regeln verletzt wurden. Der Zusammenhang mit der Wiedergutmachung sollte deutlich gemacht werden (z. B. zwei Nachmittage mit dem Hausmeister Gartenarbeit machen, das Gelände aufräumen, Arbeiten für die Kindergruppe übernehmen etc.).
c) Die betroffenen Pädagoginnen sollten eine Zukunftsperspektive für sich und das Kind formulieren, die authentisch ist. Diese kann lauten: „Ich bin noch wütend und verletzt wegen dem Vorfall. Deswegen gehen wir beide uns in den nächsten Wochen besser, so gut wie es geht, aus dem Weg. Ich will möglichst wenig mit dir Kontakt haben. Und nach 4 Wochen reden wir noch einmal über den Vorfall." Oder: „Ich wünsche mir eine Entschuldigung von dir, aber eine ehrliche, keine erpresste. Ich denke du solltest dir Zeit dafür lassen und in den nächsten Wochen auf mich zukommen. Nach einer ernstgemeinten Entschuldigung werde ich den Vorfall beiseitelegen können." Oder auch: „Ich weiß, dass ich für den Vorfall mitverantwortlich bin. Du hast deine Strafe bereits erhalten, jetzt ist es an mir, mich bei dir zu entschuldigen. Ich habe für mich beschlossen, dass ich besser lernen möchte, mit solchen Konflikten umzugehen, deswegen werde ich demnächst eine Art Schule besuchen und hoffe, dass ich dort lerne, mich in solchen Situationen besser zu beherrschen."

Wie auch immer die konkrete Formulierung lautet, sie sollte einerseits den Bruch in der Beziehung dokumentieren und andererseits versöhnliche Optionen für die Zukunft eröffnen.

Das Aussprechen der Beurlaubung („anderer Ort") gegenüber dem Kind/Jugendlichen und die Koordination des Wiederaufnahme-Rituals sollten von einer Person geleistet werden, die in den Vorfall nicht verwickelt war. Dies kann ein anderer Gruppenpädagoge sein, der eine relative Distanz zu dem Vorfall besitzt, oder ein MitarbeiterIn aus dem gruppenübergreifenden Dienst, dem eine solche Haltung aufgrund seiner Position leichter fällt. Wichtig für die Beurlaubung und das Wiederaufnahme-Ritual ist, dass sich alle daran Beteiligten (das Kind/der Jugendliche, die Pädagogen, die Eltern etc.) ernstgenommen fühlen, d. h. dass sie die Sicherheit vermittelt bekommen, dass ihre Meinung gehört wurde, auch wenn sie nicht immer unmittelbar zum Tragen kam.

2.5.2 *Alternative Verhaltensweisen im Eskalationsprozess*

Nach einer gewalttätigen Eskalation über alternative Verhaltensweisen zu sprechen, hat immer etwas von Besserwisserei an sich. Wer weiß denn schon genau, ob die eine oder andere Handlungsweise ganz sicher aus der prekären Situation herausgeführt hätte; ganz zu schweigen davon, ob diese Verhaltensweise dem Betreffenden in dieser Situation als ‚innere Möglichkeit' zu Verfügung gestanden hätte? Ein solches Gespräch zu vermeiden, hieße aber auch eine Chance zu vergeben. Wie sollte man (als Berater/Erziehungsleiter etc.) dabei vorgehen, damit ein solches Gespräch von den Beteiligten als fruchtbar erlebt wird? Das möchte ich an wenigen Punkten exemplarisch erläutern. Grundsätzlich ist dabei die Unterscheidung von Konflikt-Vorfeld und eigentlichem Eskalations-Prozess bedeutsam:

Konflikt-Vorfeld

Ein hoher Prozentsatz von Eskalationen könnte vermieden werden, wenn Konflikte im Vorfeld bearbeitet würden. Sicherlich wäre es überhaupt nicht so weit gekommen, wenn sich jemand im Verlauf des Nachmittags um Mike und sein ferngesteuertes Auto mit Interesse zugewandt hätte. Diese Person hätte nicht um die symbolische Aufladung des Autos ‚wissen' müssen: Ihre Bereitschaft, dieses Spielzeug als etwas für Mike bedeutungsvolles ernst zu nehmen, hätte vollkommen genügt.

War zu viel ‚Stress' auf der Gruppe, als dass jemand für Mike Zeit gefunden hätte? Und wenn ja, woher kommt das? Sind es die PädagogInnen auf dieser Gruppe nicht gewohnt mit den Kindern zusammen auf dem Boden zu sitzen und zu spielen? Oder bleibt Mike deswegen ‚unversorgt', weil er im Tagesverlauf schon genug ‚negative' Aufmerksamkeit auf sich zieht?

In solche Fragestellungen gerät man unversehens hinein, wenn man ernsthaft nach alternativen Verhaltensweisen sucht. Alle diese Fragen sind ernstzunehmen. Sie können aber auch als Abwehr der eigenen Verantwortlichkeit als Pädagoge verwendet werden nach dem Motto: „Ist ja alles schön und recht, wäre aber sowieso nicht gegangen." Kommt eine solche Atmosphäre auf, ist es wichtig ihren Hintergrund herauszufinden, ohne die Idee von realisierbaren Alternativen dabei aufzugeben. Fühlen sich die PädagogInnen automatisch schuldig gesprochen, wenn sie von ihnen nicht wahrgenommene Alternativen zulassen würden? Oder fühlen sie sich sowieso schon überfordert und befürchten durch das Formulieren solcher Alternativen nur einen zusätzlich drückenden ‚Anspruch' aufgebürdet zu bekommen?

Die Suche nach alternativen Verhaltensweisen für die Pädagoginnen ‚schlägt' schnell auf das größere System zurück: Leistet es selbst genug an Unterstützung für diejenigen, welche die pädagogische Basis-Arbeit versehen? Vor allem die Rückendeckung, die Leiterinnen ihren Mitarbeiterinnen gegenüber

Eltern und Jugendämtern gewähren oder nicht (Steht der Heimleiter gegenüber den Eltern eines Kindes hinter mir, dem ich eine Ohrfeige gegeben habe?) bzw. die Bereitschaft von Beraterinnen aktiv ins Gruppengeschehen einzugreifen (Krisenintervention etc.) stehen hier immer wieder im Mittelpunkt von Unzufriedenheiten. Nur wenn man diese zumindest auch ernst nimmt, sind die Pädagoginnen meiner Erfahrung nach auch bereit sich mit ihren (ungenutzten) Spielräumen und Alternativen offen auseinanderzusetzen.

Eskalations-Prozess

Diese Offenheit spielt für die Alternativensuche im eigentlichen Eskalationsprozess eine noch größere Rolle: Als Mike mit den Hausschuhen im Schnee herumlief, hätte eine kreativere Handhabung der Hausschuhregel sicherlich zur De-Eskalation beigetragen. Man hätte Mike seine Winterstiefel kommentarlos vor die Türe stellen können oder einen anderen Pädagogen von außerhalb benachrichtigen können, dass er Mike auf seine fehlende Beschuhung anspricht und diesem seine Hilfe anbietet. Man hätte aber auch die Bestrafung des Vorfalls auf den Abend oder den nächsten Tag verschieben können, Mike mit den Putzfrauen konfrontieren können etc. Das Herausnehmen der Batterien muss dagegen als Aktion gewertet werden, die unter dem Vorwand einer pädagogischen Konsequenz ‚Öl aufs Feuer' gießt.

Spätestens nach dem (vollkommen verständlichen) ‚Ausrasten' von Mike, wäre das Eingreifen eines externen Krisenmanagers nötig gewesen. Auch wenn fraglich ist, ob Mike bei seinem ‚Randalieren' tatsächlich andere Kinder angegriffen oder gefährdet hätte, ist es doch sinnvoll, solche heiß gelaufenen Prozesse nicht immer selbst steuern zu wollen. In jeder Einrichtung müssen Kollegen aus anderen Gruppen und Vorgesetzte bereit sein, in schwierigen Situationen ‚die Kohlen aus dem Feuer zu holen'. Eine solche Kultur der wechselseitigen Unterstützung in Krisensituationen ist keine Selbstverständlichkeit, sondern muss über die Jahre hinweg entwickelt werden. Dauerhaft wird sie sich nur dann etablieren, wenn alle daran Beteiligten merken, dass ihnen eine solche Vernetzung im Alltag zum Vorteil gereicht.

2.5.3 Fortbildungen für Mitarbeiterinnen aus den Erziehungshilfen zum Themenkomplex ‚Konstruktiver Umgang mit Aggressionen, Konflikten und Gewalt'

Die meisten Pädagoginnen sind auf massive Aggressivität und Verweigerungsverhalten, die ihnen in Konfliktsituationen von den Kindern/Jugendlichen entgegenschlagen können, nicht vorbereitet. Sie erschrecken häufig und fühlen sich ohnmächtig, oder geraten in Panik und lassen sich zu Heftigkeiten hinreißen, die sie anschließend bereuen. In allen relevanten Ausbildungsgängen sollte deswegen ein (De-)Eskalationstraining zum Curriculum dazugehören. An diesbezüglichen Fortbildungen für Pädagoginnen, die bereits in der Praxis stecken, gibt es mittlerweile ein differenziertes Angebot beispielsweise bei der IGFH, dem EREV, dem BSJ in Marburg, dem ISS in Frankfurt a. M. (Adressenverzeichnis im Anhang an das Literaturverzeichnis). Neben dem bereits erwähnten Fortbildungsprogramm ‚Aggressions-Bewältigungs-Programm' (ABPro) von A. Dutschmann (vgl. 1.3 in Kapitel 1), möchte ich hier *ViDeT* (A) und *PART* (B) kurz vorstellen:

A: Die Mitglieder der Arbeitsgruppe ‚De-Eskalation in Einrichtungen der Jugendhilfe/Kinder- und Jugendpsychiatrie' (Andreas Kannnicht, Cristoph Lampe, Hartmut Rau und Mathias Schwabe) haben ein viertägiges Training für 12 bis 16 Teilnehmerinnen konzipiert, das auch auf Unterrichtsstunden in Fachschulen und auf Seminare in (Fach-)Hochschulen übertragbar ist (siehe die Hinweise auf ‚ViDeT' am Ende der Einführung).

Kernstück dieser Fortbildung ist die Arbeit an Konfliktsituationen aus dem Erziehungsalltag (möglichst dem, der Seminarteilnehmer), die im Rollenspiel nachgestellt und mit der Videokamera festgehalten werden. Die se Situationen werden in der ersten Einheit (Ebene: Prozess; Dauer ca. 7 Stunden) einer detaillierten Sequenz-Analyse unterzogen (jeweils eine Interaktions-Einheit), um ein Bild für die Mikro-Strukturen des Eskalationsprozesses zu gewinnen. Vor allem das Verhältnis der Ebenen: verbale Kommunikation, Körpersprache (Gestik, Mimik, Positionierung im Raum) und emotionale Botschaft werden hinsichtlich ihrer Konsistenz und Interferenz betrachtet. Dadurch soll der Blick für die Vielschichtigkeit der eigenen, wie der fremden Kommunikation und die potentielle Widersprüchlichkeit der verschiedenen Kommunikationsformen (‚double-bind') geschärft werden.

Zwei Theorie-Einheiten zu dem Begriffspaar ‚Symmetrie und Komplementarität' bzw. zu ‚Eskalationsphasen und phasenspezifische De-Eskalationsmöglichkeiten' sollen das begriffliche Repertoire der Teilnehmer erweitern. Diese neuen Erkenntnisse werden auf die von den Teilnehmern eingebrachten Konflikt-Episoden bezogen. Rollenspiele zur De-Eskalation schließen sich daran an. Dabei steht die ‚Lösungsorientierung' (de Shazer 1990) im Vordergrund, d. h., dass alle von den Teilnehmerinnen vorgeschlagenen Alternativlösungen akzeptiert und sofort in Szene gesetzt werden, sofern sie dem Anspruch auf ‚Gewaltfreiheit' entsprechen.

In der zweiten Einheit (Dauer ca. 7 Stunden) geht es um institutionelle Bedingungen von (De-)Eskalationen und institutionelle Ressourcen zu ihrer Bewältigung. In diesem Zusammenhang wird der Begriff der ‚Aggressionskultur einer Einrichtung' eingeführt, unterschiedliche Typologien erläutert und die Teilnehmer gebeten, ihre Einrichtung mittels eines Fragebogens einzuordnen. Eine Theorie-Einheit verleiht dem Terminus ‚institutionelle Delegation von und an Sub-Systeme' (vgl. unten 4.2) Plastizität. In Rollenspielen üben die Teilnehmer Konflikte dort zu bearbeiten, wo sie entstehen bzw. Kompromisse so auszuhandeln, dass der Konflikt nicht mehr als ‚virulent' gelten muss. Im zweiten Teil werden Organigramme der einzelnen Einrichtungen erstellt und in Bezug auf Unterstützungsmöglichkeiten bei (schon geschehenen, noch laufenden oder potentiellen) Eskalationsprozessen untersucht. Internen Subsystemen (Kollegen-Team, Funktionsdienst, Leitung etc.) wird dabei die gleiche Aufmerksamkeit gewidmet, wie angelagerten Systemen (Familie, Schule, Jugendamt). In fallbezogenen Supervisionseinheiten wird ein Konzept zur Entdeckung und Fruchtbarmachung institutionseigener Ressourcen entwickelt. In Rollenspielen üben die Teilnehmer die praktische Einforderung bzw. Verhandlung um solche Unterstützungen.

In einer dritten Einheit (Dauer ca. 6 Stunden) steht das Individuum im Mittelpunkt der Betrachtung. Da diese Einheit die Bereitschaft zur Selbsterfahrung voraussetzt, ist sie an das Ende der Fortbildung gelegt, da Vertrauen und Offenheit zwischen den Teilnehmern inzwischen gewachsen sind. Mit Hilfe von psychodramatischen Elementen gilt es die individuellen, lebensgeschichtlich vermittelten Konfliktanteile in den Blick zu bekommen. Mittels eines Fragenkataloges erarbeiten die Teilnehmer sowohl ihren ‚persönlichen Eskalationsstil' als auch den individuellen Eskalationsstil eines ihnen gut bekannten Kindes/Jugendlichen. Anhand dieser Profile wird das phasenspezifische Aussteigen aus der Eskalationsspirale in Rollenspielen geübt.

Follow-up-Seminare im Zeitraum von jeweils 2 bis 6 Monaten können dazu beitragen aktuelle Konfliktfälle aufzuarbeiten, neu kennengelernte Sichtweisen zu vertiefen und bereits angeeignete Kompetenzen abzusichern.

B. Bei PART handelt es sich um ein in den USA entwickeltes Trainingsprogramm, das in einigen Bundesstaaten als obligatorische Voraussetzungen für die Arbeit in Institutionen wie Heimen, psychiatrischen Krankenhäusern etc. gesetzlich verankert ist. Allerdings muss man dazu wissen, dass in Amerika weniger als 25 % spezifisch ausgebildetes Personal in der Jugendhilfe tätig ist und auch in anderen Arbeitsfeldern das ‚Training on the job', d. h. eine möglichst passgenaue Kurzzeitausbildung für die konkreten Aufgabenstellungen für den Zugang und Erhalt eines Arbeitsplatzes viel wichtiger sind als lange, allgemein qualifizierende Studiengänge.

Das PART-Programm wurde nach einer IGfl-1-Studienreise in die USA nach Deutschland ‚geholt'; gelehrt und demonstriert wurde es anfangs von Nick Smiar, einem amerikanischen Sozialpädagogik-Professors, mit herausragenden Vermittlungskompetenzen. Gemeinsam mit Wolfgang Papenberg hat er PART in Deutschland bekannt gemacht hat (Papenberg 1998).

Das PART-Training besteht aus drei Teilen:

a) praktische Hinweise zur Vorbereitung auf den Arbeitsalltag mit potentiell gewalttätigen Klienten: Kleidung, körperliche Fitness, innere Haltung, Selbstkontrollplanung)
b) Kennenlernen verschiedener theoretischer Hintergründe für aggressives und gewalttätiges Verhalten
c) praktische Übungen zur verbalen Krisenintervention aber auch zum Selbstschutz im Falle eines Angriffes bzw. zum gemeinsamen Festhalten oder Abtransportieren eines gewalttätig gewordenen Klienten.

Aus dem ersten Teil möchte ich drei Passagen zum Thema „Voraussetzungen für den gelingenden Alltag mit potentiell gewalttätigen Klienten" zitieren. Die zentrale Idee in dieser Trainings-Einheit ist, dass Mitarbeiter über einen detaillierten Selbstkontrollplan verfügen müssen, um in gefährlichen Situationen entsprechend sicher und routiniert handeln zu können. Dieser Selbstkontrollplan wird einmal erstellt und dann immer wieder angesichts der realen Erfahrungen in brenzligen Situationen („hat mein Plan funktioniert, wo ja, wo nicht?") überarbeitet und weiterentwickelt.

Der ‚Selbstkontrollplan' beruht auf drei Annahmen:

> „1. Teammitglieder, die ihre Motive für die Arbeit mit potentiell gefährlichen Klienten verstehen, neigen weniger dazu, der Behandlung aggressiven Verhaltens zynisch und pessimistisch gegenüberzustehen. Zynismus, Pessimismus und andere destruktive Einstellungen von Teammitgliedern provozieren und verstärken oft gewalttätige Vorfälle" (PART, o. Jahr, S. 2).
>
> „2. Die Forschungsergebnisse des Autors haben gezeigt, dass Mitarbeiterinnen sozialer Dienste mit unprofessionellen Handlungen ein dramatisches Sicherheitsrisiko für sich selbst und andere bedeuten. Die Studie ergab, dass Mitarbeiter/innen. die in der Beurteilung von Kollegen/innen die niedrigsten Werthaltungen aufwiesen, bei ihrer Arbeit häufiger verletzt wurden" (ebd., S. 2).
>
> „3. Teammitglieder, die vorbereitet sind auf gewalttätiges Verhalten zu reagieren, bevor sie die Arbeit mit Klienten beginnen, sind weniger gefährdet, in einem gewalttätigen Zwischenfall zu verletzen oder verletzt zu werden. Ein umfassend vorbereitetes Teammitglied hat angemessene Kleidung, gute Beweglichkeit, geübte Beobachtungsfähigkeit und eine geschulte Selbstkontrolle" (ebd., S. 4).

Bezüglich des Selbstkontrollplans möchte ich nur drei von insgesamt zehn Dimensionen und vor dem Beginn der praktischen Arbeit zu formulierenden „Verträge mit sich selbst" zitieren:

„Direkt nach einer Bedrohung oder einem Angriff. werde ich folgendes tun, um meine innere Balance wiederzugewinnen und mich wohl zu fühlen: …

Wenn ich während der Arbeit bedroht oder angegriffen worden bin, werde ich nach der Arbeit folgendes tun, um meine innere Balance wiederzugewinnen und mich wohl zu fühlen: …

Weil ich einen Beruf habe. in dem die reale Möglichkeit besteht bedroht oder angegriffen zu werden, während ich meine Aufgabe erledige, habe ich die folgenden Verhaltensweisen und Handlungsmuster entwickelt, um auf längere Sicht emotional ausgeglichen zu bleiben: …“ (ebd., S. 12).

Meiner Kenntnis nach ist eine solche Art der Vorbereitung auf den Alltag im Heim in Deutschland ganz und gar nicht üblich.

Noch ungewöhnlicher und verblüffender ist der Teil von PART, der Übungen zum Ausweichen bei tätlichen Angriffen und zur ‚Physischen Einschränkung‘ bei aggressiven Klienten, die andere gefährden, vorstellt: In beiden Bereichen geht es nicht um normale Selbstverteidigung; das Prinzip „Hauptsache ich komme hier heil raus, was mit meinem Gegner geschieht kümmert mich nicht; schließlich handelt es sich hier um Notwehr“ finden die PART-Trainer angemessen für den Kontext Straßenkriminalität, nicht aber für den Kontext ‚professionelle Arbeit‘. Hier gilt, dass ich immer nach dem Gesichtspunkt maximaler Sicherheit für mich und den Klienten vorgehen muss und dass die Prinzipien ‚Würde und Respekt‘ zum Tragen kommen sollen. Für das Training ist eigens eine Video-Kassette erstellt worden, auf der die einzelnen Ausweichbewegungen bzw. Handgriffe und Vorgehensweisen zur Festsetzung erst einmal demonstriert werden. Erst nach Betrachten dieses Films geht man dann in eine Turnhalle oder einen größeren Saal und beginnt verschiedene Techniken einzuüben.

Klar ist, dass vor allem die körperliche Einschränkung von aggressiven Klienten, die immer zu zweit vorgenommen wird, nicht nur einmal gelernt werden kann, sondern eines regelmäßigen Trainings bedarf, in das auch neue Mitarbeiterinnen einbezogen werden. Als Mindest-Übungszeiträume gilt hier eine ‚Auffrischungsübung‘ alle drei Monate. Auf den in Deutschland häufig geäußerten Einwand „wir sind immer alleine im Dienst. wir haben deswegen gar nicht die Möglichkeit zu zweit vorzugehen und deswegen ist das Training auch ungeeignet …“, antwortet Nick Smiar lakonisch „That’s a management-problem!“. Ich kann die Teilnahme an diesem Training uneingeschränkt empfehlen.

Alle Fortbildungen sind dann am sinnvollsten und effektivsten, wenn sie eine ganze Einrichtung und Mitarbeiterinnen auf unterschiedlichen Ebenen involvieren. Gerade was PART betrifft, muss der erreichte Fortbildungsstand immer wieder überprüft und aufgefrischt werden; es ist klar, dass dies von zwei, drei MitarbeiterInnen, die (oft auch noch zufällig) eine Fortbildung gemeinsam besucht haben, nicht geleistet werden kann. Der Lern- und Ansteckungseffekt dieser Wenigen wird bald verpuffen, die Inhalte und Anregungen der Fortbildung gehen so verloren. Insofern ist es sinnvoll Fortbildungen generell und Trainings zum Thema De-Eskalation speziell im Rahmen eines Qualitätsmanagement-Verfahrens fest zu verankern. Dies scheint die einzige Möglichkeit bezüglich dieses Themas zu einer ‚lernenden Organisation' zu werden (siehe Kapitel III in diesem Buch).

3. Gewaltepisoden als Folge von misslungener Kooperation zwischen Heim (Station) und Familie

3.1 Loyalitätskonflikte und Delegation

Von der Systematik her gehört die Betrachtung von aggressiven Verhaltensweisen bei Kindern und Jugendlichen, wie sie aus dem Zusammenspiel von Familie und Heim resultieren können, zur ökologisch-systemischen Perspektive (siehe Punkt 4). Weil das System Familie/Heim jedoch besonders häufig mit heftigen Gewaltepisoden im stationären Kontext in Verbindung gebracht wird, soll diesem ein eigener Abschnitt vorbehalten sein. Linke hat bereits 1983 sehr treffend beschrieben, welche Dynamik mit einer Heimaufnahme in Gang gesetzt werden kann:

> „Wie schonungsvoll auch immer die Heimunterbringung begründet wird, die Eltern sehen sich mit der Tatsache konfrontiert, dass sie in der Erziehung versagt haben. Dies ist zumeist eine Kränkung für sie. Auch wenn sie der Unterbringung zustimmen. weil sie das Kind in der Familie nicht mehr ertragen, der Aspekt der Kränkung bleibt. Wenn nun die Erzieher, das Heim, deutlich zeigen, dass sie es besser zu machen gedenken, entsteht eine Konkurrenzsituation. Die Eltern wünschen vielleicht insgeheim, dass auch die Erzieher scheitern, und sie werden bei weiteren Kontakten mit dem Kind kritisch nachfragen, das Heim schlecht machen und sich immer wieder bei der Heimleitung oder sogar beim Jugendamt über die mangelnde Disziplin im Heim beschweren, das Kind aber sogar verwöhnen und in Schutz nehmen.
>
> Es ist also ein neues System mit einer neuen Regel entstanden, in dem das Kind sein Symptom behält, und zusätzlich das Heim und das Jugendamt die familiäre Sündenbockposition einnehmen. In dieser Position beginnt das Heim dann notgedrungen, sich negativ zu verhalten. Der Druck auf das Kind nimmt zu, Hausbesuche werden einzuschränken versucht, die Eltern wehren sich evtl. mit Dienstaufsichtsbeschwerde bei der Heimaufsicht. Das Kind sitzt zwischen den Stühlen; sich im Heim zu bessern, würde Loyalitätsverrat an seinen Eltern bedeuten. Sich nicht zu ändern bedeutet Illoyalität aus Sicht des Heimes.

> Allerdings bietet das Kind oft selbst dem Heim einen Ausweg aus dieser Situation pädagogischen Ohnmachtsgefühls. Da es ja gewohnt ist, die Sündenbockrolle zu spielen, und damit dem bedrohten Selbstwertgefühl und der bedrohten Beziehung der anderen zu Hilfe zu kommen. wird es diese Rolle auch im Heim annehmen. Dies kann beispielsweise in einer solchen Eskalation negativ en Verhaltens bestehen, dass selbst der gutwilligste Erzieher nach einiger Zeit ruhig en Gewissens für eine Verlegung in ein anderes Heim stimmen kann." (Linke 1983, S. 176).

Ganz ähnlich beschreibt Rotthaus die Situation von Eltern und Kindern bei Aufnahme in den stationären Kontext der Kinder- und Jugendpsychiatrie:

> „Welche Reaktionsmöglichkeiten haben nun die Eltern? Entweder können sie ihre völlige Inkompetenz einräumen und resignieren. Oder aber sie beauftragen das Kind, auf der Station auch beispielsweise aggressiv zu sein wie zuhause. Das geschieht – wie jeder Praktiker weiß – häufig sehr direkt in Form von Aufforderungen, sich von den anderen Kindern nichts gefallen und auch von den Betreuern nicht herumkommandieren zu lassen. Häufig geschieht das aber sehr viel weniger explizit, weniger offensichtlich, indirekter, aber ebenso wirksam.
>
> Aus der Perspektive des Kindes sieht die Situation folgendermaßen aus: Das Kind gerät mit der Aufnahme in einen Loyalitätskonflikt. Erfüllt es die Forderungen der Betreuer auf der Station, macht es die eigenen Eltern schlecht, indem es ihre Inkompetenz offenlegt. Umgekehrt muss es die Betreuer, auch wenn diese sich sehr bemühen, ständig vor den Kopf stoßen und verärgern, um die Eltern zu schützen. Dabei ist es noch relativ gut dran, wenn es eindeutige Aufträge von seinen Eltern bekommt. Sehr viel häufiger befindet sich das Kind in einer äußerst verwirrenden Situation, nicht unähnlich einem double-bind, indem es verbal den Auftrag erhält, sich zu bessern, nonverbal den Auftrag, die Eltern nicht bloßzustellen.
>
> Hinzu tritt eine sehr emotional ausgetragene Rivalität zwischen Eltern und Betreuern um die Zuneigung des Kindes: Die Eltern fürchten nicht zu Unrecht, ihr Kind ein Stück zu verlieren. Die Betreuer andererseits sehen durchaus ebenso zurecht eine Bestätigung ihres beruflichen Handelns darin. die Zuneigung des Kindes zu gewinnen. Auf welcher Ebene auch immer: Das Kind sieht sich konkurrierenden Erziehern ausgesetzt, was in jedem Fall eine pathologisierende Situation bedeutet" (Rotthaus 1990, S. 92).

Über die Situation der Verlegung von besonders aggressiven Kindern vom Heim in die Kinder- und Jugendpsychiatrie und die Konsequenzen, die daraus zu ziehen sind, schreibt Rotthaus:

> „Nicht selten wird in diesem Augenblick, wo das Kind im Heim ‚nicht mehr tragbar' ist, die Kinder- und Jugendpsychiatrie eingeschaltet. Es wird dann über aggressive Ausbrüche berichtet, für die oft überhaupt kein Anlass erkennbar sei, indem das

Kind sich kaum noch steuern könne. Dieses Verhalten wird als so schwer nachvollziehbar geschildert, dass man an primär hirnorganische Ursache denke.

Bei Vorstellungen von Heimkindern zur Klinikaufnahme, bei denen solche Probleme geschildert werden, hat es sich in den letzten Jahren außerordentlich bewährt, sehr genau nach möglichen Loyalitätskonflikten Ausschau zu halten. Unter Einbeziehung des Sorgeberechtigten und der Heimmitarbeiter wird dann zu klären versucht, ob das Kind eindeutige und einheitliche Aufträge hat oder ob es zwischen sich widersprechenden Aufträgen zerrissen wird" (Rotthaus 1990, S. 94).

Hennicke hat „zur Bedeutung aggressiver Verhaltensweisen im Kontext ungeklärter Ablösung zwischen Eltern und Kind" u. a. folgende Punkte angeführt:

- Unsicherheit und Angst durch Verlust der Bezugspersonen: Suche nach Halt und Gehaltenwerden, auch wenn es gewalttätig ist
- Emotionale Reaktion auf das Ausgestoßen-Werden: ausgedrückt in oftmals extremen (Auto-)Aggressionen
- Wut auf die Erzieher/Betreuer: als die vermeintlich Schuldigen oder als naheliegende, greifbare Objekte; eher zielgerichtete Aggressionen
- Ohnmächtige Wut: weil kein Schuldiger auszumachen ist; verzweifeltes Um-sich-schlagen
- Abwehr aggressiver Impulse gegen die Eltern: sie sind der einzige Halt auf der Welt und dürfen auf keinen Fall schlecht gemacht werden.

Relevanz für die spezifische Episode mit Mike

Auch was die Kommunikation zwischen Mike bzw. seiner Familie und dem Heim betrifft, konnten im Nachhinein wichtige Zusammenhänge aufgedeckt werden. Mikes Mutter hatte sich vor kurzem von ihrem als gewalttätig geschilderten Mann getrennt, litt aber sehr unter dieser Trennung. Vor den PädagogInnen der Gruppe, die ihr zu dieser Trennung geraten hatten, konnte sie das allerdings nicht zugeben. Mike gegenüber hatte sie jedoch während des Besuchswochenendes wiederholt geäußert, dass sein Vater ‚zwar brutal, aber wenigstens ein richtiger Mann' gewesen sei. Diese Äußerung enthält nicht nur eine Aufforderung für Mike, es seinem Vater gleichzutun, sondern auch eine versteckte Abwertung der männlichen Erziehungsperson von Mike im Heim, was dieser sehr wohl registrierte. Mit seinen Provokationen und Gewalttätigkeiten wollte er deswegen u. a. auch der Mutter gefallen bzw. dieser den ‚verlorenen' Mann ersetzen.

3.2 Praktische Maßnahmen

Konsequenzen aus der oben beschriebenen Dynamik sind vor allem in zweierlei Hinsicht zu ziehen:

3.2.1 *Die Gestaltung der Heimaufnahme*

Um Loyalitätskonflikte bei Kindern und Jugendlichen möglichst gering zu halten, ist es von großer Wichtigkeit, dass sich die Eltern aktiv für eine Heimaufnahme entscheiden und dies auch gegenüber dem Kind/Jugendlichen vertreten. Das neue KJHG bietet die Rahmenbedingungen dafür, dass sich Eltern und Kinder/Jugendliche mehrere Heime anschauen und sich vor Ort über Angebote, pädagogische Ausrichtung und Stil einer Einrichtung etc. informieren können. Idealerweise sollte es die Familie sein, die im Heim anruft, um ein Informationsgespräch oder einen Vorstellungstermin auszuhandeln. Übernimmt das Jugendamt diese Aufgabe. ist zumindest die Gefahr gegeben, dass sich die Familie darauf zurückziehen kann, von außen zu diesem Schritt gedrängt worden zu sein. Je aktiver dagegen die Eltern in diesem Prozess sind, umso klarer wird für sie und das Kind/den Jugendlichen, dass sie in ihrem eigenen Interesse und aus eigener Verantwortung heraus handeln.

Auch im Gespräch vor Ort ist darauf zu achten, dass die Eltern die Verantwortung für ihre Entscheidung übernehmen und dem Heim vor den Ohren des Kindes/Jugendlichen einen eindeutigen Auftrag mit klaren Zielen erteilen. Deswegen sind im Informationsgespräch folgende Fragen zentral:

- Warum haben Sie sich dafür entschieden, dass Ihr Kind eine Zeit lang im Heim leben soll?
- Ist diese Entscheidung eindeutig oder gibt es in der Familie bzw. im Bekanntenkreis auch andere Stimmen, die gegen eine Heimaufnahme sind?
- Sind Sie sich angesichts dieser anderen Stimmen schon ganz sicher, oder noch in einem Prozess, in dem Sie mehr Klarheit bekommen wollen?
- Angenommen, wir nehmen Ihr Kind hier auf, was soll es hier lernen, wann wird es wieder nach Hause zurückgehen können?
- Welches ist das wichtigste dieser Ziele, welches das zweite, dritte usw.?
- Was wollen bzw. müssen Sie in der Zeit, in der Ihr Kind im Heim lebt, lernen, damit Ihr Familienleben später besser gelingt?
- Ist es überhaupt schon ganz sicher, dass das Kind/der Jugendliche in die Familie zurückkehren kann oder steht evtl. auch eine längere Trennung der Familienmitglieder an bzw. eine Auflösung der Familie?
- Angenommen Ihr Kind läuft vom Heim weg und kommt zu Ihnen nach Hause, was werden Sie tun, was werden Sie ihm sagen, warum es hier sein soll …?

Neben solchen Fragen, die den Kontext der Heimaufnahme klären, ist es wichtig, die Eltern bzw. Kinder/Jugendlichen darüber zu informieren, was es im Heim für Regeln bzw. Pflichten gibt (z. B. Zubettgehzeiten, turnusgemäße Elterngespräche; Anreise und Mithilfe der Eltern bei Krisen; Beurlaubung nach

Hause, wenn das Heim mit dem Kind/Jugendlichen in eine ernste Krise gerät und Zeit braucht sich neu zu sortieren; Sanktionskatalog bei Übertritt der Heimregeln für die Kinder bzw. Jugendlichen). Auch ein Rundgang durch das Haus, in dem Eltern und Kinder/Jugendliche Zimmer und Gemeinschafts-Räume sehen können, sind wichtig. Für das Kind ist es sicherlich beruhigend, sich ein oder zwei Tage im Heim umschauen zu dürfen, um eine Vorstellung davon zu haben, was mit dem Heimaufenthalt auf es zukommt. Allerdings sollte vorher geklärt sein, dass die endgültige Entscheidung nicht bei dem Kind, sondern bei den Eltern liegt.

Nach einem Informationsgespräch ist es wichtig, dass Familie und Heim ihre Eindrücke getrennt voneinander sortieren und sich nach einer Bedenkzeit darüber informieren, ob sie sich füreinander entscheiden können. Heime, die sich in akuter Belegungsnot befinden, und es sich deswegen nicht leisten können, eine Anfrage aufgrund der widersprüchlichen und unklaren Absichtserklärungen der Eltern zurückzuweisen, können leicht in die Lage kommen, eine Heimaufnahme manipulativ zu gestalten: Der wirtschaftliche Druck, unter dem die Heime stehen, teilt sich den Eltern mit. Häufig reagieren sie darauf mit Verzögerungen bzw. unklaren Äußerungen, die wiederum das Heim dazu motivieren, die Eltern endlich zu einer klaren Entscheidung zu drängen. Am Ende eines solchen Prozesses ist es dann mehr das Interesse des Heimes, dass es zu einer Aufnahme kommt, was zu einer folgenschweren Verschiebung der Verantwortlichkeit führt. Häufig signalisieren Eltern ihren Kindern in einer solchen Situation, dass es das Heim ist, das sie zu ihrer Entscheidung drängt, sie selbst aber noch unklar seien, was das Kind dazu einlädt, ihre Entscheidung später durch Weglaufen oder Gewalttätigkeiten zu testen.

In vielen Heimen hat es sich als gut herausgestellt, die Entscheidung der Eltern, die Ziele, die mit dem Heimaufenthalt verbunden sind und die Verteilung von verschiedenen Kompetenzbereichen zwischen Eltern und Heim schriftlich festzulegen. Dieser Heimkontrakt ist dann vor Aufnahme von allen Beteiligten zu unterzeichnen.

3.2.2 *Statt ‚bessere Eltern': ‚im gleichen Boot'*

Im Normalfall lautet der Auftrag der Eltern an das Heim: „Helft uns dabei, mit diesem Kind besser fertig zu werden" (Rotthaus 1990, S. 96). Nehmen Mitarbeiterinnen aus Heim bzw. Kinder- und Jugendpsychiatrie diesen Auftrag ernst, „… dann erscheint es nicht sinnvoll, den Eltern die Erziehungsaufgabe abzunehmen bzw. zu versuchen, es besser zu machen, denn das hieße ja, den Eltern die Verantwortung abzunehmen und würde dem Ziel, die Familie zu einer aktiven Auseinandersetzung mit ihren Interaktionsmustern und ihren Realitätskonstruktionen zu stimulieren, zuwiderlaufen, zumindest das Erreichen dieses Zieles außerordentlich zu erschweren. Hier zeigt sich die alte Regel, das Helfen letztlich nur durch Nicht-helfen möglich ist“ (Rotthaus S. 96).

Was heißt das konkret? Heimmitarbeiterinnen sollten alles vermeiden, sich als ‚bessere Eltern‘ darzustellen. Schon bei der Heimaufnahme sollten sie betonen, dass die Erziehungsverantwortung bei den Eltern bleibt und nur in Teilen und für bestimmte Zeiträume an sie übergeht. Eine solche kooperative und partnerschaftliche Selbstdefinition wird umso glaubhafter, je mehr die HeimmitarbeiterInnen

- die Eltern an den eigenen Schwierigkeiten mit dem Kind/Jugendlichen teilnehmen lassen. Dies setzt voraus, dass man eigene Ratlosigkeit vor den Eltern eingestehen kann und Erziehungsschwierigkeiten auch als eigene Probleme und nicht nur der Kinder bzw. als Familienprobleme definiert.
- Die Eltern als Experten um Rat fragen. Keiner kennt das Kind so lange und so gut wie die Eltern. Sie wissen, was sie bereits mit dem Kind ausprobiert haben und was in der Vergangenheit funktioniert hat bzw. was nicht.
- Die Eltern an der Festsetzung und Formulierung von Sanktionen beteiligen (z. B. in Form eines Telefonates: „Ihr Kind hat gestohlen, wir haben uns dafür diese und jene Strafe überlegt, sind Sie damit einverstanden, sind Sie bereit diese Strafe auch gegenüber dem Kind mitzuvertreten?“). Den Eltern so viel wie möglich Alltagsaufgaben (Kleidereinkauf, Arzttermine, Elternabende) und Entscheidungen zu überlassen (Ohrring ja oder nein, kieferorthopädische Behandlung ja oder nein?).
- Die Eltern in Krisensituationen ins Heim mit dazuzuholen, um sich gemeinsam mit ihnen zu beraten.

Wenn in diesem Sinne möglichst viel Verantwortung und Kompetenzen bei den Eltern verbleiben, brauchen diese sich nicht abgewertet zu fühlen. Statt in den Kampf mit den Heimmitarbeiterinnen als den ‚besseren Eltern‘ gehen zu müssen, können sie sich dann auf eine partnerschaftliche Kooperation einlassen. Stellt man sich als Heimpädagogin nicht als allwissend und allmächtig, sondern als genauso häufig ratlos und erschöpft dar, wie es Eltern von sich selbst erlebt haben, sind auch Eltern eher bereit, die Heimpädagoginnen an ihren Sorgen und Nöten (mit dem Kind, aber auch in Bezug auf andere Lebensfelder) teilhaben zu lassen. Eine solche Haltung setzt bei den Heimpädagoginnen freilich voraus, dass sie sich von dem Berufsbild des (pädagogisch-therapeutischen) Experten für Beziehungsarbeit verabschieden und sich als Profis für Netzwerkarbeit definieren (vgl. Schwabe 1994). Mit diesem Wechsel der Selbstdefinition sind zahlreiche Veränderungen in der Selbst- und Fremdwahrnehmung verbunden, die eine längerfristige und intensive Auseinandersetzung mit der eigenen Berufsrolle erfordern.

4. Der Eskalationsprozess in systemischer und ökologischer Perspektive: Welchen Sinn machen Eskalationen in ihrer/ihren institutionellen Umwelt(en) bzw. mit Blick auf die Helfersysteme?

Unabhängig von den Personen und unabhängig vom generellen Prozessmuster bzw. spezifischen Prozess darauf, kann man Eskalationsprozesse auch in Bezug auf ihren ‚Sinn', ihre ‚Logik' und ihre ‚Funktion' für das System befragen, in dem sie stattfinden: Die ökologische Perspektive rückt dabei allgemeine Funktionen in das Blickfeld. Die Frage lautet dabei: Welchen Sinn machen Eskalationen in einem System, in dem Kinder/Jugendliche und Erwachsene in enger Form zusammenleben? Die systemische Perspektive fragt dagegen nach spezifischen Funktionen: Welchen Sinn macht diese spezifische Eskalation in diesem speziellen stationären Kontext (z. B. Kinderheim)?

Beide Fragehorizonte ergänzen sich dabei. Wenn von Sinn, Funktion und Logik die Rede ist, bedeutet dies nicht, dass man gewalttätige Vorfälle generell als ‚gut' bzw. ‚richtig' bewerten möchte. Es bedeutet lediglich, dass man nicht gewillt ist, sie als sinnlos und/oder als zufällige Geschehnisse zu betrachten, sondern sie in größere Zusammenhänge einbetten will, um sie (noch besser) verstehen zu können. Für die *ökologische Perspektive* halte ich zwei Einsichten für relevant:

4.1 Balance-Funktion von symmetrischen Eskalationen bei rigider Komplementarität

Bateson schreibt: „Man hat beobachtet, dass symmetrische Handlungsabläufe stark dazu neigen, die Spannung übertrieben komplementärer Beziehungen zwischen Personen und Gruppen zu reduzieren" (Bateson 1987, S. 160). Damit bietet er die Idee an, symmetrische Eskalationen (Einzelfälle) in einem Kontext von komplementären Interaktionen (Normalfall) zu betrachten. Die ideenleitende Hypothese lautet: Wo immer besonders rigide komplementäre Muster in der Interaktion einer Gruppe bzw. zwischen Personen vorherrschen, können symmetrische Eskalationen die Funktion der Schwächung bzw. teilweisen Aufhebung dieser rigiden Komplementarität besitzen. In Kinderheimen, in denen Erwachsene/Pädagoginnen ihre Position gegenüber den Kindern immer und ständig in komplementärer Weise definieren und präsentieren, (als Befehlsgeber, als Versorger, als Lebenserfahrenere, als die emotional belastbarere Gruppe) und die Kinder/Jugendlichen damit in die Position von Befehlsempfängern, Versorgten, Lebensunerfahrenen, emotional nicht Belastbaren verweisen, droht eine komplementäre Schismogenese. Diese kann sich z. B. in ständiger Lustlosigkeit, zunehmender Apathie bis hin zu Hospitalisierungs-Symptomen zeigen, wie sie uns bei vielen Klienten aus ‚totalen Institutionen' bekannt sind. Symmetrische Eskalationen haben nun angesichts dieser Gefahr, den Sinn, die komplementäre Schismogenese zu bremsen bzw. zu stoppen (degeneratives statt re-generatives Feedback; Bateson 1981, S. 180).

Je rigider sich die Erwachsenen auf ihre komplementären Funktionen beziehen und je weniger es ihnen gelingt, den Kindern gegenüber auch symmetrische Positionen einzunehmen (gemeinsames Spielen ohne Hierarchie, die Kinder mitbestimmen lassen, die Kinder bei der Versorgung etc. beteiligen, mit den Kindern in einer lockeren Form herum blödeln etc.), desto häufiger müssten nach Batesons These heftige symmetrische Eskalationen (mit gewalttätigen Vorfällen) erfolgen. Diese Hypothese ist wissenschaftlich schwer überprüfbar. Sie macht aber in sehr anschaulicher Weise deutlich, was weiter oben mit dem Sinn von ‚Eskalationen' gemeint war.

4.2 Beziehungsstiftende Funktion von Eskalationen

Symmetrische Eskalationen mit gewalttätigem Ausgang haben zwar ein plötzliches und hässliches Ende, ihre Langzeitwirkung scheint jedoch häufig auch positive Effekte zu zeigen: Jede/r Pädagogin weiß Geschichten davon zu erzählen, wie ein heftiger Streit bzw. extreme Reaktionen des/der Pädagogin (in deren Kontext auch Gewalthandlungen gehören) eine verfahrene Beziehung retten konnte (siehe dazu z. B. die körperliche Misshandlung, die A.S. Makarenko, sicherlich einer der großen Pädagogen dieses Jahrhunderts, als eigene Handlung schildert: Makarenko 1953, S. 21 ff.). Handelt es sich hierbei um einen Mythos, mit dem vordergründigen Zweck, die eigene Brutalität bzw. pädagogische Schwäche legitimieren zu wollen? Oder enthalten solche Geschichten Wahrheiten, die zwar nicht in das aufgeklärte Bild vom zivilisierten Pädagogen als Menschenfreund passen, dafür aber eine unmittelbare, direkte und körperliche Kommunikation schildern, deren Heftigkeit auch vom (geschlagenen) Kind/Jugendlichen durchaus als persönliches Engagement wahrgenommen werden kann (vgl. Bittner 1972, S. 148–150)?

So schreibt z. B. ein männlicher Heim-Pädagoge über einen gewalttätigen Ausgang eines Konflikts mit dem dreizehnjährigen Uwe:

> „Ich hatte da mit Uwe nach zwei Monaten permanenter Spannungen einen totalen Krach, der mit zwei Ohrfeigen endete. Danach war zwei Tage Funkstille zwischen uns. Am dritten Tag habe ich ihn gefragt, ob er mit mir und dem Heimleiter oder seinen Eltern ein Gespräch über diesen Vorfall führen möchte oder ob es für ihn o.k. wäre. Er meinte: Ein Gespräch mit mir würde er darüber auf keinen Fall führen. Es klang trotzig und ärgerlich. Ich sagte ihm, dass es bestimmt noch einige Zeit dauern würde, bis wir wieder ‚gut' miteinander sein könnten, dass ich aber Geduld hätte, diesen Zeitraum abzuwarten. Er zuckte mit den Schultern. Aber ab diesem Gespräch lief es gut und immer besser mit uns, so als ob er den Streit zwischen uns und vielleicht sogar die Ohrfeigen gebraucht hätte. Jedenfalls stellen sie einen Wendepunkt in unserer Beziehung dar und ich kann heute nach etwa einem Jahr

sagen, dass mir Uwe von allen Jugendlichen auf der Gruppe am nächsten steht und wir am wenigsten Ärger miteinander haben."

Wenn wir diesem Erzieher glauben können, so hatte die symmetrische Eskalation die Funktion einer Entladung von schon länger aufgestauter Spannung und Aggression, welche zu diesem Zeitpunkt die Beziehung zwischen Uwe und der Erzieherin blockiert haben. Nach der Eskalation kam es zu einer Wiederannäherung und Stabilisierung der Beziehung, die trotz der aktuellen Scham und Wut kurz nach dem Vorfall mit größerem zeitlichen Abstand als positiv bewertet werden kann.

Wir alle kennen diese Idee vom ‚reinigenden Donnerwetter', das einen Neuanfang (Balint 1974) möglich macht. Es scheint, dass symmetrische Eskalationen mit gewaltsamem Ausgang allen Beteiligten den extremen Negativpol ihre Beziehung deutlich machen können (die drohende symmetrische Schismogenese). Die Konfrontation, die Begegnung und das Überleben dieser Gefahr und der damit verbundenen Hassgefühle, führt zumindest bei einigen Individuen zu einer Veränderung in ihrem Verhalten, das eine bessere Beziehung möglich macht. Häufig ist es nicht nur das Kind/der Jugendliche, sondern auch der Erwachsene, der sich nach einem solchen gewalttätigen Vorfall anders verhält: Vorsichtiger, höflicher, respektvoller, distanzierter, gewissenhafter etc. Alles Beispiele für Verhaltensweisen, die beim Interaktions-Partner als erhöhtes Engagement und/oder als Wiedergutmachungsversuche interpretiert werden können, welche das eigene Verhalten in eine ebenfalls positive Richtung bringen können. D. h., wenn wir symmetrische Eskalationen mit gewalttätigem Ausgang als eine ‚Negativ-Spirale' beschreiben, in der sich ein Konflikt aufschaukelt und abrupt entlädt, dann verdankt sich diese Beschreibung einer relativ willkürlichen Interpunktion (Selvini u. a. 1987, S. 13): Wir beenden die Beobachtung und Beschreibung der Eskalation mit dem gewaltsamen Finale. Dehnen wir den Beobachtungszeitraum jedoch aus, so können wir sehen, dass das negative Ende zumindest in manchen Fällen auch der Anfang zu einer neuen und verbesserten Beziehung sein konnte.

Aus der Literatur über Gewalt in Familien wissen wir allerdings, dass die kontinuierliche langfristige Verbesserung von Beziehungen nach Eskalationen eine seltene Ausnahme darstellt: Nach den sogenannten ‚Honeymoon'-Perioden, den harmonischen Phasen, nach der gewalttätigen Eskalation, erfolgen in diesen Familien häufig die Gewaltausbrüche in immer schnellerer und intensiverer Form (Douglas 1991). In diesem Zusammenhang könnten qualitative Forschungsarbeiten die Frage untersuchen, welche Begleitumstände und institutionelle Bedingungen symmetrische Eskalationen mit gewalttätigem Ausgang zu beziehungsfördernden Erlebnissen machen können und welche dieser Rahmenbedingungen dauerhafte und lang anhaltende Beziehungsabbrüche (die wahrscheinlich mit einer Zunahme der Symptomatik beim Kind/Jugendlichen verbunden sind und über kurz oder lang zu einer Verlegung in eine andere Einrichtung führen) wahrscheinlich machen.

Allerdings werden solche Forschungsberichte dem Praktiker wenig Nutzen bringen; er kann die Rahmenbedingungen die eine bestimmte Interaktion (z. B. Streit, der mit Ohrfeige des Pädagogen endet) qualifizieren und vom Ergebnis her (langfristig betrachtet) legitimieren können, nie vollständig kontrollieren, weshalb er alles unterlassen muss, was nicht von seinem erzieherischen und institutionellen Auftrag und Ethos abgedeckt ist; und der Einsatz der eigenen körperlichen Überlegenheit ist es nicht! Dennoch treffe ich auf Fortbildungen immer wieder einmal Männer (nicht Frauen!), die sich auf eine körperliche Auseinandersetzung mit einem Jugendlichen eingelassen haben und voller Stolz (zumindest ist das die Seite, von der sie wünschen, dass man sie zu Kenntnis nimmt) berichten wie ‚gut' dieser Zweikampf für ihre Beziehung und die weitere Gestaltung der Hilfe gewirkt hat. Wie skeptisch ich gegenüber jedem systematischen Einsatz von körperlicher Überlegenheit auf Seiten von Pädagoginnen eingestellt bin, so leicht fällt es mir zuzugestehen, dass jeden Tag in pädagogischen Settings ungeplante, ungewöhnliche, manchmal auch ‚verrückte' Handlungen stattfinden, die durchaus positive Veränderungen in Gang setzen können und auf ‚normaleren' Wegen nicht zu erreichen waren. Auch aggressive, körperliche Angriffe, sofern sie authentisch sind und von Herzen kommen, können dazugehören. Aber sie können weder nachgemacht noch empfohlen werden und noch nicht einmal eine institutionelle Legitimation erwarten, bestenfalls persönlichen Respekt vor dem mit ihnen einhergehenden Wagnis.

4.3 Unterschiedliche Definitionen des Problemsystems und ihre Konsequenzen: Die institutionelle Delegation von Konflikten von und an Subsysteme

Kommen wir nun zur systemischen Betrachtungsweise, bei welcher die spezifischen, institutionellen Bedingungen der Eskalation mit gewaltsamem Ausgang noch genauer in das Blickfeld genommen werden:

In Bezug auf das spezifische System, in dem der weiter oben geschilderte Vorfall stattgefunden hat, lassen sich drei interessante Gesichtspunkte festhalten, sobald man das unmittelbare Eskalations-System (Mike, Erzieherin Anja, männlicher Kollege) erweitert.

4.3.1 Die Dynamik der Ausdehnung auf das gesamte Team der Pädagoginnen dieser Station

Anja hat in der informellen Hierarchie des Teams eine untergeordnete Rolle inne. Andere Teammitglieder stellen sehr viel höhere Ansprüche in Bezug auf das Mitbestimmen in Team- und Stationsangelegenheiten. Der männliche Kollege, mit dem sie an diesem Tag im Dienst war, stand kurz vor seiner Kündigung, da er sich von der Erziehungswirklichkeit der Kinder- und Jugendpsychiatrie häufig überfordert fühlte. Beide Personen waren in letzter Zeit einige Male einem Gruppenanspruch ausgesetzt, der etwa folgendermaßen lautete: „Setzt euch den Kindern und Jugendlichen gegenüber mehr durch. Bekennt klarer ‚Flagge' und überlasst es nicht nur uns anderen, für ‚Recht und Ordnung' auf der Gruppe zu sorgen."

Dieser Anspruch und das ihn begleitende Misstrauen in Bezug auf die erzieherische Kompetenz der beiden wurden allerdings nicht offen kommuniziert. Sie standen unausgesprochen, aber durchaus spürbar im Raum. Statt den anderen Pädagoginnen symmetrisch zu begegnen, d. h. einen Anspruch zu erheben, dass diese ihr Verhalten ändern sollten bzw. könnten (z. B. „seid Ihr mal nicht immer so autoritär und greift ihr mal nicht so rigide durch, dann mussten wir Schwächeren es auch nicht immer euch gleichtun"), haben Anja und der männliche Kollege eine komplementäre Position eingenommen („ihr sagt, was richtig ist, und wir bemühen uns, dies auch zu tun"). Der emotionale Druck, unter den sie mit einer solchen komplementären Position gerieten („wir müssen uns anstrengen, die Forderungen der Kollegen zu erfüllen") machte ihnen einen spielerischen, kreativen Umgang mit Mikes Provokationen nicht möglich. Im Gegenteil, wer unter Druck steht, gibt diesen Druck leicht in rigider Form an andere weiter, was sicher schneller zu symmetrischen Eskalationen mit gewalttätigem Ausgang führt (vgl. Schwabe 1994).

Das Problem, das für Anja und den männlichen Kollegen nach diesem Vorfall besteht, liegt darin, dass sie zwar einerseits den Forderungen des Teams nachgekommen sind („Greift mehr durch"), dies andererseits aber in einer Art und Weise getan haben, die ihnen selbst und den Verantwortlichen (Gruppenberater) missfällt. Solche paradoxen Situationen führen häufig zu Verunsicherungen und Verwirrtheit, bei den ihnen ausgesetzten Personen. Sie vermindern die erzieherische Kompetenz eher, als dass sie dieser förderlich sind.

Insofern ist es die Aufgabe des für diese Station Verantwortlichen, (Arzt, Psychologe, Gruppenberater, Erziehungsleiter etc.) auf die drohende komplementäre Schismogenese im Team hinzuweisen. Die Eskalation müsste als ein, wenn auch problematischer Versuch von Anja und dem männlichen Kollegen interpretiert werden, dieser entgegenzuwirken: Sie wollten es den anderen gleichtun, bevor sie endgültig aus dem Team herausgefallen wären. Andere Möglichkeiten zu einer größeren Teamhomogenität zu kommen, müssten gesucht werden. Auch das Verhalten der anderen Team-Mitglieder (rigideres Durchsetzen der Strukturen), müsste so thematisiert werden, dass diese es in Frage stellen und nach konstruktiven Veränderungen suchen könnten.

4.3.2 *Die Erweiterung des ursprünglichen Eskalations-Systems um die gesamte Kinder- bzw. Jugendlichengruppe*

Erweitert man das ursprüngliche Eskalations-System um die gesamte Kinder- bzw. Jugendlichengruppe, so ergibt sich ein anderes Bild. Nach übereinstimmendem Urteil aller Personen, die mit dieser Gruppe beschäftigt waren, befand diese sich gerade in einem Stadium der Labilität und kämpferischen Neuordnung. Einige ‚alte' Kinder waren gegangen, neue waren hinzugekommen. Die Hierarchie in der Kindergruppe wurde gerade neu verhandelt. Mike drohte in die Position eines ‚negativen Führers' zu gelangen, der andere Kinder mit Körperkraft und Macht-Ansprüchen (Erpressungen etc.) einschüchterte.

In Bezug auf diesen Prozess kann die Eskalation mit gewalttätigem Ausgang für alle Kinder und Jugendliche, die sie (direkt oder peripher) miterlebt haben, als ein klares Signal interpretiert werden, dass alle Erwachsenen (auch Anja und der männliche Kollege)

a) in erster Linie das ‚Sagen' über die Station und das Verhalten der Kinder/Jugendlichen haben wollen,
b) es nicht zulassen, dass Mike einseitige Machtansprüche erhebt,
c) die Erwachsenen durchaus in der Lage sind, solche einseitigen Machtansprüche so einzudämmen, dass sich der Rest der Kindergruppe beschützt fühlen kann.

Unabhängig von der Psychodynamik von Mike und den Pädagoginnen hatte die Eskalation für die Kindergruppe einen eindeutig positiven Effekt: In den nächsten Tagen und Wochen gab es weniger Streit zwischen den Kindern und weniger Reibereien mit den Pädagogen wegen Erziehungsansprüchen. Wie man sieht, hat die systemische Betrachtungsweise je nach Systemerweiterung (in Bezug auf das System ‚Pädagoginnen-Team' oder in Bezug auf das System ‚Kindergruppe') andere Konsequenzen: Was in der einen Hinsicht als funktional und ‚nützlich' gelten kann (Kindergruppe), muss in anderer Hinsicht als unproduktiv und falsch gelten (Team). Ein systemisch geschulter Beobachter und Berater sollte um solche widersprüchlichen Wirkungen und Funktionen einer Interaktionseinheit (hier symmetrische Eskalation mit gewalttätigem Ausgang) wissen, und diese anerkennen. Das ‚Beruhigende' an solchen Widersprüchen für ein Team, das beraten wird, ist, dass eine Handlung nie nur falsch und unproduktiv sein kann. Sie hat auf anderen Systemebenen bzw. auf der Ebene der ökologischen Betrachtung, immer auch positive Effekte. Über das gleichzeitige Vorhandensein von Positivem und Negativem zu sprechen, ist aber für alle Beteiligten sehr viel angenehmer und nützlicher, als über etwas zu verhandeln, das von vornherein und eindeutig als ‚Fehler' definiert wird.

4.3.3 Die Thematisierung einer dritten System-Erweiterung

Eine stationäre Einrichtung besteht in der Regel aus 7 verschiedenen Teilsystemen:

1. Klientensystem
   a) Kinder/Jugendliche
   b) Eltern/Personensorgeberechtigte
2. Die Teams der Pädagoginnen bzw. Pflegerinnen
3. Das therapeutische bzw. Beratungs-Team (fachliche Leitung)
4. Leitungsebene (Geschäftsführung mit bzw. ohne fachlichem Leitungsanspruch)
5. Hauswirtschaft/Hausmeister
6. ‚Überweisende Systeme' (z. B. Jugendamt, Ärzte, andere Heime)
7. Öffentlichkeit (wie sie im Bewusstsein der Mitarbeiter und der Leitung eine Rolle spielt).

Allgemeine Hypothese

Konflikte zwischen den Teilsystemen einer Institution haben, sofern sie nicht dort gelöst werden, wo sie entstehen, die Tendenz, sich auf andere Teilsysteme auszudehnen bzw. zwischen anderen Teilsystemen ausgefochten zu werden.

Spezielle Hypothese

Im Fall der reizbaren Kindergruppe, in deren Gefolgschaft Mike besonders reizbar war und im Falle der unausgesprochenen Konflikte zwischen den Team-Mitgliedern dieser Station, kann nach Konflikten zwischen anderen Teil-Systemen gesucht werden, die evtl. auf dieser Station ausgetragen werden.

Folgende Beobachtungen passen in diese Überlegung: Zwei Wochen vor der Eskalation mit gewaltsamem Ausgang war ein lange schwelender Konflikt zwischen Hauswirtschaft und Pädagoginnen im Großteam der Einrichtung ausgehandelt worden. Gegenseitige Beschwerden über nicht richtig wahrgenommene Aufgaben (Mülleimer leeren, Zimmer aufräumen, Essen wärmen etc.) waren vom Leiter der Einrichtung nach Empfinden der Pädagogen/Pädagoginnen einseitig zugunsten der Hauswirtschaft entschieden worden (Die Pädagoginnen bekamen nach ihrem Dafürhalten Aufgaben zugesprochen, die vorher nicht in ihren Kompetenzbereich gehört hatten). Die Pädagogen-Teams befanden sich also zu diesem Zeitpunkt in einer symmetrischen Position zum System Hauswirtschaft und zum Leiter, der sie in eine komplementäre Position zu dieser (Hauswirtschaft) und sich selbst

(Anordnung) gezwungen hatte. Dieser ungelöste Konflikt kann verschiedene Konsequenzen gehabt haben:

1. Die Pädagoginnen setzen sich über ihre eigenen unterschiedlichen Sichtweisen (Spannung zwischen Anja bzw. männl. Pädagogen und dem Rest des Teams) nicht offen auseinander, weil sie ‚Front' gegenüber anderen Teilsystemen machen ‚müssen'.
2. Die Pädagoginnen sind in eine komplementäre Position ‚gezwungen' worden (Gehorsam gegenüber Leitung), welche sie dazu anregt, gegenüber der Kindergruppe auf der Station verstärkt komplementäre Verhaltensweisen zu zeigen.
3. Die Kindergruppe, die sich in einer labilen Phase befand, verstand diese Verstärkung komplementären Verhaltens evtl. als ‚Kampfansage': Je nach Temperament gingen einzelne Mitglieder deswegen verstärkt in den Kampf gegen die Pädagoginnen (z. B. Mike) oder intensivierten den Kampf um Hierarchien innerhalb der Kindergruppe.
4. Die Kindergruppe und speziell Mike würden damit einen Konflikt um Autonomie und Selbstverwirklichung auskämpfen (symmetrische Selbstdefinition gegenüber den Pädagoginnen), den die Pädagoginnen adäquater mit der Leitung bzw. der Hauswirtschaft hätten austragen können bzw. sollen.

D. h. schismogenetische Eskalationen symmetrischen Typs hat es in der untersuchten Einrichtung in der Zeit vor der gewaltsamen Entgleisung bereits genug gegeben. ‚Kein Wunder', wenn sich diese Form der Auseinandersetzung zwischen Mike und dem männlichen Kollegen bzw. der Erzieherin Anja wiederfinden lassen.

Es könnte der Eindruck entstehen, dass es immer und überall sinnvoll ist, eine annehmende (nicht aber akzeptierende) Haltung gegenüber der Gewalt von PädagogInnen einzunehmen, die von diesem zwar Lernbereitschaft verlangt, ihnen aber auch Fehler zugesteht. Auch wenn wir dies in den meisten Fällen empfehlen, erkennen wir an, dass dies nicht immer möglich (bei Anzeigen der Eltern oder Behörden) bzw. nicht immer sinnvoll ist (z. B. bei Wiederholungs-‚Tätern', die ihre eigenen Konfliktanteile nicht wahrnehmen oder nicht bearbeiten können bzw. wollen). Eine Anzeige oder Kündigung ist in den meisten Fällen jedoch kein Zwangsmechanismus. Auch dieser Weg beinhaltet (mehr oder weniger sinnvolle) Wahlen und Entscheidungen (z. B. ‚Exempel statuieren' gegenüber anderen Pädagogen bzw. sich vor der Öffentlichkeit reinwaschen etc.), die ihrerseits auf ‚Konstruktionen bzw. Geschichten' beruhen. In vielen Fällen ist es möglich Eltern und übergeordnete Behörden (und sogar die Öffentlichkeit) so zu informieren, dass es zu einer sachlichen Diskussion und Aufarbeitung ohne Zwangsmaßnahmen kommen kann. Das bedeutet jedoch noch lange nicht, dass Zwangsmittel immer schlecht und gütlich getroffene Arrangements immer gut sein müssen.

Eine Voraussetzung für beide Wege (Fehlerfreundlichkeit oder Kündigung) ist allerdings, dass die Mitarbeiterinnen vorher wissen, welche Formen von Körpereinsatz und Konfliktgestaltung in der jeweiligen Einrichtung als legitim angesehen werden, welche in einen unsicheren ‚Graubereich' fallen, der von Situation zu Situation entschieden werden muss und welche absolut verboten sind. So müssen die MitarbeiterInnen wissen, ob es erlaubt ist im Konfliktfall sich mit einem Kind einzuschließen, es mit Körpereinsatz in sein Zimmer zu bringen, selbst Schimpfworte zu gebrauchen oder auch einmal eine Türe krachend ins Schloss zu werfen. Die Aggressionskultur einer Einrichtung ist dadurch gekennzeichnet, wie offen in ihr über das Thema Aggression und Gewalt gesprochen wird und welche ihrer Formen im Umgang zwischen Erwachsenen und Kindern/Jugendlichen, aber auch zwischen den einen wie zwischen den anderen praktiziert werden (dürfen) und welche nicht.

4.4 Konsequenzen

Ein externer Berater hätte im Fall von Mike die verschiedenen Teilsysteme auf Ansätze von symmetrischer Schismogenese zwischen denselben aufmerksam zu machen. Seine Aufgabe bestünde darin, für größere Spielräume (vgl. Schwabe 1994) zu werben, in denen die unterschiedlichen Teilsysteme ihre Konflikte offener und partnerschaftlicher austragen können. Eine weitere wichtige Funktion würde darin bestehen, einen (nicht nur) in dieser Institution kursierenden ‚Mythos' aufzudecken. Dieser lautet: „Konflikte können bzw. sollen immer in gemeinsamer Diskussion und durch gemeinsamen Konsens und nicht durch Anordnung einer hierarchischen Position entschieden werden." Viele von uns wissen, dass es sich dabei um eine Illusion handelt: In einer so komplexen Institution wie einer Kinder- und Jugendpsychiatrie oder einer Jugendhilfeeinrichtung können nicht alle Konflikte so ‚sauber' und offen geklärt und gelöst werden, dass alle daran beteiligten Personen damit zufrieden sein können. Eher und mehr ist zu erwarten, dass sich Konflikte immer nur zum Teil auflösen lassen und dysfunktionale Konfliktreste auch dann übrigbleiben, wenn eine Auseinandersetzung über die unterschiedlichen Standpunkte stattgefunden hat. Dies anzuerkennen wäre auch ein Beitrag zur Etablierung einer gelungenen Aggressionskultur.

Die innere Haltung, die einer solchen Kultur entspricht, charakterisiert Bradford Keeny so: Sie begreift „… Symptome als Metaphern für eine ganze Ökologie und führt zu einem Bewusstseinszustand, den Bateson als Bescheidenheit und Einsamkeit beschreibt: Diese Einsamkeit der Befreiung entsteht, wenn es kein Gen, keine Chemie, kein Individuum, keine Gruppe und keine Kultur mehr gibt, die man beschuldigen oder auf die man wütend sein kann" (Keeny 1990). Eine solche Haltung lässt sich in einer Institution wahrscheinlich nur durch individuelle und zugleich organisationsbezogene Selbsterfahrung und Supervision entwickeln. Maßgeblich dafür ist ein Einblick in die Vielschichtigkeit menschlicher Interaktionen in komplexen Systemen zu gewinnen.

Genau diesem Ziel kann die vollständige und detaillierte Aufklärung und Reflexion einer Eskalation mit gewalttätigem Ausgang dienen. Sie beinhaltet mehr als nur Selbsterfahrung und Supervision. Sie kann als ein zentrales Stück ‚Organisations-Entwicklung' beschrieben werden. Sicherlich werden dadurch nicht alle gewalttätigen Eskalationen plötzlich aus dem Leben einer Einrichtung verschwinden. Aber sie werden weniger werden. Und mit einem Rest von ihnen müssen wir leben.

Zu diesem Rest an Gewalt in der Erziehung (nicht nur in der von ‚schwierigen' Kindern und Jugendlichen) sollten wir stehen und dieses Problem auch der Öffentlichkeit in einer Art und Weise nahebringen, die es für diese nachvollziehbar macht. Erst wenn diese weitere Umwelt Gewalt als etwas anerkennt, das sie mit-hervorgebracht hat und für das sie trotz aller Delegation an Professionelle mitverantwortlich bleibt, ist das Problem richtig definiert und in grundlegender Weise zu bearbeiten. Wer sich dagegen über die Gewalt der PädagogInnen empört, gleichzeitig aber deren Arbeit erschwert (z. B. durch die

Verhängung von Sparmaßnahmen im Jugendhilfebereich, durch immer weitergehende Bürokratisierungsvorgänge, über die Arroganz des vermeintlich besser Ausgebildeten etc.), verschafft sich vielleicht ein ruhiges Gewissen, macht sich jedoch nicht nur der Verantwortungslosigkeit, sondern auch des Selbstbetruges schuldig.

5. Metalog: Zum Umgang mit den vorgeschlagenen Sichtweisen und Maßnahmen

Eingangs sprach ich davon, dass keine der vier Ebenen:

1) Individuum – Welches sind die individuellen Anteile der Konfliktteilnehmer?
2) Prozess – Was macht der Prozess mit den Konfliktteilnehmern?
3) Familie – Welche besitzt die Eskalation für das Problemsystem ‚Heim/ Familie'?
4) Institution – Welche institutionellen Bedingungen fördern Eskalationsprozesse?

…für sich alleine den Anspruch erheben kann, die Erklärung für das Eskalationsgeschehen bzw. die praktische Maßnahme in Bezug auf Prävention oder nachträgliche Aufarbeitung entwickeln zu können. Eine fundierte Kenntnis der verschiedenen Perspektiven (Individuum, Prozess, System Familie/Heim, Institution) und eine praktische Vertrautheit mit relativ vielen der daraus ableitbaren Maßnahmen, scheint mir auch tatsächlich grundlegend zu sein, wenn man als Mitarbeiterin, Leiterin bzw. Beraterin eines stationären Systems längerfristig ‚überleben' will. Allerdings wird der Aufmerksamkeit des Lesers nicht entgangen sein, dass sich nicht alle der erwähnten Sichtweisen bzw. der vorgeschlagenen Maßnahmen problemlos integrieren lassen. Einige theoretische Sichtweisen ‚beißen' sich bzw. lassen andere überflüssig erscheinen.

Und was noch wichtiger ist: Einige der praktischen Maßnahmen höben sich, wollte man sie miteinander kombinieren, gegenseitig auf. So geht z. B. die Sichtweise von der möglichen positiven Wirkung von Eskalationen in Bezug auf die Intensivierung von Beziehungen (siehe 3.2.) von anderen Voraussetzungen aus, als die psychoanalytisch inspirierte ‚Verhakungs-Theorie' (vgl. 1). Und so würde z. B. ein empathisch geführtes Einzelgespräch mit Mike (vgl. Praktische Maßnahmen bei 1) eine anschließende ‚Beurlaubung' (siehe 2.3.1.) in eine andere Einrichtung ausschließen. Man kann ein Kind nicht erst zu dem schwierigen Prozess der Anerkennung eigener Schuld einladen (welcher zu einer individuell ausgedachten Wiedergutmachung führen müsste) und ihn dann mit einem standardisiertem Bestrafungs-Ritual konfrontieren. Die eine Maßnahme ist auf individuelle Einsicht hin angelegt, die andere unter streicht ein kollektives ‚Gesetz', das von Einsicht und Wiedergutmachung zunächst absieht. Ihr Adressat ist in erster Linie das übrige Klientel der Einrichtung wie sie dem ‚Recht und der Ordnung' in der Einrichtung dient. Erst in zweiter Linie wendet sie sich an das konkrete Individuum und muss dieses stimmig in das ‚Ritual' miteinbeziehen, damit dieses nicht nur als von oben verhängte Sanktion erlebt wird.

Noch eine andere Schwierigkeit könnte dieser Artikel aufwerfen:

Die vielen verschiedenen Sichtweisen, die hier entfaltet wurden, können ein Team bzw. eine Einrichtung verunsichern und/oder dazu verführen, für eine einzelne Eskalationssituation eine Flut von Erklärungen zu produzieren, ohne dass man nachher noch wüsste, wie und wo praktisch anzusetzen ist. Sicher ist es wichtig die Multi-Determiniertheit menschlichen Verhaltens anzuerkennen und in eine Multi-Perspektivität von Sichtweisen und Maßnahmen zu überführen.

Anders jedoch als in einem Universitäts-Seminar findet eine solche Aufgabe im Kontext eines Heimes oder einer Kinder- und Jugendpsychiatrie immer unter dem Diktat von Zeitnot und Handlungsdruck statt. Unter solchen Bedingungen kommt es wesentlich darauf an Komplexität zu reduzieren d. h. sich auf eine begrenzte Anzahl von Sichtweisen zu verständigen und daraus eine beschränkte Anzahl von praktischen Maßnahmen zu entwickeln, mit denen sich möglichst viele der relevanten Personen identifizieren können. Das Zustandekommen von gelungenen Einigungsprozessen im Team und das gemeinsame Auftreten der Pädagoginnen gegenüber den Kindern/Jugendlichen (also das

‚Wie' der Inhalte und Maßnahmen) ist mindestens als genauso wichtig einzuschätzen als ihr Inhalt (das ‚Was' der Sinngebung bzw. Maßnahme).

Heißt das, dass die dargestellten Sichtweisen und Maßnahmen alle gleich wichtig sind und keine einer anderen grundsätzlich vorzuziehen ist? Auf dem Hintergrund einer ‚konstruktivistischen' Haltung und Philosophie: ja. Diese Haltung besagt:

- Es gibt verschiedene Konstruktionsweisen der Wirklichkeit.
- Es gibt kein Kriterium, das deren Wahrheit bzw. Falschheit eindeutig festlegen könnte.
- Es gibt allerdings verschiedene Erfahrungen in Bezug auf die Nützlichkeit von verschiedenen Konstruktionsweisen,
- diese sind abhängig davon, wie diese Sichtweisen, zu den Personen, Institutionen und Situationen ‚passen' (im Sinne von ‚to fit', wie es von Förster 1987 versteht), die bzw. in denen man damit operieren (wollen).

Konkreter: Ich empfehle dieses Kapitel als ein kombiniertes ‚Märchen'- und ‚Koch'-Buch zu lesen: Es enthält verschiedene Geschichten über das Zustandekommen und die Hintergründe von Eskalationen. Um nützlich und hilfreich werden zu können, sollten diese Geschichten zu den Personen, welche die Eskalation erlebt haben und aufarbeiten wollen, passen und ihnen wenn möglich ‚gefallen' (Keeny 1988). Dasselbe gilt für die Institution und ihre Subsysteme: Ein Landesjugendamt besitzt in Bezug auf Heimerziehung andere Aufgaben und Kompetenzen als ein/e Heimleiterin, ein/e Mitarbeiterin aus der Gruppe, ein/e SupervisorIn oder ein/e Fachreferentin eines Wohlfahrtsverbandes. Aufgrund dieser unterschiedlichen Positionen entstehen verschiedene ‚Geschichten' über Heimerziehung: Wie sie aussehen kann; was erlaubt ist und was nicht; wo die Not am größten ist; wer am meisten Schutz braucht; wer wessen Interessen vertreten soll usw. Nur wenn die unterschiedlichen Partner ihre jeweiligen Konstruktionen wechselseitig nachvollziehen und anerkennen können, werden diese Geschichten im Rahmen der Institution nützlich und handlungsrelevant werden. Wenn diese Anerkennung nicht stattfindet werden sie eher dazu beitragen die Eskalation auf einer anderen Ebene wiederaufleben zu lassen, als dass sie zur Klärung beitragen: Verschiedene Sichtweisen werden dann in Konkurrenz miteinander treten, in der jede Fraktion bzw. Schule die richtige Sichtweise zu besitzen glaubt. Je neuer und unvertrauter eine Sichtweise für ein System ist (Team, Institution etc.), desto behutsamer und spielerischer sollte sie dort eingeführt werden.

Ebenso verhält es sich mit den Rezepten aus dem kombinierten ‚Märchen'-/‚Koch'-Buch: Um funktionieren zu können, müssen sie eine Affinität zu dessen ‚Geschichten' sowie zur Aggressionskultur der Einrichtung besitzen, die übers rein Technische hinausgeht. ‚Gebeizter Lachs an Trüffel-Walnuss-Creme' passt z. B. nicht in die Waldhütte von ‚Brüderchen und Schwesterchen', sehr gut dagegen in das Schloss der ‚Prinzessin auf der Erbse'. Diese muss dagegen ‚Hirsebrei' verschmähen, auch wenn dieser äußerst nahrhaft ist und zu den Leib- und Magengerichten von ‚Brüderchen und Schwesterchen' gehört (sofern er nicht wie in einem anderen Märchen überkocht und läuft und läuft und läuft …).

II Aus der Konflikt-Spirale aussteigen – Eskalation und De-Eskalation in Einrichtungen der Jugendhilfe

Zusammenfassung

Der Aufsatz entwickelt drei verschiedene Eskalations-Typen: Ad-hoc-Eskalationen, verzögerte Eskalationen und institutionelle Eskalationen. Sie erstrecken sich über unterschiedliche Zeiträume und involvieren unterschiedliche Ebenen innerhalb und außerhalb der Institution. Sie bedürfen zu ihrer Auflösung bzw. Eindämmung unterschiedlicher Vorgehensweisen. Ziel des Kapitels ist es, konkrete Handlungsmöglichkeiten, aber auch Haltungen zu vermitteln, die helfen sollen, institutionelle Ausgrenzungsprozesse zu vermeiden.

Jede/r Pädagogin, der/die in der Jugendhilfe/Heimerziehung arbeitet, war schon in aggressive Konflikte mit Kindern/Jugendlichen verwickelt, in denen sie/er sich mit einer Explosion von Wut, Angst und Ohnmacht konfrontiert sah, sowohl der fremden, häufig aber auch der eigenen. Das vorhergehende Kapitel stellte vier Ebenen dar, die bei der Analyse und Bearbeitung von gewalttätigen Konflikten zwischen Kindern/Jugendlichen und Pädagoginnen nützlich sein können (siehe Abbildung 1):

Abb. 1: Eskalationsepisode

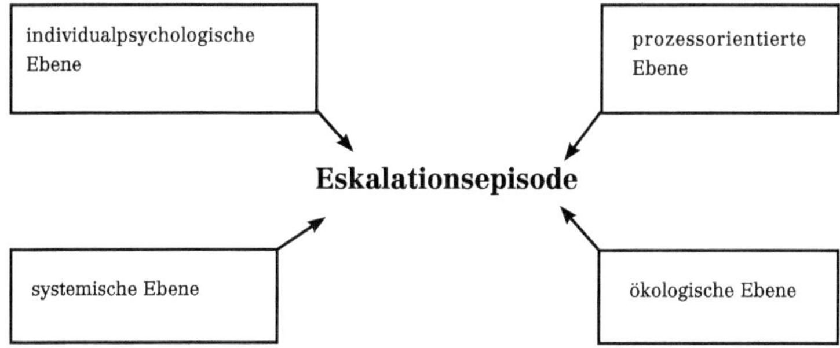

a) Die *individualpsychologische Ebene* fragt: Aufgrund welcher, jeweils biografischer Konstellationen verhaken sich gerade diese (beiden) Menschen in dieser Situation? Welche lebensgeschichtlich bedeutsamen Knotenpunkte werden daraus ersichtlich? Was muss jeder Konflikt-Teilnehmer für sich klären und bearbeiten, damit er nicht immer wieder in diese Form von Konflikten gerät?

b) Die *prozess-orientierte Ebene* fragt: Über welche Phasen hat sich dieser spezifische Konflikt hochgeschaukelt und welche allgemeinen Muster lassen sich dabei erkennen? Welches individuelle und kulturelle Eskalationsprofil lässt sich dabei beobachten? Welche Signale und Verhaltensweisen können helfen, die scheinbare Zwangsläufigkeit des Eskalations-Prozesses zu unterbrechen?

c) Die *systemische Ebene* fragt: Welche Spannungen zwischen Familie und Heim (bzw. im Problemsystem Familie/Heim/Jugendamt) ist für die gewaltsame Dynamik dieses Konflikts (mit)verantwortlich gewesen? Welche Kontaktformen und Absprachen sind hilfreich, um die Kooperation zwischen Eltern und Heim zu verbessern?

d) Die *ökologische Ebene* fragt: Welche Konflikte bzw. Konfliktverschiebungen innerhalb der Institution bzw. zwischen der Institution und ihren Umwelten (Jugendamt, Schule, Polizei, Nachbarn etc.) begünstigte diese Eskalation mit ihrem gewalttätigen Ausgang? Welche Verfahren und Absprachen müssen zwischen institutionsinternen bzw. -externen Interessengruppen ausgehandelt werden, damit solche Konflikte nicht mehr eskalieren oder anders gelöst werden können?

Mit Hilfe dieser vier Analyse-Ebenen lassen sich:

- bereits geschehene Eskalationen nachträglich verstehen und aufarbeiten,
- aktuelle Konflikte situativ so steuern, dass sie nicht in Gewalt enden,
- zukünftige Konflikte in ihrer Häufigkeit oder Intensität präventiv begrenzen (zu den strukturellen und politischen Dimensionen von Gewalt in Einrichtungen der Jugendhilfe siehe: Pilz 1995; Freigang 1994).

Schmerzliche Erfahrungen aus der eigenen praktischen Arbeit, Erlebnisse und Berichte von Teilnehmerinnen an unserem ‚De-Eskalations-Training' und die Lektüre von Fritz Glasls Standardwerk *Konflikt-Management* (Stuttgart, 1989) haben neue Einsichten und praktische Alternativen angeregt:

1. Eine neue Typologie von Eskalationsprozessen

Der Begriff ‚Eskalation' sagt etwas über die Dynamik eines Konfliktes aus: Er verschärft sich, gerät zunehmend aus der Kontrolle, droht in einem gefährlichen Eklat zu enden (z. B. in Gewalt). Er sagt noch nichts über die Anzahl und

Kontext der Personen, Gruppen oder Systeme, die dabei involviert sind und ebenso wenig über den zeitlichen Rahmen, in dem sich der Konflikt anbahnt, hochschaukelt und einem Höhepunkt zustrebt. Diese Tatsache fällt immer dann auf, wenn verschiedene Personen über Eskalationen reden und damit ganz unterschiedliche Prozesse meinen: einen kurzen, lauten und heftigen Konflikt ums Hausaufgabenmachen, der mit einem zerrissenen Heft endet; die Entladung von Wut und Verzweiflung eines Heimkindes nach einem enttäuschenden Wochenende zuhause; die Zuspitzung eines Dauerkonfliktes mit einem Kind/Jugendlichen, in den mittlerweile verschiedene Institutionen (Heim, Schule, Polizei) verwickelt sind. Was für den einen Pädagogen ‚schon' eine Eskalation war, ist für den anderen ‚nur' ein konflikthafter Vorfall. Was für den einen eine ‚Sache' zwischen ihm und dem Kind war, ist für den anderen ein Vorfall, der die ganze Institution zu einer Stellungnahme herausfordert.

Auch was die Auflösung solcher unterschiedlicher Konflikte betrifft, bestehen beträchtliche Einschätzungsunterschiede: Während sich der eine Konflikt tatsächlich oder vermeintlich mit einem spontanen, freundlichen Klaps auf die Schulter beenden lässt, müssen bei anderen vielfältige und genau aufeinander abgestimmte Aktionen überlegt und ausgeführt werden. Oft enden verschiedene Einschätzungen über einen Konflikt in einer Auseinandersetzung über den Konflikt und wie dieser zu lösen sei. Zur besseren Verständigung im Helfersystem möchte ich deshalb die Unterscheidung von drei Eskalationstypen vorschlagen:

- Typ 1: Ad-Hoc-Eskalationen
- Typ 2: Verzögerte Eskalationen
- Typ 3: Institutionelle Eskalationen

Zu Typ 1

Ad-hoc-Eskalationen ereignen sich auf der Mikro-Ebene der Institution: Ein oder mehrere Kinder und Jugendliche und ein oder zwei Pädagogen geraten innerhalb einer Handlungseinheit in einen Konflikt, bei dem sich Tempo, Dynamik und Intensität der Auseinandersetzung steigern und in einem Höhepunkt entladen. Die zeitliche Dauer beträgt selten mehr als 10 bis 20 Minuten. Viele Ad-hoc-Eskalationen sind bereits in 2 bis 5 Minuten an einem (vorläufigen) Höhepunkt angekommen. Der Konflikt wird von denselben Personen, die ihn begannen, auch bis zum Schluss ausgetragen. Der Ort der Handlung kann dabei einen Schauplatz beinhalten, sich aber auch an andere Schauplätze verlagern. Ad-hoc-Eskalationen können/müssen aber nicht mit Gewalt und Handgreiflichkeiten enden.

Zu Typ 2

Verzögerte Eskalationen ereignen sich auf der Meso-Ebene der Institution: Ein oder mehrere Kinder/Jugendliche geraten mit einem bzw. mehreren Vertretern der Institution oder anderer emotional bedeutsamer Personen/Gruppen/Institutionen (z. B. Eltern, Lehrer etc.) in einen Konflikt. Dieser wird bis zu einer bestimmten Eskalationsphase vorangetrieben, dann aber ohne Höhepunkt abgebrochen, worauf er an einer ganz anderen Stelle des Systems (Ort, Zeitpunkt) erneut zutage tritt. Die Konfliktverläufe sind durch deutliche Pausen gekennzeichnet, die jedoch keine Beruhigung beinhalten, sondern nur zu einer Konfliktverschiebung führen. ‚Verzögerte Eskalationen' können sich über einen ganzen Vormittag bzw. mehrere Tage ‚hinziehen', bis sie meistens mit unerwarteter Heftigkeit zu einem explosionsartigen Höhepunkt führen.

Beispiele

Franz (11 Jahre) kommt in die Gruppe und schleudert seinen Schulranzen in die Ecke. Die Erzieherin begrüßt ihn freundlich. Franz antwortet: „Halt die Fresse!" Die Erzieherin lässt sich das nicht gefallen: „So nicht, Franz, überleg Dir, wie Du mit mir sprichst, dann kannst Du wiederkommen!" Vor der Gruppe trifft Franz einen Kameraden und zieht mit diesem über das Gelände. Nach einer Viertelstunde gerät er an einer ganz anderen Ecke des Geländes mit anderen Jungen in einen Streit, in dessen Verlauf er heftig geschlagen wird. Er rennt darauf zu dem Gebäude, in dem die Wäscherei untergebracht ist und wirft dort drei Fensterscheiben ein.
Später wird klar, dass Franz an diesem Tag bereits in der Schule mehrfach seinen Lehrer und seine Mitschüler provoziert hatte. Dabei hatte sich Franz allerdings bemüht, keinen ernsthaften Streit ‚vom Zaun zu brechen'. Andererseits hatte der Lehrer beobachtet, dass Franz den ganzen Tag auch weiterhin ‚unter Dampf stand'.

Leni (14 Jahre alt) kommt von einem Wochenende zuhause zurück in die Heimgruppe. Auf die Frage, wie es Zuhause war, antwortet sie nicht. Leni geht in ihr Zimmer und hört dort laut Musik. Die Kinder beschweren sich bei einer Erzieherin. Diese interveniert erfolglos mit Klopfen an Lenis Türe, die abgeschlossen ist. Ein anderes Kind dreht die Sicherung heraus und versteckt diese in seinem Zimmer. Leni findet heraus, wer dieses Kind ist und schlägt es. Die Erzieherin greift ein und verlangt ein Gespräch mit Leni und eine Entschuldigung für das geschlagene Kind. Leni schreit die Erzieherin an und rennt in ihr Zimmer zurück. Dort zerschmettert sie mehrere Sprudelflaschen und zerstört Teile ihres Mobiliars.
In der darauffolgenden Woche wird klar, dass Leni an diesem Wochenende sehr enttäuscht von ihrer Mutter war. Diese war mit einem neuen Freund zusammengezogen und zeigte nach Lenis Eindruck zu wenig Interesse an ihr. Gelegentliche Gereiztheiten zwischen Muller und Tochter waren aufgetreten, allerdings kein massiver Streit. Leni konnte allerdings sehr viel später ihre massive Enttäuschung und ihre Angst benennen, dass die Mutter sie wegen dem neuen Freund ‚sitzen lassen' würde.

Verzögerte Eskalationen beinhalten eine Konfliktdynamik, die den Protagonisten in fast zwanghafter Form dazu antreibt, Streit zu suchen, weil ein Grundkonflikt nicht dort bearbeitet werden kann, wo er entstanden ist.

Zu Typ 3

Institutionelle Eskalationen entwickeln sich aus ‚Ad-Hoc-Eskalationen' und ‚verzögerten Eskalationen', und zwar dadurch, dass ein (das ursprüngliche) Konfliktthema auf einer institutionellen Ebene der Einrichtung nicht gelöst werden kann und nach und nach, immer mehr Personen, Gruppen und Institutionen in den Konflikt mit hineingezogen werden. Dadurch findet eine Konfliktausdehnung statt, die nicht nur die Anzahl der am Konflikt beteiligten Personen betrifft, sondern auch die Anzahl der strittigen Themen, der ungeklärten Beziehungen und der in Frage kommenden Lösungsmöglichkeiten:

Aus dem ursprünglichen Konflikt wird mittels Konflikt-Ansteckung ein ‚Konflikt über den Konflikt' (Glasl 1994, S. 199 ff.). Die zentrale Konfliktperson, die den Anlass zur institutionellen Eskalation gegeben hat, kann bei solchen Prozessen in den Hintergrund treten, vor allem wenn sie zum Anlass genommen wird, um ‚alte Rechnungen zu begleichen'. In den meisten Fällen bleibt jedoch die zentrale Konfliktperson im Fokus der Aufmerksamkeit, da sich ihr destruktives Verhalten im Verlauf der institutionellen Eskalation immer weiter steigert. Dafür sind häufig die aufgelösten Konflikte und die unkoordinierte und oftmals in Konkurrenz zueinanderstehenden Aktionen im Helfersystem verantwortlich. Ähnlich, wie die zentrale Konfliktperson innerhalb einer institutionellen Eskalation, von einzelnen (Helfer-)Gruppen instrumentalisiert wird, benutzt auch diese den Konflikt der Helfer, um seine/ihre Ziele manipulativ durchzusetzen. Mit Abstand betrachtet, wird immer wieder deutlich, dass institutionelle Eskalationen im Zusammenhang mit familiären Konfliktgeschichten aller Beteiligten stehen, die in der Institution ‚Heim' eine Neuauflage erfahren.

Institutionelle Eskalationen sind deswegen so gefährlich, weil sie ab einem bestimmten Entwicklungsgrad (Phase 5, siehe Abbildung 2 im Anhang dieses Kapitels, S. 134) fast zwangsläufig auf die Ausstoßung der ursprünglich zentralen Konfliktperson hinauslaufen. Die Ausstoßung wird dann als Verlegung, Einweisung in die Psychiatrie, Entlassung nach Hause ‚getarnt', muss aber in vielen Fällen als dramatischer Beziehungsabbruch gewertet werden. Abbildung 2 (im Anhang) beschreibt diese Dynamik in sieben Phasen hinsichtlich

- der Ausdehnung des Konfliktsystems,
- der Art und Weise, wie der Konflikt von den Pädagoginnen betrachtet wird (Fall-Konstruktion),
- der zentralen Konflikt-Themen,

- der typischen Interaktionen auf der Ebene der MitarbeiterInnen sowie der Ebene der Interaktion zwischen zentraler Konfliktperson und MitarbeiterInnen,
- der während der einzelnen Eskalationsphasen typischen Psychodynamik auf Seiten der Mitarbeiterinnen,
- der versuchten und gescheiterten Lösungsversuche.

Die vordringliche Aufgabe bei ‚institutionellen Eskalationen' besteht darin, das quasi automatische ‚Hinüberrutschen' in die nächste Phase zu verhindern. Das ist in jeder Phase (außer in 6) möglich, auch wenn es immer schwieriger wird. In jeder Phase bieten sich dazu eigene Verhaltens- und Reflexionsformen an (siehe 4.: Lösungsversuche bei institutionellen Eskalationen).

Der Zusammenhang der drei Eskalations-Typen

Wie bei allen Differenzierungen, handelt es sich auch bei den Termini ‚Ad-hoc-Eskalation', ‚verzögerte Eskalation' und ‚institutionelle Eskalation' um begriffliche Hilfsmittel, die die Komplexität der Realität in konstruktiver Weise ordnen helfen sollen. Alle drei Termini sollten getrennt gebraucht werden können (auf die Nützlichkeit solcher Trennungen werde ich in 2., 3. und 4. noch eingehen), müssen aber auch im Hinblick auf ihre Zusammenhänge und Überschneidungen reflektiert werden: Erstens setzen sich ‚institutionelle Eskalationen' aus zahlreichen ‚Ad-hoc-Eskalationen' und ‚verzögerten Eskalationen' zusammen. Zweitens sorgt das Konfliktmanagement im Mikrobereich (Typ 1) dafür, ob eine begonnene Eskalationsdynamik sich zu einer ‚verzögerten Eskalation' entwickelt oder nicht bzw. ob eine ‚verzögerte Eskalation' zu einem starren Muster wird, das immer wieder abläuft. Gelingt es dem/der Pädagogin, entweder rechtzeitig zu de-eskalieren oder für einen ‚guten Höhepunkt' zu sorgen (siehe 2.2), werden Konfliktepisoden nach wie vor vorkommen, nicht jedoch in existenzbedrohender Art und Weise. Erlebt das Kind/der Jugendliche oder der/die Pädagogin ein zu großes Maß an Ohnmacht, Angst und/oder Gewalt, werden sich ‚Ad-hoc-Eskalationen' in Häufigkeit und Intensität steigern oder in ‚verzögerte Eskalationen' verwandeln. Ab wann diese dann als ‚institutionelle Eskalationen' wahrgenommen werden, hängt von der Konstruktion der Pädagoginnen ab (siehe Abbildung 2, im Anhang, vor allem die Ebenen ‚Fall-Konstruktion' und ‚typische Interaktion auf der MA-Ebene'). Institutionelle Eskalationen können in jeder Phase gestoppt werden, und weil es sich vor allem um ein Wahrnehmungs- und Definitionsproblem handelt, in einzelne ‚Ad-Hoc-' und ‚verzögerte Eskalationen' zurückverwandelt bzw. umgedeutet werden.

2. Lösungsversuche bei ‚Ad-Hoc-Eskalationen'

Was Lösungsversuche für ‚Ad-hoc-Eskalationen' betrifft, haben wir stetig von den Teilnehmerinnen unserer De-Eskalations-Trainings gelernt (siehe 2.5.3 in Kapitel 1). Unsere anfängliche Idee war, dass man als Pädagogin immer versuchen sollte eine De-Eskalations-Strategie zu versuchen (siehe 2.1), um den Konflikt mit einer ‚gütlichen Einigung', einem Kompromiss etc. aufzulösen. Dann haben wir aus Lösungsrollen-Spielen der TeilnehmerInnen gelernt, dass sich in manchen Fällen (und für manche Personenkonstellationen) durchaus die Strategie ‚beabsichtigter und gesteuerter' Eskalationen anbietet; diese vom Pädagogen auf einen ‚guten Höhepunkt' angelegten Eskalationen nennen wir ‚expressive Dramatisierungen' (siehe 2.2). Im Alltag von Sozialpädagoginnen dürfte aber weder die eine noch die andere Strategie in ihrer jeweiligen Rein form die Hauptrolle beim Umgang mit Konflikten spielen, sondern eine Mischform, die de-eskalierende (2.1) und konfliktunterstreichende Elemente geschickt mischt (2.4).

2.1 Die De-Eskalationsstrategie

Bei der Analyse von Video-Aufzeichnungen von Rollenspielen, die gelungene De-Eskalations-Sequenzen enthalten, ist uns klar geworden, dass diese selten ‚aus einem Guss' bestehen, sondern einen ‚Cocktail' aus vielen verschiedenen Elementen darstellen. Dieser ‚Lösungs-Cocktail' ist nicht bewusst geplant und kontrolliert ausgeführt worden, sondern aus der Spontaneität der Pädagoginnen heraus, für diese eine spezifische Situation entwickelt worden. Es handelt sich dabei jedes Mal um ein kleines ‚Kunstwerk', das in dieser und zunächst nur in dieser Situation deeskalierend gewirkt hat, aber nicht umstandslos auf andere Situationen übertragen werden kann. Trotzdem gibt es natürlich wie beim Cocktailmixen auch, gewisse feststehende Elemente, die bei De-Eskalationsversuchen immer wieder neu miteinander kombiniert werden. Ausgehend von den phasenspezifischen De-Eskalationsversuchen, die wir bereits dargestellt haben (siehe Kapitel 1.2.2), möchte ich folgende noch unabgeschlossene Auflistung solcher Elemente vorschlagen:

- *1. Ebene: Körper, Körperkontakt:* Dosierter Gebrauch von Berührungen, Austarieren von Nähe und Distanz. Weiche, fließende Stimmlage, ruhige Bewegungen. Komplementäre Körperposition (d. h., sich setzen, während der andere steht etc.). Kontrolle über die eigene ‚Bedrohlichkeit'.
- *2. Ebene: Raum, Bewegung:* Ausprobieren der Wirkung verschiedener Bewegungsarten: tänzerische Beweglichkeit im Raum oder feststehen wie ‚der Fels in der Brandung'. Deutlichmachen der eigenen Erregung durch auf-

und abgehen bzw. gestikulieren. Aufgreifen von Körperbewegungen des Konfliktpartners. Offenlassen von Fluchtwegen!

- *3. Ebene: Verhandlungen, Kompromisse, Kontrakt:* Anbieten von Aushandlungsprozessen: Nicht sofort, aber später; nicht alles, aber ein Teil; nicht alleine, sondern gemeinsam etc. Die jeweiligen Abmachungen können durch Handschlag oder anderes Ritual besiegelt werden.
- *4. Ebene: Aus dem Feld gehen:* Sich und den anderen nicht unnötig unter Druck bringen. Das eigene Gesicht wahren bzw. den anderen nicht in die Enge treiben. Zeit gewinnen für eine ‚zweite Runde' (zum Abkühlen oder Beratung holen etc.).
- *5. Ebene: Humor, Witz, Selbstironie:* Jede Situation enthält ‚unfreiwillige, komische Elemente', die es offen zu machen gilt. Dies geschieht am besten mit Hilfe schauspielerischer Fähigkeiten. Humor wirkt entkrampfend und unterbricht die Eskalationsdynamik.
- *6. Ebene: Beziehung:* Auf den Beziehungsaspekt des Konfliktes achten: Oft ‚holen' sich Kinder/Jugendliche Beziehung durch Streit z. B. über Regeln. Ansprechen der im Konflikt enthaltenen Beziehungswünsche. Deutlich machen der eigenen Beziehung zum Kind z. B. durch Verweis auf positive gemeinsame Erlebnisse oder Aktivitäten, die statt Streiten stattfinden können.
- *7. Ebene: Zeit, positive Zukunftserwartungen:* Die Einführung von Zeit entlastet beide Parteien: Viele Aufgaben müssen nicht sofort erledigt werden, sondern besitzen einen zeitlichen Spielraum, der ausgehandelt werden kann. Häufig hilft der Verweis auf ein positives Ereignis in der Zukunft, um die lästigen Pflichten der Gegenwart erfüllen zu können.
- *8. Ebene: Selbstbetroffenheit:* Offen mitteilen, wie die eigene emotionale Befindlichkeit aussieht: Erschöpfung, Ratlosigkeit, Wut, Angst, Verletztheit etc. Körperbezogene Stimmigkeit ist wichtiger als verbale Inhalte.
- *9. Ebene: Überraschungen, Neudefinition der Konfliktsituation:* Plötzliche und unerwartete Handlungen, die den Konfliktpartner überraschen und die Eskalationsdynamik unterbrechen können, z. B. sich einmal um die eigene Achse drehen, sich auf den Fußboden setzen, dem anderen eine Zigarette anbieten, dem anderen die Hand geben und ihn in ein Rollenspiel verwickeln, z. B. ein Kind muss nach einem Konflikt auf sein Zimmer gehen und verweigert dieses. Pädagogin definiert sich überraschend als Kellner, der dem Kind das Essen im Zimmer ‚servieren' möchte.
- *10. Ebene: Meta-Kommentar:* Beschreibung der Konfliktsituation aus der ‚Vogelperspektive': Die Beschreibung muss beide Konfliktparteien auf eine Stufe stellen und darf keine Abwertungen enthalten: „Jetzt sind wir zwei Dickköpfe schon wieder dabei, uns zu verkämpfen und jeder von uns ist überzeugt, dass er recht hat."

Ein ‚guter' Pädagoge/eine ‚gute' Pädagogin zeichnet sich dadurch aus, dass er/sie über ein breites Repertoire an solchen De-Eskalations-Elementen verfügt und diese situationsbezogen flexibel kombinieren kann. Gerade der aggressive Konflikt und seine Steuerung ist ein Feld, in dem man niemals nur auf Wissen und geplantes bzw. kontrolliertes Verhalten setzen kann, sondern immer auch darauf vertrauen muss, dass sich gleichermaßen wie beim ‚Spielen' und ‚Basteln', bewusste und unbewusste Fähigkeiten miteinander ‚kurzschließen' und in eine frei fließende Kommunikation miteinander treten (über den Begriff des ‚Spielens' und ‚Bastelns' in der Pädagogik siehe: G.E. Schäfer 1993; Schwabe 1994 b). Insofern geht es nicht um mechanisch erlernbare ‚Techniken'. Die ganze Person mit all ihren Fähigkeiten ist gefordert; das Unbewusste ist dabei weniger als eine Quelle von Störungen angesprochen, sondern als ein Produzent überraschender und kreativer Lösungen.

Im Folgenden soll beispielhaft ein solcher ‚Lösungs-Cocktail' vorgestellt werden, um anschließend ein allgemeines Raster vorzustellen, das die unterschiedlichen Elemente, die dabei eine Rolle spielen, enthält.

Die Anforderung an die TeilnehmerInnen des De-Eskalationstrainings bestand darin, verschiedene Strategien auszuprobieren, mit einem ‚verbitterten Mädchen', das sich in ihr Zimmer zurückgezogen hatte, Kontakt aufzunehmen, ohne die eigene Regelanforderung dabei aus dem Blick zu verlieren. Ein männlicher Pädagoge (hier Herr Schneider genannt) spielte folgende Sequenz, die von vielen TeilnehmerInnen als besonders gelungen betrachtet wurde. Seine Partnerin war die Pädagogin, welche den Konflikt mit dem Mädchen in die Gruppe eingebracht hatte.

Ein vierzehnjähriges Mädchen ist mit Freunden zu einer Disco im Jugendhaus verabredet, soll aber, bevor sie geht, noch ihr Zimmer aufräumen. Dieser Konflikt wird beim Abendessen thematisiert, das Mädchen gerät sofort in einen heftigen Wutausbruch (Phase 2 und 3 der individuellen Eskalationsdynamik), beschimpft den Pädagogen, der die Forderung stellt („Du hast mir gar nichts zu sagen, kümmer' Dich um Deinen Scheiß, Du alte Flasche!") und rennt vom Tisch weg in ihr Zimmer. Aktueller Hintergrund der extremen Gereiztheit des Mädchens, ist der Verlust ihres Freundes, den sie an diesem Abend zum ersten Mal nach der Trennung wiedersehen wird. Außerdem hatte ein ähnlicher Konflikt zwei Wochen zuvor (Küche aufräumen und abspülen als Regelanforderung an das Mädchen) zu einem heftigen Wutausbruch ihrerseits und Weglaufen geführt.

Konflikt: Zimmer-Aufräumen *Strategie: De-Eskalation*

Pädagoge, 1. Interaktion:
(klopft, öffnet Türe behutsam, steckt seinen Kopf vorsichtig hinein)
„Hallo-o" (Pause) „Hier ist die alte Flasche wieder." (freundliche, fast singende Stimme)

Mädchen, 1. Interaktion:
(sitzt in der Ecke des Zimmers, schaut kurz hoch)
„Ppfhä" (senkt den Kopf, blickt auf den Boden)

P 2: (macht die Türe schwungvoll auf, verändert Mimik Gestik, Tonfall)
„... und 1 und 2, und 1 und 2, Feldwebel Schneider zur Stelle, zum Zimmerappel alles angetreten, Kompani-i-ie – halt!" (macht während des Redens 4 bis 5 Stechschritte, schnarrende Stimme, Gesicht eines Militärs).

M 2: „Böhäh" (Mädchen zieht Grimasse, muss kurz grinsen, verschränkt Arme vor der Brust, schaut auf den Boden)

P 3: (zieht Grimasse in Richtung des Mädchens, hebt Kleidungsstück vom Boden auf): „Ja was ist denn das?!" (militärischer Tonfall)
(riecht an dem Kleidungsstück, verändert Tonfall, sucht Blickkontakt)
„Mmh, da hat jemand aber einen guten Geschmack."

M 3: „Mmh?!" (schaut kurz hoch)

P 4: (legt Kleidungsstück sorgfältig über die Stuhllehne, geht in die Hocke)
„Mmh, Lena, wie steht's mit Dir?" (freundlich, offen)

M 4: „Wie soll's stehen, ich hau sowieso ab!" (heftig, stoßweise, kein Blickkontakt, zieht Arme fester um die Brust, wirft einen Gegenstand, den sie schon die ganze Zeit in der Hand hält, in die Ecke)

P 5: „Ok, Du hast die Schnauze voll von mir, ich hab die Schnauze voll von Dir, Du willst Deine Ruhe, ich will meine Ruhe." (freundlich, fast singender Tonfall, rutscht etwas weiter von ihr weg, setzt sich hin)

M 5: „Dann lass mich halt gehen!" (schaut ihn herausfordernd an, steht abrupt auf geht zum Fenster.)

P 6: „Dann räum' halt auf!" (ahmt das Mädchen nach, rutscht ein Stück zurück, geht in die Hocke, schaut zu ihr auf)

P 6: „Du, ich find's gut, wenn Du gehst! Ich will Dich sogar heut Abend los haben, damit ich mit den Kleinen nachher ‚Dingsda' schauen kann. Aber ich kann nicht, Du weißt, ich halt mich zuverlässig an Absprachen und Mittwoch..." (ruhiger und freundlicher Tonfall, schaut Mädchen unverwandt an.)

M 6: „Nee, mach' ich nich." (bockig, aber nicht sehr entschieden)" ... aufräumen und saugen und staubwischen ..." (klagender Tonfall, hebt Schultern hoch und lässt Armefallen, so, als ob ein großes Gewicht auf ihr läge).

P 7: (steht langsam auf) „Also gut, Angebot: Du räumst jetzt 10 Minuten lang auf, aber richtig mit Schmackes. Ich geh zu den Kleinen und dann komm' ich in genau 10 Minuten wieder mit dem Staubsauger. Und wenn der Boden schön frei ist, dann saug ich für Dich und Du kannst gehen." (ruhig, akzentuiert „10 Minuten" und „Du kannst gehen").

M 7: „10 Minuten?“ (fragend, zweifelnd, aber auch neugierig)

P 8: „10 Minuten!“ (bekräftigend) „Da kann man ’ne Menge schaffen!“ (fordernd)

M 8: „10 Minuten!“ (bestätigend)

P 9: „Dann mal los!“ (geht ab, blickt auf die Uhr)

M 9: (Mädchen fängt an, Kleidungsstücke vom Boden aufzuheben).

Neun Interaktionen, die eine beinahe ‚verrannte‘ Situation wieder in Gang bringen und einer weiteren Eskalation vorbeugen. Betrachten wir zunächst die verschiedenen Ebenen, auf denen der Pädagoge seine De-Eskalations-Strategie realisiert hat. (Sicher ist die Kompromisslösung nicht nur das Verdienst des Pädagogen. Aber nachdem wir als PädagogInnen zunächst einmal nur unser eigenes Verhalten beeinflussen können, beschränken wir uns bei der Analyse auf die Lösungsimpulse, die der Pädagoge in diese Situation investiert hat.) Folgende Gliederung macht die verschiedenen Kanäle deutlich, über die die Kommunikation in einer solchen Situation läuft:

1. Verbale Botschaft
   1.1 Explizite verbale Botschaft
   1.2 Implizite verbale Botschaft
   1.3 Sprachliche Gestaltungsmittel
2. Expressive, körpernahe Botschaften
   2.1 Mimik, Gestik, Tonfall
   2.2 Verhalten im Raum

Als Inhalte auf diesen Ebenen können im Einzelnen festgehalten werden (P ist die Abkürzung für den Pädagogen, die Ziffern beziehen sich auf die fortlaufende Zahl der Interaktionen, siehe Beispiel):

1. Verbale Botschaften

1.1 Explizite verbale Botschaften

- P 1: „Hallo-o“ Wirkung: freundliche Kontaktaufnahme
- P 3: „Da hat jemand aber einen guten Geschmack …“ Wirkung: Kompliment, Wertschätzung, männlicher Bezug auf das Mädchen.
- P 4: „Wie steht’s mit Dir?“ Wirkung: Signalisieren von Interesse und Offenheit.
- P 5: „Du hast die Schnauze voll von mir, ich hab die Schnauze voll von Dir…“ Wirkung, bzw. Botschaft: „So sieht’s aus, wenn wir uns beide von außen betrachten.“ Dadurch wird Gleichheit hergestellt und auf die unauflösbare Patt-Situation hingewiesen.

- P 5: „Du willst Deine Ruhe, ich will meine Ruhe." Wirkung: Gleiche Interessen und Bedürfnisse werden deutlich.
- P 6: „Du, ich find's gut, wenn Du gehst! Ich will Dich sogar loshaben ..." Wirkung: Hinweis auf gleiche Interessen, Erwägung einer positiven Zukunftserwartung.
- P 6: „Aber ich kann nicht, ich bin jemand, der sich zuverlässig an Regeln hält." Wirkung: zu sich selbst bzw. zu seinem Auftrag stehen, den personalisierten Konflikt im Hinblick auf die eigene Rolle (Erzieher) deutlich machen.
- „Ich will Dich sogar loshaben, damit ich mit den Kleinen ‚Dingsda' schauen kann." Wirkung: sich nicht nur als Pädagogen, sondern auch als Menschen darstellen, mit durchaus eigennützigen Interessen. Aufzeigen, dass man selbst Interesse hat, den Konflikt zu lösen.

1.2 Implizite, verbale Botschaften

- P 1: „Hier ist die alte Flasche wieder." Wirkung: Humor und Ironie. „Ich nehme es Dir nicht übel, dass Du mich so beschimpft hast."
- P 2: „Eins und zwei ... Feldwebel Schneider ..." usw. Wirkung: Karikiert die strenge Erzieherrolle, zeigt dadurch, dass er kein strenger Feldwebel sein will, sich aber seiner Wirkung als solcher bewusst ist. Bietet etwas an, worüber man gemeinsam lachen kann.
- P 6: „Dann räum' halt auf." Wirkung: Durch Nachahmung jemandem den Wind aus den Segeln nehmen, „Forderungen erheben können wir beide, das bringt jetzt nichts."

1.3 Sprachliche Gestaltungsmittel

- P 4/M 3: „Mmh, ..." bzw. P 6/M 5: „Dann lass mich halt ..." – „Dann räum' halt..." Wirkung: Aufgreifen, was der andere ‚sagt' bzw. wie der andere etwas sagt, um durch diese Gleichheit eine Atmosphäre von Gemeinsamkeit herzustellen.
- P 4/P 5: „... Du hast die Schnauze voll von mir, ich hab die Schnauze voll von Dir."
  „... Du willst Deine Ruhe, ich will meine Ruhe ..."
  Wirkung: Parallelisierungen von Ich und Du mit der Funktion, auf Gleichrangigkeit und gleiche Interessen hinzuweisen.
- P 5.: „O.K. ..." bzw. P 7: „Also gut ..." Wirkung: Zustimmender Satzanfang, auch wenn keine vollständige inhaltliche Akzeptanz nachfolgt. Die Zustimmung wirkt verbindend, die Aufmerksamkeit wird auf die Gemeinsamkeit, nicht auf die Differenz gelenkt.

2. Expressive, körpernahe Botschaften

2.1 Mimik, Gestik, Tonfall

- P 1: „Hallo-o". Der freundliche, fast singende Tonfall signalisiert Freundlichkeit und Offenheit.
- P 2: Macht die Tür schwungvoll auf, verändert Mimik, Gestik, Tonfall, um einen strengen Feldwebel zu persiflieren. Wirkung: Expressive Dramatisierung: Das (Schau-)Spiel wendet sich gegen den Ernst, die Verkrampfung der Situation. Die Einführung einer ‚als-ob'-Ebene, eröffnet Handlungsfelder neben bzw. jenseits der unmittelbaren Realität.
- P 3: Riechen am Kleidungsstück. Wirkung: Einführung einer anderen sinnlichen Ebene als der nur verbalen. Diese Ebene wird positiv besetzt („riecht gut…").
- P 3: Der Pädagoge greift die Grimasse des Mädchens (M 2) auf und ahmt diese nach. Wirkung: Über dieses ‚Spiegeln' wird Gleichheit zwischen den Protagonisten hergestellt.
- P 6: „Dann räum' halt auf." Durch die Nachahmung ihres patzigen Tonfalls macht er deutlich, dass sie eine Konfrontation begonnen hat, der er zwar durchaus gewachsen wäre, die er aber für unfruchtbar hält.

2.2 Verhalten im Raum

- P 1: klopft, öffnet die Türe behutsam und steckt seinen Kopf vorsichtig hinein. Wirkung: Signalisiert Vorsicht und Behutsamkeit im Umgang mit dem Mädchen.
- P 2: schwungvolles Türeöffnen als Einleitung zur Selbstironie und zum humorvollen Theaterspielen. Wirkung: Zeigt im Gegensatz zu P 1, dass ‚er es auch anders könnte'.
- P 4: legt Kleidungsstück sorgfältig über die Stuhllehne: geht vorsichtig mit ihrem Kleidungsstück um. Wirkung: Signalisiert Behutsamkeit im Umgang mit ihr und ihrem Anliegen (pars pro toto).
- P 4: geht in die Hocke. Wirkung: Begibt sich hinunter auf die Ebene, auf der sie sich befindet und sucht dort Kontakt mit ihr.
- P 5: nähert sich ein wenig, setzt sich hin. Wirkung: Begibt sich damit in dieselbe Position wie sie. Sitzen ist zugleich statischer als in der Hocke knien, d. h., er verankert sich fest auf dem Boden, sie kann ihn nicht mehr so leicht los werden.
- P 6: Er reguliert feinfühlig Nähe und Distanz: rückt von ihr ein Stück weg, nachdem sie Ärger gezeigt hat (werfen des Gegenstandes). Geht wieder in die Hocke, steht aber nicht auf schaut eine Weile zu ihr auf. Wirkung: Er lässt sie in eine komplementäre Position zu sich gehen und vermeidet eine symmetrische Eskalation auf der körperlichen Ebene (die er eingeleitet

hätte, wenn er eben falls sofort aufgestanden wäre). Andererseits bleibt er aber nicht einfach nur sitzen, sondern reagiert auf ihre Körperdynamik.

- P 7: richtet sich zu seiner vollen Größe auf, in dem Moment, als er ihr sein Angebot unterbreitet. Dieses beinhaltet eine Abmachung, die zwischen zwei gleichberechtigten Gegenüber stattfindet.

Diskussion des Beispiels

Explizite sprachliche Inhalte (1.1), implizite Botschaften (1.2), sprachliche Gestaltungsmittel (1.3), Gestik, Mimik und Tonfall (2.1) und das Verhalten im Raum (2.2) stellen 5 verschiedene Kanäle dar, über die Inhalte, Stimmungen und Emotionen gesendet werden können: Wenn die Theoretiker des ‚Neurolinguistischen Programmierens' recht haben, so macht der verbale Anteil einer Botschaft, die beim Empfänger ankommt, oft nur 7 bis 30 % aus, während 93 bis 70 % aus den para-verbalen und non-verbalen Botschaften (2.1 und 2.2) bestehen. Hier dürften mit Hilfe der Mikroanalyse von Video-Aufzeichnungen noch viele wertvolle Entdeckungen zu machen sein: So wird in dem oben dargestellten Beispiel die mimetische Kompetenz des Pädagogen besonders deutlich: d. h., diejenigen Fähigkeiten, mit denen sich der Pädagoge zunächst an sein Gegenüber anpasst bzw. sich ihm gleichmacht, um aus dieser Position der nicht-bedrohlichen Nähe heraus, neue Inhalte einzuführen (in der Theorie des neurolinguistisch en Programmierens werden diese Kompetenzen als ‚Leading' und ‚Pacing' bezeichnet, vgl. Sandler/Grinder 1981).

Müssen solche Beobachtungen nicht Konsequenzen für die Ausbildung von Pädagoginnen haben, ja für die Sozialpädagogik selbst? Deutlich wird, dass Pädagogik, zumindest bei solchen Konflikt-Lösungen, nicht in erster Linie die verbale Beeinflussung von Kindern und Jugendlichen mit bewusst zur Verfügung stehenden Mitteln (Inhalte, Argumente) sein kann, sondern dass es sich dabei um ein ‚Spiel' handelt, in das der Pädagoge gleichermaßen bewusste und unbewusste Inhalte und Gestaltungsmittel einbringt, die er nie vollständig kontrollieren kann und bei denen er darauf angewiesen ist, dass sie ihm als spontane, expressive Qualitäten situativ ‚zufließen'. Lösungs-‚Cocktails' sind also nicht im technischen Sinne als Strategien zu betrachten. Jede aggressiv aufgeladene und sich zuspitzende Konfliktsituation stellt ein Abenteuer mit ungewissem Ausgang dar. Wie bei jedem Wagnis kann ich auf ‚Nummer-Sicher' gehen und mich um ein korrektes Verhalten bemühen (Benennen der Regeln, Aufzeigen der Konsequenzen, ruhig und vernünftig bleiben, argumentieren, auch wenn das Kind zunehmend in Wut gerät etc.). Dann wird die Situation zwar oft eskalieren, wobei sich der Pädagoge auf sein ‚korrektes Verhalten' berufen und etwaige Vorwürfe zurückweisen kann. Die Alternative dazu ist, sich, wie der Pädagoge in der oben genannten Situation, in eine lebendige Auseinandersetzung zu begeben, die zwar von keinem Lehrbuch abgedeckt ist, die nicht im vornherein plan – und steuerbar ist, die aber die Chance enthält, das Gegenüber wirklich zu ‚berühren‘.

Konsequenz: PädagogInnen müssten als festen Teil ihrer Ausbildung Schauspielunterricht erfahren, nicht um etwas vorspielen zu lernen, was sie selbst nicht empfinden, sondern um ein spielerisches Verhältnis zur eigenen Sprache, zum eigenen Körper, zur Mimik, Gestik und Stirnmodulation zu erlangen. Dadurch gewännen sie wichtige Gestaltungsmittel für den pädagogischen Bezug. Das gilt ebenso für die zweite der hier vorgestellten Strategien:

2.2 Strategie: Expressive Dramatisierung – Entscheidung für eine ‚gesteuerte Eskalation‘

Konflikt: Zimmer aufräumen *Strategie: Expressive Dramatisierung*

Kommen wir zur zweiten der vorgeschlagenen Lösungsmöglichkeiten bei ‚AdHoc-Eskalationen‘. Dieselbe Situation wird diesmal in einer ganz anderen Art und Weise gelöst. Die Pädagogin aus dem Rollenspiel ist dieses Mal eine Frau.

P 1: (Erzieherin klopft energisch, macht Türe schwungvoll auf): „Oh, Gott!“ (Erzieherin taumelt zurück, schlägt Hände vor dem Gesicht zusammen) „Hier sieht’s ja wirklich zum Kotzen aus …“ (macht Bewegung des Erbrechens, geht mit energischen Schritten zum Fenster …).

M 1: „Bist selber zu Kotzen!“ zieht Knie eng an sich und umschließt diese mit den Armen).

P 2: „und stinken tut’s hier auch, seit Tagen nicht gelüftet in der Bude, boah.“ (macht Geste, als ob es ihr schlecht wird, hält Hände an den Magen).

M 2: „Gar nicht!“ (schaut kurz auf. senkt Blick wieder zum Boden).

P 3: (reißt Fenster auf …) „… ein Mief und Muff, ist ja kein Wunder, dass man da ganz meschugge wird …“ (hält sich erschöpft am Fenstergrifffest, atmet tief ein und aus) „Ah, das tut gut …“

M 3: „Ist mir doch egal, pfääh“ (trotzig, zornig, recht herausfordernd das Kinn in Richtung Erzieherin).

P 4: (schreit laut los): „Egal, jetzt sag ich Dir mal was über egal. Ich kann das nicht mehr hören, Dein ewiges ‚ist mir doch egal‘ “ (hebt die Stimme, ahmt Tonfall und Gesichtsausdruck des Mädchens nach) „und ich glaub’s Dir auch gar nicht! Seit einer Woche, seitdem der blöde Macker Dich sitzen gelassen hat, lässt Du uns hier auflaufen und weil Du leidest, sollen alle hier leiden (Erzieherin geht schnell hin und her, gestikuliert mit den Armen, stoppt jeweils knapp vor den Füßen des Mädchens und dreht sich dann abrupt um). „Das find ich ungerecht und zum Kotzen, uaah“ (macht Geste des Erbrechens) „weil wir da doch nix dafür können, wenn Dein Typ Dich abserviert hat. Dann kotz doch dem vor die Füße oder such Dir ’nen anderen, statt hier die Fläppe zu ziehen, wääh" (Macht eine Grimasse des Leidens bzw. Weinens). „Das ist jetzt Schluss und jetzt wird hier erst mal aufgeräumt und ich geh jetzt und hol Dein Fahrgeld für die Disco und wenn ich zurückkomm, will ich, dass hier aufgeräumt ist und damit pumpe!!" (Erzieherin schlägt geballte Faust in die Hand, so dass es hörbar klatscht, dreht sich herum, ‚rauscht' zur Türe hinaus …)

M 4: (das Mädchen blickt während des langen Monologs der Erzieherin immer wieder hoch, öffnet langsam die fest um die Knie geschlungenen Arme, schaut der hin und her laufenden Erzieherin beinahe fasziniert zu. die Knie öffnen sich leicht, sie legt die Hände in den Schoß) Als die Erzieherin zur Türe hinaus ist, steht das Mädchen auf und fängt an, die Kleider vom Boden aufzuheben.

In diesem Beispiel erleben wir, wie eine bewusst eingegangene Eskalation(s-Gefahr) zu einer Lösung des Konfliktes führt. Die Pädagogin verhält sich konfrontierend, ‚autoritär' und zumindest vordergründig auch beleidigend. Jede Regung des Gegenübers wird mit einem Vorwurf oder einer weiteren Eskalationsstufe beantwortet. Dadurch riskiert die Pädagogin, sich völlig mit dem Mädchen zu überwerfen. Aber das Gegenteil geschieht: Mit der energischen Art der Pädagogin beansprucht diese ganz klar die Führung: Sie agiert, das Mädchen reagiert. Allerdings wird die offensive Art und Weise von dem Mädchen als eine Form emotionalen Engagements erlebt: „Der bin ich nicht egal." Dies steht im Gegensatz zu einer als ‚cool' erlebten Pädagogin, die sich nur auf das Regelwerk beruft und sich keine emotionale Blöße gibt.

Diese Trias: Führungsanspruch, emotionales Engagement, Konfrontation mit relevanten Themen machen aus dieser Konflikt-Dramatisierung einen wertvollen Höhepunkt im Erleben des Mädchens, der zu einer Verhaltensänderung führt (sie beginnt aufzuräumen). Auch hier sind es viele Einzelaktionen, die aus der ‚großen Linie' eine tatsächlich wirksame Intervention machen: Die Elemente dieses ‚Cocktails' sind im Einzelnen:

1. Verbale Botschaften

1.1 Explizite verbale Botschaften

- P I: „Oh Gott! Hier sieht's ja wirklich zum Kotzen aus." Wirkung: Der drastische Sprachgebrauch soll unterstreichen, dass die Pädagogin schockiert über den Zustand des Zimmers ist und daraus ein Recht für ihre Forderung ableitet, dass dieses aufgeräumt werden muss.
- P 2: „Und stinken tut's hier auch …" Wirkung: Einführung einer anderen sinnlichen Ebene (Riechen), neben der visuellen-ästhetischen (Unordnung): Beide unterstreichen die Notwendigkeit des Aufräumens.
- P 3: „Ist ja kein Wunder, dass man da meschugge wird …" Wirkung: Es wird ein Zusammenhang hergestellt zwischen der Unordnung des Zimmers

und der Stimmung bzw. Laune des Mädchens: Ihr wird unterstellt, dass sie genauso mental in Unordnung ist, wie das Zimmer aussieht.

- P 4: „Jetzt sagt ich Dir mal was über egal…" Wirkung: Lässt sich von der Abwehr des Mädchens nicht aus dem Konzept bringen und setzt ihrerseits deren Abwehrstrategie außer Kraft.
- P 4: „Seitdem der blöde Macker Dich sitzen gelassen hat…" Wirkung: Erzieherin stellt eine Verbindung her zwischen einem emotional bedeutsamen Erlebnis (Mädchen wurde verlassen), dem Zustand des Zimmers und dem Verhalten des Mädchens gegenüber den anderen Kindern und Erzieherinnen auf der Gruppe („Weil Du leidest, sollen alle leiden …").
- P 4: „Das find ich ungerecht … weil wir doch nix dafür können." Wirkung: Erzieherin macht dem Mädchen klar, dass sie ihren berechtigten Kummer bzw. Frust an den falschen Leuten auslässt.
- P 4: „Kotz doch dem vor die Füße oder such Dir 'nen anderen …" Alternativen zum bisherigen Verhalten werden aufgezeigt: Die Aggression soll sich gegen den Ex-Freund direkt richten oder indirekt, indem sie sich einen anderen sucht.
- P 4: „statt hier die Fläppe zu ziehen." Die Strategie, sich in Selbstmitleid zurückzuziehen, wird aufgedeckt.
- P 4: „Jetzt wird hier erst mal aufgeräumt, und ich gehe jetzt und hol Dein Fahrgeld für die Disco, und wenn ich zurückkomm, will ich, dass hier aufgeräumt ist …"

Das Aufräumen des Zimmers wird zu einer Metapher für ‚sich neu ordnen' bzw. für einen ‚Neuanfang'. Gleichzeitig wird dem Mädchen unterstellt, dass sie mit dieser Forderung einverstanden ist und diese auch selbst verständlich erfüllt. Die Erzieherin sagt nicht: „Wenn Du Dein Zimmer aufräumst, dann bring ich Dir Dein Fahrgeld … „, sondern stellt das Aufräumen als etwas dar, was quasi schon geschehen ist bzw. ganz selbstverständlich geschehen wird.

1.2 Implizite sprachliche Mittel

Diese sind in diesem Fall nicht von den expliziten zu trennen. Siehe oben.

1.3 Sprachliche Gestaltungsmittel

Durch den gesamten Dialog zieht sich die Technik des ‚drastischen Sprachgebrauchs': insgesamt 3mal „zum Kotzen", „meschugge", „Blöder Macker", „sitzengelassen", „abserviert", „und damit pumpe!".

Der drastische Sprachgebrauch verdeutlicht die emotionale Erregung der Erzieherin. Damit schließt sie sich zugleich an den Sprachgebrauch Jugendlicher an, stellt sich damit mit der Jugendlichen auf eine Ebene: „Wir sprechen dieselbe Sprache und haben dieselben Emotionen. Ich bin mir nicht zu fein, mich auf Deine Ebene einzulassen und bin Dir dort auch durchaus gewachsen!"

2.1 Gestik, Mimik, Tonfall

- Lautmalerische Gestaltungen: „Boah" (P 2), „Aah" (P 3), „Uaah" (P 4), „Wääh" (P 4). Wirkung: Die lautmalerischen Gestaltungen unterstreichen die emotionale Befindlichkeit der Erzieherin. Sie knüpft damit an die Expressivität und den ‚Code' von Jugendlichen an, stellt sich damit auf eine Ebene mit dem Mädchen.
- Ironisierendes Nachäffen: „Ist mir doch egal". Wirkung: Hält dem Mädchen einen Spiegel vor, unterläuft eine bevorzugte Taktik des Mädchens, mit der diese ihre vermeintliche Nicht-Betroffenheit demonstrieren möchte.
- Gestische Dramatisierungen:
    - P 1: Taumelt zurück, schlägt Hände vor dem Gesicht zusammen, macht Geste des Erbrechens.
    - P 2: Macht Geste, als ob ihr schlecht wird.
    - P 3: Tiefe schnaufende Atemzüge vor dem geöffneten Fenster.
    - P 4: Läuft schnell hin und her, gestikuliert. Schlägt geballte Faust in die eigene Hand, so dass klatscht.

Die gestischen Dramatisierungen unterstreichen die emotionale Erregtheit der Erzieherin, sie unterstützen das jeweils gesagte und lassen es noch eindeutiger erscheinen, sie machen den Führungsanspruch deutlich.

2.2 Verhalten im Raum

Auffällig ist ein raum-ergreifendes Verhalten, das unterstreicht, dass die Erzieherin in diesem Raum bzw. in diesem Konflikt den Führungsanspruch stellt:

- Klopft energisch, macht Tür schwungvoll auf.
- Geht mit energischen Schritten zum Fenster und reißt es auf.
- Füllt mit ihrer Stimme den gesamten Raum aus.
- Läuft schnell hin und her, stoppt knapp vor den Füßen des Mädchens, dreht sich schwungvoll herum etc.

2.3 Kritische Betrachtung der beiden Konfliktlösungs-Strategien

Auch wenn die Versuchung, sich in einem Konfliktfall ‚machtvoll' durchzusetzen, immer wieder empfunden wird, passen Kompromissangebote und Verhandlungslösungen (siehe 2.1 De-Eskalation) besser in das sozialpädagogische Selbstbild als lärmende und heftige Höhepunkte. Anschreien, Türeschlagen, sich beleidigt zurückziehen, demonstratives ‚Abrauschen' etc. (siehe 2.2 expressive Dramatisierung) werden von Pädagoginnen zwar häufig praktiziert und oft auch als nötig erachtet, nicht jedoch als u. U. wertvolle pädagogische Maßnahmen eingeschätzt. Dabei ist zu erinnern, dass einige Konflikte und viele Eskalationen beginnen, weil jemand einen ‚guten Höhepunkt' sucht. Erinnert sei an Bateson, der schreibt: „Wenn es irgendein grundlegendes menschliches Charakteristikum gibt, das den Menschen für Konflikte empfänglich macht, so scheint es diese Hoffnung auf Entlastung von dieser Spannung durch totale Beanspruchung zu sein." (Bateson 1986, S. 161). Sicherlich ist mit dem ‚Donnerwetter' oder dem ‚bühnenreifen Abgang' einer/s Pädagogin der ursprüngliche Konflikt noch nicht gelöst (wenn das Kind z. B. seine Hausaufgaben nicht machen will etc.), aber die weitere Zuspitzung ist zunächst einmal unterbrochen. Alle Beteiligten haben Zeit, Atem zu holen, wobei die Fronten geklärt worden sind. Beide, das Kind/der Jugendliche und der Pädagoge/die Pädagogin geraten dadurch unter einen gewissen Handlungsdruck. Beide sind sich als ebenbürtige Streitpartner begegnet. Bei einem Streit mit einem ‚guten Höhepunkt' musste dabei keiner das Gesicht verlieren. Das ist eine Ausgangslage, aus der heraus ein neuer Anlauf möglich ist und eine weitergehende Konfliktlösung zumindest für diese Situation erreicht werden kann.

Auf der Seite der Kinder und Jugendlichen, die wir in unseren Jugendhilfe-Einrichtungen betreuen, können wir, was dieser Art von Konfliktmanagement anbetrifft, häufig mit Sympathie rechnen: Laute, heftige, expressive und körpernahe (für diese Familien nicht unbedingt gewalttätige!) Konfliktbegegnungen entsprechen oft vielmehr ihrem traditionellen ‚Familien-Code'.

Sie werden von ihnen häufig als Engagement erlebt, wohingegen die rein verbalen und ganz ruhigen Verhandlungslösungen der Pädagoginnen von ihnen manchmal als ‚cool' und unengagiert bewertet werden. Das Anknüpfen an einen ihnen vertrauten Auseinandersetzungs-Stil hat natürlich den Nachteil, dass damit ‚alte', familiäre Konfliktmuster wachgerufen werden, was vor allem dann problematisch ist, wenn im familiären Umkreis Gewalt ein übliches Mittel darstellte, Konflikte zu beenden. Das Beharren auf den mittelschichtorientierten, rein verbalen und vernünftigen Konfliktlösungsformen, kann allerdings auch Wut und Hass produzieren, da die Kinder/Jugendlichen sich bei diesen Strategien sehr schnell unterlegen fühlen müssen und zudem argwöhnen, dass sich die Pädagogen hinter solchen Formen ‚verstecken'.

Generell muss gesagt werden, dass keine Konfliktlösungsstrategie ohne Risiko ist und keine Form hundertprozentig mit Erfolg rechnen kann. Das gilt gleichermaßen, wenn auch mit unterschiedlichen Schwerpunkten, für De-Eskalations-Versuche (siehe 2.1) als auch für auf ‚gute Höhepunkte' abzielende ‚gesteuerte' Eskalationen (siehe 2.2). Beide Formen können m. E. als gleichermaßen legitime Konfliktlösungsstrategien betrachtet werden, wobei in jeder Gruppe bzw. in jeder Einrichtung abgeklärt werden muss, wie weit der individuelle Verhandlungsspielraum einzelner Pädagogen reichen kann bzw. welche Formen ‚expressiver Dramatisierungen' der Aggressionskultur der Einrichtung entsprechen (welche Schimpfworte sind von Seiten der Pädagoginnen erlaubt, darf ein Pädagoge/Pädagogin Türen schlagen, selbst einen Stuhl umstoßen?) und welche nicht.

2.4 Die Integration der de-eskalierenden mit der konfrontativen Strategie bzw. der Tanz auf dem Drahtseil als Bild für die Leistung des Pädagogen

In den meisten Lösungsrollenspielen und in den meisten (von uns beobachteten) Alltagssituationen kombinieren Sozialpädagoginnen de-eskalierende und konflikt-unterstreichende Elemente und integrieren diese. Der Vorteil solcher Kombinationen ist, dass das Gegenüber in rascher Folge in unterschiedlichen Bereichen seiner Persönlichkeit angesprochen wird. Allerdings müssen die unterschiedlichen Elemente tatsächlich eine Einheit bilden und dürfen nicht als Widersprüche oder Unklarheiten erlebt werden. Dazu ein Beispiel (diesmal wieder ein männlicher Pädagoge):

Konflikt: Zimmer aufräumen *Strategie: Integration de-eskalierender und konfrontativer Elemente*

P 1: (Pädagoge klopft, wartet kurz und macht dann Türe schwungvoll auf, Mimik ernst Stimme erregt): „Anna, das ärgert mich total, mich ‚alte Flasche' nennen zu lassen, vor den anderen; das war nicht o.k.!" (hat inzwischen Türe geschlossen, lehnt mit dem Rücken zur Türe, atmet tief aus, hält Distanz)

M 1: „Is' mir doch egal ..." (setzt sich aufs Bett, schaut zum Fenster heraus, wendet Pädagogen den Rücken zu).

P 2: (um einiges leiser) „Mir aber nicht, das verletzt mich und außerdem finden wir so keine Lösung für Dein Aufräum-Problem; ich möchte gern was mit Dir überlegen ..." (Betonung auf „verletzt mich" und „ich möchte")

M 2: (Anna steht auf, geht auf den Pädagogen zu; stützt die Hände in die Hüften und schaut ihn herausfordernd an): „Ich weiß schon 'ne Lösung; würdest Du mal von der Tür da weggehen ..., bitte!" (Das Bitte klingt mehr wie „gefälligst")

P 3: (lässt die verschränkten Arme nach unten fallen; Stimme ruhig, entschlossen): „Nein; ich hab' wohl gehört, dass Du ‚Bitte' gesagt hast. Aber auch mit ‚Bitte' hin ich nicht einverstanden, dass Du Dich aus dem Konflikt mit mir davonmachen willst."

M 3: (laut, erregt, läuft einmal zum Bett, kommt dann wieder zurück und baut sich bei „Toll Mann" vor dem Pädagogen auf ...)
„Super! Scheiß-Ezi, wird man auch noch festgehalten, ist ja wie im Knast; pfh, nur weil Du stärker bist, hä? Toll Mann! Scheiße, pfh!" (bei „Scheiße, pfh" deutet sie eine Art Spucken zum Boden an, knapp an den Hosen des Pädagogen vorbei; dann geht sie zu ihrer Musikanlage und dreht diese voll auf und setzt sich aufs Bett ...)

P 4: (wischt an seinem Hosenbein herum, das aber nicht getroffen sein kann; lässt sich an der Zimmertür hinunterrutschen: setzt sich im Schneidersitz vor die Tür; Blick auf den Boden)
Die Musik läuft ca. 3 Minuten ... die Jugendliche sitzt die ganze Zeit starr auf dem Bett und schaut zum Fenster hinaus ...

P 5: geht zur Anlage und stellt Musik leiser und beginnt auf seinen Platz zuzugehen ...

M 5: (erschrocken, aggressiv): „Hey, Griffel weg von meiner Anlage ...“
(zögert; steht auf; überlegt, ob sie die Musik wieder aufdrehen soll, da beginnt der Pädagoge zu sprechen)

P 6: (Pädagoge geht in maximale Distanz zu Anna; in der Hocke, aber nicht mehr unmittelbar vor der Türe, sondern an der Wand): „Anna, so kommen wir nicht weiter; ich habe nichts dagegen, dass Du ausgehst, ich will Dich nicht, wirklich nicht fertigmachen wie Du denkst; aber ich habe auch keine Lust, mich von Dir behandeln zu lassen wie so ein Idiot. Komm Anna ...“

M 6: (mäßig trotzig. ihr Einlenken signalisierend): „Ja und was, was muss ich alles machen? Und wie lang dauert das?“

P 7: (freundlich, beruhigend): „Was denkst denn Du? Wie lange brauchst Du, um das hier einigermaßen herzurichten? Doch auf keinen Fall länger als 'ne halbe Stunde?“ (steht auf und nimmt Türklinke in die Hand ...)

M 7: (Steht hektisch auf wirft zwei, drei schnelle Blicke zum Pädagogen, halb erleichtert, halb missmutig; Stimme unwirsch, klingt ‚von oben runter‘ ...):
„Halbe Stunde, ist doch voll lang, das mach ich, schaff ich auch schneller.“

P 8: (macht Türe auf; freundlich, aber mit ernstem Unterton): „Dann hau rein. Aber bitte keine Tricks, Anna. Ich will Dich mit einem guten Gefühl weggehen lassen und nicht wieder mit Wut im Bauch, sonst geht das Morgen gleich weiter mit uns.“

M 8. „O.K., o.k., o.k.; laber nicht rum, lass mich räumen, ich mach das schon ...“
(auch das klingt wieder etwas abschätzig)

P 9: (bereits im Türrahmen) „Oh, Anna ... Du schaffst es immer mich schräg anzumachen; aber ich will Dir nicht länger auf die Nerven f allen; ich komm in 20 Minuten wieder; ich hoffe für uns Beide, dass sich hier dann was getan hat ...“

1. Verbale Botschaften

1.1 Explizite verbale Botschaften

- P 1: thematisiert Ärger über die Beleidigung, die Anna vor der Gruppe ausgesprochen hat; Ich-Botschaften; keine Vorwürfe, aber es wird thematisch direkt an den Konflikt vom Esszimmer angeknüpft; konfliktunterstreichend;

- P 2: bleibt bei der eigenen Verletztheit; bringt neu das Wort ‚Lösung' ins Spiel
- P 3: greift das Wort ‚Bitte' auf; aber formuliert seine Entschlossenheit sie nicht gehen zu lassen; konfliktunterstreichend;
- P 6: thematisiert Ratlosigkeit; macht deutlich, dass er ihr nicht schaden will; formuliert, was sie über ihn denken könnte; wirbt um ihre Kooperation.
- P 7: geht auf ihre Bereitschaft zum Handeln ein; überlässt ihr den Zeitaufwand zur Beurteilung, aber formuliert einen ungefähren Zeitraum.
- P 8: formuliert das eigene Misstrauen; macht deutlich, dass der Konflikt von seiner Seite morgen fortgesetzt wird, wenn Anna ihn heute stehen lässt.
- P 9: markiert die erneute (leichte) Abwertung von Anna gegenüber seiner Person; betont aber die von Anna in Aussicht gestellte Lösung zu; legt Zeitraum fest, nachdem er wiederkommt.

1.2 Implizite, verbale Botschaft (an Anna adressiert formuliert)

- P 1: Unser Konflikt ist durch Dein Weggehen noch nicht geklärt oder beendet.
- P 2: Ich bleibe bei meiner Verletztheit, aber ich bin auch an einer Lösung mit Dir interessiert.
- P 3: Ich unterstelle Dir eine Art ‚guten Willen' (mit dem ‚Bitte'); ich überhöre das aggressive Element darin. Aber ich lasse nicht zu, dass Du dem Konflikt mit mir ausweichen willst.
- P 6: Ich bin nicht das ‚Monster', als das Du mich hinstellst; mit mir kann man kooperieren.
- P 7: Du bist die Expertin, was das Aufräumen in Deinem Zimmer betrifft; ich kann Dir nur einen groben zeitlichen Rahmen nennen.
- P 8: Ich will mit Dir einen echten Frieden schließen, keinen faulen Kompromiss; pass auf, dass Du unseren momentanen Konsens nicht aufs Spiel setzt.
- P 9: Du bist jemand, die mir immer wieder das Gefühl der Abwertung vermittelt. Ich bleibe meiner Wahrnehmung auch in diesem Moment, in dem sich eine Einigung abzeichnet treu; aber ich mache daraus kein Riesenproblem, weil ich sehe, dass Du etwas tun willst. Ich lege keinen Wert auf die Verewigung des Konflikts mit Dir. Aber ich will auch etwas sehen, wenn ich wiederkomme.

1.3 Sprachliche Gestaltungsmittel

Im gesamten Dialog verwendet der Pädagoge konsequent ‚Ich-Botschaften'; damit legt er Anna gegenüber offen, wie es ihm emotional zu Mute ist (Ärger, Ratlosigkeit etc.). Dadurch erfährt sie, dass ihre Provokationen und Abwertungen durchaus ankommen. Nur bei ihrem ‚Bitte' übersieht er sie geflissentlich; im Kontrast zu ihren Attacken und seiner konsequenten Gegenwehr streut er immer wieder (Beziehungs-)Angebote zur Verhandlung und/oder Kooperation ein.

2. Nonverbale Botschaften

2.1 Mimik, Gestik, Tonfall

- P 1: Der Ärger und das Verletztsein des Pädagogen kommen authentisch rüber; trotzdem wirkt er nicht vorwurfsvoll oder jämmerlich.
- P 3: Das Herunterfallen der Arme bei gleichzeitiger Blockade der Türe signalisiert: Ich lasse Dich im Moment hier nicht raus, aber ich will auch keine Konfrontation mit Dir.
- P 4: Er lässt sie im Zweifel, ob er wirklich getroffen wurde oder es nur denkt; jedenfalls kann Sie denken ‚mein Angriff ist angekommen' und für sich überlegen, wie ernst sie es mit dem (angedeuteten) Spucken gemeint hat.
- P 6: Bittender Tonfall, der auch Ratlosigkeit signalisiert; der Pädagoge ahnt, dass jetzt ein Hin und Her (er dreht leiser, sie lauter, er leiser …) entstehen kann. Beinahe beschwörend am Ende.
- P 7: Türklinke in die Hand nehmen, signalisiert hier: „Ich denke wir sind ganz nah an einer Lösung; gleich werde ich gehen können."
- P 8: freundlich, aber auch warnender Unterton: signalisiert: „Ich bin auf der Hut …"
- P 9: freundlich lächelnd, mit einem kleinen Seufzer.

2.2 Verhalten im Raum

- P 1: Klopft, aber kommt ohne ihr „Herein" ins Zimmer; signalisiert: „Ich will etwas von Dir und ich lasse mich von Dir nicht abblocken." Er hält maximale Distanz zu ihr: „Ich will Dir nicht zu nahe kommen/treten."
- P 3: Blockiert mit seinem Körper den Ausgang: „An mir kommst Du nicht vorbei." Achtet aber darauf, dass keine bedrohliche Stimmung aufkommt (siehe Gestik); akzeptiert ihre Beschimpfung
- P 4: Signalisiert durch das Hinsetzen: Ich habe Zeit; ich kann warten; gibt sich und ihr dadurch Zeit zum Nachdenken.
- P 5: Geht an ihre Anlage und stellt die Musik leiser: Ich will etwas mit Dir klären und bin nicht länger bereit mich auf Deine Hinhalte-Taktik einzulassen.
- P 6: Nach dem ‚Übergriff' auf ihr Eigentum zieht er sich wieder maximal zurück; er blockiert die Türe nicht länger, bleibt aber in ihrer Nähe.
- P 8: Bleibt klar am Ausgang bzw. Weggehen orientiert: lässt sich nicht mehr in den Raum hineinziehen.

Trägt man die Beobachtungen auf den verschiedenen Ebenen zusammen, so wird deutlich, dass der Pädagoge einen (zunächst formalen) Ordnungs- bzw.

Regelkonflikt bewusst personalisiert; er nimmt sehr ernst, dass das Mädchen mit ihm in Konflikt kommt und macht daraus eine persönliche Geschichte, die geklärt werden muss. Einerseits macht er sehr deutlich, dass er entschlossen ist den Konflikt bis zu Ende durchzustehen und sich dabei auch vor drastischen Maßnahmen (z. B. Einschränkung der Bewegungsfreiheit) nicht scheut. Auch was den eventuellen Wiederbeginn des Konflikts betrifft, macht er deutlich: „Ich bin bereit! Andererseits macht er dem Mädchen mehrere Angebote auf der Beziehungsebene und zeigt durch seine freundliche Art, dass er nicht den Konflikt um jeden Preis sucht bzw. dass er sehr froh wäre ihn rasch beizulegen. Insgesamt betrachtet zeigt er sich konsequent und konfliktfreudig, ohne allzu konfrontierend und stur zu sein. Andererseits signalisiert er Wohlwollen und Freundlichkeit ohne schwach oder konfliktscheu zu wirken. So bedient sich der Pädagoge quasi aus zwei Registern: Dem der De-Eskalation (2.1) und dem der Konfrontation bzw. expressiven Dramatisierung (2.2). Wenn man sich vorstellt, dass die Elemente aus dem einen Register mit Zahlen versehen sind (1, 2, 3, 4, 5 usw.) und die Elemente aus dem anderen mit Buchstaben (A, B, C, D, E usw.) so kann man sich die Interaktionskette (zumindest die des Pädagogen) als eine Kombination nach dem Muster „1 – A – 2 – C – 1 – E – 5 – B – 4 – 1 – D“ etc. vorstellen.

Bei dieser Arbeit an der Kombination und Integration von verschiedenen Elementen aus unterschiedlichen Registern erlebe ich Sozialpädagoginnen häufig wie Akrobaten auf einem Drahtseil: Das eine Ende des Seils ist der Pol der Konfrontation und Grenzsetzung, das andere Ende der Pol der Harmonie und Bedürfnisbefriedigung. Grundsätzlich muss sich der Pädagoge auf allen Stellen dieses Seils bewegen können: Je nach Erfordernis der Situation und des einzelnen Kindes/Jugendlichen muss er sich bald hierhin bald dorthin begeben und zwischen den Seilenden bzw. Polen eine Art tänzerische Beweglichkeit entwickeln. Für jede Situation und jede Person gibt es einen richtigen Ort auf dem Seil, den man aber erst herausfinden muss. Dazu muss man sich auf dem Seil bewegen. Wahrscheinlich kommt es sowieso mehr auf die jeweiligen Wege an als auf die festen Positionen, die man von Zeit zu Zeit bezieht. Eine gelungene Konflikt-Lösung entspricht somit einem Tanz auf diesem Drahtseil; man kann beständig abstürzen, wenn man sich aufs Seil begibt; aber das Abstürzen (wenn der Konfliktlösungsversuch scheitert und mit einer Eskalation oder der einseitigen Durchsetzung der Interessen des Jugendlichen endet) ist gegenüber dem starrköpfigen Verharren im scheinbar sicheren Hafen des einen oder anderen Pols (dem der Regelverfolgung oder dem des steten Nachgebens) etwas sehr Anerkennenswertes, weil sich der Betroffene dem Wagnis des Seiltanzes ausgesetzt hat.

3. Lösungen für ‚verzögerte Eskalationen'

Während ‚Ad-hoc-Eskalationen' *das* Feld für unmittelbar ansetzende pädagogische Intervention darstellt und den/die Pädagogin herausfordern, situationsbezogen und flexibel zu handeln, stellen ‚verzögerte Eskalationen' zusätzliche bzw. andere Anforderungen. Erstens müssen PädagogInnen in der Lage sein, den Typ der ‚verzögerten Eskalation' als solchen zu identifizieren. Zweitens lassen sich ‚verzögerte Eskalationen' durch eine ‚sanfte Behandlung' (De-Eskalation) zwar abbiegen, häufig aber nicht wirklich befrieden. Das Hauptproblem besteht darin, dass es einen Grundkonflikt gibt, dessen Behandlung bzw. Auslösung am ursprünglichen Ort des Entstehens aus verschiedenen Gründen unmöglich erscheint. Deswegen versucht das Kind/der Jugendliche, diesen Konflikt an andere soziale Orte bzw. hin zu anderen Personen zu verschieben. Damit involviert er aber nicht nur andere, ursprünglich nicht-beteiligte Personen, sondern stattet diese mittels des innerpsychischen Mechanismus der Übertragung häufig auch noch mit Wesenszügen der ursprünglichen Konfliktpartner aus, so dass diese in seinem emotionalen Erleben mit jenen identisch werden. Dass diese Ersatzpersonen jedoch nicht die eigentlichen bzw. ursprünglichen Konfliktteilnehmer sind, scheint das Kind/der Jugendliche selbst zu merken, weswegen er sich in Phase 2 oder 3 des Eskalationsprozesses (siehe dazu Kapitel 1 2.3) selbst stoppt, freilich nur, um einen neuen Kampfplatz und neue Ersatzpartner zu suchen, wobei sich der Konflikt von Etappe zu Etappe weiter auflädt.

Diese spezielle Konfliktstruktur gibt auch das Ziel des Konfliktmanagements vor: Der quasi heimatlos gewordene ‚nomadisierende' Konflikt muss entweder an den Ort zurückgebracht werden, von dem er seinen Ausgang nahm und im Idealfall dort gelöst werden, oder sollte durch ein verbessertes Informations-System am überschwappen auf unbeteiligte Personen gehindert werden. Das gelingt allerdings häufig erst dann, wenn ein heftiger Höhepunkt allen Beteiligten klar gemacht hat, dass hier eine grundsätzliche Umorientierung geboten ist. Dafür bedarf es der Kunst, das Kind/den Jugendlichen in einer eindeutigen Weise zu konfrontieren, was häufig impliziert, eine Eskalation bewusst einzugehen. Diese muss dann allerdings in ein klärendes Gespräch übergehen. Wie das im Einzelnen aussehen kann, soll an den beiden folgenden Beispielen deutlich gemacht werden:

Beispiel 1 (siehe Beispiel am Beginn des Kapitels)

Nachdem Franz immer wieder mit Hochspannung aus der Schule kam, war klar, dass sich dort der eigentliche bzw. ursprüngliche Konfliktort befinden müsste. Die Erzieherin erfuhr im Gespräch mit dem Lehrer, dass sich Franz in der Schule weitgehend angepasst und gefügig verhalten würde. Allerdings meinte der Lehrer, die Kraftanstrengung zu spüren, die diese Anpassung Franz kostete: Er saß häufig mit „zusammengepressten Zähnen" im Unterricht. Von der Mutter war bekannt, dass sie ihrem Sohn immer wieder einschärfte, dass Leistung alles sei und ihm die guten Noten seiner jüngeren Schwester als Beispiel vorhielt. So konnte geschlossen werden, dass Franz sich in der Schule deswegen so gut beherrschte, weil er damit seiner eigenen Mutter einen Gefallen tun wollte. Die Wut über die Zumutungen des Lehrers, konnte er deswegen nicht direkt ausleben. Da er jedoch sowohl gegenüber den Anforderungen der Schule als auch gegenüber den Wünschen seiner Mutter ambivalent eingestellt war, konnte es nicht allein beim Wohlverhalten bleiben, sondern wurde der andere Teil seiner Gefühlslage später im Heim gegenüber den Erzieherinnen bzw. gegenüber den anderen Kindern/Jugendlichen ausgelebt.

Weil es wenig Erfolg versprach, auf die Mutter einzuwirken, von ihren hohen schulischen Erwartungen gegenüber Franz abzulassen, wurde zweierlei beschlossen: Erstens sollte der Lehrer im Gespräch mit Franz seine Beobachtung der ‚zusammengebissenen Zähne' mitteilen und ihm anbieten, sich zwischendurch immer wieder einmal Luft zu machen (da es sich um eine Schule für Erziehungshilfe handelte, war es möglich, den Schülern auch während des Unterrichts anzubieten, den Klassenraum zu verlassen, um 5 Minuten in der Turnhalle bzw. im Freigelände körperliche Spannungen loszulassen). Zusätzlich sollte der Lehrer die PädagogInnen des Heims davon unterrichten, wenn es abgebrochene Konflikte bzw. deutliche Stresssymptome während der Schulzeit gegeben hätte, welche die nachschulischen Zeiten bestimmen könnten.

Die PädagogInnen nahmen sich vor, auf die nächste nachschulische Attacke von Franz ruhig zu reagieren und ihm den Zusammenhang von ‚Schulfrust' und Aggressionen im Heim deutlich zu machen.

Interessant ist, dass die abgesprochenen Maßnahmen zunächst nichts nützten: Franz wehrte in der Schule ab, als ihn der Lehrer auf seine negativen Gefühle gegenüber der Schule ansprach. Auch bei der Erzieherin dementierte Franz energisch jeden Zusammenhang seines Verhaltens in diesen beiden Lebensfeldern. Erst als die Erzieherin bei einem weiteren, nachschulischen Vorfall wütend wurde und sich sehr heftig mit Franz anschrie (sie hatte sich dieses Mal vor der Türe der Gruppe positioniert, so dass Franz nicht abhauen konnte, worauf er Stühle und einen Papierkorb durch den Gruppenraum schleuderte) und für den nächsten Tag ein Gespräch in der Schule über die nachschulische Aggression von Franz stattfand, war er bereit, auf die Angebote des Lehrers einzugehen. Auch zeigten die Steuerungsversuche der Heim-Pädagoginnen erst nach dem heftigen Eklat Erfolg.

Beispiel 2 (siehe ebenfalls Beispiel am Beginn des Kapitels) ·
Noch schwieriger aufzulösen war der Fall von Leni. Bei der genauen Betrachtung der regelmäßigen ‚verzögerten Eskalationen' nach ihren Besuchen zuhause wurde ihr Double-Bind-Verhalten deutlich: Ging man im Heim freundlich auf sie zu, zog sie sich zurück, war dieses Alleinseins aber bald überdrüssig und begann dann über Provokationen andere dazu zu zwingen, sich um sie zu kümmern. Ließ man sie dagegen von Anfang an in Ruhe und wahrte man Distanz, fühlte sie sich sofort zurückgewiesen und begann, noch mit der Tasche in der Hand, einen Konflikt vom Zaun zu brechen. Ihr paradoxer Auftrag „kümmere Dich um mich/lass mich in

Ruhe“ war eine Beziehungsfalle, die jeden scheitern ließ. Egal, welchen Teilauftrag man zu erfüllen suchte, man verstieß dadurch gegen den anderen und hatte sie (in ihrem Erleben) dadurch verletzt, woraus sie das Recht zu einem Wutausbruch ableitete.

Solche Beziehungsfallen sind typisch für ‚verzögerte Eskalationen‘. Sie sichern dem Kind/Jugendlichen die Kontrolle über das weitere Geschehen, wobei dieses unweigerlich in einem Konflikt endet: Der Streit und der Krach haben hier auch die Funktion, die Leere und depressiven Gefühle, in die das Kind/der Jugendliche (z. B. nach dem Heimfahr-Wochenende) zu stürzen droht, zu bannen. Durch die heftigen Auseinandersetzungen mit anderen bekommt das Kind/der Jugendliche einen realen Außen-Feind, der sich besser bekämpfen lässt als die innere, diffuse Niedergeschlagenheit.

Auch bei Lena schien es aussichtslos, auf die direkte Unterstützung durch die Mutter zu rechnen. Es wurde beschlossen, den Doppelauftrag durch die Einführung von Zeitintervallen zu entzerren: Lena wurde verordnet, nach ihrer Ankunft im Heim zunächst 10 Minuten im Zimmer zu sein, um das Heimfahr-Wochenende ‚betrauern‘ und sich an die schönen und enttäuschenden Situationen zu erinnern. Nach 10 Minuten sollte sie von einer Pädagogin abgeholt werden, die sie für die nächste Zeit an sich binden sollte. Nach weiteren 10 Minuten wurde sie gefragt, ob sie noch eine ‚Trauerzeit‘ in ihrem Zimmer benötigte, oder sich nun auf das Gruppenleben im Heim einlassen könnte. Dieses Ritual funktionierte wahrscheinlich deswegen, weil die Pädagoginnen es verstanden, die Mutter in dieses mit einzubeziehen. Bei einem Telefonat wurde dieser das Verhalten von Lena nach den Heimfahr-Wochenenden als notwendige ‚Trauerarbeit‘ geschildert. Sie wurde gebeten, Lena ein gerahmtes Foto von sich mitzugeben, was diese während ihrer ‚Trauerzeit‘ in ihrem Zimmer betrachten könnte, um der Mutter zu sagen, was ihr bei ihr gefallen hatte und was Lena an ihrem eigenen Verhalten vielleicht auch bedauerte.

Diese Einbeziehung der Mutter zeigte dieser, wie wichtig sie für Lena war. Das Foto, das sie Lena mitgab, zeigte dieser wiederum, dass die Mutter dem vom Heim verordneten ‚Trauer-Ritual‘ positiv gegenüberstand. Das machte es Lena leichter, sich darauf einzulassen. Meistens kam sie schon nach 5 Minuten aus dem Zimmer und meinte, dass es genug wäre. Der Pädagoge hinterfragte dies kurz, akzeptierte dann aber ihre Einschätzung. Lena erzählte, während den 5 Minuten häufig weinen zu müssen. Es fiel ihr jetzt aber leichter, weil sie ja wusste, dass die Trauerzeit begrenzt wäre und jemand ganz sicher auf sie zukäme, um sie wieder aufzumuntern. In der Folgezeit kamen nach den Heimfahr-Wochenenden noch 2- bis 3-mal schwierige Situationen vor, die Regelmäßigkeit von Eskalationen nach den Wochenenden waren jedoch beendet.

Bei beiden Beispielen ist zu sehen, wie der Konflikttyp der verzögerten Eskalation nicht allein durch geschicktes Konfliktmanagement zu meistern ist, sondern zusätzlich einer Kooperation im Meso-Bereich der Institution bedarf (bzw. der Subsysteme Heim/Schule bei Franz; und der Subsysteme Heim/

Team/Mutter bei Lena). Die dort getroffenen Absprachen sind häufig nicht so leicht zu erreichen, wie es bei diesen Fällen erscheinen mag. Sie bedürfen eines kooperativen Gesamtklimas, für das vor und nach solchen Absprachen vieles getan werden muss. Zugleich tragen solche Absprachen bzw. Bitten genau zu diesem Klima bei (siehe Kapitel 1 3.2.2 in diesem Buch).

4. Lösungsversuche bei institutionellen Eskalationen

Institutionelle Eskalationen setzen sich aus zahlreichen Einzelkonflikten zusammen. Entscheidend ist, dass der Konflikt zwischen einem Kind/Jugendlichen und einem Mitarbeiter/einer Mitarbeiterin zu Konflikten zwischen Personen derselben und/oder verschiedener Institutionen bzw. Systemen (Eltern) führt. Diese Konflikte zwischen den verschiedenen Erwachsenen überlagern dann irgendwann den ursprünglichen Konflikt zwischen einigen Erwachsenen und dem Kind/Jugendlichen und verhindern so dessen Auflösung. Der Erwachsenenkonflikt eskaliert häufig in einer Art und Weise, dass Integrität und sogar Weiterexistenz eines Teams, eines innerinstitutionellen Arbeitsbündnisses (Mitarbeiterinnen/Leitung), einer interinstitutionellen Arbeitsteilung (Heim/Jugendamt) oder einer intersystemischen Kooperation (Heim/Eltern) in Frage gestellt werden. Nicht selten einigen sich die Erwachsenen aber, bevor ihr Arbeitsbündnis zerbricht, auf die Ausstoßung (Verlegung, Entlassung) des Kindes/Jugendlichen, der ihre Zusammenarbeit auf eine so ‚harte Probe' gestellt hat.

Damit soll nicht gesagt werden, dass es nicht für jede Einrichtung (Schule, Heim, Station einer Kinder-/Jugendpsychiatrie) Fälle gibt, die sie an den Rand ihrer Möglichkeiten bringen; auch nicht, dass es nicht legitim ist, einen Fall abzugeben, wenn man gemeinsam zu dem Entschluss gekommen ist, dass diesem an einem anderen Ort oder in einem anderen Setting besser geholfen werden kann. Es ist nicht zu vermeiden, dass solche Abbrüche Narben im Gedächtnis der Institution zurücklassen, auch wenn man sie in verantwortungsvoller Weise solange es geht begleitet und ausgehalten hat. Trotzdem sind wir der Überzeugung, dass viele Entlassungen und Verlegungen vermeidbar wären, wenn es dem Helfersystem (Teams, Schule, Jugendamt, Polizei, Eltern, Psychiatrie etc.) gelingen würde, professioneller miteinander zu kooperieren. Wir beobachten immer wieder, dass ab einem bestimmten Eskalations-Grad (siehe Abb. 2, S. 114, vor allem Phasen 4 und 5) Emotionen miteinfließen, die aus ganz anderen Quellen stammen (persönliche Gekränktheiten, berufsgruppenspezifische Vorurteile, Teamkonkurrenzen, innerinstitutionelle Konflikte, interinstitutionelle Spannungen etc.; vgl. Schwabe 1994 a, S. 14 ff.) und diesen unnötig komplizieren. Institutionelle Eskalationen bedürfen zu ihrer Auflösung bzw. Abmilderung vor allem der Kooperation aller am Fall beteiligten Professionellen wie Nichtprofessionellen (Eltern, Nachbarn, Gastfamilien etc.).

Ab Phase 3 bzw. 4 beginnt das institutionelle Krisenmanagement, d. h. wichtiger als gelungene Einzelbegegnungen mit dem Kind/Jugendlichen bzw. einzelne De-Eskalations-Episoden, sind genaue Absprachen und eindeutige Unterstützungen im Erwachsenen-System (siehe Abb. 3, S. 116). Während in den ersten Phasen die zentripetalen, d. h., bindenden Kräfte eindeutig dominieren, polarisieren sich in den darauffolgenden Phasen die bindenden und ausstoßenden Kräfte immer mehr und halten sich die Waage. Ab Phase 5 nehmen die zentrifugalen Kräfte überhand. Häufig ist es dann nicht mehr möglich, ein Kind über die Verbesserung der eigenen Kooperation(en) zu halten, sondern kann nur noch darauf geachtet werden, mit einer möglichst geordneten Entlassung so wenig wie möglich ‚kaputt' zu machen. Diese Schadensbegrenzung betrifft sowohl das Kind/den Jugendlichen als auch die Institution, in der er/es sich befindet, aber auch die Zusammenarbeit mit den anderen Institutionen.

Die dringend gebotene (Re-)Organisation der Kooperation im Helfersystem in den mittleren Phasen 3 bis 5 wird zusätzlich dadurch erschwert, dass alle ‚gängigen' Lösungsversuche im Verlauf der institutionellen Eskalation instrumentalisiert werden können. Statt Hilfsmittel zur Lösung zu sein, können sie (auch wenn das unbewusst geschieht) dazu benutzt werden, Öl aufs Feuer zu gießen. Das gilt beispielsweise für den Lösungsversuch ‚Supervision', der durchaus in der Lage ist, sich verfestigte Konflikte zwischen Pädagoginnen und Kindern/Jugendlichen lösen zu helfen. Häufig wird Supervision allerdings auch mit der stillschweigenden Hoffnung gefordert, dass die von außen kommende SupervisorIn die eigene persönliche Position gegen andere Mitglieder des Helfer Innen-Systems (andere Teamkollegen, Leitung, andere fallbeteiligte Institutionen) vertreten würde/sollte. Ist dies dann nicht der Fall, werden der SupervisorIn häufig wichtige Informationen vorenthalten bzw. der Klärungsprozess durch mehr oder weniger offensichtliche Verweigerungen torpediert. Aus diesem Grund laufen die in Abbildung 4 auf Seite 117 vorgestellten „Hilfreichen Reflexionsformen zur De-Eskalation" häufig auch ins Leere. Ohne selbstkritische Reflexion der eigenen Position, ohne die Bereitschaft, sich offen auf die Frage einzulassen: „Was machen wir Erwachsene, was mache ich einzelner, um den Konflikt/die Eskalation aufrecht zu erhalten?", bleiben schwierige Fälle dazu verurteilt, aus Institutionen ausgestoßen zu werden. Gerade an diesen Fällen erweist sich die Kompetenz ‚reifer' Pädagoginnen: Sie ertragen es, lieb gewordene (Selbst-)Definitionen aufzugeben, nicht Recht haben zu müssen und sind auch in Stress-Situationen bereit, sich mit Andersdenkenden (z. B. Eltern, Ärzten etc.) zu arrangieren, um durch die Knüpfung von neuen Arbeitsbündnissen einen schwierigen Fall weiter (aus-)halten zu können.

Obwohl sie keine ‚Wunderwaffen' darstellen können, sind die ‚hilfreichen Reflexionsformen zur De-Eskalation' (siehe Abb. 4, S. 117) unverzichtbare methodische Hilfsmittel. Auch wenn die meisten von ihnen (außer der Form ‚Mediation') ‚nur' das Helfer-System involvieren und ‚nur' verbale Klärungsprozesse beinhalten, so ist die Wirkung dieser Neuordnungen im Helferinnen-System oft sehr verblüffend. Neugeknüpfte Kooperationsbeziehungen und ausgeräumte Konflikte im Helferinnen-System wirken sich atmosphärisch aus und erreichen über viele kleine Veränderungen auch das Kind/den Jugendlichen, mit dem die Institution in den Eskalationsprozess geraten ist. Einige der hilfreichen Reflexionsformen gelten für alle Phasen eines ‚institutionellen Eskalationsprozesses', andere stellen phasenspezifische Hilfsmittel dar, die nur wirken, wenn sie weder zu früh noch zu spät eingesetzt werden (wie z. B. die Helferkonferenz oder die Konflikt-Mediation). Alle diese Formen beinhalten stufenweise Erweiterungen des Problem-Systems: Während ‚individuelles Nachdenken und kollegiale Beratung' alleine oder zu zweit stattfinden können, bedarf es zu einem ‚runden Tisch mit externer Moderation' der Anwesenheit von verschiedenen Mitarbeiterinnen derselben Institution bzw. anderer Institutionen und eines Außenstehenden.

Am interessantesten und im deutschen Sprachraum am wenigsten ausprobiert ist die Form der ‚Konflikt-Mediation', bei der nicht nur das Helferinnen-System einbezogen wird sondern auch Teile bzw. das gesamte Klientensystem: Anlässlich einer schweren Körperverletzung in einer Schule oder in einem Heim, die zwischen Jugendlichen oder zwischen Jugendlichen und Pädagoginnen stattgefunden haben kann, ist es möglich, die SchülerInnen bzw. Heim-BewohnerInnen in verschiedensten Formen mit einzubeziehen:

Vollversammlung (alle), Klassen- bzw. Gruppenkonferenz (ein bestimmtes Subsystem), alle am Konflikt direkt Beteiligten (verschiedene TeilnehmerInnen aus unterschiedlichen Sub-Systemen), Innenkreis der Betroffenen bzw. Außenkreis derer, die den Vorfall miterlebt haben etc. ‚Konflikt-Mediation' gibt die Verantwortung für Eskalationsprozesse an die direkt Beteiligten zurück, statt diese nur im Helfersystem auszuhandeln. Aus der Pädagogik Makarenkos (1953) kann man viel über den Aufbau von Selbststeuerungs-Gremien (Gerichtswesen, Wirtschaftsplan, Kulturausschuss etc.) in Heimeinrichtungen lernen, in denen alle wichtigen Themen und Konflikte zwischen Jugendlichen, bzw. zwischen diesen und den Erwachsenen besprochen und verhandelt werden. So hat die von Makarenko geleitete Kolonie für jugendliche Straftäter ein eigenes Kinder-Gerichtswesen entwickelt, in welchem Kinder und Jugendliche eigene Formen von Gruppenregeln und deren Sanktionierung vertreten haben. Solche heim eigenen Gremien kann man nicht ad hoc für einen einzelnen, gravierenden Gewalt-Vorfall ‚aus dem Boden stampfen' und/oder nur für solche Konfliktsituationen instrumentalisieren.

Solche Gremien bedürfen einer langen, geduldigen Zeit des Aufbaus, bis sie zu einer selbstverständlichen Institution eines Heimes werden. Außerdem müssen sie über die Rechtsprechung und Sanktionierung hinaus auch noch andere attraktive Aufgaben besitzen (Vorschlagsrecht für Anschaffungen, Verwaltungen eines eigenen Finanzetats, Mitspracherecht bei Einstellungen etc.; vgl. IGfH 1995). Gerade in einer Zeit massiver Individualisierungs- und Entsolidarisierungs-Schübe ist die Erinnerung an solche Formen kollektiver Pädagogik von großer Bedeutung.

Abb. 2: Eskalationsdynamik in Institutionen (Schule, Jugendhilfe …)

	Phase 1: (Alltägliche) Verhakung	**Phase 2: Konflikthäufung**	**Phase 3: Verhärtung**
Art und Häufigkeit von Eskalationen	einzelne Konflikt-Episoden	einzelne ›Ad-hoc-‹ oder ›verzögerte Eskalationen‹	Einzelner gravierender Vorfall oder Kette von ›Ad-hoc-‹ bzw. ›verzögerten Eskalationen‹
Konfliktsystem	ein Mitarbeiter (MA) und ein Klient (bzw. eine Gruppe von Klienten	1-3 MA und derselbe Klient (dieselbe Klientengruppe)	1-3 MA (aus einer oder verschiedenen Einheiten), eventuell Berater, Erziehungsleiter, Leiter etc. und Klient(engruppe)
Fall-Konstruktion	Bewusstsein von Spannungen	Definition des Klienten als ›Fall‹ bzw. ›Aufgabe‹	›offizieller‹ Fall
Zentrale Konfliktthemen	→ Bedürfnis versus Regeln → Akzeptanz des Weisungsrecht → Symmetrie/Komplementarität »der will nicht, wie ich will«	wie Phase 1, zusätzlich → Machtkampf (»der nimmt mich nicht ernst«) »der will nicht, wie er soll«	wie in 1 und 2, zusätzlich: → Ausgespielt werden → Gesichtsverlust »der will nicht, wie wir wollen, aber was wollen wir?«
Typische Interaktionen - MA-Ebene (MA = MitarbeiterIn)	Innerer Dialog: Reflexion des fremden und eigenen Verhaltens auf dem Hintergrund von Situation und Biographie	Erste informelle Mitteilung an Kollegen zur Soniderung von Ähnlichkeiten und Unterschieden gemeinsamer ›Klagen‹ gemeinsame, informelle Reflexion	→ Klient wird Thema in einer offiziellen Besprechung → Absprechen über weiteres Vorgehen mit und ohne Diskussion strittiger Punkte → eventuelles Hinzuziehen eines Dritten (Berater, Schul-/Heimleiter)
Typische Interaktionen - MA/Klienten-Ebene (MA = MitarbeiterIn)	→ verbaler, körperlicher Ausdruck von Ärger → stehenlassen, weggehen	→ verbaler, körperlicher Ausdruck von Ärger → Kontaktabbrüche → Ausrutscher in Bezug auf verbale oder körperliche Standards	→ wie 1 und 2 nur heftiger
Psychodynamik der MA	Insuffizienzgefühle, Ärger, Kränkung, Sorge	Wie in Phase 1, zusätzlich → Unterlegenheitsgefühle (Warum ich?, nur bei mir?) → Verkrampfung	→ Insuffizienzgefühle, Kränkungen → Angst vor Vorwürfen → Herausforderung an das Team (Einzelne des Teams) → Gefahr von Konkurrenz → Existenz unterschiedlicher Vorstellungen
Versuchte Lösungen und Optionen	→ Beziehung → Zeit → Konsequenz → mehr Engagement	→ Beziehung, Zeit → Konsequente Haltung → Informationen und Absprachen → Gespräch mit dem Klienten → Kompromisse/Verhandlungen → Sanktionen	→ verpflichtende Gespräche zum Zweck der Verhandlung, Kompromissfindung → gezieltes positives Verhalten → Demonstration von Einigkeit → Konsequente Haltung → Sanktionen

Phase 4: Konflikt-Ausweitung	**Phase 5: Zuspitzung**	**Phase 6: Aufgeben**	**Phase 7: Ausstoßen**
einzelner gravierender Vorfall oder Fortsetzung der E.-Kette	einzelner gravierender Vorfall oder Fortsetzung der E.-Kette	einzelner gravierender Vorfall oder Fortsetzung der E.-Kette	einzelner Vorfall wird zum Anlass der Ausstroßung
mehrere MA aus verschiedenen Einheiten → zweite Hierarchieebene → zweite Institution	mehrere MA aus verschiedenen Einheiten derselben und anderer Institutionen	→ verschiedene Einheiten mehrer Institutionen → mehrere Hierarchiee-benen → Öffentlichkeit (tatsächlich oder drohend)	→ verschiedene Einheiten und Hierarchieebenen von mindestens drei Institutionen
›schwieriger‹ Fall	Überforderung	hoffnungsloser Fall	aufgegebener Fall
wie in 1, 2 und 3, zusätzlich → Bewusstsein von Uneinigkeit und Spannungen auf der MA-Ebene »der bringt uns aus dem Konzept«	wie in 1, 2, 3 und 4 zusätzlich → Qualifikation einiger MA → Kompetenzfragen → Hierarchieprobleme (wer trifft welche Entscheidungen?)	wie 1, 2, 3, und 4 zusätzlich → Kompetenz-Streitigkeiten und Hierarchieprobleme in der Institution und zwischen verschiedenen Institutionen	wie 1, 2, 3, 4 und 5 zusätzlich → Rechtmäßigkeit der Entlassung → Legitimationsstrategien
→ formelle und informelle Krisengespräche → Einbeziehung anderer Institutionen, Personen (Eltern) und/oder Hierarchieebenen → Diskussion von strittigen Punkten und Abmachungen	→ Krisengespräche mit anderen Hierarchieebenen bzw. Institutionen → offener Streit über Einschätzung, Veranwortung und weiteres Vorgehen	→ Druck von außen nach innen, Druck von oben nach unten, von nten nach oben ... → Drohungen und Iltimaten auf MA-Ebene → Beginn von Legitimationsversuchen in Bezug auf das eigene ›Versagen‹	→ Legitimation → Rationalisierung → Einigung auf ›Sündenbock‹
wie 1 und 2, nur heftiger	wie 1 und 2, nur heftiger	wie 1 und 2 wenig direkte Kontakte	verschiedene Formen des Abschieds wenig direkte Kontakte
→ Insuffizienzgefühle, Kränkung → Konkurrenz zwischen Protagonisten verschiedener Einschätzungen → Koalitionen → Spannungen aufgrund von Uneinheitlichkeit	→ Insuffizienzgefühle, Kränkungen → Spaltungen zwischen den MA → gegenseitige Vorwürfe → Lähmung und Wut → Enttäuschung in Bezug auf andere MA, Institutionen	→ Insiffizienzgefühle, massive Gekränktheit, Gesichtsverlust → eventuell weiter Spaltungen und Vorwürfe → Verzweiflung, Wur, Lähmung → Enttäuschungen	→ Schwanken zwischen Erleichterung und Schuldgefühlen, Selbstvorwürfe → Weiterwirken der Kränkungen, Spaltungen und Vorwürfe → Verdrängung der strittigen Themen
wie 3, zusätzlich → Idee der Verlegung tauch auf → abgesprochene Interventionen → Drohungen	wie 3, zusätzlich → Verlegung wird von Einzelnen gewünscht und als Lösung angesehen → Drohung mit Entlassung	wie 3, jedoch ohne ›positives Verhalten‹ zusätzlich → Ultimaten → Verlegung wird von mehreren Personen gewünscht und als Lösung angesehen → Ankündigung der Entlassung	→ Vollzug der Ausstoßung offener oder maskierter Rauswurf → Entlassung nach Hause → Verlegung in Heim oder Psychiatrie »sollen andere schauen, ob sie klarkommen (hoffentlich nicht!)«

Abb. 3: Hauptphasen und Interventionsschwerpunkte

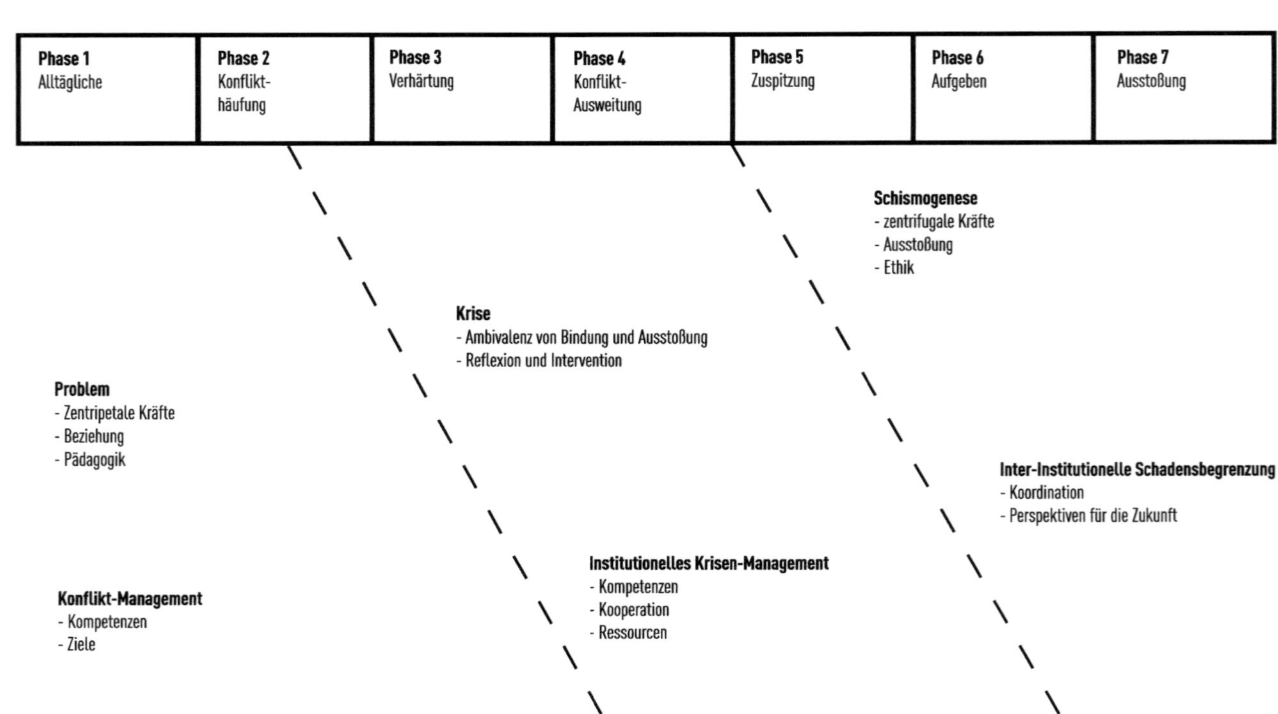

Abb. 4: Hilfreiche Reflexionsformen zur De-Eskalation

Hilfreiche Reflektionsformen zur De-Eskalation

Phase 1	Phase 2	Phase 3	Phase 4	Phase 5	Phase 6	Phase 7
Alltägliche	Konflikthäufung	Verhärtung	Konflikt-Ausweitung	Zuspitzung	Aufgeben	Ausstoßung

Individuelles Nachdenken und kollegiale Beratung

Warum verwickelt gerade dieses Kind gerade mich in Konflikte? Wie kommen die anderen mit ihm zurecht? Wie und wo kann ich mich positiv auf dieses Kind beziehen? Welche kollegialen und institutionellen Unterstützungen brauche ich? Berufsrollenverständnis? Fortbildungsbedarf?

Fallbesprechungen

Verstehen des Kindes/Jugendlichen. Konkrete Absprachen über das individuelle pädagogische Rahmenkonzept: Was braucht es/er für Unterstützungen im Alltag, wo liegen seine Fähigkeiten und Stärken, welche Perspektive muss geklärt werden? Individuelles Eskalationsprofil, Rollenspiele zur De-Eskalation

Team-Supervision / Fall-Konsultation

Was macht dieser Fall mit unserem Team/unserer Einrichtung? Übertragung/Gegenübertragung, Konkurrenz, Spaltungsprozesse, Kränkungen. Wer ist in Zukunft für was zuständig? Welche Absprachen gelten für alle? Wer informiert wen? Wer entscheidet was?

Helferkonferenz

Klärung der Verwanwortungsbereiche, Planung eines geregelten Entscheidungsverfahrens, Abklärung für Kind/Jugendlichen und Einrichtung, Sicherung von Kooperation

Mediation

Konfliktklärung vor Ort unter Einbeziehung der betroffenen Kinder und Jugendliche, Formen: Vollversammlung, Konfliktaushandlungen unter externer Moderation, Täter-Opfer-Ausgleich, Wiedergutmachungsrituale, Entschuldigungssitzung

Konzept- und Organisationsentwicklung

Was tun wir zur Gewaltprävention (Aufnahmegespräche, Räumlichkeiten, Partizipation, Tagesstruktur, Freizeitangebote)?

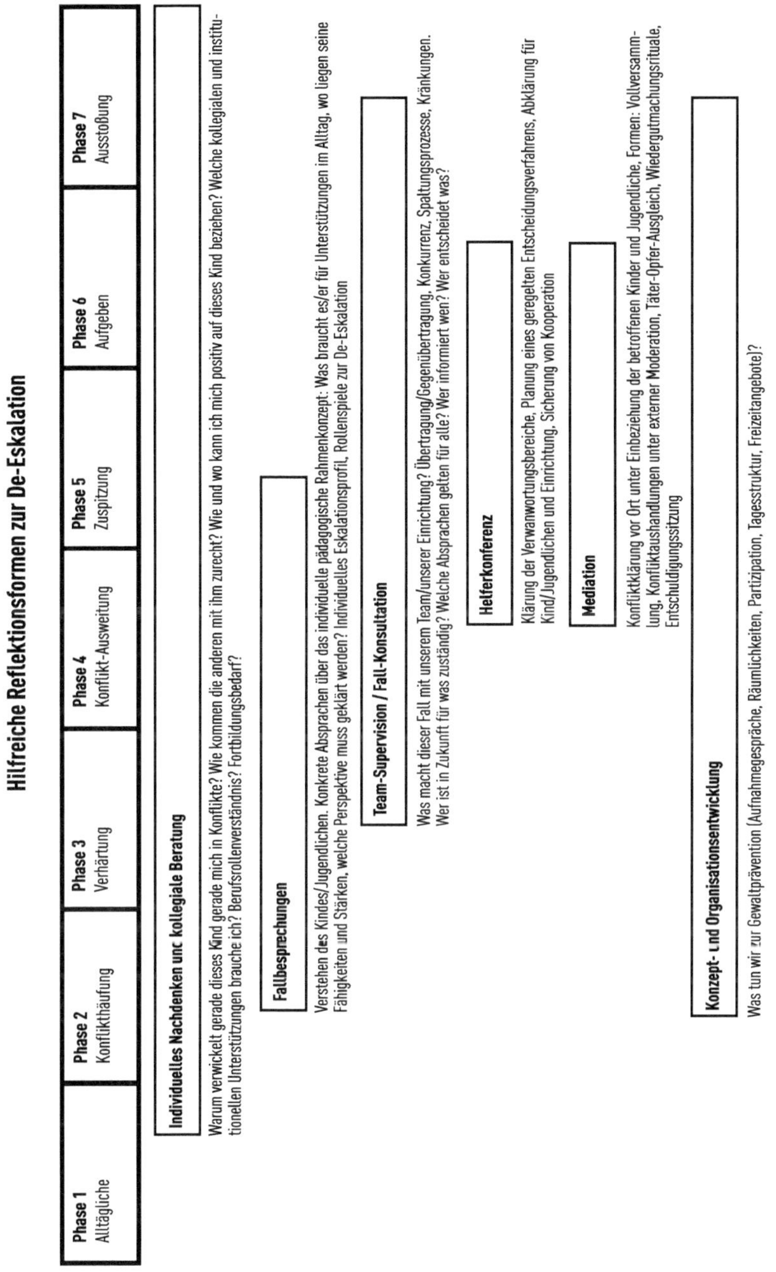

Anhand eines Beispiels sollen sechs besonders verhängnisvolle Prozesse/Haltungen im HelferInnensystem dargestellt werden, die ‚institutionelle Eskalationen' begleiten oder anheizen können (siehe: a-f). Diesen werden deeskalierende Haltungen und Prozesse gegenübergestellt (siehe: A-F).

Die Situation eines 14-jährigen Mädchens. das in einer stationären Jugendhilfe-Einrichtung lebt, eskaliert in Bezug auf Weglaufen, Schule schwänzen, Panik-Attacken, nächtliche Alpträume und Tablettenmissbrauch innerhalb von 6 Monaten in einer solchen Art und Weise, dass es aufgrund von konkreten Suizid-Äußerungen in eine Kinder- und Jugendpsychiatrie eingewiesen werden muss. Alle Versuche der Jugendhilfe-Einrichtung, innerhalb dieser 6 Monate (Perspektivenabklärung mit dem Mädchen, Fallbesprechungen, Etablierung einer Therapie, Teamsupervision, Sonderbetreuung durch eine Psychologin etc.) erwiesen sich als wirkungslos und konnten die Eskalation nicht bremsen.

Rückblickend konnten 3 miteinander verbundene Muster rekonstruiert werden, welche innerhalb von sich gegenseitig verstärkenden Kreisläufen die Eskalation anheizten. Diese und zwei weitere Muster, die in diesem Fall nicht zentral waren, sollen im Folgenden dargestellt werden:

a) Institutionelle Abwertungen

Mehrfach war es in der Kooperation der mit dem Mädchen befassten Institutionen zu massiven Abwertungen gekommen: Die Heim-Mitarbeiterinnen werteten die erste Schule des Mädchens ab, in der ihre Schwierigkeiten begannen. Die Jugendamt-Mitarbeiterin wertete das Heim ab, das angesichts der eskalierenden Disziplinprobleme auf der Gruppe mit (ihrer Ansicht nach zu) harten Maßnahmen reagierte. Die zweite Schule (in die sie nach ihrem Hinauswurf gekommen war), wertete das Heim ab, weil es sich als unfähig erwies, dafür Sorge zu tragen, dass das Mädchen täglich in die Schule kam. Das Heim wertete die Mutter des Mädchens ab, die ihre Tochter während ihrer Weglaufaktionen Unterschlupf gewährte. Mutter und Tochter werteten sich gegenseitig immer wieder vor Zeugen ab und wiesen dem jeweils anderen nach, dass eine Beziehung zwischen ihnen unmöglich sei. Das Heim wertete die Mitarbeiterin des Jugendamtes ab, die in Konfliktsituationen einseitig für das Mädchen Partei ergriff, aber wenig konkrete Hilfen für den Alltag mit dem Mädchen im Heim anbot.

b) Pathologie-Orientierung

Das Mädchen erhielt von verschiedenen Mitarbeiterinnen verschiedener Institutionen besonders viel Aufmerksamkeit und Zuwendung, die an ihrer Missbrauchsproblematik orientiert war: Der sehr intim gestaltete Abschied von einer Heim-Mitarbeiterin führte zu intensiven Gesprächen zu zweit, in denen die Missbrauchserlebnisse des Mädchens im Mittelpunkt standen. Ein Pädagoge der Heimgruppe bemühte sich mittels gestalttherapeutischer Techniken, die nächtlichen Angst- und Panikattacken, (die durch nächtliche Alpträume von bedrohlichen Männern ausgelöst wurden) zu reduzieren. Einige andere Mädchen des Heims griffen den Tablettenmissbrauch und das ‚Ritzen' an den Armen des Mädchens auf und gestalteten daraus eine Art Zugangsberechtigung für einen intimen Mädchenzirkel. Eine Therapie wurde begonnen (eine auf Missbrauch spezialisierte Beratungsstelle), die auf den Missbrauch fokussierte. Die Jugendamtsmitarbeiterin wurde besonders aktiv, als das Mädchen vom Heim weglief und sich über das Heim beschwerte etc.

Natürlich haben alle diese Verhaltensweisen etwas Zwangsläufiges: Ein Missbrauch bzw. andere traumatische Erlebnisse fordern das Engagement aller Beteiligten heraus. Schwierig wird dieser Umstand immer dann, wenn das Kind/der Jugendliche erleben muss, dass er vor allem über seine ‚schlimme Geschichte' Zuwendung und Aufmerksamkeit erhält und diese zunehmend zu einem geeigneten Mittel wird, die Umgebung zu manipulieren.

c) Abkopplung von relevanten Systemen

In der gesamten Dauer der Eskalation wurden die Kontakte zwischen Heim und der Mutter des Mädchens immer spärlicher. Das geschah vordergründig auf Wunsch des Mädchens, das sich ihrer unattraktiven und sprachlich ungeschickten Mutter (Ausländerin) schämte und wurde durch einen Zuständigkeitswechsel in der Betreuung und der Familienarbeit noch unterstützt. Letztlich entsprach diese Einschränkung des Kontakts zur Mutter aber auch einer zunehmenden ‚Adoption' des Mädchens durch besonders engagierte Mitarbeiterinnen des Heims bzw. einer aktiven Entziehung elterlicher Verantwortung (so waren sich z. B. alle darin einig, dass das Mädchen die Heimfahrwochenenden nicht bei der Mutter verbringen könnte, nachdem diese das Mädchen in einer Situation mit sexuellen Schimpfwörtern eingedeckt hatte).

Was sich in diesem Beispiel mit dem System ‚Familie' ereignet hat, passiert in anderen Fällen mit den wichtigen Systemen Jugendamt, Schule, Peergroup, Partnerin des Jugendlichen etc.

d) Konkurrenz

In helfenden Berufen unterliegen Konkurrenzgefühle einer strukturellen Tabuisierung (siehe dazu Kapitel IV). Dafür wirkt sich die Wiederkehr des Verdrängten besonders verhängnisvoll aus, umso mehr, als diese Gefühle verleugnet werden. Trotzdem spielen in vielen Erziehungshilfe-Institutionen bzw. zwischen verschiedenen Helferinnen-Einrichtungen Konkurrenz-Situationen eine wichtige Rolle: Welcher Erzieherin auf der Gruppe schafft es am besten, mit dem schwierigen Kind XY umzugehen? Welcher Pädagoge liefert die plausibelsten Erklärungen für das schwierige Verhalten des Kindes? Ist der beratende Psychologe/Funktionsdienst der bessere Pädagoge oder die Pädagoginnen auf der Gruppe? Welche Hierarchie-Ebene im Heim interveniert am erfolgreichsten (Gruppenpädagoginnen, Funktionsdienst, Heimleitung)? Wer setzt sich mit seiner Definition des schwierigen Verhaltens durch: die Eltern, welche die erhöhte Unruhe des Kindes als ‚hyperkinetisches Syndrom' bezeichnen; die Pädagoginnen, die dieses auf Zerwürfnisse und Gewaltvorfälle in der ehelichen Beziehung zurückfuhren oder der Psychologe, der die Unruhe des Kindes vor allem als Ausdruck inkonsequenten Erziehungsverhaltens sowohl der Eltern als auch der Gruppenmitarbeiterinnen ansieht? Welcher Institution gelingt es am besten, mit dem schwierigen Kind ‚fertig zu werden' (der Schule, dem Heim, der Gastfamilie, bei der das Kind das Wochenende verbringt)?

Konkurrenzbeziehungen führen zur Schwächung bzw. Aushöhlung von Kooperation. Häufig sind sie auf Kränkungen des eigenen professionellen Selbstwertgefühls zurückzuführen, das über besonders gelungene ‚Beziehungen' oder ‚Erklärungen' wieder in Ordnung gebracht werden soll. Insofern stellt Konkurrenz häufig das Ergebnis eines verschobenen Konfliktes dar, der an einer ganz anderen Stelle des Systems virulent sein kann.

e) Unklarheiten in den Entscheidungs-Strukturen

Häufig sind für die Kinder/Jugendlichen, welche die ursprünglichen Konfliktpersonen darstellen, aber auch für die Mitarbeiterinnen einer Institution unklar, von wem welche Entscheidungen innerhalb einer Institution (Hierarchie-Ebene im Heim) als auch zwischen Institutionen (z. B. Heim/Jugendamt/Eltern) gefällt werden. Das allen Beteiligten transparent zu machende Problem besteht darin, dass verschiedene Personen innerhalb verschiedener Bereiche eigenständige Entscheidungen fällen können, nicht aber für andere Personen entscheiden können: So kann das Heim zum Beispiel entscheiden, welche Regeln für das Zusammenleben im Heim gelten sollen, nicht aber, welche Regeln das Zusammenleben von Mutter und Tochter während des Besuchswochenendes bestimmen sollen. Hier können Empfehlungen gemacht und Wünsche geäußert werden, die aber immer in Respekt vor der Entscheidungsbefugnis der anderen vorzubringen sind. Das Jugendamt kann zum Beispiel nach Absprache mit den Eltern entscheiden, ein Kind aus dem Heim zu nehmen bzw. ein Heim nicht mehr zu belegen, nicht aber die Regeln des Zusammenlebens im Heim festlegen wollen (sofern diese nicht gegen einschlägige Paragraphen des Strafgesetzbuches verstoßen). Ein Heim kann sich dazu entscheiden, ein Kind zu entlassen, nicht aber das Jugendamt zwingen, gegen Eltern ein Sorgerechtsverfahren einzuleiten, auch wenn das Heim fest davon überzeugt ist, dass dem Kind nur dann geholfen werden kann, wenn das Jugendamt in dieser Weise handelt.

Die verschiedenen ‚Hoheitsgebiete' und die jeweils internen Entscheidungsstrukturen müssen für alle am Erziehungsprozess beteiligten Personen, vor allem aber für die Kinder und Jugendlichen, transparent sein.

f) Unklare Auftragslagen

Häufig sehen sich verschiedene Personen verschiedener Systeme unterschiedlichsten Aufträgen ausgesetzt, denen sie nicht nachgehen können, ohne gegen jeweils andere zu verstoßen. So kann z. B. das Heim vom Jugendamt den Auftrag erhalten haben, Elternarbeit mit dem Ziel der Rückführung ins Heim zu leisten, von den Eltern aber, das Kind dauerhaft zu verwahren, und von dem betroffen en Kind/Jugendlichen den Auftrag, seine möglichst rasche Verselbständigung in einer eigenen Wohnform vorzubereiten und auch gegen den Willen der Eltern bzw. des Jugendamtes durchzusetzen. Da die unterschiedlichen Aufträge häufig nicht klar und offen benannt werden und ihre Rangwertigkeit für die Beteiligten unsicher ist, muss es fast zwangsläufig zu Situationen kommen, in denen ein Auftraggeber schwer enttäuscht wird (siehe Schwabe 1996 a).

Die Phänomene a) bis f.) Abwertungen, Pathologiefixierung, Abkoppelung von relevanten Systemen, Konkurrenz, Unklarheit in den Entscheidungsstrukturen und unklare Auftragslage, spielen in allen institutionellen Eskalationen in jeweils unterschiedlichen Kombinationen und mit unterschiedlichen Schwerpunkten die entscheidende Rolle. Der Prozess der Ausstoßung kann meistens aufgehalten werden, wenn es gelingt, diese Muster abzuschwächen und/oder durch produktivere zu ersetzen. Solche de-eskalierenden Muster sind:

A) Kritische Solidarität statt Abwertung

Auch wenn Mitglieder von Erziehungs-Institutionen im Verhalten gegenüber Kindern/Jugendlichen immer wieder ‚echte' Fehler machen (Gewalthandlungen, Ausweichen vor der Auseinandersetzung, Inkonsequenz, Abwertung bzw. die anderen aufgezählten Muster), sollte man sich strikt davor hüten, diese Schwächen mit Abwertungen zu beantworten. Die Kinder und Jugendlichen, mit denen wir es in der Jugendhilfe/Kinder- und Jugendpsychiatrie zu tun haben, sind häufig tatsächlich schwierig, d. h. sie haben Probleme und machen Probleme. Jeder Fachkraft, sei sie auch noch so professionell, unterlaufen im Umgang mit diesem Klientel Fehler. Sie sollten aufmerksam registriert werden, aber als Herausforderungen für die Intensivierung der Kooperation betrachtet werden. Denke ich z. B., dass eine Lehrerin mit einem Kind so umgeht, dass es geradezu Schule schwänzen muss, oder ein Kollege im Heim sich so verhält, dass das Kind eskalieren muss, habe ich als Fachkraft die Verantwortung nicht nur für das betroffene Kind/den betroffenen Jugendlichen, sondern auch für den Umgang mit inner- oder außerinstitutionellen Kollegen aus dem Helfersystem. Es macht einen großen Unterschied aus, wie ich diesen Kollegen auf seinen Fehler anspreche, wie ich über seinen Fehler sowohl mit dem betroffenen Kind/Jugendlichen als auch mit anderen Personen des Helfer-Systems rede und ob bzw. welche Hilfen ich diesem Kollegen anbieten kann. Nur das Bewusstsein, der nächste sein zu können, der einen Fehler macht (wenn auch nicht in diesem, aber bei einem anderen Fall), und auf die Kollegialität der anderen angewiesen zu sein, lässt einen die richtigen Worte finden, mit den anderen (dem Kollegen, dem Kind/Jugendlichen) den Fehler offen zu thematisieren, ohne dass es zu einer Abwertung kommt.

B) Ressourcen-Orientierung

Die Kinder/Jugendlichen, die im Mittelpunkt von ‚institutionellen Eskalationen' stehen, sind Meister darin, andere in vor allem negative und belastende Beziehungen mit sich selbst zu verstricken. Sie tun das nicht gerne und aus freien Stücken, sondern wiederholen lediglich, wenn auch in zwanghafter Weise, Erfahrungen und Muster, in die sie ihrerseits verstrickt worden sind. Für PädagogInnen besteht die Herausforderung darin, dem Negativsog, der von diesen Kindern/Jugendlichen ausgeht, zu widerstehen. Wieviel ‚Scheiß' sie auch immer machen, es kommt darauf an, immer wieder beharrlich die folgenden Fragen zu stellen:

1. Was kann dieses Kind/dieser Jugendliche weitermachen wie bisher? Welche Verhaltensweisen kann er/es fortsetzen? (Wahrnehmen, dass nicht alles Verhalten problematisch ist.)
2. Worauf kann dieses Kind/dieser Jugendliche stolz sein? Für welche Fähigkeiten/Verhaltensweisen kann ich ihm/ihr Anerkennung aussprechen?
3. Welche Interessen, Wünsche, Neigungen, besitzt das Kind/der Jugendliche? Wie kann ich mich in diese ‚einklinken', welche Begegnungsmöglichkeiten lassen sich daraus entwickeln?
4. Welche Zukunftsperspektiven hat das Kind/der Jugendliche selbst? Was sind seine Ziele? Welches sind die ersten Schritte zur Erreichung dieser Ziele? Wie kann ich dem Kind/Jugendlichen helfen, diese Ziele zu erreichen?
5. Welche Probleme formuliert das Kind/der Jugendliche von sich aus? Was ist für ihn problematisch am Verhalten anderer? Was an seinem eigenen Verhalten? Woran ist er bereit zu arbeiten, um mehr bzw. dauerhaftere Freu(n)de zu finden?

C) System-Ausdehnung beachten

Für die pädagogische Arbeit in einem Problem-System besteht die Regel: „So groß wie nötig, so klein als möglich", soll heißen: Weder darf man wichtige System-Teilnehmerinnen vergessen bzw. ausgrenzen, noch die Komplexität nötigerweise vergrößern. Ersteres geschieht in der Jugendhilfe immer wieder, wenn Eltern an bestimmten Entscheidungen nicht beteiligt werden (z. B. weil bzw. wenn das Kind/der Jugendliche vorher erzählt hat, wie ‚schlimm' seine Eltern sind), wenn das Jugendamt nicht rechtzeitig von einer Eskalation informiert wird, dann aber mit plötzlichen Verlegungsabsichten konfrontiert wird; wenn die Bedeutsamkeit der Peergroup, des Freundes/der Freundin unterschätzt wird etc. Dadurch werden nicht nur Auftragsverhältnisse (Eltern, Jugendamt) verletzt und Loyalitäten (Eltern, Peergroup) missachtet, sondern auch die Chance, wichtige Anregungen zu erhalten, verpasst. Häufig können z. B. Freunde, die zu einem Konfliktgespräch ins Heim eingeladen werden, besser ausdrücken, was dem Kind/Jugendlichen, der im Mittelpunkt der ‚institutionellen Eskalation' steht, fehlt bzw. was dieser möchte. Viele Problem-Systeme sind jedoch so groß und komplex, dass sie von keinem überblickt werden können: Die Beteiligung von Eltern, vier Gruppen-PädagogInnen, einer Psychologin für Elternarbeit, einer Therapeutin, einer Heimleiterin, von drei Lehrern, einer Jugendamtsmitarbeiterin, einer Ärztin für Kinder- und Jugendpsychiatrie etc. sind keine Seltenheit. Das Kind/der Jugendliche erhält nicht selten von den verschiedenen System-Teilnehmerinnen unterschiedliche Botschaften bzw. auseinanderdriftende Interpretationen derselben Botschaft. Dies steigert seine Verwirrung und die Unfähigkeit, sich an Regeln und Abmachungen zu halten.

D) Hierarchien etablieren, die eigene Interpretation zurückstellen

In solchen Situationen ist es unbedingt notwendig, für das Kind deutlich zu machen, wer was zu entscheiden hat: Das beginnt mit der Definition seines Verhaltens (krank, ungehorsam, faul etc.) und endet mit den Regeln, die für es gelten sollen. In vielen Fällen ist es nötig, sich auf eine Hierarchie zu verständigen, auch wenn dies den System-Teilnehmern nicht leicht fällt. Wenn das Verhalten eines Kindes immer weiter eskaliert, während sich z. B. die Eltern und die GruppenpädagogInnen darüber streiten (mehr oder weniger offen bzw. verdeckt), wie ein Symptom einzuordnen ist (hyperaktives Syndrom oder erhöhte Unruhe als Ausdruck von eskalierenden Eheproblemen) kann es wichtig sein, einen Arzt anzufordern, der diese Frage entscheidet. Voraussetzung dafür ist, dass beide Seit en gewillt sind, dessen Definitionen zu akzeptieren und sich an seine Entscheidungen zu halten, auch wenn sie gegen die eigenen Überzeugungen verstoßen sollten.

Ab Phase 4 oder 5 einer ‚institutionellen Eskalation' kommt es nicht mehr darauf an, wer mit seiner Interpretation bzw. seinen Lösungsvorschlägen recht hat, sondern ob man sich auf ‚irgendetwas' einigen kann und ob diese Einigung eine Auswirkung hat. Sehr oft hört das eskalierende Verhalten eines Kindes/Jugendlichen schlagartig auf, wenn Einigungen gelungen sind.

Häufig sind solche Einigungen mit ‚Bauchweh' verbunden, ohne dass sich dies grundsätzlich vermeiden lässt: So z. B. wenn der Arzt als die Autorität z. B. Ritalin verschreibt etc. Stellt man anlässlich solcher Entscheidungen jedoch seine Autorität in Frage oder lässt man dem Kind/Jugendlichen gegenüber erkennen, dass man mit dieser Maßnahme nicht einverstanden ist, so kündigt man dadurch den Grundkonsens, schürt die Konkurrenz erneut an, worauf fast immer ein weiterer, heftiger Eskalationsschub aufseiten des Kindes/Jugendlichen erfolgt.

Wenn wir von Kindern/Jugendlichen erwarten, bestimmte Hierarchien einzuhalten (z. B. erst fragen, sich erst dann etwas nehmen bzw. erst abmelden, dann weggehen etc.), so müssen auch wir PädagogInnen selbst dazu in der Lage sein. Das hat nichts mit unkritischem Verhalten gegenüber Autoritäten zu tun. Mehr mit der Weisheit, dass es nicht darauf ankommt, recht zu haben, sondern ein Kind/einen Jugendlichen vor einem weiteren Absturz oder vor einer weiteren Ausgrenzung zu bewahren. Ob es ‚wirklich' die Tabletten waren, die dem Kind/Jugendlichen geholfen haben oder die Einigung der Beteiligten, kann nicht entschieden werden und darf offen bleiben.

E) Auftragslagen klären

In Jugendhilfe-Einrichtungen hat man es mit zahlreichen ‚Kunden' und vielfältigen Auftragslagen zu tun. Explizite, verbalisierte müssen von impliziten, nicht verbalisierten, teilweise verdeckten oder paradoxen bzw. nicht verbalisierbaren Aufträgen unterschieden werden. So kann z. B. der offizielle Auftrag von den Eltern lauten: „Helfen Sie meinem Kind, dass es nicht mehr stehlen muss. Wenn das erreicht ist, kann es wieder nach Hause." Der Auftrag an das Kind aber heißt: „Stehle besser weiter, weil hier zuhause aufgrund der neuen Familiensituation zunächst gar kein Platz mehr für Dich ist." Solche geheimen Aufträge werden natürlich nicht offen kommuniziert und lassen sich im Hilfeplangespräch auch nicht ohne weiteres thematisieren (vgl. Schwabe 1996 c). Ohne einen ‚Riecher' für solche paradoxen Aufträge und ohne methodisches Wissen, wie solche Aufträge in die Kommunikation eingebracht werden können, muss jedoch jede Heimeinrichtung scheitern.

F) Die professionelle Zumutung von Demut statt Konkurrenz

Scheitert eine Jugendhilfeinstitution an einem Kind/Jugendlichen, so will oft niemand die Verantwortung dafür übernehmen. Jeder weiß zwar, was der andere (Kollege, Heimleiter, Lehrer, Psychologe etc.) falsch gemacht hat, reflektiert aber selten sein eigenes Fehlverhalten. Ändert oder bessert sich dagegen das Verhalten eines Kindes/Jugendlichen oder wird es/er nach Hause entlassen, wollen alle daran wesentlich beteiligt gewesen sein. Jede(r) schreibt sich, seiner Beziehung, Interpretation, Intervention dabei zu, die eigentlich wirksame und lösungsstiftende gewesen zu sein.

Beide Haltungen sind m. E. wenig hilfreich und Ausdruck der zugleich latenten wie ubiquitären Konkurrenz im sozialpädagogischen Bereich: Sie resultiert aus dem grundsätzlichen ‚Technologie-Defizit der Pädagogik' (Luhmann/Schorr 1982): Anders als Juristen, Ärzte oder Ingenieure verfügen Sozialpädagoginnen nicht über ein exklusives Fachwissen und können weit weniger genau voraussagen, welcher Technikeinsatz zu welchen Ergebnissen führt. Im Mittelpunkt ihrer Arbeit steht ein Kind/Jugendlicher, der sich in erster Linie selbst entwickelt und von seiner Umwelt im besten Falle angeregt, ermutigt und begleitet oder im schlechten Fall gelangweilt, verunsichert und alleingelassen wird. Der Glaube an die Autopoiesis von kindlichen Entwicklungsprozessen erlaubt jedoch keinen bequemen Rückzug: Die professionelle Zumutung für Pädagoginnen besteht darin, sich für das Scheitern ihrer Klienten verantwortlich fühlen zu müssen, ohne deren Erfolge (Schulabschluss, Freund(in), clean geworden etc.) auf die eigenen Fahnen schreiben zu können. Das hört sich hart an, ist aber eine gute Übung in Demut und Bescheidenheit, zwei Tugenden, die hervorragend dazu geeignet sind, Eskalationen zu vermeiden bzw. rechtzeitig zu stoppen.

III Umgang mit Konflikt-Eskalationen im Gruppen- bzw. Mehrpersonen-Kontext

Zusammenfassung

Pädagoginnen müssen immer wieder in Konflikte eingreifen, die Kinder/Jugendliche untereinander austragen, insbesondere wenn diese mit Handgreiflichkeiten einhergehen. Ebenso oft gerät man als PädagogIn in Konflikte, in denen man mit mehreren Kindern/Jugendlichen konfrontiert ist, wobei sich diese häufig auf der ‚Bühne der Gruppe', d. h. vor mehreren sehr genau beobachtenden Zuschauern, abspielen. Für beide Konfliktfelder entwickelt der Aufsatz Lösungsmöglichkeiten und Strategien sowohl für das unmittelbare Verhalten in der Situation als auch für die nachträgliche Konfliktbearbeitung und eine vorbeugende Gruppenpädagogik. Ziel ist es, ein aufeinander abgestimmtes System von Elementen und Haltungen für eine ‚gewaltpräventive Gruppenarbeit' im Rahmen von Erziehungshilfen darzustellen.

Nur ein Teil der eskalierenden Konflikte und aggressiven An- bzw. Übergriffe, mit denen der Erziehungshilfe-Praktiker konfrontiert ist, ereignen sich in der pädagogischen Einheit ‚Erzieher-Zögling'; weit häufiger entstehen aggressiv aufgeladene Situationen entweder in der Kinder- bzw. Jugendlichengruppe oder einer anderen Mehr-Personen-Konstellation, wobei der Pädagoge erst in einem fortgeschrittenen Konfliktstadium (Handgreiflichkeiten finden bereits statt) hinzutritt; oftmals mit dem (selbst erteilten bzw. institutionellen) Auftrag zum Schutz eines der Beteiligten zu intervenieren (1). Oder die Konflikte spielen sich auf der ‚Bühne einer Gruppensituation‘ ab: Der/die Pädagogin hat es mit zwei, drei oder mehr Kindern/Jugendlichen auf einmal zu tun, entweder weil diese sich einer Aufforderung widersetzen bzw. einer Regel zuwidergehandelt haben oder weil es bei der Konfrontation zwar zunächst um einen einzelnen in der Gruppe geht, sich andere mit diesem aber gegen den/die Pädagogin zusammenschließen (2).

Alle Beispiele in diesem Kapitel handeln von Konflikten zwischen und mit Jungen, männlichen Jugendlich en. Auch Mädchen geraten, wenn auch viel seltener, miteinander in heftige, körperliche Auseinandersetzungen; auch Mädchen verbünden sich gegen PädagogInnen und müssen als Gruppe konfrontiert werden. Da meine eigenen, direkten Erfahrungen sich überwiegend auf Jungen/männliche Jugendliche beziehen und da ich darüber hinaus ein Mann bin, der sich in männliche Formen der Aggressivität besser einfühlen kann, konzentriere ich mich auf diesen Personenkreis.

An die Schilderung konkreter Handlungskonzepte schließen sich Reflexionen zu strukturellen Hintergründen von ‚kollektiven Ausstiegen‘ (Gruppenrandale) (3) und zu dem grundlegenden Spannungsverhältnis der Gruppenpädagogik zwischen Außensteuerung und Selbstregulierung (4) an.

1. Intervenieren in (gewalttätig) eskalierte Konflikte zwischen Kindern/Jugendlichen

Ich beschränke mich auf Situationen, in denen Phase 4 des Eskalationsprozesses (vgl. Kapitel 1) bereits eingetreten ist und der Konflikt durch einen körperlichen Kampf (Ringen, Boxen etc.) fortgesetzt wird.

In der Jugendlichen-WG: Pädagoge Hans bereitet gerade mit zwei Jugendlichen das Abendessen vor, als er aus dem Stock über ihm lautes Schreien und dumpfes Gepoltere hört. Er läuft die Treppe hoch und stößt bereits auf dem Flur auf Kosta (14) und Tom (15), die auf dem Boden liegen und nach seinem Eindruck erbittert miteinander ringen. Vier andere Jugendliche (zwei Mitbewohner und zwei Gäste) stehen daneben und feuern Kosta an; der Pädagoge vermutet, dass die beiden Kontrahenten einander ebenbürtig sind, findet aber die Parteinahme aller für einen und die Form der Konfliktregelung unmöglich. Er ruft mehrfach „Aufhören“ und ergreift, nachdem ihn niemand zu hören scheint, das Bein von Kosta, um ihn wegzuziehen. Kosta, der nicht sieht, wer an ihm zieht, tritt wütend nach hinten aus. Der Pädagoge kann dem Tritt ausweichen, verliert dabei aber seine Brille. Zwei der Umstehenden, so empfindet es Hans, lachen darüber höhnisch. Hans fühlt sich wütend und verletzt und ruft den Kämpfenden zu: „Wenn ihr beiden unbedingt so primitiv sein wollt, dann kloppt Euch halt.“ Resigniert geht er wieder nach unten. 20 Minuten später kommt Kosta zum Abendessen, Tom bleibt auf seinem Zimmer. Hans bringt beim Abendessen das Gespräch auf die Kampfsituation. Ein Großteil der Gruppe meint, das wäre ‚Jugendlichen-Sache', da sollten sich die Pädagoginnen nicht ‚einmischen'. Hans fühlt das zweite Mal an diesem Tag Resignation in sich aufsteigen und schweigt. Er beschließt, das Thema beim nächsten PädagogInnen-Team einzubringen.

Dass der Pädagoge in dieser Situation keine ‚glückliche Figur' macht, braucht nicht zu verwundern: Bezüglich handgreiflich ausgetragener Konflikte zwischen Kindern und Jugendlichen stehen Pädagoginnen vor drei verschiedenen Aufgaben, die im Einzelfall in deutlicher Spannung zueinanderstehen können:

- *Erstens* findet diese Situation im Rahmen einer Erziehungshilfeeinrichtung/Institution statt; für das Geschehen in dieser Einrichtung ist der einzelne Pädagoge immer mitverantwortlich, insbesondere wenn es darum geht. Schwächere zu schützen oder (ernstere) Verletzungen zu verhindern. Das gebieten sowohl Aufsichtspflicht als auch professions-ethische Gesichtspunkte. Im Einzelfall kann das heißen: nicht lange reden, beherzt eingreifen, die ‚Kampfhähne' trennen, eventuell mit Hilfe anderer Erwachsener oder Jugendlicher. Ob in diesem speziellen Fall eine Intervention nötig war, kann zunächst offenbleiben.
- *Zweitens* findet die körperliche Auseinandersetzung im Rahmen eines Konfliktes unter Kindern/Jugendlichen statt; diese gehen u. U. von ganz anderen Vorstellungen aus, wie ein Konflikt zu regeln ist und wie legitim dabei der Einsatz von Körperkraft und physischer Gewalt ist. Zudem ist die Auseinandersetzung zwischen den beiden ‚Kampfhähnen' nur vordergründig auf den unmittelbaren Anlass (z. B. Gerangel um den besten Platz vor dem Fernseher) bezogen; häufig entladen sich daran schon länger schwelende Konflikte („der hat mir meine Freundin ausgespannt…") oder Rangkämpfe um Positionen in der Gruppenhierarchie etc. Der Pädagoge hat es bei solchen Konflikten und der Art ihrer Austragung immer auch mit einem jugendkulturellen Phänomen zu tun (vgl. Behn/Koch 1997). Im Einzelfall kann das heißen, dass die Intervention des Pädagogen als ‚Einmischung' in ein für die Jugendlichen logisches und stimmiges Geschehen („der brauchte mal ein's auf die Fresse") beurteilt wird. Unter Umständen wird der in die Schlägerei intervenierende Pädagoge, der sich als ‚Friedensstifter' sieht, sogar als feindlicher Aggressor erlebt, den zu stoppen der Ehrenkodex der Gruppe gebietet. Was den jugendkulturellen Kontext der oben geschilderten Szene betrifft, kann man vermuten, dass dem Pädagogen Hans die Anknüpfung an diesen nicht gelungen ist, ja dass er diesen gar nicht als solchen wahrgenommen hat.
- *Drittens* finden solche Auseinandersetzungen im Rahmen eines (gruppen-)pädagogischen Prozesses statt: Pädagoginnen können weder erwarten, dass eine Gruppe von Kindern/Jugendlichen völlig die Werte und Verhaltens-

weisen der Erwachsenen teilt, noch brauchen sie sich auf die Rolle von Zuschauern in einem von ihnen eventuell als anomisch erlebten Gruppenprozess zu beschränken. PädagogInnen bewegen sich mit Gruppen meist zwischen diesen beiden Extremen, d. h. mitten in einem Lernprozess, in dem die Erwachsenen verstehen lernen, was den Jugendlichen wichtig ist und warum sie sich in der Gruppe verhalten wie sie sich verhalten, und in dem die Kinder/Jugendlichen hören und begreifen können, welche Ideen die Erwachsenen von einem sozial verträglichen Zusammenleben (auf Zeit) der Gruppe haben und welche Verhaltensweisen das impliziert bzw. ausschließt.

Pädagogisch ist dieser Prozess dann zu nennen, wenn die PädagogInnen ihn reflektieren und sinnvolle Angebote machen, die wechselseitige Lernprozesse stimulieren können; im Einzelfall kann das heißen, dass man sich als Pädagoge zu Beginn des Gruppenprozesses bewusst zurückhält, weil man selbst noch keine Grundlage für Kommunikationen mit dieser Gruppe hat, später aber deutlich mehr eingreift; oder im Gegenteil anfangs die eigenen Werte und Normen sehr deutlich herausstellt, damit sich Diskussionen um diese entwickeln können; sich aber später eher zurückhält, weil man der Gruppe die Verantwortung für angemessene Konfliktregelungen nicht auf Dauer abnehmen will; was eine spezifische Gruppe in einer einzelnen Phase jeweils braucht (vgl. u. a. Büttner/Trescher 1987; Button 1976; Goll 1997; Kraußlach 1981), wäre im pädagogischen Team zu prüfen und in konkrete Handlungsanweisungen zu übersetzen. Was eine solche nachvollziehbare ‚gruppenpädagogische Linie' betrifft, ist in der oben geschilderten Situation wenig zu sehen: Hans interveniert relativ unüberlegt und zieht sich dann ebenso spontan wieder zurück; dabei folgt er seiner jeweiligen Befindlichkeit, berücksichtigt aber den Gruppenkontext zu wenig.

Positiv gewendet, ergeben sich für Pädagoginnen aus Situationen wie den oben geschilderten drei Handlungsimpulse bzw. -maximen:

- A: „Handle verantwortungsbewusst im Rahmen Deines institutionellen Schutz-Auftrags."
- B: „Handle so, dass Du in Kontakt mit den Kontrahenten bzw. der sie umringenden Gruppe kommst; versuche für Deine Intervention eine Legitimation (wenigstens von einem Teil der Beteiligten) zu bekommen oder versuche einen Teil Deines Auftrages zu delegieren."
- C: „Handle im Rahmen einer längerfristig angelegten gruppenpädagogischen Strategie, die mit dem Team bzw. anderen Verantwortlichen und der Gruppe abgestimmt ist."

Allerdings bleibt die Vor- bzw. Nachrangigkeit dieser drei Maximen unklar, was einen Teil der Verhaltensunsicherheit von Hans in der oben geschilderten

Situation erklären dürfte. In welche pädagogisch begründbare Reihenfolge können diese Maximen gebracht werden?

Für den Arbeitsalltag in Erziehungshilfeeinrichtungen ist es sinnvoll, wenn ein Team sich etwa auf folgende Ebenen der Konfliktbearbeitung verständigen kann:

- 1.1: Situationsbezogenes Intervenieren am Ort der Handlung
- 1.2: Konfliktnachbehandlung, wenn die Situation abgekühlt ist
- 1.3: (Gewalt-)präventive bzw. Gruppenarbeit mit den beiden Schwerpunkten ‚Aktionen' und ‚Aushandlungen'.

1.1. Situatives Intervenieren am Ort der Handlung

Zunächst stellt sich die Frage, unter welchen Bedingungen aus Gründen des Schutzes und der Aufsichtspflicht sofort interveniert werden muss (Maxime A), bzw. unter welchen anderen Bedingungen Zeit für die Berücksichtigung des Gruppenkontextes bleibt und daraus Interventionsformen abgeleitet werden können. Zur Beurteilung der jeweiligen Lage ist es hilfreich, wenn man auf eigene Kampferfahrungen zurückgreifen kann; aber auch mit diesen sind Überreaktionen (wie im obigen Beispiel) oder Unterreaktionen (vor allem wenn es um Waffen geht, sind diese gefährlicher) möglich.

Sofortige Interventionen in den Konflikt sind immer dann notwendig, wenn ein Kampfteilnehmer deutlich unterlegen ist. den Kampfbeenden möchte, aber keine Chance dazu erhält; wenn ein Kampfteilnehmer verletzt ist und/oder blutet, die Schwere der Verletzung im Kampfgetümmel aber nicht festgestellt werden kann; wenn Waffen im Spiel sind, die ein ernsthaftes Verletzungsrisiko mit sich bringen; wenn einer der Teilnehmer ‚blind' vor Wut ist und unkontrolliert um sich schlägt.

Die Art der Intervention kann von Situation zu Situation beträchtlich variieren; ein paar Verhaltensweisen können aber situationsunabhängig empfohlen werden; so ist es immer richtig, die beiden Kontrahenten laut und deutlich beim Namen zu rufen; wenn man bei dem Versuch sie zu trennen selbst Hand anlegt, ist es wichtig, dies vorher anzukündigen; auch während der Trennungsbemühungen sollte man auf jeden Fall weiterreden; dabei ist es wichtig, in kurzen Sätzen zu sprechen: „Tom, Kosta. Hört sofort auf! Tom, Kosta ist verletzt! Ich muss die Wunde anschauen. Aufhören!" – Keine Reaktion – „Tom, Kosta. Ich werd' Euch jetzt auseinanderziehen. Tom, ich muss Deine Wunde sehen. Kosta, Schluss. Kosta, ich zieh Dich jetzt runter. Ich komm an Tom nicht ran."

Legitim ist auch die Strategie der ‚Pseudo-Pause': „Tom, Kosta. Hört auf! Bitte, nur kurz! Ich will nur die Wunde sehen: Ihr könnt sofort weitermachen. Tom, Kosta: Schluss jetzt!" Haben die beiden Kontrahenten erst einmal kurz aufgehört, ist es viel schwerer in den Kampf zurückzukehren bzw. leichter sie in weitere Dialoge zu verstricken, die die Pause verlängern. Je länger die Pause dauert, um so unwahrscheinlicher ist die Rückkehr zur körperlichen Auseinandersetzung.

Sind Waffen im Spiel, muss zuerst auf die Risiken und möglichen Konsequenzen hingewiesen werden: „Tom, Kosta. Weg mit dem Messer! Da kann einer hops gehen. Zehn Jahre Knast. Totschlag. Leute aufhören! Tom, Kosta, denkt an Eure Zukunft!“ Erfolgt keine Reaktion, muss der Pädagoge Hilfe holen, da die Gefahr selbst verletzt zu werden zu groß ist, wenn man alleine interveniert; dabei kann er bei den Umstehenden anfangen: „Hey, Leute! Das sind Eure Kumpels! Macht was! Mensch, wenn die sich was antun! Weg mit den Messern. Jetzt haben wir noch ’ne Chance.“ In vielen Fällen hat der (bloße) Meinungsumschwung der Außenstehenden eine Rückwirkung auf die Kämpfenden. Solange sie angefeuert werden, können sie gar nicht aufhören. Werden die Umstehenden unsicher, selbst wenn sie noch nicht mit Worten oder Gesten mäßigend in das Geschehen eingreifen, lässt häufig auch die Vehemenz, mit der sich die Kontrahenten bekämpfen, nach.

Oftmals haben die umstehenden Jugendlichen mehr Möglichkeiten als der Pädagoge, um direkt zu intervenieren oder die entsprechenden Signale zu senden, dass der Kampf zu diesem Zeitpunkt auch ohne Gesichtsverlust abgebrochen werden kann. Lassen sich die Umstehenden dazu nicht motivieren, muss der Pädagoge externe Hilfe holen: Das kann eine ‚Verstärkung‘ sein, jemand, mit dem man zusammen intervenieren kann, oder eine Autorität, auch die Polizei; bevor man weggeht, sollte man laut mitteilen, warum man geht und ebenso wen man zur Hilfe holt. Manchmal genügt die Ankündigung den Einrichtungsleiter bzw. die Polizei zu holen, damit die Jugendlichen in der Abwesenheit des Pädagogen mit der tätlichen Auseinandersetzung aufhören; allerdings sollte man deren Erscheinen nicht androhen („wenn nicht, dann …“), sondern sie holen, wenn man es für richtig hält.

Zu zweit kann man Kämpfende besser trennen, wobei es wichtig ist koordiniert vorzugehen: Nach der Ankündigung „Wir trennen Euch jetzt“, sollte man beide Kämpfende so angehen, dass eine räumliche Trennung entsteht. Besser als jemanden wegzuziehen (vor allem, wenn dieser ein Messer oder andere Waffen trägt), ist es, von der Seite her zwischen die Kämpfenden zu gehen, wobei das ohne Körpereinsatz oft nicht möglich ist. Dabei verwendet man seine Hände möglichst wenig, hält diese im Gegenteil möglichst hoch (beschwichtigende Geste) und versucht sich mit dem eigenen Körper (wenn man zu zweit ist, Rücken an Rücken) zwischen die beiden Kämpfer zu drängen. Jeder der beiden Intervenier enden sollte auf denjenigen einreden, den er abdrängt bzw. (bei auf dem Boden liegenden) aus dem Kampf gezogen hat und ihm dabei seine Gründe mitteilen: „Mensch, Tom. Ich kann da nicht zuschauen. Ihr haut Euch ja tot. (Ihr stecht Euch ja ab). Schluss jetzt. Komm wieder runter. Wir klären das nachher.“

Wie bei allen Interventionen in oder während aggressiver Auseinandersetzungen ist es sinnvoll, diese im Pädagoginnen-Team in Form von Rollenspielen einzuüben (vgl. dazu auch die Trainingsprogramme PART 1998 und ViDeT 1996). Vor allem Berufsanfänger sollten die Gelegenheit erhalten, von erfahrenen Kolleginnen anhand von Rollenspiel-Situationen angeleitet zu werden.

Interventionen nach einer Erkundungsphase sind immer dann sinnvoll, wenn keine unmittelbare Lebensgefahr für einen der Beteiligten droht und keiner einen Auftrag äußert, dass der Kampf von außen beendet werden solle. Auch bei heftigen Ring- oder Faustkämpfen empfiehlt sich wenigstens eine kurze Erkundungsphase:

> Auf dem Sportplatz: Zwei Jungen (beide 13 Jahre) ringen und rollen über den Platz; die Umstehenden (acht Jungen zwischen 12 und 14 Jahren) johlen und feuern sie an: offensichtlich ist der Streit aus dem gemeinsamen Fußballspielen entstanden: ein Pädagoge, der zufällig vorbeikam, tritt auf den Plan: (dynamischer Schritt; Stimme knapp und sachlich, an die Umstehenden gewandt): „Ernst oder Spaß?" „Hach, schon Ernst! Der Hannes hat den Ludwig erst stolpern lassen und dann Arschficker gesagt." „Mutterficker hat er gesagt, aber das mit dem Stolpern stimmt gar nicht. weil der Ludwig 'ne Schwalbe gemacht hat und vorher den Hannes gefoult hat ..." Der Pädagoge nimmt mit den Kämpfenden Kontakt auf „Hannes, Ludwig, alles in Ordnung bei Euch?" – Keine Reaktion – zu den Umstehenden gewandt: „Und Ihr findet das toll, dass die sich kloppen?" – gemischte Reaktionen – „Und was ist mit Euerm Schiedsrichter, ist doch ein Fall für den Schiedsrichter?" „Haben wir keinen." – Pädagoge: „Also, dann mach ich den jetzt. Hannes, Ludwig! Aufhören! Schluss oder Ihr bekommt beide Platzverweis. Das Spiel geht jetzt weiter. Zwei von jeder Mannschaft an die Linie, ich werfe einen Hochball." Die Umstehenden rufen Hannes und Ludwig bei ihren Namen und klopfen ihnen auf den Rücken. Hannes und Ludwig lassen voneinander ab und klinken sich wieder ins Spiel ein.

Aus dieser Episode (Dauer ca. 2 Minuten) werden die Vorteile der Erkundungsphase deutlich: Man erfährt etwas über die Entstehungsgeschichte des Konflikts, man bekommt mit, wie die Umstehenden den Kampf beurteilen, vor allem, ob sie an seiner Fortsetzung interessiert sind oder nicht; man kann Kontakt mit den Kämpfern aufnehmen, gewinnt Zeit zum Überlegen und kann einen sinnvollen Interventionsvorschlag aus dem bisher Erfahrenen ‚zusammenbasteln'. In diesem konkreten Fall knüpft die Intervention an das Fußballspielen an, d. h. den Gruppenkontext, der zumindest bis zum Zweikampf der dominant verbindende war. Durch diesen Bezug auf eine gemeinsame Gruppenaktivität vor dem Kampf entsteht auch die Idee einer Konfliktregulierung aus der Gruppe heraus: Beim Fußballspiel gibt es dafür den Schiedsrichter. Erst als klar ist, dass aktuell niemand in dieser Rolle präsent ist, ergreift der Pädagoge diese Aufgabe und bietet ein Ritual zum Neubeginn des Fußballspiels an.

Natürlich hätte er auch versuchen können die Fouls zu klären und Hannes und Ludwig dabei mit einzubeziehen; aber die Erfahrung zeigt, dass solche Konfliktklärungen vor einer so großen Gruppe und unmittelbar nach der körperlichen Auseinandersetzung sehr schwierig sind und am Ende doch zu einem Schiedsspruch führen, der über die Konfliktteilnehmer ‚verhängt' wird.

Eine andere Strategie lässt sich bei der folgenden Szene beobachten:

> Im Jugendzentrum einer Kleinstadt: Die Pädagogin wird durch einen Jugendlichen alarmiert: „Im Eingangsbereich kloppen sich zwei Türken …" Als die Pädagogin eintrifft, bemerkt sie außer den zwei Kämpf enden (Ali 15 und Mustafa 16 Jahre), jeder eskortiert von zwei Gleichaltrigen, die die Jacke des Kämpfers tragen und durch ihre Körperhaltung eine Art Kampfplatz abgrenzen, vier Mädchen, von denen eines weint. Die Pädagogin wendet sich zuerst an die Mädchen: „Was ist denn hier los?" „Ali hat seine Schwester geschlagen, weil sie mit Mustafa gehen will." Danach wendet sie sich an die ‚Sekundanten' der Kämpfer: „Ihr habt das im Griff hier; keine Messer oder so …" „Nee, nee, die machen das schon. Halt Dich raus" – Pädagogin: „Aber jetzt blutet der eine doch. Hey, ihr musst Euch erst mal die Wunde anschauen. Das ist nicht o.k. Wie heißt der denn, der blutet?" „Ey, Alte, halt Dich raus, die wollen das so." Pädagogin: „Nee, nee. Das ist mein Job hier. Ich muss einen Krankenwagen rufen, wenn Blut fließt. Schaut Ihr doch lieber mal die Wunde an, Mensch. Ich muss sonst, echt."
>
> Einer der ‚Sekundanten' ruft ‚seinen' Kämpfer mit Namen und sagt ihm etwas auf Türkisch; der Kämpfende hört auf, wird aber zusätzlich abgeschirmt; der zweite, Blutende, tritt noch einmal nach ihm, bis er von seinen ‚Sekundanten' festgehalten wird Die Wunde wird fachmännisch begutachtet, der Verletzte kriegt einen Klaps auf die Schulter; es scheint, dass er stolz auf die Wunde ist; das Wegwischen des Blutes mit dem Taschentuch lehnt er ab; er macht es mit der Hand und schmiert diese an der Hose ab. Dabei schreit er etwas zu dem anderen; zwischen den Gruppen, die Ali und Mustafa jeweils umringen, fliegen die Sätze hin und her; die Pädagogin vermutet, dass über die Fortsetzung des Kampfes debattiert wird und sagt deshalb: „Hey, Jungens, also ich hab' keinen Bock auf noch mehr Blut hier draußen. Wenn ihr unbedingt weitermachen müsst, dann kommt rein in den Kraftraum, da gibt's auch Matten; aber nur Ringkampf, ohne Boxen und nur, wenn ihr vier die Schiedsrichter macht. Also kein Gekloppe mehr …" – Es folgt wiederum eine längere Debatte; schließlich verkündet einer das Ergebnis: „Nee, wir hören auf; ist schon vorbei, jetzt …" Ali zieht mit seinen Freunden ab; kurz darauf kommt einer seiner Freunde zurück und fordert die Schwester auf mitzukommen. Diese löst sich, wenn auch widerwillig, aus der Mädchengruppe und folgt gemeinsam mit einer Freundin ihrem Bruder nach.

In diesem Beispiel (Dauer weniger als 5 Minuten) ist der jugendkulturelle Kontext der Schlägerei durch Begriffe wie Familienehre, Männerfreundschaft, Kampfritual etc. charakterisierbar. Die Pädagogin hat sich in diesem heiklen

Kontext als Frau geschickt verhalten, weil sie sich zunächst an die Mädchen wandte und dann an die ‚Sekundanten' der beiden Kämpfer. Diese sind nicht immer so klar erkennbar wie in diesem Beispiel (die Jackenhalter), spielen aber bei sehr vielen Kämpfen eine Rolle. Sie übernehmen zumindest teilweise und nach ihren Normen Verantwortung für den Kampf auch wenn sie gelegentlich (z. B., wenn ihr Freund zu verlieren droht) mit eingreifen. Man darf von ihnen nicht erwarten, dass sie z. B. die Kämpfer vom Einsatz von Waffen abhalten („das ist deren Sache"); auch würden sie einen Verletzten häufig eher nach Hause bringen (auch wenn er stark blutet) als einen Krankenwagen anrufen, weil ihr Bezugspunkt der Familienclan bleibt und nicht das deutsche Institutionensystem. Aber sie können, wenn ihre Rolle erkannt und respektiert wird, hilfreich intervenieren. Die Pädagogin hat in dieser Situation ihre eigenen kulturellen Vorstellungen in Klammern gesetzt (warum soll sich ein fünfzehnjähriges türkisches Mädchen nicht mit einem anderen türkischen Jungen anfreunden? Warum begegnet ihr der eine ‚Sekundant' so machohaft und nennt sie auch noch „Alte"?) und ihrem Hauptziel ‚Schluss mit dem risikoreichen Faustkampf' untergeordnet. Sie hat sich in dieser Situation sogar von der Idee der ‚friedlichen Lösung mit Worten' verabschiedet und einen Raum des Jugendzentrums als Ort einer fairen Kampfhandlung angeboten, weil ihr diese Idee anknüpfungsfähiger an die türkische Mentalität erschien als der Versuch einer Frau einen Männerkampf zu beenden und zugleich verantwortungsvoller als die Jungens auf die Straße zu schicken („Macht doch draußen weiter, aber nicht in unseren Räumen"). Zudem beinhaltet die Idee des Ringkampfes eine ‚Verbeugung' vor der türkischen Kultur, in der dieser Sport hohe Anerkennung genießt. Sicherlich war es riskant darauf zu setzen, dass über die Anerkennung und Stärkung der Sekundantenrolle der Kampf auch tatsächlich als Ringkampf ausgetragen werden könnte. Aber in solchen Situationen gibt es meist keine risikolose Strategie, sondern nur das Abwägen verschiedener Risiken.

Ihre Strategie kann als ‚Anknüpfung an das fremde System bei gleichzeitiger Kommunikation von kleinen, aber relevanten Differenzen' bezeichnet werden: Sie akzeptiert die Rolle der Sekundanten, führt aber die Idee des ‚Wunde-Anschauens' ein; sie akzeptiert, dass gekämpft werden muss, führt aber die Idee eines fairen Ringkampfes an einem speziellen mit Matten gepolsterten Ort ein usw. Hinsichtlich ihrer Rolle als Verantwortliche für das Jugendhaus hat die Pädagogin allerdings keinen Zweifel gelassen: „Schaut ihr doch lieber mal die Wunde an … ich muss sonst (den Krankenwagen rufen), echt …"; war scheinbar ein Satz, der deutlich machte, dass sie ohne Aktivität der ‚Sekundanten' selbst aktiv werden müsste und dass sie das für sie Nötige, auch ohne deren Zustimmung, in die Tat umsetzen würde.

Nicht in allen Fällen gelingt die Anknüpfung an den jugendkulturellen Kontext des handgreiflichen Konflikts so gut wie in den beiden geschilderten Szenen. Wenn man nach zwei bis drei Minuten das Gefühl hat, von den Jugendlichen als Erwachsener nicht ernst genommen zu werden bzw. wertvolle Zeit durch Diskussionen zu verlieren meint, während die ‚Schlägerei' unvermindert heftig bleibt oder weiter eskaliert, ist es sinnvoll, von dieser Strategie abzurücken und auf direkte Krisenintervention qua Autorität (Hausrecht etc.) umzuschalten.

1.2 Konfliktnachbehandlung

Häufig, aber nicht immer ist es sinnvoll einen handgreiflich ausgetragenen Konflikt nachzubearbeiten; dabei ist es nicht immer nötig dies in ‚offizieller Weise' zu tun; ein kurzes Gespräch im Vorübergehen oder beim Tisch-Kicker-Spielen ist oft völlig ausreichend (das gilt z. B. für das Fußball-Beispiel). Regelmäßig stellt sich dabei die Frage, welches das relevante Konfliktsystem ist und bei welcher/n Person/en aus diesem mit der Klärung des Konflikts begonnen werden kann. So ist z. B. im oben geschilderten Beispiel mit dem Pädagogen Hans der beim Abendessen abwesende Tom auf jeden Fall eine Person, mit der Kontakt aufgenommen werden muss: Niemand ergriff während des Kampfes Partei für ihn, niemand vermisst ihn beim Abendessen. Das lässt eine sich verfestigende Außenseiter-Rolle vermuten, die in einer Gruppe, die, wenn auch auf Zeit, unter einem Dach zusammenlebt, thematisiert werden muss. Nötig ist dieses Gespräch auch deswegen, weil von Tom ein Auftrag (oder ein als Auftrag verstehbares Statement) kommen könnte, auf dessen Basis der Pädagoge z. B. ein Gruppengespräch ansetzen kann. In dem Jugendhaus-Beispiel sind es evtl. gar nicht die beiden Kämpfer, mit denen unmittelbar etwas nachbearbeitet werden kann, sondern z. B. die Schwester von Ali, deren eventuell erste zaghafte Emanzipationsversuche vom großen Bruder unterbunden wurden (und die z. B. beraten werden kann, wie sie diese fortsetzen kann, ohne sofort familiäre Gegenreaktionen auszulösen) oder wiederum die beiden ‚Sekundanten', über die vielleicht auszuhandeln ist, wie ein weiterer Besuch beider ‚Kampfhähne' im Jugendhaus aussehen kann, ohne dass es sofort wieder zu einer Schlägerei kommt.

Jede Konfliktnachbehandlung braucht einen auch für die Jugendlichen nachvollziehbaren Grund und ein klares Ziel, mit dem sie sich zumindest ansatzweise identifizieren können, was bedeutet, dass solche Klärungsversuche nicht einfach angeordnet werden können. Sie können Teil eines institutionellen Regelsystems sein (siehe 1.3), müssen aber auch dort von einer persönlichen Einladung bzw. Motivationsarbeit begleitet werden. Oft ist es schon ein Erfolg, wenn es überhaupt zu so etwas wie einem ‚Nachgespräch' kommt, selbst wenn man sich bei diesem nicht einigen kann. Eine Einladung an die Gruppe, in der Tom lebt, könnte z. B. so aussehen:

„Ihr wisst, dass es vorgestern hier einen ziemlich heftigen Kampf gab, bei dem alle, die dabei waren, zu Kosta gehalten haben. Tom fühlt sich seitdem wie der letzte Arsch und überlegt sich, ob er überhaupt noch hier leben kann und will. Wir Pädagogen finden es ganz wichtig, dass die Sachen mal auf den Tisch kommen: Wenn es etwas gibt, was die Gruppe gegen Tom hat, dann raus damit: aber offen und vor allen und nicht hinten 'rum. Und so, dass Tom eine faire Chance hat, dazu was zu sagen. Deshalb machen wir heute nach dem Abendessen ein Treffen, und wir erwarten, dass ihr alle kommt."

Die Einladung an die ‚Sekundanten' könnte lauten:

„Wir wollen, dass Ali und Mustafa beide ins Jugendhaus kommen können, ohne in Stress zu kommen. Falls die beiden das auch wünschen, möchten wir Euch ein Gespräch anbieten: Euch, den Freunden; oder Euch und den beiden Kämpfern zusammen, damit wir klären können, ob und unter welchen Bedingungen hier beide Besucher sein können."

Solche Botschaften der Erwachsenen sind nach einer ‚Schlägerei' sehr wichtig, weil häufig zumindest einer der Kontrahenten meint, das ‚Schlachtfeld' nicht mehr betreten zu können, ohne an seine tatsächliche oder vermeintliche Niederlage erinnert zu werden; oder weil beide sich vorgenommen haben den anderen aus diesem Territorium zu verdrängen und dazu Freunde etc. mobilisieren. Insofern kommt das Gesprächsangebot des Jugendhauses solchen Tendenzen zuvor und kann deren mögliche destruktive Dynamik auffangen.

Je nach Art und Dynamik des ursprünglichen Konfliktes kommt den Pädagogen bei der Nachbearbeitung eine andere Rolle zu; diese kann darin bestehen:

A): sich den Kontrahenten als neutrale Schlichter anzubieten (wobei das eigene Interesse wie „wir wollen, dass Ihr Euch beide in der Gruppe wohl fühlt" nicht verborgen werden muss). Das ist immer dann sinnvoll, wenn sich die Konfliktteilnehmer als ebenbürtig definieren und/oder man als Pädagoge eine ‚Täter/Opfer'-Geschichte bezüglich dieses speziellen Vorfalls ablehnt. Wie wir weiter unten noch sehen werden, können Schlichtungsgespräche auch als Vorbedingung für den weiteren Besuch im Jugendhaus formuliert werden, d. h. dass für beide ein bis zu einem gemeinsamen Konfliktlösungsversuch geltendes Hausverbot ausgesprochen wird. Die Lösung kann sowohl in der friedlichen Koexistenz der beiden liegen, die durch eine Art ‚Waffenstillstand' besiegelt wird oder in einer ‚gerechten' Regelung, die für eine gewisse Zeit dem einen die geraden, dem anderen die ungeraden Tage des Kalenders als Besuchstage einräumt bzw. verbietet.

Voraussetzung für eine gelingende Schlichtung ist eine gemeinsam zu erarbeitende ‚geteilte Version' des konflikthaften Vorfalls, die man bereits in Vorgesprächen sondieren und zumindest teilweise erarbeiten muss. Allerdings können die Auffassungen der Pädagoginnen und der Jugendlichen bezüglich der Konfliktanalyse und des Opferstatus weit auseinanderliegen:

> So sah sich z. B. Tom in dem oben geschilderten Vorfall überhaupt nicht als Opfer und konnte auch die Idee seiner Ausgrenzung aus der Gruppe nicht akzeptieren. Er wollte den Konflikt auf sich und Kosta begrenzt sehen und schloss die Teilnahme der ganzen Gruppe an einer Konfliktregelung aus. Die von den Pädagogen wahrgenommene Situation (die ganze Gruppe ist gegen Tom) hätte sein Selbstbild vermutlich zu sehr bedroht: ein Vermittlungsgespräch zwischen ihm und Kosta, das von einem Pädagogen geführt wurde, führte zumindest zu einer zeitweiligen Entspannung der Gruppensituation.

B): als *Organisator eines Ausgleichs* bzw. einer *Wiedergutmachung*, wenn jemand geschädigt (physisch angegriffen, gedemütigt, sexuell belästigt etc.) wurde und dies einklagt und/oder die Pädagoginnen den Vorfall so wahrgenommen haben. Ein in der Institution organisierter Täter/Opfer-Ausgleich kann ein Angebot sein, für das man ‚nur' den Rahmen zur Verfügung stellt, für das die beiden Parteien aber mehr oder weniger selbst motiviert sein müssen. Er kann aber auch ein Verfahren darstellen, das man als Pädagoge selbst für unverzichtbar hält und das man nötigenfalls dem Täter auch verordnet. Nach manchen Vorfällen können die Jugendlichen die Idee, dass ihnen eine Wiedergutmachung zusteht, gar nicht annehmen, zum Teil auch aus Angst vor weiteren Repressalien des Täters. In diesen Fällen ist es wichtig, ihnen klare Parteilichkeit zuzusichern und sie über rechtliche Schritte (Anzeige bei der Polizei) bzw. die Macht- und Schutzmittel (Hausverbot etc.), die der Institution zu Verfügung stehen, zu unterrichten. Dadurch gerät man dem ‚Täter' gegenüber in die Rolle.

C): als *fordernde oder strafende Vertreter der Institution*, die es als ihre Pflicht ansehen, bestimmte Normen bzw. Verhaltensstandards durchzusetzen; das ist dann geboten, wenn elementare Abmachungen und Regeln verletzt wurden, sich der ‚Verletzte' aber alleine nicht durchsetzen kann oder wenn sich zwar kein betroffener Kläger findet, man aber für andere ein Zeichen setzen will; so wurde z. B. in einer Heimgruppe ein Hase bei einem riskanten ‚Spiel' getötet; der Besitzer, der schon länger kein Interesse mehr an dem Tier hatte, war darüber weder traurig noch forderte er eine Wiedergutmachung. Für die PädagogInnen war aber klar, dass die drei am Spiel beteiligten Kinder für ihre Tierquälerei eine Strafe erhalten müssen.

D): als *Organisatoren eines Gruppenprozesses* mit dem Ziel die/eine Gruppe in die Verantwortung für die Konfliktschlichtung einzubeziehen; dies ist immer dann sinnvoll, wenn Schlichtung, Täter/Opfer-Ausgleich etc. entweder ganz oder teilweise in die Hände der Jugendlichen gelegt werden können; Voraussetzung hierfür ist in den meisten Fällen eine Art ‚Weiterbildung' der Jugendlichen als Konflikt-Mediatoren (Mickley) oder -lotsen (Hagedorn) oder ein von Erwachsenen vorstrukturiertes und begleitetes Verfahren:

> Ein für mich als Zwölfjähriger sehr beeindruckender und meine Berufsbiographie prägender Gruppenprozess ergab sich nach einer Schlägerei in dem katholischen Jugendfreizeitheim, in dem ich eine feste Gruppe besuchte. Zwei ältere Jugendliche waren in Streit geraten; bei dem darauffolgenden Kampf hatte der eine Jugendliche den anderen so hart in die ‚Nierenschere' genommen, dass dieser wegen einer Nierenquetschung behandelt werden musste. Die beiden Augustiner-Patres, die das Freizeitheim leiteten, baten die Eltern des verletzten Jugendlichen, zunächst von einer Strafanzeige abzusehen und organisierten daraufhin eine Vollversammlung, zu der ca. 60 Kinder und Jugendliche kamen. Ein bekannter Heimleiter am Ort war als Moderator dieser VV gebeten worden; jede Gruppe konnte unabhängig vom Alter einen Vertreter in einen ‚Geschworenenkreis' entsenden (dort saßen Zehnjährige neben Achtzehnjährigen!), der mit Hilfe eines Jugendrichters während der VV (Zeugen-)Befragungen durchführte und anschließend ein Urteil fällte (Wiedergutmachung in Form eines Schmerzensgeldes, das der Täter im Bereich des Klosters durch Arbeitsstunden verdienen konnte).
>
> Ich erinnere mich heute noch an den Ernst und die hohe Konzentration mit der die Gruppen die VV verfolgten bzw. mit denen der ‚Geschworenenkreis' tagte. Die Kombination von interner Konfliktbearbeitung unter Einbeziehung externer Fachleute finde ich auch heute noch sehr stimmig und nachahmenswert. Die Externen fungieren als Repräsentanten der Öffentlichkeit und können Gesichtspunkte einbringen, wie sie „draußen im richtigen Leben" vertreten werden. Sehr klug finde ich auch die Mischung aus großer Zurückhaltung (sie treten selbst nicht als Kläger, Richter etc. in Erscheinung) und hohem Engagement (sie organisieren einen aufwendigen Prozess und finden ehrenamtliche Unterstützer), welche die beiden Leiter als Strategie wählten; ich vermute, dass sie sich selbst emotional für zu betroffen hielten und außerdem durch die Art der Verletzung eine Grenzüberschreitung wahrnahmen, die sie deutlich markieren wollten. Übrigens ist es durch diese ‚Verhandlung' zwar gelungen, eine für den Geschädigten und seine Familie befriedigende Lösung zu erzielen, nicht aber eine dauerhafte Versöhnung oder (Re-)Integration des ‚Täters' herbeizuführen. Dieser und seine Clique brachen wenige Monate nach der VV den Kontakt mit dem Freizeitheim ab. Das zeigt, wie ein für die Gesamtgruppe äußerst spannender und lehrreicher Prozess nicht unbedingt die ‚Wunden' des persönlichen Konflikts schließen können muss. Auch wenn etwas gut läuft, kann nur Begrenztes erreicht werden.

So große Widerstände Jugendliche oftmals den von Erwachsenen angesetzten Gesprächen entgegenbringen, von denen sie befürchten, dass sie in einer Einbahnstraßenkommunikation ‚zugelabert' werden, so fasziniert zeigen sie sich häufig, wenn sie als Unterhändler ernstgenommen werden und dabei entsprechende Symbole und Rituale zur Anwendung kommen; je mehr es gelingt, heraldische und diplomatische Gepflogenheiten (Depeschen, Emissäre, Sitzordnung, Verträge, Handschlag etc.) zu etablieren, umso mehr entsteht zumindest mit der Zeit auch so etwas wie eine Verhandlungskultur, in der Pädagoginnen als Initiatoren und Begleiter von Konfliktklärungsprozessen auch in den Augen der Jugendlichen eine wichtige Rolle einnehmen können.

1.3 (Gewalt-)präventive Gruppenpädagogik

Die oben geschilderten Interventionen lassen sich umso leichter realisieren und wirken umso eher, je mehr sie in ein umfassendes Konzept von Gruppenpädagogik eingebunden sind. Diese hat m. E. im Wesentlichen zwei Prozesse immer wieder anzuregen und zu begleiten: einen Prozess des ‚geführten Aushandelns' von Regeln, mit denen sich die Jugendlichen zumindest ansatzweise identifizieren können und aktions- und körperbetonte Erlebnisse und Aufgabenstellungen, an denen Prozesse wie gemeinsame Planung, koordiniertes Vorgehen, gemeinsam gemeisterte Belastungen auf verschiedenen Niveaus ausprobiert und hautnah erlebt werden können.

Von *‚geführtem Aushandeln'* spreche ich, um dem (Selbst-)Missverständnis vorzubeugen, dass mit biographisch zum Teil hoch belasteten Jugendlichen zugleich demokratische wie verbindliche Gesprächs- und Abstimmungsformen voraussetzungslos möglich seien und dass in Institutionen der ‚Öffentlichen Erziehung' alles frei verhandelbar sei. Im Gegenteil: Allen Sonntagsreden von umfassender Partizipation zum Trotz kann und muss in vielen Einrichtungen klein angefangen werden: Für viele Kinder/Jugendliche stellt das wöchentliche Gruppengespräch eine Tortur dar, vor allem wenn es länger als 30 Minuten dauert. Vollversammlungen kann man nicht einfach ansetzen; sie haben als Voraussetzung eine gut etablierte Kultur von Gruppengesprächen und bedürfen auch dann noch der Einübung von mindestens einem Jahr (wenn sie z. B. einmal im Monat stattfinden), damit 25 und mehr Personen so miteinander reden können, dass es auch für die Kinder/Jugendlichen Sinn macht. Alle Gruppengesprächsformen sollten anfangs nur so lange dauern, wie die Kinder, ohne inneren und äußeren Zwang zu erleben, stillsitzen können (manchmal sind das nur 10 Minuten) und dürfen nicht mit Inhalten überfrachtet werden. Weil Partizipationsmöglichkeiten in pädagogischen Institutionen auf dem Widerspruch aufbauen, dass die Teilnahme Pflicht ist, um die Möglichkeit der Mitbestimmung entwickeln zu können, sollte möglichst in jedem (zweiten) Gespräch für die Kinder unmittelbar erfahrbar sein, dass sich ihr Kommen gelohnt hat; in der einen Gruppe entsteht eine Eigenmotivation über die Abstimmung bezüglich des wöchentlichen Speiseplans oder die gemeinsame Wochenendaktivität; andere Kinder, ja sogar Jugendliche erleben die Planung von etwas, das so weit weg liegt wie eine Woche, bereits als so abstrakt, dass sie ihm keine Aufmerksamkeit schenken können. Häufig ist es deshalb gar nicht so einfach etwas herauszufinden, was für alle oder wenigstens die Mehrheit bedeutsame Themen sind. Das andere Problem liegt darin, dass man zwar schnell relevante, dafür aber auch hoch strittige Themen findet: Dürfen Vierzehnjährige rauchen, wie lange dürfen Fünfzehnjährige am Abend ausgehen, ab welchem Alter oder Reifegrad kann der Freund/die Freundin in der Wohngruppe übernachten? Bezüglich dieser Wünsche ist nicht alles vor Ort verhandelbar: Gesetze müssen beachtet, Eltern bzw. Jugendämter in die Entscheidung miteinbezogen, die Philosophie des Trägers oder die Erwartungen des Wohnumfeldes mitberücksichtigt werden. Damit entstehen komplexe Aushandlungssysteme, die für die Jugendlichen nicht mehr überschaubar sind; rasch entsteht der Verdacht, die Pädagoginnen würden sich bzw. ihre vorgefasste Meinung zur Nichtberücksichtigung der jugendlichen Wünsche hinter dieser Komplexität verstecken.

Alle diese Schwierigkeiten sollen nicht geleugnet werden; ‚geführtes Aushandeln' setzt bei ihnen an, indem es den Kindern und Jugendlichen entweder klar abgegrenzte Entscheidungen völlig freistellt (mit diesem Betrag könnt ihr Anschaffungen für die Gruppe machen, die ihr für nötig haltet) oder für strittige Themen transparente Vorentscheidungen trifft, die einen definierten Entscheidungsspielraum beinhalten (z. B. diese oder jene Möglichkeit der Raucherregelung). Dazu ist es nötig, dass die Erwachsenen deutlich machen, bei welchen Themen sie die Kinder/Jugendlichen in welchem Umfang mitentscheiden lassen und warum sie das so tun. Auch wenn die Jugendlichen nicht immer mit den Ergebnissen einverstanden sind, sollten sie das Verfahren insgesamt als gerecht oder angemessen beurteilen können. Was den Umgang mit Gewalt betrifft, können Jugendliche z. B. in Abmachungen wie die folgenden einwilligen (aus einem Infoheft eines Heimträgers, das die Jugendlieben beim Vorstellungsgespräch in der Jugendwohngemeinschaft mitbekommen), auch wenn sie sich im Einzelfall nicht daran halten oder für sich das Recht auf Ausnahmen reklamieren:

> „Zurzeit gelten bei uns drei Basisregeln und sechs Hausordnungs-Punkte. Zweimal im Jahr werden sie überprüft, ergänzt oder verändert:
>
> *Basisregel 1:* Jeder soll sich in der Gruppe sicher fühlen, d. h. keine Angst vor Gewalt seitens der Mitbewohner haben. Das gilt für Jugendliche wie für Erwachsene. Als Formen von Gewalt sehen wir: Schlagen oder andere körperliche Attacken, die weh tun; Bedrohung durch Waffen oder mit Schlägen. Geld oder Sachen erpressen. Sexuelle Belästigung Über andere außerhalb der Gruppe etwas erzählen, was sie lächerlich macht oder was nicht stimmt.
>
> *Basisregel 2:* Wer einen Gewaltakt begeht oder verdächtigt wird einen solchen begangen zu haben, muss sich einem Gespräch stellen. In diesem wird festgestellt,

wie schwer die Gewalt wiegt und was eine gerechte Form der Wiedergutmachung ist. Bei allen Formen der Körperverletzung steht es dem Geschädigten frei, eine Anzeige bei der Polizei zu machen; unabhängig davon, muss sich der Täter dem Gespräch stellen.

Basisregel 3: Jeden Mittwoch ist Gruppenbesprechung Sie dauert eine Stunde und keine Minute länger, außer alle sind dafür Konflikte haben Vorrang vor allen anderen Punkten. Wenn sich Konflikte zwischen Pädagoginnen und Jugendlichen oder zwischen Jugendlichen in Gesprächen mit oder ohne Pädagoginnen nicht klären lassen, müssen sie ins Gruppengespräch. Wenn dort keine Lösung gefunden werden kann, müssen Eltern und Jugendamt von Einzelnen oder Streitparteien zu einem Konfliktgespräch geholt werden. Dabei kann ein Abgesandter der Gruppe teilnehmen.

Im Gruppengespräch kann die Empfehlung an einen Jugendlichen ausgesprochen werden, dass er ausziehen soll. Dafür braucht es eine Zweidrittel-Mehrheit von Jugendlichen und PädagogInnen."

Man merkt diesen Formulierungen an, dass sie nicht aus einem ‚Guss' sind, sondern schon Generationen von Jugendlichen über ihnen gebrütet haben: aus manchen hört man mehr die Stimme der Erwachsenen heraus, aus anderen die Stimme der Jugendlichen. Sicher ließe sich über die dort verwendete Gewaltdefinition streiten. Aber der große Vorteil dieser Basisregeln ist ihre Kürze und der Umstand, dass sie nicht nur Normen festlegen, sondern auch detailliert Verfahrenswege beschreiben, wie mit Regelverstößen umgegangen werden soll, ja mit der Verweigerung eben dieser Verfahren seitens eines Regelverletzers. Schließlich wirken die Regelungen zumindest für mich altersangemessen (14–19 Jahre) und setting-adäquat (Jugendwohngemeinschaft). Aufgabe der Pädagoginnen ist es, solche Regelwerke für verschiedene Settings anzustoßen und die Jugendlichen so früh wie möglich daran zu beteiligen. Die oben formulierten Regeln sind im Kernbestand ca. 7 Jahre alt, wobei kein Jugendlicher und kein Pädagoge schon so lange auf der Gruppe leben bzw. arbeiten; sie lagen also für jeden bei seinem Eintritt in einer spezifischen Form schon vor; konnten aber andererseits immer wieder umformuliert werden; so entwickelten sich die kommunikativen Verfahrensregelungen erst nach und nach oder wurde die Gewaltdefinition mehrfach enger bzw. weiter gefasst.

Wenn die Überprüfung tatsächlich regelmäßig erfolgt, bleiben die Regeln lebendig und entwickeln trotzdem aufgrund ihres Alters eine Aura der Autorität. Tatsächlich ist die Neu-Etablierung von Regeln und Verfahren bei schon länger existierend en Gruppen immer das Schwerste; wo möglich, sollte man deswegen auf eine Grundlage, die zumindest einigen noch bekannt, ist zurückgreifen. Bei neu eröffneten Gruppen oder Institutionen bietet sich die Regeletablierung im Zusammenhang mit einer gemeinsamen Reise/Fahrt etc. an.

Körperbezogene Aktivitäten bilden ein Gegengewicht gegenüber den Zumutungen der Versprachlichung, aber besitzen auch einen Sinn in sich selbst. Für viele Jugendliche liegt hier die Basis ihrer Vitalität: Wenn es (endlich) praktisch wird, wenn man seine Hände, Füße, seine Sinne gebrauchen kann, wenn etwas gemacht und hergestellt wird, blühen viele sprachlich unbeholfene Kinder und Jugendliche erst auf. Allerdings werden körperbetonte Aktivitäten außer Haus wie Sportangebote, Fahrradfahren, Klettern, Kanadier etc. nicht von allen Kindern und Jugendlichen von vornherein als lustvoll und verbindend erlebt. Für etliche entstehen auf diesen Ebenen auch neue Unsicherheiten, sei es, dass sie ihrem Körper nicht trauen, sei es, dass sie die Abhängigkeit von und Dichte mit einer Gruppe nicht ertragen. Das wird bei manchen abenteuerpädagogischen Angeboten vergessen, da fahren die PädagogInnen einmal im Jahr mit ‚ihrer' Gruppe weg und wundern sich, wenn die Kids das ‚gruppenpädagogische Highlight' gar nicht als solches empfinden und sich am liebsten davor drücken. Auch die körperbetonten Aktivitäten müssen deshalb in möglichst vielfältigen Formen, nach Schwierigkeits- und durch sie vermittelten Abhängigkeitsgrad dosiert im ganz normalen Alltag der Gruppe präsent sein. Besser man beginnt mit einem wöchentlichen Angebot in einer Turnhalle, in der man Interaktionsspiele anbietet, die einer kooperierenden Gruppe schnell Erfolgserlebnisse vermitteln, als mit einem Zeltlager oder einer Fahrradtour mit Anforderungen, die der Hälfte der Kinder/Jugendlichen erst einmal Angst und Unbehagen bescheren. Nach meiner Beobachtung kippen sozialpädagogische Institutionen nicht selten von einem in das andere Extrem: von einem relativ angebotsarmen, durch häufige Gespräche geprägten, unsinnlichen Alltag, in dem die Gruppe eher als ‚lästige Meute' erlebt wird, in eine Feriensituation, in der alles an Körperlichkeit, Erlebnisdichte und Gruppenbezug nachgeholt werden soll, was das Jahr über brach lag.

Trotz der pragmatischen Warnung vor allzu ‚ehrgeizigen' Projekten bleibt es bei der Überlegenheit längerfristig angelegter Programme hinsichtlich ihrer Fähigkeit Jugendliche einzubinden (vgl. dazu Wolters 1992). Dazu ein Beispiel:

Das Jugendheim Schönbuhl hat vor zwei Jahren angefangen eine Box-AG für Jungen aufzubauen. Trainer der Gruppe ist ein Pädagoge, der selbst jahrelang im Verein geboxt und etliche Preise gewonnen hat Die Jugendlichen, von denen je der nach einer gewissen Probezeit eine eigene vollständige Ausrüstung erhält, treffen sich dreimal und mehr in der Woche. Konditions- und Boxtraining halten sich dabei die Waage. Anfängliche Bedenken, man würde die sowieso schon als ‚Schläger' bekannten Jugendlichen durch dieses Training nur noch weiter ‚professionalisieren' und sich so an zukünftigen Körperverletzungsdelikten mitschuldig machen, haben sich inzwischen aufgelöst. Dabei ist es mehr die Zugehörigkeit zu einer In-Group, in der sich eigene Fairness-Regeln etabliert haben und die persönliche Bindung an den Trainer, die verhindern, dass die Jugendlichen außerhalb des Trainings sich mit ihren Box-‚Künsten' hervortun, als die glaubhafte Drohung, bei der ersten tätlichen Auseinandersetzung die Box-AG verlassen zu müssen: „Wir machen keinen Scheiß, wir sind doch Sportler; ein echter Sportler wendet sein Können doch nicht gegen Laien an ...“ so fasst einer der Teilnehmer den Ehrenkodex zusammen. Die Jugendlichen sind inzwischen in einem regionalen Verein organisiert, was sie auch mit anderen Jugendlichen der Region in Kontakt bringt; sie gehen gemeinsam mit der Box-AG und ihrem Trainer zu Wettkämpfen; die Box-AG hat einen ehemaligen deutschen Meister als ‚Paten‘ gewonnen, der ihnen Kontakte in die Box-Szene und auch Sponsoring-Gelder vermittelt hat Ein Student der Fachhochschule hat eine Foto-Serie über die Box-AG gemacht, aus der demnächst der Jahreskalender der Einrichtung werden soll. Sicher sind das große Interesse der (Heim-)Öffentlichkeit und die vielfältigen Zusatzaktivitäten, die sich um die AG herumgebildet haben, mit ein Grund, dass aus der Box-AG ein so attraktiver und bedeutungsvoller Ort entstanden ist.

Über alle längerfristig Teilnehmend en berichten die Pädagogen deutliche Entwicklungsfortschritte auch in anderen Bereichen wie Sozial- und Leistungsverhalten. Für die Jugendlichen ist über die Box-AG nicht nur ein neues Hobby, sondern eine neue Identität und ein starkes Wir-Gefühl entstanden.

2. Pädagogische Strategien im Umgang mit Gruppen bzw. Mehrpersonen-Konstellationen, in denen Konflikt-Eskalationen drohen oder stattgefunden haben

Wählen wir zwei Situationen aus dem Kontext der Erziehungshilfen, anhand derer man die Verwicklung mehrerer Personen in einen Konflikt demonstrieren kann und spielen wir an ihnen verschiedene pädagogische Handlungsformen durch:

Situation 1

In der Wohngruppe beim Abendessen; neun Kinder zwischen neun und dreizehn Jahren um den Tisch, dazu der Pädagoge Hans; Klaus, Peter und Andy, die drei Älteren, sind schon zu Beginn aufgedreht, boxen und treten sich gegenseitig unter dem Tisch, werfen mit sexuellen Ausdrücken um sich und zieh en nach und nach die ganze Gruppe in eine ‚chaotische Stimmung‘. Der Pädagoge hat bereits versucht, ein gemeinsames Gespräch über den am nächsten Tag stattfindenden Ausflug in Gang zu bringen, er hat ein paar Mal um mehr Ruhe gebeten und verwarnt, er versucht schon das Abendessen eher schnell über die Bühne zu bringen, da er das Gefühl hat, dass ihm die Situation zunehmend entgleitet. Da kippt Peter aus seiner Tasse einem jüngeren Kind (Josef) Tee in dessen Grießbrei. Klaus und Andy johlen vor Vergnügen, andere am Tisch steigen mit ein. Josef weint. Der Pädagoge: „Peter, jetzt langt's, raus mit Dir. Du kannst schon mal hochgehen in Dein Zimmer. Hier ist Schluss!“ Peter grinst den Pädagogen an: „Ich geh‘ aber nicht. Nicht ohne meine Freunde.“ Andy: „Ne, wir bleiben hier und Du (Peter) auch: soll doch der

Hans gehen." Klaus kippt seinem Nachbarn ebenfalls Tee in dessen (allerdings leeren) Teller. Der lacht und kippt den Tee auf den Boden.

Situation 2
In der Jugendwohngemeinschaft, Mittwochabend, 22 Uhr. Vier Jugendliche (zwischen 14 und 16 Jahren) sitzen vor dem Fernseher: ausgemacht war, dass sie einen Film bis 21.45 Uhr schauen können; sie haben aber einen anderen Film angewählt und gehen davon aus, dass sie bis zu dessen Ende um 22.45 Uhr sitzen bleiben dürfen. Die Pädagogin hat bis 22.30 Uhr Dienst und möchte pünktlich gehen; mit Ausnahmen und Kompromissen hat sie in letzter Zeit keine guten Erfahrungen gemacht: danach waren immer weitergehende Forderungen an sie gestellt worden: deshalb möchte sie heute keine Verhandlungen führen, sondern die ursprünglich getroffene Absprache durchsetzen. Die Pädagogin fordert die Jugendlichen zunächst auf ihre Zimmer zu gehen; als diese das verweigern, schaltet sie den Fernseher aus. „Los Jungens, kein Theater; ich hab mit Euch vorher eine Absprache getroffen und damit basta!" Ein Jugendlicher (Leon) geht an ihr vorbei und macht den Fernseher wieder an: vom Sofa aus erhält er von zwei anderen (Harald und Mike) verbale Unterstützung; nur der vierte (Tom) ist aufgestanden und ist dabei zu gehen: die Pädagogin macht den Fernseher wieder aus, der Jugendliche (Leon), der neben dem Fernseher stehengeblieben ist, drängt sie mit seinem Körper beiseite und macht ihn wieder an; die beiden auf dem Soja haben inzwischen den Vierten dazu bewegt zurückzukommen und sich wieder zu setzen.

Zuallererst würde man als PädagogIn gerne wissen, was im Vorfeld dieser Situationen geschehen ist und welche Motive es für das ‚auffällige' Verhalten der Protagonisten geben könnte; die drei Jungens aus der Tisch-Szene werden nicht immer so aufgedreht sein, und die vier Jungen aus der Fernseh-Situation werden nicht ständig auf Konfrontationskurs gehen; beide Szenen erfordern einen verstehenden Zugang, der sie in einem umfassenderen Kontext aus Einzelbiographie und Gruppendynamik, aus Beziehungsgeschichte zwischen Kindern/Jugendlichen und Pädagogin und den strukturellen Bedingungen und Zwängen der Erziehungsarbeit in den spezifischen Institutionen rekonstruiert. Wie so eine verstehende Rekonstruktion aussehen kann und dass sich aus ihr kreative Handlungsimpulse ableiten lassen, haben wir an der Episode mit Mike gesehen (Kapitel 1).

An dieser Stelle verzichten wir aus zwei Gründen auf eine solche Einzelfall-Analyse: Pädagoginnen müssen sehr oft handeln, ohne den Gesamtkontext der Szene, in der sie aktiv werden, überblicken zu können; je mehr man in Gruppen arbeitet bzw. in Settings rund um die Uhr, umso mehr dürfte das aufgrund der Komplexität des Systems (Jugendliche, Peers, Schule, Ausbildung, Eltern, Team, Träger etc.) und aufgrund der Arbeitsorganisation der Fall sein (Schichtdienst; Informationen werden zwar weitergegeben, müssen aber aus einer potentiell unendlichen Menge ausgewählt werden und können deshalb nie vollständig erfasst und komplett übermittelt werden); der andere Grund besteht in dem Zusammenhang von Erklärungs- und Handlungswissen; zwischen beiden Wissensformen besteht keine einseitige determinierende Abhängigkeit, sondern eine ‚lose Kopplung' (Weick 1995; Baecker 1995); beide Wissensformen können in vielfältiger Weise aufeinander bezogen sein, lassen sich aber auch (zumindest eine gewisse Zeit lang) ohne Bezug aufeinander jede für sich weiterentwickeln. Konkret bedeutet das, dass man durchaus über sehr viel Erklärungswissen (Verstehensleistungen) verfügen kann, ohne deswegen in konkreten Situationen differenziert handeln zu können. Andererseits kann man durchaus auf die Situation bezogene Konfliktlösungen kreieren, ohne die Problemgeschichte ‚en detail' analysiert haben zu müssen.

Worum geht es in einer pädagogischen (Ziel-)Perspektive in Situationen wie den obigen? Um eine Konfliktlösung für (mindestens) zwei miteinander verschachtelte Systeme. Deswegen stellen sich dem Pädagogen verschiedene Aufgaben, die wiederum in deutlicher Spannung zueinander stehen können: Erstens muss für das unmittelbare Konfliktsystem, d. h. den Pädagogen und die direkt in den Konflikt involvierten Kinder und Jugendlichen, eine Lösung gefunden werden, die von möglichst allen als angemessen und fair erlebt werden kann. So hat beispielsweise der Pädagoge Hans den Konflikt zwischen seinem Befehl und der Verweigerung der drei Jungen zu lösen, insbesondere dem, den er aus dem Zimmer geschickt hat; evtl. auch den Konflikt zwischen Peter und dem jüngeren Gruppenmitglied, das ungebetenerweise Tee in den Teller gekippt bekam. Und so muss die Pädagogin den Konflikt zwischen ihrer Definition des Endes der Fernsehzeit und der Verweigerung der vier Jungen, das Fernseh-Zimmer zu verlassen, klären.

Über das direkte Konflikt-System hinaus finden die Situationen – zweitens – in einem Kontext der (Gesamt-)Gruppe bzw. der Institution statt. Anliegen und Fragestellungen anderer Personen, die nicht direkt in den Konflikt verwickelt sind, müssen bei der Konfliktbearbeitung zumindest auch, eventuell sogar vorrangig, berücksichtigt werden; so sitzen in der Essensszene noch fünf andere Kinder um den Tisch, die gespannt sein dürften, wer sich in dem Konflikt zwischen Hans und den drei ‚Aufrührern' aufweiche Weise durchsetzt. Dabei ist es unerheblich, wen der Zuschauenden mehr die Frage interessiert „Darf man ungestraft einem anderen Tee in den Teller kippen?" (oder allgemeiner: „Wieviel Chaos darf man produzieren, um sich mit dem Pädagogen anzulegen?") und wer in erster Linie neugierig ist, wie der Pädagoge angesichts der Verweigerung seiner Aufforderung durch Peter und die anderen reagieren wird. Es sind also elementare Schutzbedürfnisse Dritter und der prinzipielle Geltungsumfang von Normen (Wer hat hier zu bestimmen?) durch den unmittelbaren Konflikt zusätzlich mit in Frage gestellt, was der Konfliktbearbeitung eine besondere Brisanz verleiht. ‚Konfliktbewältigung vor einer interessierten Öffentlichkeit' könnte man die Aufgabe umreißen. Dabei ist durchaus von einer gewissen Ambivalenz bei den ‚Zuschauern' auszugehen: Die Aussicht auf von den Pädagogen nicht mehr kontrollierbare, anomische Situationen dürfte ebenso begrüßt wie befürchtet werden, je nach Blickwinkel des einzelnen Kindes. Eine (zu) einfache bzw. schnelle Konfliktlösung zwischen Hans und den drei Jungens (beispielsweise könnte der Pädagoge einlenken: „O.K., wenn ihr unbedingt wollt, bleibt Andy eben da. Aber dafür müsst ihr jetzt alle mithelfen, dass es hier wieder geordnet zugeht.") könnte für die Schutz-Anfrage der Umsitzenden unbefriedigend sein („Ist man hier als Jüngerer vor Übergriffen wie denen von Andy nun geschützt oder nicht?") und könnte für andere eine Aufforderung darstellen, es den drei Aufrührern jetzt oder später einmal nachzumachen. Etwas Ähnliches gilt auch für die Fernseh-Szene: Hier hat die Pädagogin schon die Erfahrung gemacht, dass Nachgiebigkeit und Kompromisslösungen eher zu einer Inflation der Forderungen führen; eine zu schnelle Lösung („Also gut, dann bleibt ihr halt noch bis 22.45 Uhr sitzen, dafür dürft ihr morgen aber gar kein Fernsehen schauen.") könnte als ein Ausweichen vor einer definitiven Grenzsetzung angesehen werden, die früher oder später einmal nötig werden wird; dieses Ausweichen könnte auch zu einem Imageverlust der Pädagogin bei anderen nicht in der Szeneanwesenden Personen führen; seien es Jugendliche, die erzählt bekommen wie leicht es ist, sich als Jugendlichen-Gruppe bei dieser Pädagogin durchzusetzen, seien es Team-Kolleginnen, die dieses Verhalten als unprofessionell oder Delegation von Grenzsetzungsaufgaben an andere einschätzen könnten.

Auch hier stehen also neben dem unmittelbaren Konflikt auch noch andere Perspektiven und zugleich nicht bis ins Letzte absehbare Risiken auf dem Spiel. Für den Pädagogen stellt sich in solchen Situationen häufig die in Sekundenbruchteilen zu entscheidende Frage, ob er mit seiner Intervention auf den Einzelnen fokussiert, eventuell auf Kosten der Gruppe oder ob er am Einzelnen etwas zeigt, was als eigentlichen Adressaten auf die Gruppe zielt (vgl. Luhmann/Schorr, 1982, S. 30). Dass einem als Pädagogen in einer Situation beides gleich gut gelingt, wird zwar angestrebt, aber selten erreicht. Manche stellen ob dieser Komplexität das Setting ‚Wohngruppe' für hilfreiche Pädagogik generell in Frage und ziehen den Kontext ambulanter Betreuung mit seinen überschaubareren ‚Face to Face'-Situationen vor. Aber neben dem Verschieben der Komplexität in Bereiche, die man nicht zur Kenntnis nehmen muss, scheint mit diesem Vorteil auch der schwerwiegende Nachteil des Verlustes an pädagogischen Anknüpfungspunkten verbunden. Was diese betrifft, bietet das Leben in der Gruppe wahrlich genug.

Allerdings dürfte deutlich geworden sein, dass sich Konflikte, in die so Verschiedenes hineinspielt, nicht ohne weiteres zur Zufriedenheit aller lösen lassen, vor allem nicht in einem einzigen Anlauf. Der Tendenz nach dürften zu ‚weiche' Lösungen eher zu Folgekonflikten führen und zu ‚harte' Lösungen zu situativen Eskalationen. Den ‚goldenen' Mittelweg zu finden dürfte nicht immer gelingen, weswegen es angemessen ist, von vornherein zwei Zeitschienen für die Konfliktbearbeitung einzukalkulieren; man wird in der Situation zu lösen versuchen, was dort zu lösen ist; man wird aber in vielen Situationen auf ein Danach verweisen oder sogar ausweichen, um bedeutsame Konfliktreste später weiterzubehandeln; dabei wird man darauf achten müssen, weder die aktuelle Situation noch das Danach mit zu vielen Aufgaben zu überfrachten.

Wie lauten die aus dieser allgemeinen Situations-Analyse gewonnenen Kriterien bzw. Handlungsmaximen für pädagogisch legitimierbare Handlungsalternativen?

- A: „Handle so, dass die Konfliktsituation mit den Beteiligten geklärt und möglichst eine von allen akzeptierbare Lösung gefunden werden bzw. jeder sein Gesicht wahren kann."
- B: „Handle so, dass an- und abwesende Gruppen- und Teammitglieder ihre Belange und Rechte berücksichtigt sehen (könnten) und durch die gefundene Lösung nicht herausgefordert werden, ähnliche Konflikte zu wiederholen."
- C: „Falls ein Konsens nicht möglich ist und Du Deine Vorstellungen einseitig durchsetzen musst/kannst, handle so, dass Deine Durchsetzungsstrategien von anderen (Kollegen, Vorgesetzten, Eltern, anderen Kinder etc.) als fair anerkannt werden können und/oder stelle eine Konfliktnachbehandlung in Aussicht (z. B. Beschwerdemöglichkeit)."
- D: „Falls ein Konsens nicht möglich ist und Du Deine Vorstellungen nicht durchsetzen kannst, Du aber weitere Konflikte mit den Beteiligten oder anderen Gruppenmitgliedern befürchtest, handle so, dass allen klar ist, dass der Konflikt noch nicht beendet ist und in naher Zukunft weiterbearbeitet wird."

Auch wenn im Folgenden nur durch diese Maximen legitimierte Handlungen vorgestellt werden sollen, passen nicht alle ‚Lösungen' gleich gut zu den Konfliktbeispielen; welche die besseren oder schlechteren sind, soll der Leser (für sich) oder mit anderen diskutieren.

Die hier vorgestellten Lösungsstrategien sind von verschiedenen PädagogInnen aus Rollenspielen (anlässlich von Fortbildungen zum Thema) entwickelt worden, d. h., die Pädagoginnen wurden befragt, welche Beispiele von gelungener Konfliktbearbeitung in einer Gruppenszene ihnen in Erinnerung geblieben sind; gemeinsam haben wir dann herausgearbeitet, mit welchem groben Handlungskonzept sie in diese Situationen eingestiegen sind und haben im Rollenspiel die Szene nachgespielt; dabei war die angewandte Strategie den Handelnden in keinem Fall so klar und explizit, wie es aus den Formulierungen unten herausgelesen werden könnte. Ich würde im Gegenteil sogar davor warnen, die hier vorgestellten Strategien rein instrumentell einsetzen zu wollen. Das wird nicht funktionieren, da die Präferenz für die eine oder andere Strategie jeweils von vielen situativen Faktoren abhängig ist, die in Mikrosekunden erfasst und sortiert werden müssen; dieser Prozess wie auch eine überzeugende konkrete Ausgestaltung (stimmlich, mimisch, gestisch, bewegungsbezogen etc.) gelingen nur, wenn die ganze Person daran beteiligt ist (vgl. Kapitel II). Gleichzeitig halte ich es aber auch für wichtig, aus Erfahrungen anderer lernen zu können und deren Handlungskonzepte kennenzulernen. Das kann dabei helfen, vor Beginn einer Aktion zwischen unterschiedlichen Handlungskonzepten zu wählen oder in der Situation von einem zum anderen zu wechseln. So gelingt es, das jeweils in der Situation liegende Potential gut für sich und die eigenen pädagogischen Interessen zu nutzen.

Die Liste möglicher Strategien ist nicht vollständig: Die Beispiele sind eher zum Entdecken eigener evtl. ganz anderer Erfahrungen bzw. zum Ausprobieren bestimmt, aber nicht zur sklavischen Nachahmung empfohlen. Die Reihenfolge, in der die Strategien vorgestellt werden, entspricht keiner Rangreihe ihres Wertes. Die Überschriften sind spontan entstanden und könnten auch anders lauten. Vorteile (Effekte und konstruktive Dynamik) und Nachteile (Risiken, unerwünschte Nebenwirkungen) werden für jede Situation dargestellt; die Reflexion darüber überlasse ich dem Leser.

Strategie 1: Einen ‚Verantwortlichen' definieren und diesen herausgreifen …

Dieses Handlungskonzept setzt von vornherein auf einseitige Durchsetzung der Interessen des Pädagogen und definiert die Gruppe, mit der man den Konflikt hat, als ‚Gegner' oder Konkurrenten um die Macht. Sie geht von der Erfahrung aus, dass es schwierig ist mit mehreren Gegenübern auf einmal fertig zu werden, dass sich aber andererseits manche Kinder/Jugendliche aus dem Konflikt zurückziehen, wenn sie mitbekommen, wie es einem als potentiellen ‚Gegner' des Pädagogen gehen kann. Man greift trotz u. U. gleich intensiver, wenn auch inhaltlich unterschiedlicher Beiträge mehrerer Personen am bisherigen Konfliktgeschehen eine einzige Person aus der Gruppe heraus und erklärt diese zur Haupt-Verantwortlichen am bisherigen Konfliktverlauf bzw. am Scheitern einer Lösung. Konsequenterweise konzentriert man seine Intervention auf diese. Damit möchte man die anderen Konfliktteilnehmer einerseits beeindrucken; andererseits möchte man sie zur Rückkehr zur Situation vor Ausbruch des Konflikts einladen, um ihnen die Chance zu geben sich aus der bisherigen Gegnerschaft zurückzuziehen und sich bzw. die Beziehung zum Pädagogen anders zu definieren (vgl. Strategie 5).

> *Für Situation 1:* Hans steht auf und geht mit energischen Schritten auf Peter zu, dreht dessen Stuhl mit einem Ruck zu sich um und sagt diesem von oben (Stimme laut, Gesicht ernst): „Du verlässt sofort den Raum oder ich schleppe Dich hinaus; und wenn ich das tun muss, werde ich noch heute Abend Deine Eltern anrufen und

Ihnen erzählen, was Du hier für einen Affentanz aufführst." (Seit Beginn seiner Sätze ist es völlig still im Raum) Peter: ... „aber ich, ... der Andy hat aber doch ... und der ..." Hans: „Ich will nichts von den anderen hören. Ich hatte Dich rausgeschmissen und niemanden sonst. Raus. Du weißt was gleich passiert." (Hans macht einen Schrill zur Seite, die Hand weist auf die Tür) Peter geht maulend hinaus und wirft die Türe zu. Hans (bedeutend ruhiger und freundlicher, aber mit einer gewissen untergründigen Schärfe) zu den anderen: „So, ich würde gerne noch fünf Minuten in Ruhe essen. Muss einer von Euch anderen noch weiter Stress machen (schaut bewusst Andy und Klaus nur so lange an wie die anderen), dann bitte gleich, dann bringe ich das lieber gleich hinter mich. Nein?! Gut, in fünf Minuten gehen wir alle nach oben. Überlegt Euch schon mal wer mit wem spielen will."

Vorteile/konstruktive Dynamik: Pädagoge definiert sich vor der Gruppe als derjenige, der das ‚Heft in der Hand hat' und in der Lage ist, Schwächeren (hier dem kleinen Josef) Schutz zu bieten; durch seine Aktion hat er die beiden anderen Jungen so beeindruckt, dass sie den Konflikt mit ihm beenden.

Nachteile/Risiken: Es kann das Gerechtigkeitsempfinden (von Peter oder anderen Kindern) verletzen, dass nur Peter so massiv angegangen wird und das Verhalten von Andy und Klaus ohne Konsequenz bleibt. Eine Nachbereitung des Konflikts ist unabdingbar.

Für Situation 2: Die Pädagogin dreht sich herum und spricht Harald mit erregter und zugleich zittriger Stimme an: „Harald, Du stinkst mir gerade am meisten; du bist hier der Älteste und schon am längsten in der Gruppe; für Dich hab' ich mich neulich erst tierisch reingehängt, Du weißt schon mit dem Arbeitsamt und der Stelle; und jetzt fällst ausgerechnet Du mir so in den Rücken, stiftest den Leon an, dass er hier mit mir rangelt; hinderst den Tom dran auf sein Zimmer zu gehen ..." Harald: „Ei, mach mal einen Punkt, das sind alles freie Leute, ich hab ..." Pädagogin: „Klar sind das freie Leute, aber Du weißt selbst, dass von Dir als altem Hasen ein Wort langen würde, dass sie auch mal nachgeben ... Du weißt, dass ich das auch kann, aber heute und so, nein! Ich will jetzt, dass ihr geht ..." Pädagogin geht aus dem Zimmer; als sie nach zehn Minuten wiederkommt, sind die vier gegangen.

Vorteile: Die Pädagogin zeigt einem spezifischen Jugendlichen (dem, zu dem sie die engste Beziehung hat) ihren Ärger und ihre Verletztheit; weil diese Gefühlsäußerung sehr authentisch wirkt und weil sie Harald als ‚alten Hasen' mit Macht definiert, beeindruckt die Szene Harald und führt dazu, dass er einlenken kann.

Nachteile/Risiken: Harald könnte das Ganze auch als Versuch ansehen, ihn vor den anderen zu demontieren oder ‚weich zu klopfen'; dann könnte er evtl. mit besonderer Härte reagieren, um seinen Kumpels zu beweisen, dass er sich von einer Frau gar nicht beeindrucken lässt.

Strategie 2: Die momentane Übermacht akzeptieren: aus dem Feld gehen, Konfliktnachbehandlung ankündigen

Dieses Handlungskonzept geht davon aus, dass der anstehende Machtkampf verloren werden oder mit einer (weiter en) Eskalation (von Gewalt) verbunden sein könnte. Diskussionen und Verhandlungen werden als unergiebig beurteilt oder als unpassend für den erreichten Eskalationsgrad (siehe Kapitel 1). Man signalisiert (am besten überraschend) schnell seinen Rückzug, macht aber unmissverständlich klar, dass der Konflikt mit dem eigenen Rückzug nicht beendet ist, sondern im Gegenteil in eine weitere (für alle anstrengende) Runde gehen wird. Dadurch haben die Konfliktteilnehmer die Gelegenheit, in Abwesenheit des Pädagogen die für sie entstehenden Risiken und Konsequenzen zu überlegen und sich aus dem Konflikt zurückzuziehen oder die mit ihm verbundenen ‚Schäden' wiedergutzumachen. Alles Gesprochene muss knapp und klar formuliert sein.

> *Für Situation I:* Der Pädagoge Hans steht auf: „So mir langt's; jetzt gehe ich; alle die wollen können mit mir gehen; Klaus, Andy und Peter bleiben hier." (Pädagoge stellt sich neben die Tür; die ersten stehen auf; andere folgen) „Für Euch Drei geht der Konflikt nachher weiter. Ihr habt noch eine Chance. Räumt den Tisch ab, wischt den Boden trocken, macht die Küche sauber. Andernfalls lasse ich Eure Eltern herkommen, dann können die das mit Euch machen." Klaus: „Was, wir sollen deren Kack wegmachen...?"
>
> Hans: „Du hast es gehört, Ende der Durchsage!" Peter versucht sich mit den anderen zur Türe rauszudrängeln; Pädagoge hält ihn am Arm fest: „Du wolltest hierbleiben, jetzt bleibst Du auch." Peter: „Aua, Arschloch ..." Pädagoge: „Alle draußen, na dann, tschüss, ich komme in einer Viertelstunde wieder. Ich hoffe, dann können wir Frieden schließen." Noch im Hinausgehen hört er Andy: „Kommt, wir räumen ab, ist doch keine große Sache ..."

Vorteile/konstruktive Dynamik: Der Pädagoge erweist sich als kreativ, indem er den ‚Spieß umdreht': Wenn ihr nicht geht, dann gehe eben ich und lasse Euch hier zurück. Der Pädagoge zeigt der Restgruppe, dass er primär für die da ist, die sich angemessen verhalten. Die drei ‚Oppositionellen' werden gleich(-rangig) behandelt; sie müssen als Gruppe ‚ausbaden', was sie als Gruppe angerichtet haben. Der Pädagoge macht klar, dass er die Eltern der Jungen hinter sich weiß.

Nachteile/Risiken: Die Situation des Alleingelassenwerdens könnte bei den Dreien zu einem Solidarisierungseffekt führen sowie dazu, dass sie sich mit dem vom Pädagogen aufgebauten Negativ-Image identifizieren: Dann würden sie völlig aufdrehen (z. B. Tische und Stühle umschmeißen, den Tee auf dem Boden ausleeren) oder durchs Fenster abhauen etc. Der Hinweis auf die Eltern könnte ihn in den Augen der Kinder auch schwächen.

> *Für Situation 2:* Die Pädagogin reagiert auf das Wegdrängen von Leon mit mehr Schmerzensbekundung als es ihr tatsächlich wehgetan hat (gepresste Stimme; ohne einen der Vier anzusehen): „Au, verdammt mir langt's; muss mich von Euch auch noch angreifen lassen. Aua. (reibt sich die Seite, gegen die Leon geschubst hat) Das hat ein Nachspiel; überlegt Euch schonmal eine gute Begründung für so 'ne Schote: vier Jungens gegen eine Frau.“ (Geht ohne noch sich einmal umzuschauen aus dem Raum). Als sie nach 15 Minuten wiederkommt, ist das Zimmer leer; die Sofas sind sogar ordentlich hingestellt.

Vorteile/konstruktive Dynamik: Die Pädagogin verhindert eine weitere Eskalation der begonnenen Rangelei; sie demonstriert die bereits stattgefundene Grenzverletzung (das Wegschubsen von Leon); sie geht ‚geschlagen‘ aus dem Feld, bewahrt aber ihre Würde und erhebt den Anspruch auf nachträgliche Gerechtigkeit; offensichtlich gelingt es ihr Schuldgefühle bei den Jugendlichen auszulösen („jetzt sind wir zu weit gegangen“).

Nachteile/Risiken: Der Abgang könnte nicht ernstgenommen werden („Die macht ja bloß Schau“); mögliches Triumphgefühl: „Ha, der haben wir es gezeigt ...“ Das Stöhnen könnte von den Jugendlichen als ‚Bluff‘ entlarvt werden, obwohl es ja nur ein halber ist (‚verletzt‘ im übertragenen Sinn ist die Pädagogin ja wirklich; und auf einer symbolischen Ebene macht es keinen großen Unterschied wie das ‚Verletztsein‘ deutlich wird). Auf jeden Fall bedarf die Situation einer Nachbehandlung am nächsten Tag.

Strategie 3: Die eigene Ohnmacht offensiv bzw. provokativ ausspielen

Dieses Handlungskonzept setzt auf die Thematisierung der (physischen) Überlegenheit der oppositionellen Gruppe bzw. die Unterlegenheit des Pädagogen (in diesem Moment und/oder in der Zukunft, d. h. einer im Geiste vorweggenommenen weiteren Konflikt-Eskalation). So wird einerseits anerkannt, was faktisch sowieso der Fall ist, andererseits kann diese Überlegenheit bis ins Groteske übertrieben werden. Zugleich kann das (tatsächliche oder befürchtete) Ausspielen der Überlegenheit als ein ‚moralisch es Unrecht‘ dargestellt werden. Damit wird der Wert der ‚Fairness‘ ins Spiel gebracht; ‚Alle gegen Einen‘ oder ‚die Starken gegen den Schwachen‘, das sind Vorgehensweisen, die auch viele Kinder/Jugendliche nicht gutheißen; deswegen wird mit der Anerkennung der Übermacht ein Appell für einen Machtverzicht bzw. eine andere nicht auf Macht beruhende Lösung verbunden.

Für Situation 1: Pädagoge Hans, erst zu allen, gegen Ende an den ihn am nächsten sitzenden Peter (Stimme laut, erregt, theatralisch-ironisierend):

„Aha, die Herren weigern sich zu gehen. Machen noch mehr Scheiße, ja?! Jedem mal Tee auf den Teller gekippt. Warum denn nicht gleich in die Haare. Spielt doch mal so richtig schön die Ober-Mafia; der Pädagoge hat gar nichts mehr zu sagen; ihr seid die Bosse, alle sind Eure Sklaven. Hier die Tasse, schütte Sie mir doch drüber, Du Super-Cooler. Damit alle sehen können, was Du für ein toller Hecht bist!"

Peter schaut irritiert zu Andy und Klaus: „Panne, total panne!" Andy: „Also sollen wir jetzt gehen, oder was?"

Pädagoge: „Hab ich hier noch was zu sagen? Ihr seid doch die Kings."

Peter: „Also dürfen wir jetzt nach oben?"

Pädagoge verändert den Tonfall (ärgerlich, mürrisches Gesicht): „Ja geht, ich will Euch nicht mehr sehen; aber der Josef bekommt noch 'ne Entschuldigung von Dir, Peter, und wenn ich Dir Dein Taschengeld für zehn Jahre einbehalten muss, der kriegt was von Dir."

Vorteile/konstruktive Dynamik: Die Mischung aus Unterwerfung (des Pädagogen unter die Macht der Kinder/Jugendlichen) und Provokation verunsichert die Kinder/Jugendlichen und bremst sie in ihrem anomischen Treiben. Es ist als ob das Ausphantasieren der Folgen einer totalen Machtergreifung (durch die Kinder/Jugendlichen) die andere Seite ihrer Ambivalenz im Verhältnis zur Macht wieder in den Vordergrund treten lässt: den Wunsch danach, gut von einem Erwachsenen geführt zu werden. Die Kids bieten plötzlich etwas an (gehen zu wollen), was sie anfangs verweigert haben.

Nachteile/Risiken: Die Kinder/Jugendlichen können die Sätze des Pädagogen als eine Kapitulation verstehen, sich eingeladen fühlen ihre Machtposition weiter auszubauen und in eine Art ‚Machtrausch' geraten.

Für Situation 2: Pädagogin verzichtet darauf den Fernseher auszumachen, geht zur Seite und holt sich einen Stuhl, damit setzt sie sich der Gruppe ins Bild. „Hey, Jungens; Ihr seid völlig in der Überzahl; war dumm von mir überhaupt mit dem An-/Aus-Spiel anzufangen. Ich hab' keine Chance gegen Euch!" Leon: „Dann lall nicht rum, lass' uns weiterschauen ..." Pädagogin: „Doch, ich lalle weiter! Oder wollt Ihr mich jetzt auch noch wegen Reden angreifen; na los, schlagt mich! Ihr seid die Stärkeren; die Herren der Schöpfung; Ihr könntet mich leicht mundtot machen, zwei-dreimal auf den Kopf, eine in Magen, so macht man das doch mit Schwächeren, oder? Immer feste druff! Na also, wer fängt an?" Leon: „Oh, Gott; die Alte nervt", schaut sich um. Tom ist bereits gegangen. „Hei, was machen wir mit der? Sollen wir sie wegtragen?" Pädagogin: „Aha, der Herr will mich wegtragen; am besten gleich einschließen, denn ich könnte ja wiederkommen und weiternerven; vielleicht doch gleich eins in die Fresse?“ Harald: „Oh Gott, die nervt, kommt wir gehen; die redet nur noch Stuss.“ Harald steht auf: „Komm, Leon! Lass‘ gut sein. Hat doch keinen Wert. S'gibt nur Stress.“ Leon: „Scheiß-Weiber!“ Die drei ziehen ab. Die Pädagogin macht den Fernseher aus und rückt die Stühle zurecht.

Vorteile: Die von der Pädagogin phantasierte Gewalt, die an ihr vollzogen werden könnte, soll als ‚logische Konsequenz‘ des bisherigen Verhaltens der Jugendlichen erscheinen; es gelingt ihr, das überzeugend zu vermitteln und so eine Art ‚Beißhemmung‘ auszulösen. Dadurch dass sie die Gewalt, die in der Luft liegt, offen anspricht, gelingt es ihr, sie zu entschärfen.

Nachteile/Risiken: Die Jugendlichen könnten ihren Auftritt als lächerlich empfinden und sie in Zukunft weniger ernst nehmen. Sie könnten aber auch ‚ausflippen‘ und gemeinsam auf die Pädagogin losgehen. Sicher muss man ‚seine‘ Jugendlichen gut kennen, um diese Gefahr einschätzen zu können.

Strategie 4: Versuch den Block aufzulösen: Einzelne herausfordern

Dieses Handlungskonzept thematisiert ebenfalls die Unterlegenheit des Pädagogen und appelliert ebenfalls an den Ehrenkodex der oppositionellen Gruppe; diesmal allerdings nicht im Sinne einer moralischen Kritik, sondern im Zuge einer Auseinandersetzung, die Fairness einklagt. Es ist nicht das Ziel sich schnell und gütlich zu einigen, sondern den Machtkampf zwischen Pädagoge und Gruppe in eine direkte Konfrontation zwischen Pädagogen und Einzelpersonen zu transformieren (vgl. Strategie 1). Die Hoffnung ist, dass die Gruppe, wenn sie gespalten ist und dass der Konflikt, wenn er an einen anderen Ort verlegt wird, einiges an seiner Dramatik verliert und die Eskalation so gebremst oder gestoppt wird. Tatsächlich lässt sich mit jedem Einzelnen aus einer opponierenden Gruppe häufig besser verhandeln als mit allen gemeinsam (Strategie 4 ist auch mit Strategie 1 kombinierbar: Wenn sich kein Freiwilliger findet, kann sich der Pädagoge einen herausgreifen: der Unterschied zwischen beiden liegt darin, dass der Pädagoge bei Strategie 1 selbst definiert, wer sein Gegenüber sein soll und dieses auch selbst aus der Gruppe herauslöst, während bei Strategie 4 darüber ein Aushandlungsprozess stattfindet, wenn auch ein vom Pädagogen forcierter).

Für Situation 1: Pädagoge Hans zu Peter: „So mein Freund, halt nein, mein Feind: Wir zwei gehen jetzt miteinander raus und klären unseren Konflikt: Du sagst mir, was Dir nicht passt oder wo ich Dich geärgert habe, ich sage Dir, was mir an Deinem Verhalten stinkt. Das machen wir beide miteinander aus und brauchen dazu weder Deine Freunde noch den Rest der Gruppe; also los!“ Peter: „Nee, wieso, wieso soll ich raus, ich hab‘ doch schon gesagt ich will nicht ...“ Pädagoge: „Aha, der Herr hat Angst mit mir alleine vor die Tür zu gehen; hier drinnen fühlt er sich stark. mit seinen Kumpels, vor den Jüngeren; aber mit mir alleine, da kriegt er Schiss …" Peter: „Nee, ich hab kein Schiss …" Andy (unterbricht ihn): „Aber, dass Du ihn da draußen vermöbelst, das ist nicht fair, darum bleibt er hier …" Pädagoge unterbricht ihn: „Also von Vermöbeln war hier keine Rede; habe ich schon mal einen von Euch geschlagen?" Andy: „… Aber rausgezerrt aus dem Zimmer hast Du uns schon, mich und den Peter und …" Pädagoge: „Dann komm doch Du erst mal mit, Andy; ganz freiwillig und ohne Gezerre, wie wär's, Du hast doch auch hier voll mitgepowert und Scheiße gemacht, also wenn Peter kneift, dann kannst ja Du den Anfang machen …" Peter: „Ich kneife ja gar nicht, also wenn ich nachher wieder reinkommen kann, gehe ich schon mit." Pädagoge: „O.k., wir klären unseren Streit im Wohnzimmer und danach kommst Du wieder mit mir rein und dann kommst Du dran, Andy und dann Du, Klaus … also Peter, gehen wir …"

Vorteile/konstruktive Dynamik: Die opponierende Gruppe wird gespalten, der Konflikt in handliche ‚Stücke' geteilt; ihre Mitglieder werden zur Verantwortung gezogen; man appelliert an ihr Ehrgefühl und nimmt jeden Einzelnen als Gegenüber ernst.

Nachteile/Risiken: Die zurückbleibenden Konfliktteilnehmer (Andy und Klaus) könnten in der Abwesenheit des Pädagogen weiter aufdrehen und evtl. auch Gruppenmitglieder ärgern oder ängstigen; auch unabhängig davon könnten einige Gruppenmitglieder sich schutzlos fühlen, wenn der Pädagoge den Raum verlässt. Manche Kinder könnten zusätzlich befürchten, dass der Pädagoge mit dem Kind etwas ‚Schlimmes' vorhat und deshalb mit ihm vor die Türe gehen will.

Für Situation 2: Pädagogin: „Aha, die Herren Supermänner. Mensch, seid ihr toll: vier gegen eine Frau. Also. wie wär's, drei gehen raus, einer bleibt hier, mit dem diskutiere ich unseren Konflikt durch; jeder von Euch hat 'ne Chance mich zu überzeugen, ich habe viermal die Chance einen von Euch zu überzeugen. Das wäre fair, einer gegen einen, aber nicht 'ne ganze Truppe gegen 'ne Frau …" „Warum sollen wir denn mit Dir rumlabern, Du lässt Dich ja eh nicht überzeugen …" Pädagogin: „Nee, von Euch vier bestimmt nicht, da habe ich schon so einen Hals, wenn ich Euch hier alle so hocken sehe. Also allein mit jedem von Euch …" Leon (süffisant mit sexueller Anspielung): „Oh alleine mit Dir, Schätzchen, ja …" Pädagogin (fährt zu ihm herum): „Leon, mach Du doch den Anfang, wenn Du schon so 'ne Lippe riskierst …" Harald: „O Ja Leon, schnapp sie Dir, mach sie fertig." Leon: „Ich doch nicht, nicht mit 'ner Pädagogin …"

Mike: „Kommt. wir gehen, die nervt doch ohne Ende, bringt doch nichts …" Die vier gehen. Die Pädagogin macht den Fernseher aus und rückt die Stühle zurecht.

Vorteile/konstruktive Dynamik: Wie oben, verstärkt durch den Umstand, dass eine Frau sich mit vier Jungen ‚anlegt'.

Nachteile/Risiken: Die Jugendlichen könnten sich von der Pädagogin provoziert oder ‚verführt' (wozu auch immer) fühlen und darauf mit Aggression reagieren.

Strategie 5: System erweitern: Gruppe oder Außenstehende als Mediatoren hinzuziehen

> *Für Situation 1:* Pädagoge Hans: „Also bevor hier das Chaos ausbricht, machen wir ein faires Schiedsgericht. Klaus, Andy, ihr seid die Rechtsanwälte von Peter und dürft der Gruppe erklären, warum ihr das ungerecht findet, dass ich Peter rausschmeißen will. Ich erkläre der Gruppe, warum ich es gerecht finde, dass er gehen muss. Die Gruppe hört beide Parteien an und entscheid et dann. Einzige Bedingung: Jeder von uns muss akzeptieren was die Gruppe entscheidet, ohne Rummotzerei. Und – solange die Verhandlung geht, gibt es von keinem irgendwelchen Blödsinn, keine Drohungen, nichts. Wer einmal stört, muss sofort gehen. Seid Ihr einverstanden?"
>
> Die drei ‚Störenfriede' haben sofort zugehört, als der Pädagoge Hans zu sprechen anfing. Als er zu Ende ist, stimmen alle drei dem Vorschlag zu, allerdings beugt sich Andy zu Peter und raunt ihm zu „Wer gegen Dich stimmt, der wusch, wusch" (macht Geste des Schlagens). Hans: „Andy, entweder raffst Du es nicht oder Du musst jetzt schon gehen. Wir hatten gesagt: Keine Drohungen, capito?" und zu der Restgruppe: „Damit niemand Angst haben muss vor Rache, gehen wir alle vier nachher raus und ihr stimmt ohne uns ab Seid ihr einverstanden?" Die Restgruppe stimmt zu; manche, weil sie sich davon ein spannendes Schauspiel erwarten: einige der Jüngeren blicken nicht ganz durch, lassen sich aber mitreißen. Die Stimmung bei den drei Aufrührer hat sich versachlicht; der Pädagoge fragt sie, ob sie sofort beginnen oder Vorbereitungszeit brauchen; sie äußern den Wunsch, sich vor der Tür beraten zu dürfen, was ihnen gewährt wird. Die Gruppe entscheidet nach den Plädoyers mit 4:2 Stimmen, dass Peter bleiben darf Der Pädagoge unterwirft sich dem Gericht, gibt Peter die Hand; nach weiteren fünf Minuten, die friedlich vergehen, wird die ‚Tafel aufgehoben'.

Vorteile/konstruktive Dynamik: Eine weitere Eskalation konnte durch die Idee eines Schiedsgerichtes vermieden werden; das Verfahren zur Konfliktschlichtung wurde vorgestellt und sofort eingeübt = situatives soziales Lernen; nach einer solchen praktischen Einführung kann man auf dieses Verfahren auch in anderen Situationen zurückgreifen.

Nachteile/Risiken: Der Übergriff von Peter auf Josef bleibt unthematisiert; man muss beobachten, ob diese Art der Konfliktlösung weitere Verweigerungen von Anweisungen nach sich zieht nach dem Motto: „Das Gruppen-Votum kann mich immer noch vor pädagogischen Konsequenzen schützen."

Für Situation 2: Pädagogin: „Jungens, ich krieg' Euch hier nicht vom Fernseher weggeschoben; aber ich kann und will Euch auch nicht hier sitzen lassen. Als Lösung schlage ich Euch vor einen Schiedsrichter einzuschalten, der zwischen den Fronten, also mir und Euch, vermitteln kann. Wer könnte das sein? Zu wem habt Ihr Vertrauen, dem ich auch vertrauen kann: Es darf niemand sein, der sofort oder nur für Euch oder mich spricht, halt so ein richtiger neutraler Schiedsrichter!" Leon (der sich inzwischen wieder hingesetzt hat): „Ach nee, 'n Neutrum! Weder männlich noch weiblich; das kann ja nicht ..."

Pädagogin heftig: „Komm hör auf so einen Quark zu labern; Du hast sehr gut verstanden, was wir brauchen, um aus unserem Clinch herauszukommen." Mike: „Das könnt doch der XY (ein Jugendlicher der Gruppe) machen ..." Pädagogin: „Nee, tut mir leid, der nicht; der ist Euer Kumpel und wird zu Euch halten und sich gar nicht trauen, was Anderes zu sagen, als was Ihr hören wollt." Harald: „Und Du, Du willst bestimmt den XY (Heimleiter) ..." (Tom steht auf und geht: niemand hält ihn zurück;) Pädagogin: „Will ich nicht, ne, kann schon, soll schon einer sein, der weder auf meiner noch auf Eurer Seite steht, also nicht von vorneherein; z. B. der Z (Hausmeister) oder der V (Ex-Mitglied der JWG) ..." Mike: „Ach ja und die kommen jetzt um zehn Uhr angefahren und machen hier den Schiedsrichter für uns, das glaubst Du wohl selbst nicht ..." Pädagogin: „O.K., Du hast recht; war 'ne blöde Idee, ich geb's zu, ich wollt halt was suchen wie wir hier aus dem Clinch rauskommen ..." Mike: „Ey, kommt Jungs, wir gehen; das Gequatsche geht doch aufn Sack und der Film, also den blickt jetzt auch keiner mehr, mit dem ganzen Gesülze." (Beifälliges Gemurmel der beiden anderen). Mike steht auf, geht zum Fernseher und macht ihn aus „Gute Nacht, Frau Schiedsrichterin, pfh ..." Die anderen erheben sich ebenfalls und folgen ihm ...

Vorteile/konstruktive Dynamik: Auch wenn die Konfliktschlichtung nicht zustande kam, haben die Jugendlichen das Bemühen der Pädagogin um eine friedliche Lösung mit ihrem freiwilligen Weggehen honoriert.

Nachteile/Risiken: Die Idee der Konflikt-Mediation war in der Gruppe nicht bekannt; mehr als einmal kann man keine noch so gute Idee vorschlagen, wenn man nicht zugleich weiß, wie sie konkret realisiert werden kann. Diesen Umstand hätten die Jugendlichen der Pädagogin auch übelnehmen können (bis zum Gefühl von ihr ‚verarscht' worden zu sein), was evtl. zu einer aggressiven Demonstration von Macht und Stärke führen kann.

Strategie 6: Eine Deutung geben, die den Kern trifft

Abweichend von den bisher geschilderten Handlungskonzepten, für die man außer basalem Alltagswissen (Wen habe ich vor mir? Wie stehen wir aktuell zueinander? Was haben wir für eine Geschichte miteinander? Welchen Rangplatz hat dieses Kind/dieser Jugendliche in der Gruppenhierarchie? Was sind besondere Empfindlichkeiten, besondere Stärken dieses Kindes/Jugendlichen?

Wie ist die Atmosphäre hier und jetzt? Wer fürchtet am ehesten sein Gesicht zu verlieren? Wer wäre am ehesten bereit sich aus dem Konflikt zurückzuziehen?) keine speziellen Kenntnisse über das Zustandekommen des Konfliktes und die Motivlagen der Beteiligten haben musste, braucht man für diese Strategie ein vertieftes Verständnis von Einzelnen bzw. Gruppenzusammenhängen. Entweder hat man dieses aus eigenen Beobachtungen und/oder dem Austausch mit Kolleginnen gewonnen oder es fällt einem im Konflikt plötzlich (eingebungsartig) zu. Die Deutung enthält eine Art Aufklärung über Motive und Hintergründe der Akteure, die diesen zumindest während ihres Agierens nicht klar bzw. nicht bewusst sind. Der Neuigkeitswert der Deutung kann die Akteure aus dem Konzept bringen und sie zum Nachdenken anregen. Dadurch wird die Eskalations-Dynamik unterbrochen. Ob Deutungen angenommen oder abgewehrt werden, sagt nichts über ihre ‚Richtigkeit' aus; allerdings sind ‚gute' Deutungen so formuliert, dass sie diejenigen, über die etwas offenkundig gemacht wird, nicht oder so wenig wie möglich verletzen oder bloßstellen. Deutungen beruhen auf ‚überlegenem Wissen' und demonstrieren dieses; insofern können sie vom Gegenüber als Angriff bzw. weiterer Schritt in der Eskalationsdynamik erlebt werden; deswegen muss man damit rechnen, dass sie (u. U. heftige) Aggressionen auslösen.

Für Situation 1: Pädagoge Hans (laute Stimme; als alle zuhören, zunehmend leiser): „Klaus, lass das mit dem Tee! Mir fällt gerade ein, was mit Euch los ist und warum ihr heute so schräg drauf seid. Jeder von Euch Dreien hat in den letzten drei Tagen von einer Trennung erfahren: Du Peter, dass Du im Sommer nach Hause zurückkehren sollst; Du Andy, dass Deine Eltern sich jetzt endgültig trennen; und Du Klaus, dass Deine Oma gestorben ist; kein Wunder, dass Ihr Euch einsam und bedroht fühlt. – (Pause) – Und Euch jetzt zu einer Gang zusammenschließt: Scheiß-Welt, wir lassen uns von Dir nicht kaputtmachen, wir schlagen zurück."

Peter: „So 'n Quatsch, ich geh' gerne heim, weg aus diesem Scheiß-Puff hier …" Pädagoge Hans: „Ja, einerseits glaub ich Dir: aber ich glaub auch, dass Du Dich fragst, wie es mit Dir dort weitergeht und oh Du da Freunde findest und …" (Pädagoge sieht, dass Klaus wie zusammengefallen da sitzt mit Tränen in den Augen …) „… tut mir leid Klaus, das war hart von mir … ich weiß, aber …" Klaus tritt gegen den Tisch, steht auf und geht schnell nach draußen … Pädagoge: „Entschuldigt, ich muss einen Moment nach Klaus schauen, den hab ich an was erinnert, was ihm sehr weh tut … Peter, Du bist hier der Größte, bitte schau, dass hier alles fair weiterläuft, ich bin gleich zurück …" Pädagoge geht nach Klaus schauen.

Vorteile: Die Konflikteskalation wird gestoppt. Den Dreien wird jeweils ein Teil ihrer Realität vor Augen gehalten, dem sie ausweichen und den sie z. B. durch ‚Randale-Machen' überspielen wollten. Es wird ihnen ein gemeinsames Thema angeboten (Trennung/Einsamkeit), das sie evtl. hintergründig verbindet oder (jetzt wo es formuliert ist) in Zukunft verbinden kann. Der Gruppe wird deutlich gemacht, dass sich hinter der lauten und aggressiven Oberfläche der Drei noch ganz andere Gefühle verbergen. Das macht diese scheinbar Überlegenen auch wieder ‚menschlicher'. Der Pädagoge wird als jemand erlebt, der ‚hinter die Kulissen' schauen kann.

Nachteile/Risiken: Neue Konfliktfelder werden eröffnet: Für Klaus kann es ‚gemein' sein, mit dem Tod seiner Oma in einem Moment konfrontiert zu werden, in dem er diesen gerade verdrängt/vergessen hatte; das sehr persönliche Thema wird vor der Gruppe offengelegt; das kann für ihn aber auch die Gruppe wie eine Demütigung wirken. Der Pädagoge festigt das Bild vom ‚Psycho-Fritzen', der einen durchschaut und das brutal für seine Zwecke ausschlachtet.

> *Für Situation 2:* Pädagogin (holt sich Stuhl, setzt sich vor den Fernseher, aber nach vorne gebückt, das Gesicht in den Händen verborgen: richtet sich nach 2 Minuten langsam auf): „Ach so Jungens. ich glaub' ich versteh jetzt; Euch stinkt, dass der Heiner (anderer Pädagoge) die Stelle wechselt und weggeht, der einzige männliche Pädagoge und Euch stinkt, dass Katrin (andere Pädagogin) und ich übrigbleiben, die zwei Frauen; wo Ihr mit Heiner sowieso besser könnt und überhaupt: Also ich sag's Euch ganz ehrlich, ich finde das auch beschissen, dass der Heiner geht und ich weiß auch, dass wir den nicht ersetzen können und einen anderen Mann haben wir auch noch nicht gefunden …" (schaut in die Runde; die Jungen schweigen und schauen betreten zu Boden …) – eine Minute Schweigen – Pädagogin: „Aber glaubt mir, Jungs, ich kann nichts dafür: ich hab' den Heiner weiß Gott nicht rausgeekelt oder so, das wisst ihr! Und ich will, also, wenn ihr mich fertig macht, also da hat jetzt auch keiner was davon … Pädagogin steht auf: „Also, ‚Gute Nacht'!" und geht. Sie hört noch, wie die Jungen sich über den Weggang von Heiner austauschen; nach 15 Minuten ist der Raum leer; die vier sind ins Bett gegangen.

Vorteile/konstruktive Dynamik. Die Pädagogin hat ein für alle emotional bedeutsames Thema angesprochen (einen ‚wunden Punkt') und mit dem aktuellen Konflikt verknüpft; es ist ihr gelungen. diesen Zusammenhang so zu formulieren, dass auch ihre eigene Betroffenheit deutlich wurde und dass keine Abwehr entstehen musste. So wird ein Stück ‚Trauerarbeit' geleistet bzw. die aggressive Abwehr der Trauer, wie sie sich in dem Konflikt mit ihr konstellierte, zurückgenommen.

Nachteile/Risiken: Die Deutung und die anschließende gedrückte Stimmung könnte zu einem Klima von Selbstmitleid und ‚Null Bock' bei den Jugendlichen führen. Die Pädagogin bietet zumindest an diesem Abend keine Möglichkeit der weiteren Bearbeitung der Trauer bzw. der schlechten Stimmung an.

Die Beispielsammlung will nicht beweisen, dass sich alle aggressiv aufgeladenen Gruppensituationen ‚in den Griff' bekommen lassen; bestimmt hat jeder Pädagoge Jugendliche vor sich, mit denen er/sie ähnlich gehandelt hat und bei denen seine/ihre Intervention geglückt oder gescheitert ist. Die Beispiele können nur belegen, dass es in vielen Situationen möglich ist, mit Hirn, Herz und Humor eine Gruppe von opponierenden Kindern und Jugendlichen zu erreichen. Der erste Schritt dazu ist eine Entscheidung für eine grob umrissene Handlungsstrategie, die mit den untergründigen Potentialen der Situation Kontakt aufnimmt (beispielsweise mit einer Beziehung zu einem bestimmten Jugendlichen oder mit dem Hinweis auf einen gemeinsam geteilten Ehrenkodex oder mit der Ambivalenz bezüglich der Machtübernahme etc.); der zweite ist die Umsetzung dieser noch vagen Idee in konkrete Worte, Gesten und Bewegungen; dabei spielen immer auch unbewusste und nicht steuerbare Handlungen mit hinein: man schöpft dabei aus seinem lebensgeschichtlich gewachsenen, inneren Konfliktlösungs-Pool. Der dritte Schritt besteht im Wahrnehmen der ersten Reaktionen der Kinder und Jugendlichen bzw. und gegebenenfalls in der Auswahl einer neuen, passenderen Strategie. Der vierte Schritt besteht im Geschehen lassen der Wirkung bzw. dem Eingeständnis des Fehlschlages (siehe Strategie für Situation 2).

Es wird aber auch deutlich geworden sein, dass es in eskalierenden Situationen keine risikolosen Intervention en bzw. keine Strategien mit Erfolgsgarantie gibt; jedes Handeln stellt den Akteur vor ein anderes Wagnis und vor eine andere Entscheidung bezüglich seiner professionellen Ethik. Sicherlich sind manche Strategien riskanter als andere; oft sind aber die riskanten auch die erfolgversprechenderen. Aber auch das gilt bei weitem nicht für alle. Deshalb sind ein ‚Riecher für die Situation', für das, was in ihr (un)möglich gist (für das Situationspotential) und Flexibilität im Überwechseln zu anderen Strategien zentrale Bausteine für jede gelungene Konfliktbewältigung.

3. Entgleisungen von Gruppen und strukturelle Defizite

Jeder Gruppen-Pädagoge wird schon Situationen erlebt haben, in denen ihm die Gruppe entglitten ist und das ‚nackte Chaos' ausbrach:

> Ich erinnere mich noch gut an eine Abendessenssituation sonntagsabends im Heim mit zehn mir noch relativ unbekannten Kindern, in der sich die Kinder mit Brotstücken und Margarinetöpfen bewarfen, Zucker über den Tisch verteilt und Tee auf dem Boden ausgeschüttet wurde; anschließend als der Konflikt weiter eskalierte, stiegen drei Jungen im Schlafanzug aus dem Fenster und bewarfen das Haus mit Matsch klumpen. Ich haue anfangs zu lange Zeit zugeschaut und gehofft, dass sich das Chaos von alleine legt, viele nette aber nutzlose Appelle ausgesandt, hatte

dann zu rigide eingegriffen (einem relativ ‚Braven' eine Strafe ausgesprochen) und damit das Gerechtigkeitsempfinden der Kinder verletzt, sicher hatten sie auch meine generelle Unsicherheit gespürt, und zumindest nachträglich deuteten wir das Chaos auch als eine Botschaft an die Leitung die Einarbeitungszeit von neuen KollegInnen doch ernster zu nehmen und sie vor allen zu heiklen Terminen (Sonntagabend nach dem Heimfahrwochenende) nicht alleinzulassen.

Eine andere Gruppeneskalation ist mir als relativ erfahrenem Gruppenpädagogen passiert, als ich vertretungsweise in einer anderen Gruppe, deren PädagogInnen eine Fortbildung besuchten, Dienst machte.

Ich war mir meiner Steuerungskompetenzen zu sicher und hatte vergessen, wie wenig diese ohne die dahinterstehenden, sich entwickelnden Beziehungen wirkten. In der mir unbekannten Gruppe, die mich gleich zu Beginn heftig austestete, war ich bereits nach fünf Minuten ‚unten durch'. Einer, der sich mit mir angelegt hatte, war einfach weggegangen, obwohl ich ihn aufgefordert hatte zu bleiben und den Konflikt mit mir zu klären; als ich ihn am Arm festhielt, kam es zu einer Rangelei, ‚Anfassen' war auf dieser Jugendlichen-Gruppe verpönt, ein Aufschrei ging durch die Gruppe, die mich daraufhin völlig boykottierte; jede Aktion an diesem Nachmittag war schwer und zäh, als ich um 20 Uhr abgelöst wurde, war ich völlig erschöpft, und mein Selbstbild als ‚kompetenter Pädagoge' war völlig in sich zusammengebrochen.

Solche Situationen sind ohne weiteres nachvollziehbar: Der Pädagoge ist neu und (mit dieser Gruppe) unerfahren; die Kinder/Jugendlichen kennen ihn und schätzen ihn (noch) nicht und lassen sich deswegen auch entsprechend wenig von ihm steuern. Sicherlich könnten auch solche Situationen vermieden werden, wenn die Institution etwas genauer reflektieren würde, was sie den Kindern/Jugendlichen bzw. den Pädagoginnen zumutet, wenn sie solche Konstellationen zulässt oder nicht systematisch verhindert. Berufsbiographisch betrachtet würde ich solche Situationen aber auch ein Stück weit als unvermeidbar einschätzen. Anfangs (aber nicht nur anfangs) zahlt man immer wieder ‚Lehrgeld'; das ist schmerzlich, aber auch äußerst lehrreich. Dabei ist die gemeinsame Reflexion mit dem Team der Kolleginnen von großer Bedeutung: Wenn man weiß, dass die ‚alten Hasen' auch ihre schlechten Tage und Stunden hatten oder haben, kann man die eigenen Niederlagen gelassener bewältigen. Allerdings sind solche Situationen nicht zu entschuldigen, wenn sie sich aufgrund einer fehlenden oder lieblosen Einarbeitung ereignen bzw. noch gar nicht klar ist, dass eine ausführliche Einarbeitung zu den Pflichten der Einrichtung gegenüber dem ‚Neuen' gehören.

Das leitet über zu Entgleisungen von Gruppen, die sich auf dem Hintergrund struktureller Defizite ereignen, die das pädagogische Verhältnis dauerhaft belasten, aber nicht oder zu wenig reflektiert werden. Zwei Beispiele:

In einem Jugendzentrum in einer ostdeutschen Kleinstadt. Als eine Mitarbeiterin einige Jugendlichen ermahnt, die zusammen mit ihrer Clique (etwa 10 Jugendliche, die als Hauptnutzer das Jugendzentrum mehr und mehr besetzt haben) auf einem Kassettenrecorder indizierte rechtsradikale Texte hören, drängt einer von diesen sie in eine Ecke und verbietet ihr das Wort; sie schreit, ihr Kollege kommt ihr zur Hilfe, wird aber von vier Jugendlichen festgehalten: die Pädagogin wird aufgefordert zu den rechtsradikalen Liedern zu tanzen; als sie sich weigert, wird sie geschubst und geschlagen: als der Pädagoge sich losreißt, wird er ebenfalls geschlagen; die Jugendlichen nehmen den beiden PädagogInnen ihre Schlüssel ab und schließen die beiden PädagogInnen in ihrem Büro ein, nachdem sie vorher die Telefonleitung aus der Wand gerissen und das Telefon zerstört haben. Die Jugendlichen plündern die Getränkevorräte und zerschlagen einen Großteil des Mobiliars und der Theke. Anschließend verschwinden sie; die Pädagoginnen können sich durch ein Fenster befreien.

Struktureller Hintergrund: Die beiden Pädagoginnen waren die vierte ‚Generation' von ABM-Kräften, die innerhalb von zwei Jahren in das Jugendzentrum entsandt wurden. Ihre Vorgänger hatten entweder feste Stellen gefunden und waren gegangen oder wurden nach Ablauf ihrer ABM-Fristen ausgewechselt. Die Jugendlichen hatten anfangs mitgeholfen die Theke zu bauen und die Wände zu streichen; für sie war das Jugendzentrum als Treffpunkt wichtig; vor allem nachdem ein Großteil von ihnen nach der Hauptschule ohne feste Lehrstelle und damit ohne Tagesstruktur überwiegend ‚abhing'. Alle sich anbahnenden Beziehungen und Projekte (z. B. Bau einer Half-Pipe zum Skaten) wurden aber immer wieder durch die Fluktuation der Pädagoginnen unterbrochen, so dass sich die Jugendlichen-Clique ‚verarscht' fühlte, sich immer mehr auf sich selbst bezog und die PädagogInnen nur noch als lästige ‚Raumwärter' wahrnahmen.

Es ist klar, dass unter solchen Bedingungen keine gute Jugendarbeit stattfinden kann und sich der ‚Frust' der Jugendlichen irgendwann auf die entlädt, die seine Entstehungsbedingungen am wenigsten zu verantworten haben. Das letzte Beispiel braucht keinen Kommentar:

Eine Wohngruppe für Jugendliche liegt seit fünfzehn Jahren auf einem großen Areal, auf dem sich zusätzlich ein Altenheim, eine Kinder- und Jugendpsychiatrie, eine Sonderschule für Erziehungshilfe etc. befinden. Die Jugendlichen fühlen sich als Bewohner eines Sozial-Ghettos. Zur Bushaltestelle laufen sie 20 Minuten, in die nächste Kleinstadt fährt man noch einmal 30 Minuten. Abends und am Wochenende kommt es immer wieder zu wüsten Exzessen mit Gewalt unter den Jugendlichen und Alkohol. Bei einem dieser ‚Ausraster' wird ein Pädagoge gefesselt, geschlagen und getreten und erst am nächsten Morgen befreit. Die Jugendlichen werden daraufhin kollektiv nach Hause beurlaubt. Nach drei Wochen bieten die PädagogInnen allen Jugendlichen an, weiter mit ihnen zu arbeiten. Sie knüpfen dies an die Bedingung der Akzeptanz einer Strafanzeige seitens des betroffenen

Pädagogen und eines schriftlich erklärten Gewaltverzichts aller Jugendlichen. Im Gegenzug stellten die Pädagogen einen Umzug in die Stadt in Aussicht. Fünf der sieben Jugendlichen lassen sich darauf ein. Der Umzug in die Stadt erfolgt wenig später; mit Gewaltvorfällen hatte die Gruppe über zwei Jahre nichts mehr zu schaffen.

4. Zwischen dem Willen zur Strukturierung und der Ermöglichung von Selbststeuerung – Welche pädagogische Haltung braucht die Gruppenpädagogin?

Zwei pädagogische Erfahrungen im Zusammenhang mit Gruppen kontrastieren und verlangen danach, in ein Verhältnis zueinander gesetzt zu werden:

Erfahrung 1: Als Gruppenpädagoge erlebte ich mich häufig als ‚Feldwebel', d. h. als jemand, der die Gruppe (hier handelt es sich um zehn 8- bis 13-jährige Kinder aus einer Heimgruppe) mit Hilfe seiner Anweisungen dirigierte und an ‚der kurzen Leine' führte, beispielsweise in der Zu-Bett-Geh-Situation: Ich stand im Flur, von dem die acht Zimmer der Kinder abgingen: zu seinen beiden Seiten befanden sich die Waschräume und getrennt davon die Toiletten. Mein Interesse war, dass in dieser Situation nichts mehr Aufregendes passierte; der Tag war lang und konfliktreich genug gewesen; jetzt wollte ich, dass alle Kinder sich wuschen, die Zähne putzten, in ihrem Zimmer ein paar Dinge für den kommenden Tag richteten und zur Ruhe kamen. Nach der abendlichen Waschprozedur wollte ich von Zimmer zu Zimmer gehen, um dort jedem Einzelnen Gute Nacht zu wünschen, um dann mit dem Vorlesen im Flur zu beginnen (wer nicht zuhören wollte, konnte seine Türe schließen). Die Kinder ‚drehten' in dieser Situation gerne noch einmal auf sei es der Abschied von den Aktivitäten des Tages, sei es die Nacht mit ihren beunruhigenden Seiten, sei es die Ruhe, die Gedanken und Gefühle hochsteigen ließ – etliche von ihnen hauen einen ‚guten Grund' dafür, sich noch einmal in ‚Action' zu stürzen; am liebsten machten die Kinder das über's gegenseitige Nassspritzen beim Waschen, uber Attentate mit der Zahnpasta, über Kämpfe mit (geknoteten) Handtüchern etc. Ließ ich das zu, ereigneten sich noch zwei drei Konflikte, gab es noch einmal Tränen. war die ‚Gute-Nacht-Runde' oft noch unruhig und von zahlreichen Störungen unterbrochen; gelang es mir dagegen das ‚Heft in der Hand' zu behalten und alle Action-Ansätze im ‚Keim zu ersticken', fügten sie sich meinen Direktiven und wurde es früher ruhiger. Ich hatte mich bald für den zweiten Weg entschieden; er war für meine eigene Psychohygiene nach 10 Stunden (oder mehr) Dienst besser und ich hielt ihn auch für das abendliche Zur-Ruhe-Kommen der Kinder für sinnvoller und schöner. Aber wieviel Dirigismus war dazu nötig: Ich stand an zentraler Stelle im Flur, hatte alle Zimmer und beide Waschräume im Blick und dann ging es los: „Harald, linker Waschraum, Toni rechter ... Karl, Du wolltest auf Toilette, bitte links. Uwe ab ins Zimmer, Du bist erst als nächster dran. Harald, ordentlich putzen, nicht so rumhudeln ..., Toni, Handtuch an den Haken. O.K. Toni, Du kannst ins Zimmer,

Kai, rechter Waschraum, halt, nicht noch zu Sonja ins Zimmer, geradeaus ist der Waschraum! Karl, zurück ins Zimmer, nein Du kannst noch nicht ins Bad, da steht noch der Harald. Harald, was ist los mit Dir, trödelst Du oder was? Was ist mit Dir, Britta? O.K. Britta, Du kannst in den linken Waschraum, ja Du kannst die Türe zumachen …" etc.

Durch diese Art der straffen Führung konnte ich alle Formen der Konfliktanbahnung zwischen den Kindern verhindern: Ich stand wie der Verkehrspolizist auf der Kreuzung und dirigierte sie. Und ich muss gestehen, nachdem ich die erste Scheu vor einer derart dirigistischen Führungstechnik abgelegt hatte, machte mir dieses abendliche Ritual auch Spaß. Ich konnte diese Gruppe ordnen, ich konnte ihre Lust auf ‚action' händigen, ich kannte meine ‚Pappenheimer' und hatte sie ‚im Griff'. Und ich spürte, dass sich die Kinder von mir (zumindest auch d. h. im Sinne einer Ambivalenz) gerne führen ließen und mir für dieses Maximum an Strukturierung auch ein Stück dankbar waren. Der Tag war wie er war; die letzte Viertelstunde hatte etwas absolut Klares und Geordnetes; der Pädagoge brachte sie über die letzte Hürde des Tages sicher ins Bett. Wer alleine mit zehn Kindern so gut klar kommt, der ist auch der Richtige, um ihren Schlaf zu bewachen und nachts präsent zu sein, falls irgendetwas passierte …

Die bisher geschilderte Erfahrung dürfte für viele Gruppenpädagogen die ‚normale' sein; die Auswahl der Metaphern (action, bändigen, im Griff, Pappenheimer etc.) folgte dem Erzieher-Slang; für etliche von ihnen wird das ‚Management' solcher Situationen einen Teil ihrer alltäglichen Routine darstellen, den sie gar nicht mehr reflektieren; und schon gar nicht rechnen Pädagoginnen die dafür benötigten Fähigkeiten sich selbst als Kompetenz an. Auch in der Reflexion über (gruppen-)pädagogische Situationen tauchen solche Szenen eher selten auf und wenn, dann als schwierige Anfänge, die man rasch zu überwinden habe. Sie scheinen sich von selbst zu verstehen; in ihnen scheint sich nichts eigentlich Pädagogisches abzuspielen; im Gegenteil: Es sind dies die Feldwebel- bzw. Polizisten-bzw. Management-Aufgaben des Pädagogen, mit denen niemand zu beeindrucken ist. Bestenfalls werden solche Verhaltensweisen von Pädagoginnen als notwendig angesehen; in kritischer Perspektive werden sie verdächtigt, repressiv zu wirken und die Kinder an ein Übermaß an Außensteuerung zu gewöhnen (Wolf 1997). Sie erziehen, so lautet der Vorwurf, für das Setting Heim, aber nicht für das Leben in der Gruppe der Gleichaltrigen oder der Familienmitglieder.

Erfahrung 2: „Wir bekamen es mit einer bunt zusammengewürfelten Menge von Kindern zu tun, die einander nicht kannten, ja zum Teil noch nie in einer Kindergemeinschaft außerhalb der Schule gewesen waren. Nach der Einteilung in die Schlafsäle […] kam es zur ersten Mahlzeit, das heißt zur kampfumtobten Abfütterung einer heulenden, in wilder Bewegung befindlichen Horde. Der Lärm war fast unerträglich, die Unordnung machte das Austeilen fast unmöglich. Es gab einen

Weg der sofortigen Abhilfe. Man hätte „Ruhe" donnern können, und die ans Folgen immerhin gewöhnten Kinder wären für eine Zeitlang ruhig geworden, bis neuer Lärm ein neues Kommando nötig gemacht hätte. Und diese ersten beiden „Ruhe" hätten uns die Kinder dahin präjudiziert, dass Ruhe am Tisch ein Kampfobjekt zwischen uns und ihnen sei, dessen dauernd er Besitz für den ganz en Sommer uns einen groß en Teil unserer Energien gekostet hätte. [...]

Für uns war der Weg etwa folgender: Bei der Einrichtung des Hauses hatte sich eine Gruppe von 12- bis 14-jährigen Kindern besonders hervorgetan, und während der Arbeitspause machten wir ihnen den Vorschlag, ihnen erweiterte, den Jugendlichen analoge Rechte zu geben (längeres Aufbleiben, Teilnahme an den künstlerischen Veranstaltungen der Jugendlichen, Einzelausgang in die Stadt), wenn sie sich verpflichten wollten, uns geschlossen bei der Einrichtung des Heimes, bei der Sorge um Ruhe zu helfen. Der Tisch dieser Kinder war tatsächlich am nächsten Tag ganz ruhig, auffallend für das ganze Heim. [...] Von dieser erwähnten geschlossenen Gruppe ging ein solcher Impuls von Heimbewusstheit und Ordnungswunsch aus, dass am Tag darauf schon unter den Kindern rege Agitation tätig war für Ruhe am Tisch als nächstliegender wichtigsten Voraussetzung für jede Gemeinschaftsbildung" (Lazarsfeld/Wagner 1924, S. 9 f.; zitiert nach Hörster/Müller 1996, S. 624).

Der zweite Bericht handelt von einer ganz anderen Erfahrung und einem konträren Vorgehen:

Die Pädagoginnen verzichten auf die von außen gesetzte Strukturierung der Gruppe; sie lassen dem Chaos ein Stück weit seinen Lauf; die Pädagoginnen beobachten ressourcen-orientiert und entdecken in der lärmenden Masse eine Gruppe von Kindern, die sich zwar beim Essen genauso laut und ungeordnet benehmen wie der Rest, aber in einer anderen Situation reifer und verantwortungsbewusster handeln. Diese Gruppe von Kindern wird umworben; mit ihnen wird eine Art ‚Strukturierungs-Zelle' gegründet und siehe da, von dieser Gruppe gehen Impulse aus, die auch die anderen Kinder erfassen. So entstehen Ruhe und Ordnung von innen, werden dabei etwas von den Kindern Getragenes und hören auf nur von außen verordnet zu sein; nicht mehr und nicht weniger als ein Beispiel von gelungener ‚peergroup-education' (vgl. pro jugend, Heft 4, 1999).

Wie lassen sich solche kontrastierenden pädagogischen Verhaltensweisen und Erfahrungen aufeinander beziehen? Zunächst fallen die Unterschiede zwischen den beiden Gruppen auf: Hier handelt es sich um Heimkinder, von denen man folgern kann, dass sie aufgrund erheblicher Belastungen in ihrer Biographie und aufgrund schwach entwickelter Ressourcen in ihren Herkunftsfamilien eine so einschneidende Erziehungshilfe wie Heimerziehung benötigen; fast alle dürften ihrer Unterbringung dort ambivalent gegenüberstehen: Einsicht in die Notwendigkeit und Trauer über die Trennung, Wut gegenüber den Eltern und zugleich Angst diese für immer zu verlieren, dürften, wenn auch in unterschiedlichen Mischungsverhältnissen, für fast alle eine Rolle spielen. Dort handelt es sich um auf eine Ferienfreizeit verschickte Arbeiterkinder; einige davon stammten sicher aus von Armut bedrohten oder sozial randständigen Milieus; aber überwiegend mit einem festen und nicht in Frage gestellten familiären Hintergrund. Sie fahren in Urlaub, was für viele von ihnen eine attraktive, ja privilegierte Form die Schulferien zu verbringen darstellt. Das schließt das Vorhandensein von Ängsten, Heimweh etc. nicht aus, aber es handelt sich bei der Fahrt zumindest für Halbwüchsige um ein begrenztes und überschaubares Unternehmen. das nicht mit einer existenziellen Verunsicherung verbunden ist.

Nun wäre es ein Leichtes daraus zu folgern, dass auf Autonomie und Selbstbestimmung zielende Formen pädagogischer Arbeit mit ‚normalen' Kindern/Jugendlichen viel leichter zu verwirklichen seien wie mit biographisch meist schwer belasteten Heimkindern. Wahrscheinlich stimmt das sogar (Erfahrungen mit der Peergroup-Mediation zeigen, dass diese sowohl von den angepassteren Kindern/Jugendlichen angefragt und ausgeübt wird, während sozial unangepasste Leitfiguren sich weigerten, in diesen Projekten mitzuarbeiten; Grüner/Hilt 1999); es würde aber nicht von der Aufgabe entbinden, es gerade mit den belasteteren (Heim-)Kindern/Jugendlichen immer wieder zu versuchen (vgl. Blandow u. a. 1999). Es gehört zu den sozialpädagogischen Kernüberzeugungen gerade in Bezug auf Lernprozesse von unmündigen, zum chaotischen Agieren geneigten und noch nicht verhandlungsfähigen Kindern/Jugendlichen, dass man ihnen die im pädagogischen Prozess erst noch zu entwickelnden Fähigkeiten bereits zu Beginn der Arbeit ein Stück weit unterstellen muss, um sie überhaupt anregen zu können. Ganz sicher kann diese Unterstellung von Fähigkeiten leicht in Überforderung umschlagen; eine Erfahrung, die gerade auf politische Emanzipation und Selbstbestimmung zielende Pädagogik immer wieder machen musste; aber ohne dosierte und reflektierte Zumutungen kann in diesem Bereich nicht gelernt werden.

Außerdem sprechen die Erfahrungen der pädagogischen Klassiker gegen eine solche Zweiteilung von Partizipations- und Selbststeuerungsmöglichkeiten hinsichtlich leichteren und schwierigeren Klientels: Makarenko hat – nach heutigem Sprachgebrauch – mit jugendlichen Intensiv- und Mehrfachtätern gearbeitet (Bolz/Günther 1973; Froese 1967); Korczak mit Waisenkindern, die z. T. traumatische Trennungserlebnisse hinter sich hatten und von denen etliche nach heutigen Kriterien als ‚verhaltensauffällig' und/oder ‚von seelischer Behinderung bedroht' (vgl. 35a KJHG) gelten würden (Pelz 1994).

Aber die Aufteilung in zwei Klassen von Klienten, der von außen zu strukturierenden und der zur Selbststrukturierung fähigen, verdeckt noch etwas Drittes: Die beiden Situationen wären missverstanden, wollte man der einen einen Überhang an Macht aufseiten des Pädagogen unterstellen und der anderen einen Willen zum pädagogischen Machtverzicht aufseiten der Gruppenleiter: Wenn man die zweite Szene genauer analysiert, wird deutlich, dass die Pädagoginnen ihren Willen zur Strukturierung der anfänglich chaotischen Gruppensituation und ihre Macht, diesen Willen in pädagogische Strategien umzusetzen, durchaus zur Anwendung bringen, aber eben in einer anderen Form als in der ersten Szene: Immerhin sind es die Pädagoginnen, die eine bestimmte Gruppe von Kindern auswählen (a); die dieser Gruppe Privilegien in Aussicht stellen, die ihrem Alter sonst nicht zukämen (b); die dafür eine Verpflichtung der ganzen Gruppe zur Mithilfe bei pädagogischen Aufgaben verlangen (c), was darauf schließen lässt, dass sie sich prinzipiell zutrauen, die gewährten Privilegien bei Verstößen gegenüber den Erwartungen der Gruppenleiter wieder entziehen zu können (d). Wir begegnen hier also einem Willen zur Strukturierung, der eine Definitions- (welche Gruppe), eine Zuteilungs- (welche Privilegien), eine Delegations- (welche Aufgaben) und eine Sanktionierungsmacht (wann können Privilegien entzogen werden) für sich beansprucht. Auf der Basis einer sich selbst bewussten Machtposition, entschließen sich die Pädagogen zur Teilung der Macht und der damit zusammenhängenden Arbeit an den Gruppenstrukturen (vgl. dazu auch Kapitel VII).

Eine sichere oder zumindest nicht unmittelbar angefochtene Machtposition der Pädagogen enthüllt sich demnach als der tragende Grund beider pädagogischer Handlungsstrategien. Sowohl der dirigistischen, die die Kinder/Jugendlichen qua Befehl steuert und ihnen von außen Halt vermittelt, aber ihr Selbststrukturierungspotential brachliegen lässt, als auch der partizipativen Strategie, die genau auf dieses Potential setzt, es herauslockt und dadurch weiterentwickelt.

Das gibt zu denken: Partizipative Elemente in der Erziehung, die auf Selbststrukturierung und gegenseitige Erziehungseffekte in der peer-group setzen, stellen einen Verzicht auf unmittelbare Machtdemonstration und Durchsetzungswillen aufseiten der Erwachsenen dar, beinhalten aber kein Aufgeben der eigenen Macht an die Kinder/Jugendlichen, sondern eine auf Macht basierende Delegation bestimmter Pflichten an die Kinder/Jugendlichen, die auch wieder zurückgenommen werden kann. Die offensichtlichen Machtdemonstrationen der PädagogInnen sind nicht mehr nötig, weil die Kinder die Aufgabe, sich und andere zu strukturieren. selbst übernommen haben; aber der Machtüberhang der Erwachsenen bleibt latent bestehen und kann sich bei Bedarf wieder auf der Ebene direkter Machtausübung artikulieren. Man kann das mit Foucault und anderen als Übergang der Sozialpädagogik von der Unterwerfungs- zur Kontroll-Strategie beschreiben (Foucault 1976); als eine geschickte Machtpolitik, die den eigenen Willen zur Strukturierung unsichtbar macht, indem sie ihn auf andere überträgt und diese anderen für die eigenen Ziele einsetzt (vgl. Bauch 1999). Die direkte Machtausübung, wie sie in der ersten Erfahrung geschildert wird, der unverhüllte Wille zur Strukturierung, beließe, so betrachtet, den Kindern wenigstens die eigene Impulsivität, den eigenen Willen zur Nicht-Strukturiertheit und dämmte diesen lediglich punktuell ein. Die der Pädagogik unterstellte Dialektik von Herrscher und Beherrschten bliebe hierbei offensichtlicher und damit auch angreifbarer. Man kann, und das wäre meine Einstellung, dies aber auch als Hinweis auf die generelle Notwendigkeit eines Machtüberhangs der Erwachsenen gegenüber Kindern/Jugendlichen begreifen, wenn und insofern jene diese erziehen sollen (vgl. Wolf 1999, S. 216 u. S. 235). Dieser gilt für die Handlungs- als auch Reflexions-Ebene: Wenn sich Erwachsene prinzipiell nicht zutrauen, bestimmte, von ihnen als notwendig erachtete Verhaltensstandards durchzusetzen, geraten sie in eine Position von Angst und Ohnmacht in Bezug auf die Kinder/Jugendlichen. Aus dieser Position heraus lässt sich keine Macht teilen, weil man selbst keine Macht hat. Das merken die Kinder/Jugendlichen auch und lassen sich deswegen auf Formen der Mitbeteiligung dort nicht ein, wo sie sowieso schon das Feld dominieren. Eine solche Situation ist in vielen Hauptschul(-klass-)en leider Realität. Genauso müssen sich Erwachsene auf einer reflektierenden Ebene dem bewussten Entscheidungsprozess darüber stellen, in welchen Situationen sie an wen mit welchem Tempo und mit welchem Risiko wieviel Macht abgeben wollen und in welchen Situationen sie das nicht wollen. Beides (das Handeln und das Reflektieren) resultiert aus einem sich selbst zugesprochenen Machtüberhang der Erwachsenen und bestätigt diesen. Sicher kann dieser in vielen Schritten zu einem System immer weiter geteilter Macht und immer mehr gemeinsam getragener Verantwortungen führen, so dass der Ursprung der partizipativen Machtverteilung gar nicht mehr relevant ist und der ehemalige Machtüberhang auch gar nicht mehr besteht oder reaktivierbar wäre. Sicherlich müssten die Erwachsenen auf diesem Weg etliches an eigenen Vorstellungen aufgeben und den Kindern/Jugendlichen überlassen, auch wenn noch nicht klar ist, ob die neue Machtverteilung zu einer Tyrannei einiger Kinder/Jugendlicher über andere führt oder zu einer gerechten Gestaltung von Rechten und Pflichten für alle. Verantwortungsvolle Erwachsene behielten sich aber auch in einem solchen System vor, Missstände anzuprangern und im Notfall einzugreifen. Trotz aller Faszination frage ich mich, ob ein solches System ‚radikaler Demokratie' den Kindern und Jugendlichen, die in Erziehungshilfen betreut werden, entspricht. Ich erlebe bei vielen dieser Kinder/Jugendlichen ein ebenso hohes Maß an Autonomiebestrebungen wie an Wünschen nach Versorgung, eine tiefe Ambivalenz bezüglich des Machen-Könnens ‚was ich will' und der Suche nach Auseinandersetzung, harten Verhandlungen über Normen und ‚fairen' Konfliktlösungen; ein hohes Bedürfnis nach Unverbindlichkeit, Spontaneität und Flexibilität in der Betreuung, aber auch die Neugier auf Absprachen und Grenzen, die verbindlich sind und von den Erwachsenen eingeklagt, verteidigt und mittels ‚gerechter' Sanktionen durchgesetzt werden. Ich stelle mir vor, dass die Eltern dieser Kinder und Jugendlichen ihren Kindern oft beides nicht vermitteln konnten: Weder Klarheit bezüglich Regeln und Grenzen noch eine sichere emotionale und materielle

Versorgung. Die Grenzsetzung erfolgte oftmals in einem undurchschaubaren Schlingerkurs zwischen gar nicht und brutaler Rigidität. Die Versorgung schwankte zwischen Phasen von Überversorgung und plötzlichem Mangel. Beide Unsicherheiten zusammen führen zu einer verfrühten Autonomie, versetzt mit tiefem Misstrauen aufgrund der vielen Enttäuschungen, einer hohen Kränkbarkeit und der Überzeugung, es sei rechtens, das rücksichtslos durchzusetzen, was man zu brauchen glaubt. Hinter dieser Überlebensstrategie und verdeckt von deren Notwendigkeiten stehen aber noch immer die Fragen: „Wer setzt mir Grenzen, die mich aber nicht unterwerfen“ und „Wer versorgt mich, ohne mich zu abhängig zu machen oder zu enttäuschen.“ Wenn das stimmt, wären Angebote und Möglichkeiten, die Macht zu teilen und selbst Strukturen zu setzen, genauso wichtig wie die Erfahrung gut geführt zu werden. Ja, die eine Erfahrung (z. B. die der Autonomie und Selbststrukturierung) scheint sich sogar erst auf dem Hintergrund der anderen Erfahrung (die des Geführt-Werdens und der Strukturierung von außen) herausbilden zu können, so als seien beide Erfahrungen wechselseitig ‚Hebamme‘ für die andere. Damit lägen die beiden oben geschilderten Erfahrungen gar nicht so weit auseinander wie es zunächst den Anschein hat. Was die Haltung des Pädagogen zu den Kindern/Jugendlichen betrifft, scheint es sich um zwei Seiten einer Medaille zu handeln. Kinder und Jugendliche wollten dann bei uns mit beiden Seiten Erfahrungen machen und einen Weg finden, diese zu verbinden.

IV Qualitätsentwicklung – ein taugliches Instrument auch zur Gewaltprävention?

Zusammenfassung

Auf dem Hintergrund eines Qualitätsentwicklungsprozesses der Evangelischen Gesellschaft Stuttgart e.V. (das zwischen 1997 und 2001 stattgefunden hat) werden Möglichkeiten und Grenzen von QM-Verfahren hinsichtlich ihres Vermögens Eskalationen und Gewalthandlungen im Betreuungsalltag zu reduzieren untersucht. Dabei wird deutlich, dass es sehr stark auf das ‚Wie‘ des QM-Prozesses ankommt und dass dabei nicht so sehr das Ziel der Minimierung von Gewaltepisoden im Vordergrund stehen kann als deren systematische Reflexion, aus der die Organisation kontinuierlich lernen kann und muss. Das Kapitel setzt Kenntnisse der wichtigsten Begrifflichkeiten der Qualitätsdiskussion (Struktur-, Prozess-, Ergebnisqualität etc.) voraus.

Das Ergebnis vorneweg: Kein noch so ausgefeiltes Instrumentarium der Qualitäts-Entwicklung wird bewirken können, dass es in Einrichtungen der Alten-, Behinderten- und Jugendhilfe nie wieder zu Konflikteskalationen kommt, in deren Verlauf sich Gewalthandlungen ereignen: Gewalthandlungen der Bewohnerinnen gegenüber dem Personal oder der MitarbeiterInnen gegenüber den Klienten. Möglich und sinnvoll ist allerdings die Etablierung von Verfahren, mittels derer solche Vorfälle dokumentiert und sozialpädagogisch aufgearbeitet werden, so dass diese Ereignisse aus dem Verschweigen und der Unsicherheit herausgeführt und zu einem Teil der ‚professionellen Kultur' (Rose 1996) der Einrichtung werden. Konkret: Wenn so etwas vorgefallen ist, weiß jedeR MitarbeiterIn was mit wem bis wann zu tun ist.

Möglich und sinnvoll sind darüber hinaus Verfahren, die Meinungen und Befindlichkeiten von Bewohnerinnen (Nutzerinnen), Auftraggebern (Familienangehörigen, Personensorgeberechtigte, Leistungsträger) und MitarbeiterInnen regelmäßig erheben und so Unzufriedenheiten mit bzw. ‚Schwachstellen' in der Versorgung bzw. Ablauforganisation erkennen lassen. Werden diese frühzeitig im Zuge eines ‚kontinuierlichen Verbesserungsprozesses' erkannt und zielorientiert verändert, so entfallen damit auch destruktive Konflikte und Stresssituationen, die u. a. in gewalttätiges Verhalten münden können.

Im Rahmen dieses Beitrags werde ich mich auf Gewaltphänomene beschränken, die sich im Rahmen von Konflikteskalationen zwischen Bewohnerinnen, hier Kinder und Jugendliche, und Mitarbeiterinnen einer Institution ergeben. Natürlich gibt es auch Gewalthandlungen, die von Bewohnerinnen an Bewohnerinnen begangen werden; diese sind es sogar vorrangig, die die Sorge der Professionellen erregen. Trotzdem halte ich den Blick auf das eigene Aggressions- und Gewaltpotential der Professionellen für unabdingbar; wird dieses thematisiert und methodisch angegangen, so ergeben sich daraus auch viele Hinweise für den fachlichen Umgang mit den Aggressionen und Gewalthandlungen unter den Klienten.

Im Folgenden soll kurz etwas zum Thema ‚Eskalationen in vollstationären Einrichtungen' (1) und über Art und Weise der Etablierung von Qualitätsentwicklungsprozessen (2) ausgeführt werden. In einem dritten Schritt werden drei verschiedene (an der Terminologie von primärer, sekundärer und tertiärer Prävention orientierte) Gruppen von ‚Instrumenten' bzw. Verfahren vorgestellt, die auf die Frage bezogen sind. wie Qualitätsentwicklungsprozesse als Mittel der Gewaltprävention konzipiert werden können.

1. Konflikteskalationen und gewalttätiges Handeln Einzelner

Häufig werden aggressive Übergriffe isoliert betrachtet. Unterschiedliche Personengruppen werden beispielsweise als Täter oder Opfer ins Auge gefasst. Entsprechend wird dann untersucht, wie sich Professionelle gegenüber ihren Klientel verhalten (vgl. Eastman 1985, Petzold 1989, Schneider 1990, Windisch 1997) oder was diese MitarbeiterInnen seitens der Klientel an Gewalthandlungen und/oder Angriffen erdulden müssen (Eigenmann 1988). Solche Untersuchungen mögen verdienstvoll sein, weil sie das Phänomen ‚Gewalt in Einrichtungen der Sozialen Arbeit' überhaupt thematisieren und so erst in den Aufmerksamkeitsfokus treten lassen. Sie bleiben aber unbefriedigend, weil ‚gewalttätiges Handeln' nur in sehr seltenen Fällen von einer einzigen Person ausgeht und keinerlei Zusammenhang mit den Verhaltensweisen der anderen Person(en) aufweist. In den allermeisten Fällen ereignen sich Gewalthandlungen im Kontext eines interaktiven Geschehens (Mummendey 1980), in das mehrere Personen, wenn auch nicht gleichzeitig und gleichrangig, involviert sind (erst gab es an diesem Tag Streit unter den Bewohnern, dann die Enttäuschung durch einen ausbleibenden Besuch eines Familienangehörigen, am Abend schlug der Betreute dann eine Betreuerin, nachdem diese ihn unter Einsatz von Körperkraft zur Dusche bugsieren wollte ...). Dieses interaktive Geschehen spielt sich darüber hinaus in einem institutionellen Kontext ab, der durch zahlreiche Vorgaben (Personalausstattung, Dienstplanung, Raumgröße etc.) und Variablen (Führungsstil, Mitarbeiterzufriedenheit, Aggressionskultur der Einrichtung etc.) strukturiert ist.

Gewalt erweist sich als Ergebnis eines multifaktoriellen Prozesses, d. h., im Einzelfall ist es unmöglich zu analysieren, welche der vier nachstehenden Faktoren in welchem Ausmaß für das Zustandekommen einer bestimmten Gewalthandlung zwischen Mitarbeiter X und Klient Y verantwortlich zu machen sind (vgl. in diesem Buch Kapitel I und II): der individuelle biographisch vermittelte Charakter der beiden Kontrahenten (Mitarbeiter X gilt im Team als unbeherrscht; dem Klient Y wird in der Akte ‚verminderte Impulskontrolle' bescheinigt), gruppen- bzw. teamdynamische Faktoren (Mitarbeiter X wollte Kollegin Z zeigen, wie konsequent man mit Klient Y umzugehen habe; Klient Y wollte den anderen Mitbewohnerinnen zeigen, dass er sich von Mitarbeiter X nichts gefallen lässt und deswegen als ‚Gruppenboss' prädestiniert sei), institutionelle Strukturen und Prozesse (die Gruppe ist schon seit zwei Monaten überbelegt, um Verluste in anderen Einrichtungsbereichen auszugleichen. Die Zuteilung einer Zusatzkraft wird seit Wochen durch den Machtkampf zweier Abteilungsleiter blockiert.) und die Kooperation von Einrichtung und Angehörigen (die Familie von Y sieht ihn in Gruppe 1 zunehmend unterfordert und so um eine gezieltere Förderung betrogen; seine Verlegung auf die ‚bessere' Gruppe 2 wurde seitens der Institution abgelehnt; seitdem ermuntert die Familie Bewohner Y weniger zu Anpassungsleistungen in der Einrichtung als vorher).

In der Regel sind unterschiedliche Elemente aus allen vier genannten Dimensionen an der Entstehung von Eskalationen und damit an den in ihnen möglicherweise stattfindenden Gewaltepisoden beteiligt (Freigang 1994). Eine originalgetreue Rekonstruktion ist aufgrund der unterschiedlichen Perspektiven der Beteiligten häufig weder möglich noch sinnvoll. Allerdings sollte je de

Institution über ein differenziertes (und quasi rituell zur Anwendung kommendes) Analyseraster verfügen, mit dem solche Episoden nachträglich beleuchtet werden. Dabei steht nicht so sehr die Frage im Mittelpunkt: „Was hat tatsächlich zur Gewalthandlung beigetragen?“, sondern: „Unter der Voraussetzung, dass alle vier Dimensionen eine Rolle gespielt haben, was wollen wir aus diesem Vorfall lernen und in Bezug aufweiche der vier Dimensionen wollen wir ihn genauer reflektieren, um dann zu entsprechenden Veränderungen im Verhalten bzw. der Organisation zu kommen?“

Mit den vier Dimensionen ist also ein Qualitätsstandard bezüglich des institutionellen Reflexionsvermögens und der operativen Handlungsvielfalt gewonnen, d. h., man würde es sich als Einzelner und als Einrichtung zu einfach machen, wenn man unliebsame Entwicklungen und (Gewalt-)Vorfälle nur auf eine oder zwei der genannten Dimensionen zurückführen würde: auf den ‚unfähigen Mitarbeiter‘, den ‚schwierigen Klienten‘, die ‚belastenden Arbeitsverhältnisse‘ oder die ‚anspruchsvollen Angehörigen‘. Nur eine komplexe Analyse, die jeweils sich und den anderen (der Leitung, der Mitarbeiterin, dem Klienten, den Angehörigen) etwas an Verantwortung und konkreter Veränderungsbereitschaft abfordert, ist m. E. in der Lage, ein Klima zu schaffen, in der sich „kontinuierliche Lernprozesse auf allen Ebenen der Organisation“ (siehe SylQue 1996) vollziehen und gegenseitig befruchten können.

2. Qualitätsmanagement in der Praxis – Chancen und Gefahren

Aus der Perspektive einer Jugendhilfe-Einrichtung, die einen fast drei Jahre dauernden Prozess der systematischen Qualitätsentwicklung vollzogen hat, möchte ich auf einige kritische Punkte in der Umsetzung von QM-Prozessen hinweisen, die in der Literatur zum Thema wenig zur Sprache kommen (vgl. Meinhold 1997, 1998, 1999; Rose 1996):

Einigkeit herrscht darüber, dass eine, wie auch immer geartete, Steigerung bzw. Sicherung einer gewünschten bzw. gegebenen Ergebnisqualität (z. B. x % der Jugendlichen verlassen die Einrichtung mit abgeschlossener Schulausbildung bzw. Lehre etc.) zumindest langfristig nur über eine Steigerung bzw. Sicherung von Struktur- und Prozessqualität erreicht werden können. Unklar ist allerdings, wie das Verhältnis von Struktur- und Prozessqualität hierbei gesehen und gestaltet werden muss (Heiner 1996; Müller 1996): Weder führt ein höherer materieller Input (mehr Geld, mehr Mitarbeiterinnen) automatisch zu fachlich besser gestalteten Prozessen und Ergebnissen, noch können die besten Handbücher und Leitbilder verhindern, dass die relevanten Prozesse und Ergebnisse schlechter werden. wenn gewisse Ausstattungsstandards (z. B. in der Personalbemessung) unterschritten werden. Der wichtigste vermittelnde Faktor zwischen Struktur- und Prozessqualität dürfte die Identifikation der Mitarbeiterinnen mit ihren sozialpädagogischen Aufgaben und der Institution sein, in der sie arbeiten. Ist sie hoch, werden Ressourcen mobilisiert und eingebracht, die durch formale Vorgaben nicht zu aktivieren sind (und es stellt sich die Frage, ob solche Einrichtungen überhaupt QM-Prozesse brauchen). Ist sie gering, dürfte die Unzufriedenheit mit der ‚schwierigen Arbeit' immer neue Gründe finden sich zu artikulieren. Beides spricht dafür, Qualitätsmanagement-Verfahren so einzuführen, dass es den Mitarbeiterinnen von Anfang an zu etwas nützt und so ihre Identifikation steigert. Wird es als ein technisches Verfahren betrachtet, das nur dem Gesetzgeber geschuldet ist (siehe § 78, 2 KJHG) oder dazu dient, noch mehr Leistung aus ihnen herauszupressen, werden sie es offen oder insgeheim boykottieren.

Die Befürchtung (und Realität) in vielen Einrichtungen ist, dass im Zusammenhang mit QM-Prozessen zahlreiche Ablauf- und Dokumentationsverfahren neu installiert bzw. systematisch ausgebaut werden (Prozessqualität), d. h. also zusätzliche Aufgaben und Anforderungen entstehen, ohne dass dies auch mit einer Verbesserung hinsichtlich der Strukturqualität (z. B. durch eine höhere Personalbemessung) einhergeht. Qualitätsentwicklung würde dann überwiegend eine Verdichtung von Arbeitsprozessen, mithin eine höhere Arbeitsbelastung für Mitarbeiterinnen bedeuten.

Sicherlich helfen intelligent geplante und miteinander verzahnte Verfahren in den Bereichen der Prozessqualität Arbeitszeit einzusparen und Nacharbeiten unter Krisenbedingungen zu reduzieren (das Einsparungspotential bezüglich der geleisteten Arbeitsstunden durch Behebung von mangelnder Koordination, Doppelarbeit, vermeidbarer Krisen etc. wird zwischen 10 und 25 % eingeschätzt); aber sie bedeuten auch, und ganz sicher zu Beginn, ein höheres Investment an personellen und materiellen Ressourcen. Insofern ist die spannende Frage, ob für Qualitätsentwicklung auch die personellen Ressourcen zur Verfügung gestellt werden, die zu ihrer Umsetzung nötig sind, oder ob QM-Prozesse zu einer weiteren Öffnung der Schere führen: hier immer höhere Arbeitsanforderungen, dort der Abbau von Personalkapazitäten bzw. der Vollzug anderer Einsparungen (Hansen 1997, S. 19 ff.).

Zurzeit scheinen QM-Prozesse überwiegend zweiphasig installiert zu werden. Zunächst werden alle Elemente der Struktur-, Prozess- und Ergebnisqualität von einer kleinen (zentralen) Gruppe von Personen möglichst systematisch und vollständig erfasst, überprüft und neu formuliert (Entwicklungsphase). Diese Phase endet mit der Fertigstellung des QM-Handbuches (Meinhold 1999). Dann werden in einem zweiten Schritt die in der ersten Phase entwickelten Instrumente und Verfahren der Mitarbeiterschaft zur Kenntnis gebracht und sollen von dieser zur Anwendung gebracht werden (Implementierungsphase). Diese zweiphasige Vorgehensweise bringt m. E. zwei gravierende Nachteile mit sich: Erstens kann in der Entwicklungsphase nur ein kleiner Teil von Mitarbeiterinnen kontinuierlich beteiligt werden (hoffentlich sind es möglichst viele) (von Spiegel 1997). Dadurch wird der QM-Prozess zu einer Angelegenheit, die von wenigen Eingeweihten, meist Institutionsferne und/oder hierarchisch Höherstehende ‚ausgeheckt' wurde und vom ‚Fußvolk' ‚ausgebadet' werden muss. Entsprechend sind die Widerstände der Praktiker vor Ort und ihre Versuche, die QM-Prozesse zu unterlaufen. Zweitens kommt mit dem fertigen QM-Handbuch (mit dem die Implementierungsphase beginnt) ‚auf einen Schlag' eine Vielzahl von neuen Prozessen und Verfahren auf die Mitarbeiterinnen zu, von denen sie sich schier ‚erschlagen' fühlen. Dasselbe gilt, wenn auch in abgeschwächter Form, für die halb fertigen ‚Referenz-Handbücher', die zwar nur die groben Linien vorgeben sollen und für einrichtungsspezifische Betreuung adaptiert werden können. Natürlich ist es nicht sinnvoll, dass jede Einrichtung bei null beginnt und so tut, als beschäftige nur sie sich mit diesem Thema und sonst niemand auf der Welt. Aber im Mittelpunkt aller QM-Verfahren muss ein aktiver Prozess der Bewertung der Schlüsselprozesse in der eigenen sozialpädagogischen Arbeit stehen, eine in jeder Einrichtung neu erarbeitete Prioritätenliste der anzugehenden Themen und ein intensiver Austausch über (durchaus) vorgegebene ‚Instrumente' (Dokumentationsbögen, Checklisten, Verfahrensanweisungen, Flowcharts etc.), die für den eigenen Gebrauch (das eigene Team) umgearbeitet werden müssen. Ein Formblatt zur ‚sozialpädagogischen Diagnose' kann dann in den Bereichen ‚Heimerziehung' anders aussehen als für die ‚Sozialpädagogische Familienhilfe' oder die ‚ambulante Betreuung von Jugendlichen', auch wenn alle drei Bereiche zu einer Einrichtung gehören. Je passgenauer die Instrumente, desto größer die Wahrscheinlichkeit, dass sie später auch mit Lust und Liebe zur Anwendung kommen. Das bringt zwar eine den Nachteil einer von außen evtl. schwer durchschaubare Vielzahl von unterschiedlichen Formblättern und Verfahrensanweisungen mit sich, aber dieser Nachteil wiegt ungleich leichter als die Behinderung, die von zentral gesteuerten, für alle identische Konzepten ausgehen, die für keinen Bereich richtig stimmen.

Die Konsequenz aus den Nachteilen einer stringenten Zweiphasigkeit bei der Einführung von QM-Verfahren lautet, die Planungs- und Implementierungsphase eng aneinander zu koppeln und schrittweise, bezogen auf einige wenige Verfahren oder Elemente, durchzuführen. So ergeben sich mehrere zeitlich voneinander getrennte, aber ineinander verwobene Planungs- und Implementierungs-Intervalle (einer für das Hilfeplanverfahren, einer für das Beschwerdeverfahren, einer für die Mitarbeiterführung etc.), an denen jeweils unterschiedliche Mitarbeitergruppen (sehr wohl unter Leitung einer zentralen Planungsgruppe, die für den ‚Roten Faden' sorgen muss) beteiligt werden können. Damit wäre die Basis der Mitarbeiterinnen, die sich für den QM-Prozess verantwortlich fühlt, wesentlich verbreitert und die Menge der in einem Intervall umzusetzenden Verfahren und Instrumente jeweils überschaubar. Da die beiden vorangegangenen Gesichtspunkte nach meiner Beobachtung in vielen Einrichtungen, die sich dem Thema QM bzw. Qualitätsentwicklung verschrieben haben, nicht berücksichtigt werden, droht dort ein neuer Formalismus: unverstandene und/oder aus struktureller Überforderung heraus als lästig empfundene Aufgaben aus dem QM-Entwicklungsprogramm, die nur formal abgearbeitet werden, aber am ‚Geist' und an der Qualitätsentwicklung vorbeigehen. Das wäre z. B. dort der Fall, wo zwar für die im Handbuch festgelegte Anzahl von XY % der Heimbewohnerinnen ein ‚individuelles Förderprogramm' erstellt und in der Akte abgelegt wird, dieses aber aus drei, vier Versatzstücken besteht, die bei allen Bewohnerinnen dieselben sind und die entweder so vage formuliert oder so niedrigschwellig angesiedelt sind, dass sie im konkreten Alltag keinerlei besonderes Engagement der Mitarbeiterinnen voraussetzen. Damit hätte man zwar formal alle Anforderungen des Handbuches erfüllt, würde aber u. U. eine qualitativ schlechtere Arbeit als vor Etablierung des QM-Prozesses leisten. In manchen Einrichtungen der Alten- und Behindertenhilfe scheint das der Fall zu sein.

3. Qualitätsentwicklungsinstrumente und -verfahren bezogen auf Gewaltprävention

Im Folgenden werden 21 Elemente bzw. Bausteine der Gewaltprävention vorgestellt, die in einem dreijährigen Prozess der Qualitätsentwicklung im Vorstandsbereich Jugendhilfe der Evangelischen Gesellschaft Stuttgart e.V. entwickelt und umgesetzt wurden. Sie entstammen unterschiedlichen ‚Beobachtungs- und Handlungsfeldern', die wir für die Themen ‚Konflikteskalation und Gewalt' zentral halten und zur Beachtung empfehlen. Allerdings können und sollen sie nicht einfach übernommen werden, sondern als Basis für eigene Beobachtungen und Diskussionen dienen. Andere Einrichtungen können noch ganz andere Prozesse und Strukturen entdecken, die mindestens genauso relevant für die Entstehung oder Bearbeitung von Gewaltvorfällen sind. Da man nie alles be(ob)achten kann, wird man allerdings immer eine Auswahl treffen müssen.

Die dargestellten ‚Instrumente' und Verfahren stehen im Kontext eines größeren Ganzen (TOM-Prozess) und wurden nur zu einem geringen Teil mit direktem Bezug auf das Thema Krisen, Eskalationen und Gewaltvorfälle entwickelt. Im Zusammenhang dieses Aufsatzes werden sie dem Thema ‚Gewaltprävention' zugeordnet, die nach einem Vorschlag von Herriger gemäß den beiden ‚Achsen' primäre, sekundäre und tertiäre Prävention bzw. ‚personen- und strukturbezogene' Formen der Prävention strukturiert wird (Herriger 1987). Die erste Achse beschreibt Ausprägungen der zu bewältigenden Probleme: Bei ‚primärer Prävention' geht es darum, zu verhindern, dass überhaupt Probleme mit Gewalt entstehen, während sekundäre Prävention verhindern will, dass sich erste Anzeichen verfestigen und tertiäre Prävention bereits aufgetretene Gewaltvorfälle so bearbeiten will, dass sie sich in dieser Form nicht wiederholen. Die zweite Achse charakterisiert die Art der präventiven Maßnahmen: Strukturbezogene Prävention setzt bei den Arbeitsbedingungen bzw. den organisatorischen und materiellen Voraussetzungen an (Strukturqualität); personenbezogene Präventionsformen thematisieren interaktive Prozesse und gestalten diese in einer Weise, die sich für die Verhinderung oder Bewältigung von Problemen als günstig herausstellen.

Drei der 21 Bausteine werden im Anhang dokumentiert:

Tab. 1: *Primärprävention* soll der Entstehung von gewaltförmigem Handeln vorbeugen. Sie setzt ein, bevor irgendwelche Probleme im Umgang mit ‚Gewalt' sichtbar werden.

	unspezifisch	**spezifisch**
Personen-bezogen	1) Beteiligungsverfahren: Kinder u. Jugendliche können über sie betreffende Belange mitentscheiden, z. B. im Hilfeplangespräch, wöchentl. Gruppengespräch, monatlicher Vollversammlung 2) Rechte und (Selbst-)Verpflichtungen im …-Heim: Broschüre, die jedem Kind/Jugendlichen bei Eintritt überreicht wird. Dort sind seine unveräußerbaren Rechte, aber auch Pflichten und Konsequenzen bei Pflichtverletzungen dokumentiert. Die Broschüre wird mit jedem Kind/Jugendlichen innerhalb der ersten 5 Tage besprochen. 3) Erziehungsplanungs-Verfahren: Für jedes Kind/jeden Jugendlichen wird zweimal im Jahr ein Erhebungs- und Planungsbogen vom Pädagogen-Team erstellt und mit der Hilfeplanung koordiniert. Der Bogen fragt Erziehungsbedarfe ab und legt Methoden ihrer Realisierung fest.	6) In den wöchentl. Gruppengesprächen wird regelmäßig die Gruppenatmosphäre und der Umgang mit Konflikten reflektiert: Prosoziales Verhalten wird hervorgehoben und ggf. belohnt. Gewalttätiges Verhalten wird kritisiert und wenn nötig mit von der Gruppe verhängten Sanktionen belegt.
struktur-bezogen	4) Personalbemessungs- und Dienstplan sorgen für ausreichende Betreuung und raschen Ersatz in Krankheitsfällen. 5) Der Wochenplan sorgt für ausreichend attraktive Beschäftigungen und Angebote (Neigungsgruppen). Die Kinder- und Jugendlichen werden an seiner Erstellung beteiligt.	7) Sport- und Bewegungsangebote finden regelmäßig statt (siehe 5) Wochenplan) und sorgen dafür, dass sich die Kinder/Jugendlichen in ausreichendem Maße ‚auspowern' können. Entsprechende Räume, (Rasen-)Flächen und Geräte werden von der Einrichtung zur Verfügung gestellt und regelmäßig gewartet bzw. gepflegt.

Tab. 2: *Sekundärprävention* setzt ein, wenn sich Gewaltbereitschaft bei bestimmten Personen bzw. konfliktfördernde Belastungen etc. abzeichnen und soll verhindern, dass die Gewaltbereitschaft manifest wird bzw. sich die Belastungen weiter verschärfen.

	unspezifisch	**spezifisch**
Personen-bezogen	8) Ein Beschwerdeverfahren garantiert allen Kindern/Jugendlichen und Eltern/Personensorgeberechtigten, dass ihre Beschwerden rasch zur Kenntnis genommen und innerhalb einer Woche bearbeitet werden (siehe im Anhang: Beschwerde-Verfahren) 9) Regelmäßige Befragung der MitarbeiterInnen garantiert, dass Be- bzw. Überlastungen, Konflikte zwischen Mitarbeiterinnen bzw. diesen und der Leitung rechtzeitig registriert werden, bevor sie zum Nährboden für destruktive Konflikte bzw. zum Anlass von ‚innerer Kündigung' werden (siehe Fragebogen ‚Mitarbeiterinnen-Zufriedenheit') 10) Regelmäßige Befragungen der Leistungsträger, hier Mitarbeiterinnen aus Jugendämtern, sorgen dafür, dass das einrichtungsinterne Krisenmanagement und der Umgang mit schwierigen Situationen bzw. Personen hinsichtlich der Transparenz und der fachlichen Qualität von außen bewertet wird. Diese Bewertungen werden intern veröffentlicht und für die Verbesserung des Krisenmanagements genutzt.	12) JedeR MitarbeiterIn absolviert ein dreitägiges De-Eskalationstraining und einen zweitägigen Lehrgang zum Umgang mit hocherregten Klienten. 13) JedeR MitarbeiterIn weiß wann und mit welchen Personen aus der Einrichtung sie Verhaltensweisen thematisieren kann, die ihr/ihm Sorgen bereiten (z. B. wegen Eskalationsgefahr oder potentieller Gewalttätigkeit). Leitungspersonen ermöglichen Kontakte zu Experten des sozialpädagogischen Fallverstehens, die bei problematischen Entwicklungen zur Abklärung hinzugezogen werden können. Zu niedergelassenen Therapeuten und der Kinder- und Jugendpsychiatrie bestehen enge Kontakte, so dass eine ambulante Therapie/Beratung der Einrichtung innerhalb von zwei bis vier Wochen erfolgen kann. Vorrangiges Ziel ist die Bewältigung von Krisen mit Hilfe von Externen in der Einrichtung.
Struktur-bezogen	11) Aufgaben und Kompetenzen der Mitarbeiterinnen bzw. der für sie verantwortlichen Leitungspersonen sind (auch bezüglich des Umgangs mit Krisen) dokumentiert, allen verfügbar und damit einklagbar.	14) Ein Rufbereitschafts-Verfahren bzw. -system ist installiert und gibt den Mitarbeiterinnen im vollstationären Bereich die Sicherheit, in schwierigen Situationen sich sofort telefonischen und innerhalb von 20 Minuten physischen Beistand zu verschaffen. Auf der Grundlage dieser Sicherheit können viele Konflikteskalationen im Vorfeld gelöst werden.

Tab. 3: *Tertiärprävention* zielt auf die Eingrenzung von Eskalationen, in deren Verlauf Gewalthandlungen vorgekommen sind. Sie dient der Aufarbeitung, Sanktionierung bzw. Wiedergutmachung fremdschädigender bzw. unangemessener Verhaltensweisen seitens der Klienten oder MitarbeiterInnen mit dem Ziel, dass diese sich nicht wiederholen.

	unspezifisch	**spezifisch**
Personen-bezogen	15) Eine Analyse des konkreten Gewaltvorfalls (siehe 18) findet in der unmittelbar darauffolgenden Teambesprechung statt. Dabei kommt das 4-Dimensionen-Modell (siehe Kapitel I und II) zur Anwendung. Die Konsequenzen werden verschriftlicht. 16) Jede(r) Mitarbeiterin weiß, unter welchen situativen Bedingungen welche Formen von körperlichem Zwang angewendet werden dürfen und wer darüber (vorher bzw. im Nachhinein) zu informieren ist (siehe: Dienstanweisung ‚Einsatz von Körperkraft/Zwang' im Anhang). Eltern und Jugendamt werden von Zwangsmaßnahmen unverzüglich informiert oder haben vorher ausdrücklich zugestimmt. Für kritische Fälle kann ein Verfahrenspfleger bestellt werden, der die Zwangsmaßnahmen begleitet oder nachträglich begutachtet.	18) Jeder Gewaltvorfall wird in einem dafür vorgesehenen Formblatt dokumentiert (siehe Dokumentation ‚Gewaltvorfall' im Anhang). Alle betroffenen Personen bzw. Institutionen werden innerhalb der vorgesehenen Fristen informiert. 19) Jede(r) Mitarbeiterin weiß, dass jeder Gewaltvorfall innerhalb der nächsten drei Tage ‚nachbehandelt' werden muss. Die methodischen Schritte und die möglichen Interventionen sind jedem bekannt: Beurlaubung nach Hause, Auszeit in einer anderen Gruppe, Entschuldigungssitzung, Wiedergutmachung, Teilnahme an einem Anti-Gewalt-Training etc. 20) Jede(r) Mitarbeiterin weiß, welche dienstrechtl. Konsequenzen drohen, wenn er/sie Gewalthandlungen (eigene oder die anderer) verschweigt. Er/Sie weiß, dass bei Weitergabe solcher Beobachtungen an Vorgesetzte der bezichtigte Kollege (außer in schweren Fällen) die Chance zur Unterstützung und Verhaltensänderung erhält. Der Betriebsrat wird regelmäßig in solche Vorfälle miteinbezogen.
Struktur-bezogen	17) Einmal im Jahr werden alle dokumentierten Gewaltvorfälle (siehe 18) ausgewertet und bezüglich fachlicher und organisatorischer Konsequenzen untersucht. Die Verbesserungsvorschläge werden schriftlich niedergelegt und an die Einrichtungsleitung weitergegeben. Diese veröffentlicht ihre Beschlüsse bezüglich der Vorschläge innerhalb einer Frist von 6 Wochen. MitarbeiterInnen aller Hierarchie-Ebenen werden an der Auswertung und der Formulierung von Konsequenzen beteiligt.	21) Mit Ärzten, Sanitätern und der Kinder- und Jugendpsychiatrie sind schriftlich formulierte Abmachungen erstellt, die in entsprechenden Notfällen einen raschen Transport und eine Krisenversorgung in der Kind er – und Jugendpsychiatrie gewährleisten. Mit der örtl. Polizei und dem Jugendbeauftragten der Polizei finden regelmäßige Gespräche statt, die für ein gesetzes- und einrichtungskonformes Vorgehen sorgen, wenn die Polizei hin sichtlich Gewaltvorfälle eingeschaltet wird.

Anhang

Dienstanweisung ‚Einsatz von Körperkraft/Zwang'

Fragestellung: Wann und wo bzw. wie darf von Seiten der MitarbeiterInnen Einsatz von Körperkraft/Zwang erfolgen, um bei Kindern/Jugendlichen pädagogische Ziele gegen deren Willen durchzusetzen?

1. Spontaner Einsatz von Körperkraft/Zwang seitens der PädagogInnen ist sinnvoll und erlaubt, wenn Gefahr für Leib und Leben des Kindes/Jugendlichen oder anderer Personen (einschließlich des Pädagogen selbst) besteht. Im Falle von kostenintensiven Sachbeschädigungen kann Festhalten etc. dazu dienen, Sachwerte zu schützen, damit das Kind später nicht in Kosten- oder Gewissensdruck gerät. In angespannten Gruppensituationen kann es sinnvoll sein, das Fehlverhalten einzelner mit körperlichem Zwang zu beantworten, um eine aggressive Aufheizung der Gruppe und somit eine weitere Eskalation zu vermeiden. Vorher sind jedoch immer verbale und andere Mittel einzusetzen, um dasselbe Ziel (z. B. Isolierung des Provokateurs) zu erreichen.

Nur im ernsten Fall (Gefahr für Leib und Leben) ist körperlicher Zwang erforderlich; in den anderen beiden Fällen müssen Güter und Risiken gegeneinander abgewogen und seitens der Fachkraft situativ entschieden werden, was zu tun ist. Wer selbst erregt ist, sollte, wenn immer möglich, die körperliche Begrenzung eines Kindes/Jugendlichen einer anderen (weniger involvierten) Fachkraft überlassen.

2. Die Anwendung von Körperkraft/Zwang soll darauf beschränkt bleiben, jemanden festzuhalten und/oder jemanden aus dem Raum zu schaffen. Es handelt sich also um Formen des manuellen Fixierens bzw. des manuellen Transportes. Muss ein Kind/Jugendlicher eingeschlossen werden, um eine absehbare Form von Fremd- oder Selbstverletzung zu verhindern, so muss sich eine Fachkraft mit diesem Kind/Jugendlichen einschließen und so lange bei diesem verbleiben, bis dieses/dieser wieder ansprechbar ist (Ausnahme ‚Time-Out-Programm', sofern mit Personensorgeberechtigten und Jugendamt im Einvernehmen besprochen, S. 4.).

Wenn es notwendig erscheint, muss über das Rufbereitschaftssystem eine zusätzliche Kraft zur Versorgung der Restgruppe oder zur (weiteren) Beruhigung des Eingeschlossenen angefordert werden. Aggressive Formen von Körpereinsatz wie Schlagen, Treten etc. sind grundsätzlich nicht legitim. Wer solche Handlungen begeht oder beobachtet, hat sie bei seinem Vorgesetzten anzuzeigen, auch wenn es sich um eine Reflexhandlung handelte.

3. Jedes Festhalten und jeder Transport unter Einsatz von Körperkraft ist soweit wie möglich nach den Prinzipien des PART-Programms auszuführen: Würde, Sicherheit und Verhältnismäßigkeit sind zu beachten. Jeder Einsatz von Körperkraft/Zwang ist am selben Tag dem Vorgesetzten anzuzeigen und in der Akte zu dokumentieren. Eltern und Jugendamt werden (vom Vorgesetzten oder dem betroffenen Mitarbeiter) innerhalb von 24 Stunden informiert.

4. Geplanter Einsatz von Körperkraft/Zwang seitens der PädagogInnen (z. B. Time-Out-Programm etc.) ist vorher mit den Personensorgeberechtigten und

dem zuständigen Jugendamt abzusprechen. Nur wenn diese ausdrücklich zustimmen, darf Körperkraft/Zwang angewandt werden. Die Zustimmung erfolgt in der Regel schriftlich. Dies setzt voraus, dass eine Erziehungsplanung vorliegt, die detailliert beschreibt, wann (d. h. bei welchen Gelegenheiten) von wem wie körperlicher Zwang ausgeübt werden darf. Diese Erziehungsplanung muss schriftlich formuliert sein. Das Kind/der Jugendliche muss vor Inkraftsetzung darüber informiert werden. Jede Zwangsmaßnahme ist schriftlich zu dokumentieren und mit Angabe von Datum und Durchführenden in der Akte niederzulegen.

5. Die Art und Weise des geplanten Körpereinsatzes/Zwanges seitens der PädagogInnen richtet sich nach den Festlegungen von 2. und 3.

Dienstvereinbarung ‚Beschwerdeverfahren'

1. Alle Kinder/Jugendlichen und Eltern werden schriftlich und mündlich darüber informiert, dass in den Hilfeangeboten des Vorstandsbereichs Jugendhilfe ein Beschwerdeverfahren eingeführt wird (siehe auch 5.). Beschwerden können mündlich bzw. schriftlich (formlos) oder auf einem Formular (siehe Anhang) vorgebracht werden. Insbesondere bei jüngeren Kindern haben die Pädagoginnen Hilfestellung bei der schriftlichen Formulierung zu geben.

2. Formlose bzw. mündliche Beschwerden müssen von der Person, die die Beschwerde in Empfang nimmt, noch am selben Tag in das Beschwerdeformular (Beschwerdeeingang) übertragen werden. Der Beschwerdeeingang ist innerhalb von 24 Stunden beim Dienststellenleiter oder seinem Stellvertreter einzureichen.

3. Als potentielle ‚Beschwerde' sollen alle verbalen oder non-verbalen Unmutsäußerungen von Kindern/Jugendlichen aufgefasst werden, die nicht (mehr) auf der Ebene der Gruppe oder der Beziehung ‚Betreuer/Familie' oder ‚Betreuer/Jugendlicher' bearbeitet werden können (Versuche dazu haben in der Regel bereits stattgefunden) oder die Vorwürfe beinhalten, nach denen Persönlichkeitsrechte des Kindes/Jugendlichen (siehe u. a. Broschüre *Rechte und Pflichten im Weraheim*) durch Pädagoginnen missachtet wurden. Im Zweifelsfall soll der Pädagoge die Initiative ergreifen und das Kind/den Jugendlichen auf die Möglichkeit der Beschwerde hinweisen. Die Beschwerdemöglichkeit kann und soll auch in eskalierenden Konflikten als Intervention benutzt werden. Die Möglichkeit sich bei einer übergeordneten Stelle zu beschweren, kann eine Unterbrechung der Eskalation und eine anschließende Konfliktklärung herbeiführen, die es PädagogInnen und Kind/Jugendlichem erlauben ‚ihr Gesicht zu wahren'.

4. Alle Beschwerden werden innerhalb einer Woche von der ‚Beschwerdekommission' geprüft. Dieser gehören Dienststellenleiter, zwei Kinder/Jugendliche und zwei pädagogische Mitarbeiterinnen an. Nach Abgabe der Beschwerde beim Dienststellenleiter hat dieser das Gremium einzuberufen. Die knappe Frist bedingt, dass die Kommission auch zu dritt Entscheidungen treffen können muss. Allerdings muss mindestens ein Kind/Jugendlicher anwesend sein.

5. Jede Beschwerde eines Kindes/Jugendlichen/Familienangehörigen wird von der Beschwerdekommission aufmerksam geprüft. Der/die betroffene Mitarbeiterin wird auf jeden Fall angehört. Häufen sich Beschwerden über eine/n Pädagogin, wird in der Beschwerdekommission zunächst geprüft, ob diese/r Pädagogin die Intervention ‚Vorschlag zur Beschwerde' (siehe 3.) besonders ernst nimmt und deshalb häufig ein Kind/einen Jugendlichen auffordert, sich über ihn/sie zu beschweren oder ob er/sie wiederholt Fehler begeht oder begangen hat.

6. Die Beschwerde muss innerhalb von 7 Kalendertagen vom Dienststellenleiter (siehe 4.) dem Beschwerdeführenden schriftlich beantwortet werden. Auf dem Beschwerde-Beantwortungsformular ist festzuhalten, mit welchem Vorschlag die Beschwerde beantwortet worden ist und ob der Beschwerdeführende mit der Beschwerdebearbeitung einverstanden ist.

7. Ist der Beschwerdeführende mit der Beschwerdebearbeitung nicht einverstanden, so wird der Vorgang an den nächsthöheren Vorgesetzten weitergeleitet. Dieser hat nach Anhörung aller Beteiligten einen zweiten Versuch der Beschwerdebearbeitung innerhalb von 3 Wochen dem Beschwerdeführenden und dem Dienststellenleiter schriftlich vorzulegen. Der Dienststellenleiter informiert den betroffenen Mitarbeiter.

8. Das Recht auf Beschwerde und das Bearbeitungsverfahren von Beschwerden werden in den entsprechenden Info-Broschüren, die jede Hilfeform für Kinder/Jugendliche und Eltern zu erstellen hat, dargestellt. Beschwerdeformular sind in jeder Gruppe bzw. von jedem Betreuer vorzuhalten und auf Anforderung auszuhändigen. Die Sekretariate der einzelnen Einrichtungen und Dienste (bzw. Hilfeform) übersenden auf Anfrage Beschwerdeformulare an Eltern bzw. Personensorgeberechtigte.

9. Für Jugendämter, die sich entweder direkt schriftlich oder telefonisch bei Vorgesetzten beschweren, gilt ein abgewandeltes Beschwerde-Eingangs- und Beschwerde-Beantwortungsformular.

Protokoll für Gewaltvorfälle

Vorfall am:	**Uhrzeit:**
Beteiligte:	
Was ist geschehen (sachliche Schilderung):	
Zeugen (Erwachsene/Jugendliche):	
Eltern verständigt am:	**durch:**
Jugendamt verständigt am:	**durch:**
Leitung verständigt am:	**durch:**
Emotionale Beteiligung (wie hat sich wer wann gefühlt)?	
Gibt es erkennbare Muster/Wiederholungen?	
Konsequenzen/Nachbereitung: (wer, mit wem, was)?	

Teil B
Pädagogische Reflexionen über Aggression und Gewalt

V Welche Antworten braucht Gewalt? Jugendhilfe-Mitarbeiterinnen zwischen Lebenswelt, Institution und Rechtsstaat

Zusammenfassung

Der Aufsatz umkreist in drei Schleifen den Themenkamp/ex Gewalthandlungen von Kindern/Jugendlichen, Öffentlichkeit und Rollenkonflikte von Jugendhilfemitarbeiterinnen. Im ersten Teil wird eine in der Öffentlichkeit vorherrschende Haltung (und ihre gesellschaftlichen Bedingungen) beschrieben, die alterstypische Provokationen von Kindern/Jugendlichen ins Leere laufen lässt und dadurch die Entwicklung von Gewaltbereitschaft begünstigt (1).

Im zweiten Teil wird anhand eines Fallbeispiels die Zick-Zack-Linie einer pädagogischen Orientierung zwischen Lebenswelt, Institution und Staat (Gesetz/Recht) nachgezeichnet, der ein Team von Pädagoginnen folgt, um der Verfestigung von Gewaltbereitschaft bei einer Jugendlichen zu begegnen (2).

Im dritten Teil werden daraus Konsequenzen für die Theorie und Praxis der Jugendhilfe, insbesondere der Heimerziehung, gezogen. Die eigentliche Aufgabe von PädagogInnen in diesem Feld wird als Vermittlung zwischen den Systemen Lebenswelt, Institution und staatlichen Gesetzen bestimmt und nicht als parteiliches Vertreten eines Systems gegen die anderen (3).

1. Gesellschaftliche Hintergründe für berufliche Unsicherheiten

> „Auf gewalttätige Übergriffe von Kindern/Jugendlichen gegenüber anderen Personen kann man mehr oder weniger eindeutig reagieren. Nur wenn man als Pädagogin sehr genau weiß, wie eine angemessene Antwort auf die Gewalthandlung des Kindes/Jugendlichen aussieht, wird diese den Charakter einer bloßen Reaktion übersteigen und das Kind/den Jugendlichen dazu bringen, sich mit seiner Tat auseinanderzusetzen. Dazu muss man das Kind/den Jugendlichen zur Rede stellen, sich mit ihm konfrontieren und mit ihm im Rahmen eigener Vorgaben eine Wiedergutmachung aushandeln. Bei all dem braucht man den Mut, in eindeutiger Weise die Führung zu übernehmen."

Wie geht es Ihnen beim Lesen der vorangegangenen Zeilen? Ich vermute, dass Sie sich hin- und hergerissen fühlen: einerseits werden Sie vielleicht aufgrund eigener praktischer Erfahrungen zustimmen, vielleicht sogar eingedenk eigener Unsicherheiten in ähnlichen Situationen die Klarheit der Aussage bewundern. Andererseits werden Fragen auftauchen wie: Spricht aus diesen Zeilen nicht eine überholte Konzeption von Pädagogik (zur Rede stellen, konfrontieren, Führung)? Sollen und müssen wir Pädagoginnen nicht in erster Linie Partner sein, die das Kind/den Jugendlichen auf dem Hintergrund seiner Lebenswelt verstehen und unterstützen? Sind die Kinder/Jugendlichen nicht selbst in vielfältiger Weise Opfer von (gesellschaftlicher bzw. struktureller) Gewalt? Brauchen sie nicht parteiliche Fürsprecher, gerade in Situationen, in denen sie nach Maßstäben der Gesellschaft gefehlt haben, einer Gesellschaft, die diesen Kindern/Jugendlichen selbst angemessene soziale Teilnahmechancen verweigert hat?

Der Fragenkatalog ließe sich fortsetzen. Deutlich wird geworden sein, dass wir der eingangs geforderten Eindeutigkeit ambivalent gegenüberstehen. Die für das Aufwachsen von Jugendlichen prognostizierten Trends ‚Individualisierung von Lebenslagen' und ‚Pluralisierung von Lebensentwürfen' (vgl. 8. Jugendbericht) betreffen auch die erwachsenen Jugendhilfemitarbeiterinnen. Ob PädagogInnen heute überhaupt noch wissen können bzw. dürfen, was für einen anderen (ein Kind/einen Jugendlichen) gut und richtig ist, steht zur Debatte. Schließlich prägen die Begriffe ‚Lebenswelt- und Adressaten-Orientierung', ‚Partizipation' und ‚Aushandlungsprozesse' unser berufliches Selbstverständnis und immer mehr auch unsere Praxis. Wir haben uns in reflektierter Weise davon verabschiedet, unsere Normen als die richtigen zu unterstellen. Wir hüten uns davor, das Gegenüber mittels vorgegebener Schemata einzuordnen und/oder zu diagnostizieren. Immer mehr begleiten wir Kinder und Jugendliche und stützen ihre selbstgewählten, zum Teil brüchigen und widersprüchlichen Verhaltens- und Lebensarrangements, weil wir wissen, dass diese für sie Sinn machen und im Kontext ihrer Lebenswelt nachvollziehbar und logisch sind.

Und doch stößt diese neue Philosophie der Jugendhilfe an ihre Grenzen: Kinder und Jugendliche wenden sich in Einrichtungen der Jugendhilfe (in Heimen, in Tagesgruppen, in Jugendzentren, bei der Mobilen Jugendarbeit etc.) immer wieder in aggressiver und verletzender Weise auch gegen ihre Betreuerinnen; sie fordern diese heraus, testen deren Grenzen, verwickeln sie in Machtkämpfe, machen sie punktuell zu ihren Gegnern. Im Gegensatz zu ihren verbalen Äußerungen, in denen die ‚Kids' häufig den verständnisvollen, kumpelhaften und parteilichen Erwachsenen einklagen, signalisiert ihr interaktives Verhalten die Suche nach Konflikt und Auseinandersetzung mit VertreterInnen der Erwachsenenwelt. Das Konzept ‚Sich am Jugendlichen Orientieren' (Arend/Hekele/Rudolph 1995) erachtet die im Verhalten ausgedrückten Willensbekundungen für genauso relevant wie die verbalen Äußerungen von jungen Menschen. Die Frage lautet deswegen: Wie viele und welche Konflikte mit Erwachsenen brauchen Kinder und Jugendliche? Wo sollten sich Erwachsene nicht hinter eine verständnisvolle Haltung zurückziehen, weil es gerade darum geht, im Dissens mit ihnen etwas Gewagtes (zum Teil auch Grenzüberschreitendes: Gewalt, Drogen, Sexualität …) auszuprobieren und in der Auseinandersetzung mit Erwachsenen die Verantwortung für dieses Verhalten und seine Folgen tragen zu lernen? Konflikte zwischen Kindern/Jugendlichen und JugendhilfemitarbeiterInnen wären in dieser Perspektive zumindest zum Teil unvermeidbar, Gewaltattacken häufig eine Einladung zu Dissens und Auseinandersetzung. Betrachtet man das ‚normale' gesellschaftliche Umfeld, so ist dies auch kein Wunder.

> „In einer deutschen Großstadt im Jahr 1998: Es ist Winter und es hat geschneit. An einer U-Bahn-Haltestelle bewerfen vier Jungen im Alter von ca. 12 bis 14 Jahren Passantinnen, die eine Rolltreppe herauf gefahren kommen. Die Treppe ist relativ dicht mit Menschen besetzt. Viele der Schneebälle treffen ihr Ziel. In den 10 Minuten, die ich diese Szene beobachte, setzt sich keine Passantin zur Wehr. Die von Schneebällen getroffenen Menschen schauen weg: tun so, als ob sie nichts gemerkt hätten; fluchen leise vor sich hin; ducken sich weg; lächeln verzagt, grinsen. Die Nicht-Betroffenen schauen indifferent, zum Teil auch fasziniert zu."

Diese Szene hätte sich in meiner Kindheit (um 1965 herum) so nicht ereignet: Irgendein Erwachsener hätte sich lautstark erregt, die Fäuste geschwungen, hätte versucht, den Jugendlichen entgegenzutreten, hätte andere oder die Polizei mobilisiert etc. Vielleicht hätten sich Erwachsene zusammengetan und ihrerseits mit Schneebällen verbissen zurückgeworfen. Vielleicht hätten Menschen herzlich gelacht, ‚ihr Lausbuben' gerufen, mit Sympathie in der Stimme und mit nur scherzhaft gemeinten Drohgebärden. Irgendeine eindeutige Reaktion wäre jedenfalls gekommen. Und um die ging, so vermute ich es, der kleinen ‚Gang'. Schließlich bewarfen sie nicht die herabfahrenden, sondern in erster Linie die herauffahrenden Passantinnen: die, mit denen sie in kürzester Zeit auf einer Ebene stehen würden; diejenigen, die sich mit ihnen direkt konfrontieren könnten. Insofern waren die Jungen mutig und aufgeschlossen für eine Begegnung. Diese fand nicht statt. Mit ihrer trotz der spielerischen Züge durchaus ernst gemeinten Provokation, mit ihrem kalkulierten Angriff auf wehrlose Erwachsene, liefen sie ins Leere.

Mit dieser Geschichte will ich nicht den Mief und Muff der alten Bundesrepublik in der Ära vor der Studentenrevolte verteidigen (Engler 1995, S. 111). Die Verächtlichmachung autoritären Gehabes, die Abschaffung der Prügelstrafe in der Schule, das ungezwungenere Verhalten von Kindern und Jugendlichen in öffentlichen Räumen, all das sind unzweifelhaft Fortschritte im gesellschaftlichen Leben. Auf konservativer Seite wird häufig argumentiert, das die Nicht-Reaktion von Erwachsenen auf solche wie die oben geschilderte Provokation, deren bequemes Sich-bedeckt-Halten, eine direkte Konsequenz der ‚Zersetzung von Autoritäten und des allgemeinen Werteverfalls in einer liberalistischen Gesellschaft' (Süddeutsche Zeitung, 20.3.1995) sei. Gewalt und Randale von Kindern/Jugendlichen gegenüber Erwachsenen wird als folgerichtige Bestrafung einer falschen antiautoritären Haltung in Elternhäusern und Schulen der 1970er und 80er Jahre gewertet. Eine solche Argumentation verdankt sich nicht nur der Sicht durch eine ideologische Brille, sie schaut noch nicht einmal genau hin: Wenn man ernsthaft daran interessiert ist, das Verhalten der Menschen auf der Rolltreppe, die sich nicht gewehrt haben, zu analysieren, so muss dieses durch mindestens 6 verschiedene Motivationsstränge bedingt gedacht werden:

1. Ort des Geschehens ist ein öffentlicher Raum, die Rolltreppe einer U-Bahn-Station. Dieser scheint in der Perspektive der nicht-reagierenden BürgerInnen eine reine ‚Verkehrsfläche' ohne eigene Bedeutung zu sein, die niemandem gehört und bestenfalls von randständigen Existenzen (jugendlichen Cliquen, Pennern, Punks) besetzt wird. In einem solchen Raum will der Einzelne für das Geschehen keine Verantwortung übernehmen und vermeidet, sich durch sein Verhalten zu exponieren. Das verweist auf eine starke Dichotomie zwischen der Sphäre des Öffentlichen und des Privaten: Während diese von den BürgerInnen überwiegend funktional verwendet wird und kaum als eigene, zu gestaltende Lebenswelt begriffen wird, dient das Private zum Rückzugsort für emotional bedeutsame Kommunikationen und Bedürfnisse nach Nähe, eine Entwicklung, die in der Öffentlichkeit ein gefährliches, soziales Vakuum hinterlässt und das Private mit nicht selten uneinlösbaren Ansprüchen überfrachtet.

2. Die PassantInnen waren sich unsicher darüber, ob ihre Beurteilung der Situation (Angriff, Belästigung) auch von den anderen geteilt würde oder ob diese die Situation nicht ganz anders einschätzten (‚harmloser Spaß', ‚... so sind halt Kinder ...' etc.). Dies deutet auf einen relativ stark individualisierten Wertekanon hin, der als solcher reflektiert und deswegen nicht per se Zustimmung von anderen Personen erwartet. Die Pointe ist allerdings, dass wahrscheinlich sehr viele PassantInnen das Schneeballwerfen als ‚Angriff' empfunden haben, sich nur nicht über die Bewertung der Situation verständigen konnten. Das lässt auf BürgerInnen rückschließen, die wenig oder gar nicht in der Lage sind, ihre Ansichten oder Interessen in der Öffentlichkeit zu artikulieren und gemeinsam aufeinander abzustimmen. Nicht dass gemeinsame Werte per se fehlen würden, ist also das Problem, sondern der mangelnde Anschluss derselben an einen öffentlichen Diskurs.

3. In der geschilderten Situation sind Passantinnen strategisch gesehen im Nachteil: Ihnen steht kein Schnee zur Verfügung, sie haben wenig Bewegungsfreiheit auf der engen Rolltreppe. Es bedürfte einiger Kreativität, um in einer solchen ausweglosen Lage überhaupt bedeutungsvoll reagieren zu können. Eine solche Strategie müsste von vornherein die eigene Ohnmacht bzw. die Nicht-Kontrollierbarkeit dieser Situation mit einbeziehen und aus dieser ‚Schwäche' eine ‚Stärke' machen. Solche Strategien sind in westlichen Gesellschaften unüblich und werden schon gar nicht öffentlich eingeübt. Folgt man den Titeln der im Buchhandel üblichen Ratgeber für verschiedene Lebenssituationen (*Das Bewerbungsgespräch – wie ich mein Gegenüber für mich einnehme, Mobbing-effektive Strategien gegen unliebsame Kollegen, Konkurrenz am Arbeitsplatz – wie steche ich meine Gegner aus?*) werden (Verhaltens-)Techniken favorisiert, die für sich die vollständige Kontrolle über schwierige Situationen bzw. den ‚Sieg über den Gegner' reklamieren. Der Mythos technischer Machbarkeit auch im zwischenmenschlichen Bereich dominiert das Denken. Wo das eigene Scheitern dagegen möglich bzw. wahrscheinlich erscheint, zieht man sich lieber auf Nicht-Reagieren zurück.

4. Die Passantinnen sind zum großen Teil unterwegs zu irgendeinem Ziel. Der Schneeball-‚Überfall' ist eine Störung auf diesem Weg, in den jeder/jede so eingebunden erscheint, dass er/sie keine Zeit bzw. keine Energie für situationsbedingte Abweichungen aufbringen kann. Das verweist auf ein hohes Niveau von selbst- bzw. fremd-organisierter Verplantheit und ein hohes Maß an Kräfte-Ökonomie, wie sie für die Arbeits- und Lebensbedingungen in einer modernen Großstadt typisch sind.

5. Nicht zuletzt dürfte auch die Angst der Passantinnen vor einer direkten Konfrontation mit den Kindern selbst eine Rolle gespielt haben (Engler 1995, S. 111). Dabei dürfte die Furcht vor möglicher physischer Verletzung durch diese eher untergeordnet sein. Viel tiefer sitzt die Angst, sich vor den anderen Zuschauern und Mitbetroffenen zu wehren und von niemandem dabei Hilfe erwarten zu können. Phantasiert wird dabei nicht nur eine blamable Niederlage (man versucht sich zu wehren, wird von den Kindern aber ‚eingeseift' oder rutscht aus und fällt hin etc.), sondern auch das Alleingelassen-Werden inmitten einer großen Schar von Menschen. Dies verweist auf tatsächlich erlebte oder erwartete Entsolidarisierungsprozesse in der Gesellschaft und einen niedrigen Erwartungshorizont für gemeinschaftliches solidarisches Handeln.

6. Zumindest einige der Passantinnen dürften aber mit dem provokativen Verhalten der Kinder auch sympathisiert haben: Erinnerungen an eigene Lausbubenstreiche bzw. die Sehnsucht, wieder einmal aus der beherrschten Erwachsenenrolle ausbrechen zu können, werden dabei eine wichtige Rolle gespielt ha-

ben. Dies verweist auf einen hohen Konformitätsdruck in Bezug auf das eigene Verhalten, internalisierte gesellschaftliche Standards und ein damit korrespondierendes Potential ‚klammheimlicher Freude' an anarchischen Regelverstößen, auch wenn diese in der Hauptsache an andere delegiert bzw. von einem selbst nur im Verborgenen praktiziert werden (siehe z. B. die Sympathie, mit der der Kaufhauserpresser ‚Dagobert' in der Öffentlichkeit bedacht wurde etc.).

Was hat das alles mit unserem Gewaltthema zu tun? Warum bemühe ich mich, das Nicht-Verhalten der Passantinnen so ausführlich zu analysieren? Aus vier Gründen:

Erstens, um aufzuzeigen, dass die übliche Rede von ‚Autoritätsverlust' und ‚Wertezerfall' zu simpel ist. Die Situation ist nicht auf eine einzige, isolierte gesellschaftliche Mängellage zurückzuführen, sondern entspringt der Gesamtdynamik einer hochgradig rationalisierten und individualisierten Gesellschaft, innerhalb derer die Funktionsdifferenzierung und Segregation der Lebensbereiche in den letzten 30 Jahren noch einmal zugenommen haben. Weder sind solche Entwicklungen einfach zurückzuschrauben, noch lässt sich behaupten, dass Öffentlichkeit oder Solidaritätserfahrungen in der Geschichte der Bundesrepublik bereits einmal eine weit größere Bedeutung besessen hätten. Tatsächlich aber werden täglich politische Entscheidungen gefällt, siehe z. B. die privatwirtschaftlich vorbereitete und inzwischen staatlich weitgehende Deregulierung der Medienmärkte, welche Individualisierung und Rückzug ins Private sicherlich noch weitertreiben.

Zweitens, weil die beschriebene in der Öffentlichkeit vorherrschende Haltung immer mehr zu einer Konstanten in der Lebenswelt von Kindern und Jugendlichen geworden ist. Die Unsicherheit, wo Gewalt beginnt und wie auf welche Formen angemessen zu reagieren ist, reicht weit in die Elternhäuser und Schulen. Ich behaupte, dass Gewalt häufig das Produkt einer Eskalation von Konflikten und Provokationen ist. auf die ein Kind/ein Jugendlicher keine eindeutige Antwort erhält. Insofern stellt die Episode an der U-Bahn-Station einen relativ harmlosen Akt dar, der allerdings im Zusammenhang mit anderen Prozessen zu schwerwiegenderen Formen von Gewalthandlungen führen kann.

Drittens, weil sich durch diese Entwicklung die Aufgabe der Jugendhilfe gegenüber der Öffentlichkeit, was das Thema ‚Gewalt' betrifft, verändert hat. Deren progressive Rolle bestand einmal darin, einer an autoritären Idealen orientierten, der eigenen Normen allzu sicheren, ‚spießbürgerlichen' Gesellschaft das abweichende Verhalten von Kindern und Jugendlichen verständlich zu machen, es ihr gegenüber in Schutz zu nehmen und in seiner medial dramatisierten Gefährlichkeit zu relativieren. Heute verstärkt man durch eine solche Argumentation die ohnehin schon grassierende Ambivalenz und Uneindeutigkeit. Wichtiger erscheint deswegen heute eine Diskussion über Standards der Zivilgesellschaft zu führen, Dezivilisierungsphänomene (vgl. Engler 1995,

S. 85–143, vor allem 120 ff.) in verschiedenen Bereichen der Gesellschaft deutlich zu machen, über die Notwendigkeit von Konflikt und Dissens zwischen den Generationen nachzudenken und konkrete Formen von Zivilcourage einerseits und De-Eskalationsverhalten andererseits einzuüben.

Vom konservativen Ruf nach ‚Recht und Ordnung' unterscheidet sich eine solche Position durch zweierlei: Die Sicherung ziviler Umgangsformen wird nicht an den Staat, die Polizei, die Schule oder Jugendhilfe delegiert, sondern gehört zunächst in den Verantwortungsbereich aller BürgerInnen und damit in deren Alltag. Die Ursachen für De-Zivilisierungsphänomene werden nicht isolierten Prozessen und Instanzen (Wertezerfall, Auflösung der Familie etc.) zugeschrieben, sondern im Zusammenhang mit Modernisierungsprozessen analysiert und diskutiert. Dadurch gerät ein Gesellschaftsmodell auf den Prüfstand, das zugunsten von Profit alle Beziehungen, die zur inneren und äußeren Natur, wie die der Menschen untereinander, der Kommerzialisierung und Technisierung unterwirft (Horkheimer/Adorno 1974).

Viertens, weil sich auch Jugendhilfemitarbeiterinnen immer wieder wie die Passantinnen auf der Rolltreppe verhalten: Angesichts von Gewalt in ihrem Arbeitsfeld schauen sie weg, bleiben ambivalent, handeln unentschlossen, wirken diffus. Das ist auch kein Wunder Als Mitglieder der Gesellschaft sind Jugendhilfemitarbeiterinnen denselben Strukturen ausgesetzt, wie jeder andere Bürger auch. Bei genauerer Betrachtung scheint es sogar, dass ihre Berufsrolle eine besondere innere Verwandtschaft mit der Rolltreppen-Situation besitzt:

Jugendhilfe-Pädagoginnen sind qua Berufsrolle (Jugendhilfe ist ein Teil öffentlicher Erziehung) dazu gezwungen, sich in (halb-)öffentlichen Räumen zu exponieren, die von vielen anderen eingesehen werden (KollegInnen, Leitung, Landesjugendamt, Passantinnen, andere Kinder/Jugendliche etc.). Sie sind auf einen hohen und tragfähigen Wertekonsens innerhalb ihres eigenen beruflichen Umfeldes angewiesen und müssen wissen, wie man einen solchen herstellt. Sie müssen eigene Ziele verfolgen, ohne jemals eine annäherungsweise vollständige Kontrolle über Situationen oder Personen gewinnen zu können. Gewaltvorkommnisse werden von Pädagoginnen fast immer als Störungen der Arbeitsroutine erlebt, auf die zu reagieren schon aufgrund der knapp bemessenen Zeit schwerfällt. Von ihnen sind häutig schnelle, persönlich zu verantwortende und eindeutige Reaktionen gefordert, die nicht nur Ängste in Bezug auf das Gegenüber (das Kind/den Jugendlichen) aufwerfen, sondern auch die Sorge, ob die anderen beobachtenden Erwachsenen (Kolleginnen etc.) mit dem, was man tut, einverstanden sein werden. Schließlich neigen nicht wenige Pädagoginnen aufgrund eigener aggressiver und nonkonformer Persönlichkeitsanteile dazu, sich sehr eng mit Jugendlichen zu identifizieren und an diese Verhaltensweise zu delegieren, die sie sich selbst im Zuge unvermeidlicher Anpassungsleistungen abgewöhnt haben.

Um zum Ausgangspunkt zurückzukommen: Die Ambivalenz der LeserInnen gegenüber den Eingangszeilen ist weder nur auf individuelle, biographische Dispositionen noch auf einen jugendhilfespezifischen Diskurs zurückzuführen. Jugendhilfemitarbeiterinnen partizipieren, reflektiert oder nicht, an einer weit verbreiteten Ambivalenz und Uneindeutigkeit gegenüber Gewalt, die weite Kreise der Gesellschaft ‚befallen' hat. Als Angehörige einer bestimmten Berufsgruppe, die für öffentliche Erziehungsleistungen zuständig ist, verschärfen sich für sie sogar einige der dafür verantwortlichen Bedingungen und bilden im Gegensatz zum Durchgangscharakter für die Passantinnen der Schneeball-Episode die kontinuierliche Hintergrundfolie ihres beruflichen Handelns. Insofern ist es gerade für JugendhilfemitarbeiterInnen entscheidend, das eigene Verhältnis zu Gewaltphänomenen des eigenen Klientels zu klären. Aufweiche Widerstände und Grenzen man dabei stößt, wie dieses Verhältnis ganz schnell auch die Sphäre von Staat, Gesetz und Polizei berührt und auf welche Zick-Zack-Linie im Verhalten und in der Legitimation der eigenen Argumente man dabei gerät, soll uns der nächste Abschnitt zeigen.

2. Pädagogik als Basteln mit Elementen von Lebensweltbezug, institutioneller Beziehungsarbeit und rechtsstaatlichen Prinzipien

Im zweiten Teil wollen wir relativ ausführlich die Geschichte einer fünfzehnjährigen Jugendlichen darstellen, die in verschiedenen Situationen gewalttätig wird und deswegen mit unterschiedlichen pädagogischen Reaktionsweisen konfrontiert wird. Dieser Fall wurde nicht ausgewählt, weil er mit einem besonders dramatischen Verlauf beeindrucken könnte; ebenso wenig, weil sich an ihm originelle, besonders wirksame pädagogische Interventionen darstellen ließen. Es handelt sich im Gegenteil um einen ‚stinknormalen' Fall, wie er in der Jugendhilfe tagtäglich und überall vorkommt: Die Gewalttaten des Mädchens wiegen mittelmäßig schwer. Die PädagogInnen ‚schwimmen' und ‚basteln' in gewohnter Weise (vgl. zu dem Begriff des ‚Bastelns' bzw. des ‚professionellen Spielens': Schwabe 1994 b). Der Erfolg kann sich sehen lassen, wird aber niemanden begeistern. Und dennoch – oder gerade deswegen lassen sich aus diesem alltäglichen Fall einige allgemeine für die Theorie und Praxis der Jugendhilfe vernachlässigte Folgerungen gewinnen.

> Wir berichten von Fritzi, die zu Beginn der hier geschilderten Episoden 14,5 Jahre ist. Fritzi ist ein pummeliges, auf den ersten Blick nicht besonders attraktives Mädchen, das aufgrund seines offenen und direkten Wesens gut ankommt und schnell Kontakt bei jüngeren Kindern, Gleichaltrigen und Erwachsenen findet. Fritzi wurde von mindestens zwei Partnern ihrer leiblichen Mutter jeweils über längere Zeit sexuell missbraucht. Die Mutter kann aufgrund emotionaler und intellektueller Ein-

schränkungen für keines ihrer vier Kinder dauerhaft sorgen. Fritzi kam von einer mädchenspezifischen Inobhutnahmeeinrichtung direkt ins Heim, in eine Einrichtung mit zwei Gruppen zu je neun Kindern/Jugendlichen.

Von Anfang an (Sommer 1993) schwankt Fritzi zwischen kleinkindhaften Versorgungs- und Anlehnungswünschen (nennt die ErzieherInnen gerne ‚Mama', ‚Papa' und ‚Onkel') und heftigen Autonomiewünschen. Sie bricht häufig Gruppenregeln und mit ihr getroffene Absprachen, unterschlägt Geld, läuft z. T. tagelang weg, kommt aber immer wieder zurück und gibt an, sich im Heim wohl zu fühlen.

Die Beziehung zur Mutter gestaltet Fritzi mal näher und intensiver, mal in Form unregelmäßiger Besuche. Das Heim hat gelernt, dass ein eigener Kontakt zur Mutter unabhängig von den schwankenden Beziehungswünschen Fritzis für alle Beteiligten hilfreich ist.

Fritzi experimentiert wie fast alle Jugendliche im Laufe des Heranwachsens mit Sex, Gewalt und Drogen. Das Ausprobieren jeder dieser drei ‚Stimulantien' nimmt bei ihr allerdings jedes Mal einen heftigen Verlauf und führt sie in schwere Konflikte mit sich selbst und ihrer sozialen Umwelt. Im Verlauf der Fallschilderung müssen wir uns auf das Thema Gewalt beschränken.

In Bezug auf Aggression und Gewalt war Fritzi vor den hier geschilderten Ereignissen nach unserem Kenntnisstand nicht auffällig geworden.

1) Mai bis Juli 1994 (Fritzi ist gerade 14 Jahre geworden): eine lange Periode des Schule-Schwänzens trotz Vermittlung des Heimes. Fritzi ist immer wieder ein bis zwei Nächte unterwegs. In der Schule kommt es mehr noch zu Konflikten mit der Klassenlehrerin, die von Fritzi mit heftigen sexuellen Beschimpfungen belegt wird. Anfang Juli droht Fritzi der Lehrerin nach einem Konflikt Schläge an. Mitte Juli kommt es zu einer Gewaltattacke (schlägt Lehrerin). Die Förderschule für Lernbehinderte nimmt diesen Vorfall zum Anlass, um beim Oberschulamt die Umschulung von Fritzi in eine ‚Schule für Erziehungshilfe' durchzusetzen.
2) Oktober 1994: Nach einer längeren Periode der Ruhe und Ausgeglichenheit geht Fritzi wieder auf Trebe. Auf einem Kirmesplatz kommt es nachts zu einer körperlichen Auseinandersetzung zwischen ihr und einer älteren, schwangeren Jugendlichen. Fritzi kommt am nächsten Tag von sich aus ins Heim zurück, sie hat Angst von der Jugendlichen bzw. deren Freund bzw. der Polizei aufgegriffen zu werden. Ihre Heimbetreuerin geht mit ihr gemeinsam zur Polizei. Die Jugendliche hat keine Anzeige erstattet. Fritzi hat Angst, dass das ungeborene Kind abgegangen sei. Die Geschichte lässt sich nicht weiter aufklären.
3) 20.3.1995: Fritzi verprügelt ein gleichaltriges Mädchen (Karin) aus einer anderen Heimgruppe (eine Außenwohngruppe desselben Heimträgers) im Nachbarort Sie schlägt deren Kopf mehrfach gegen eine Mauer und tritt dem am Boden liegenden, an den Lippen blutenden Mädchen in den Bauch. Motiv: Eifersuchtsintrigen zwischen mehreren Mädchen, bei denen es um Jungen geht. Fritzi hat nach eigenen Angaben nicht für sich selbst, sondern für ihre beste Freundin (Christa) geschlagen.

4) 23.5.1995 (Fritzi ist inzwischen 15 Jahre geworden): Fritzi schwänzt die Schule, stürmt in das Klassenzimmer Karins, schlägt diese erneut vor der gesamten Klasse mehrfach ins Gesicht und verschwindet.
5) 17.7.1995: Fritzi hat Streit mit ihrer besten Freundin Christa. Der Streit wird so laut und heftig, dass eine Erzieherin beschließt einzugreifen, weil sie Angst hat, dass Fritzi tätlich wird. Als sie Fritzi anfasst, wird sie von dieser ins Gesicht geschlagen, an den Haaren gezogen und getreten.
6) 6.11.1995: Gerichtsverhandlung wegen der Körperverletzung Karins am 20.3.95. Fritzi wird zu 40 Arbeitsstunden in einer sozialen Einrichtung verurteilt.

Soweit die nüchternen Fakten. Mit welchen Überlegungen und Handlungen haben die Mitarbeiterinnen des Heimes auf die Gewaltvorkommnisse geantwortet?

Die *erste Gewaltepisode* konnte nicht aufgearbeitet werden, da die Schule die Ausschulung von Fritzi definitiv beschlossen hatte und sich Fritzi aufgrund dieses ‚Rausschmisses' und angesichts der herannahenden Ferien (noch 10 Tage Schule) weigerte, noch ‚einen Schritt' in die Schule zu setzen.

Nachdem die PädagogInnen des Heimes über Monate sehr viel Energie (Gespräche, Telefonate, Fahrten) investiert hatten, um Fritzi den weiteren Besuch dieser heim-nahen Schule zu ermöglichen, war nun vonseiten der PädagogInnen wenig Bereitschaft vorhanden, Konfliktpersonen (Lehrerin, Schulleiter, Fritzi) gegen ihren erklärten Willen an einen Tisch zusammenzubringen. Einerseits empfanden die Pädagoginnen den Schulausschluss von Fritzi als eine ‚gerechte Strafe', von der sie sich einen länger anhaltenden Eindruck auf Fritzi erhofften. Andererseits ärgerten sich die Pädagoginnen über die Lehrerinnen, die es sich mit diesem Schritt relativ einfach gemacht hatten.

Auch die *zweite Gewaltepisode* fand keine eingehende Bearbeitung. Die Jugendliche vom Rummelplatz blieb verschwunden. Auf die Selbstmeldung bei der Polizei folgte keine Konsequenz. Das Heim war froh, das Fritzi zurückgekehrt war. In Anbetracht der Möglichkeit ihres erneuten Verschwindens wollten die Pädagoginnen es nicht riskieren, mit Fritzi über den Rummelplatz zu laufen, um mit Hilfe vager Bekanntschaften den Namen bzw. Aufenthaltsort des Mädchens herauszufinden. Fritzi, die sich anfangs recht betroffen zeigte, wehrte das Thema bereits wenige Tage später ab. Der Vorfall glitt in eine diffuse Bedeutungslosigkeit zurück.

Erst die *dritte Episode* bot günstigere Voraussetzungen für eine pädagogische Bearbeitung. Die Pädagoginnen der Außenwohngruppe waren sofort nach dem Vorfall mit dem geschlagenen Mädchen in ein Krankenhaus gefahren und hatten die Verletzungen dort behandeln und protokollieren lassen. Die Mutter des Mädchens wurde noch am selben Tag informiert. Noch am selben Abend setzten sich Pädagoginnen aus den beiden Heimgruppen zusammen, um über das weitere Vorgehen zu beraten. Zu Beginn dieses Treffens wurde von den

PädagogInnen der Außenwohngruppe die Idee einer Anzeige wegen Körperverletzung bei der Polizei in den Raum gestellt. Drei Argumente sprachen zunächst dagegen: Erstens die Erfahrung der langen Zeitspannen von der Tat bis zur Vernehmung durch die Polizei (5 bis 20 Tage) und von dieser bis zur Gerichtsverhandlung (5 bis 15 Monate). In diesen Zeiträumen würde sich nach der Erfahrung der Pädagoginnen das Geschehene und die Betroffenheit von bzw. für Fritzi wieder auflösen und in einem Nebel von Unwirklichkeit versinken. Zweitens wurde befürchtet, dass sich Fritzi von ‚ihren' PädagogInnen an die Justiz-Maschinerie abgeschoben fühlen würde und diese lediglich als ein äußerliches Disziplinierungsinstrument empfinden würde, das sie persönlich nicht erreicht. Drittens war die Gefahr gegeben, dass Fritzi auf die Polizeikontakte mit irrationalen Ängsten reagieren und erneut für längere Zeit aus dem Heim verschwinden würde.

Deshalb wurde beschlossen, den Versuch mit einem privat organisierten Täter-Opfer-Ausgleich zu machen: Fritzi sollte zu einem Gespräch in die Außenwohngruppe gebracht werden, an der das geschlagene Mädchen, die Mutter und je ein Pädagoge aus einer der beiden Heimgruppen teilnehmen sollten. In diesem Gespräch sollte der Tathergang rekonstruiert, die Motive so weit wie möglich deutlich werden und sollte das Mädchen eine vorher mit ihrer Pädagogin ausgedachte Wiedergutmachungsforderung an Fritzi stellen. Das Ganze sollte mit einem schriftlichen Kontrakt und der Ankündigung von Konsequenzen bei Nichteinhaltung desselben bekräftigt werden.

Ein solcher selbstorganisierter Täter-Opfer-Ausgleich war im Heimalltag schon verschiedene Male praktiziert worden und schien für die beteiligten Pädagoginnen eine gute Möglichkeit, den Gewaltvorfall mit allen Betroffenen in kurzer Zeit vor Ort so zu bearbeiten, dass

- er die soziale Bedeutung bekam, die der Heftigkeit der Gewalthandlung entsprach,
- Fritzi in einer persönlichen Art und Weise mit ihrer Gewalthandlung konfrontiert und dafür zur Verantwortung gezogen wurde,
- sie neben dem Sanktionscharakter der ‚Veranstaltung' eine faire Chance zur Wiedergutmachung und Aussöhnung mit dem Mädchen bekam.

Nachdem über diesen Punkt Einigkeit in den beiden Pädagoginnen-Teams hergestellt wurde, kam die Idee der Anzeige erneut auf den Tisch. Es wurde argumentiert, dass Fritzi mit ihren fast 15 Jahren strafmündig sei, es der dritte Gewaltvorfall innerhalb eines Jahres war und Fritzi neben der pädagogischen, auf ihre Person und ihr Einsichtsvermögen abgestimmten Intervention auch mit der öffentlich-rechtlichen bzw. staatlichen Seite ihrer Handlung konfrontiert werden sollte. Außerdem wurde der Effekt für günstig erachtet, dass die Gewalthandlung zu einem späteren Zeitpunkt noch einmal zur Sprache kam, so dass Fritzi ein Gefühl dafür bekam, dass bestimmte Grenzverletzungen vielleicht von ihr vergessen werden, aber von anderer, öffentlicher Seite wieder auf sie zurückkommen.

Die Anzeige erschien nun als ein ‚Gebot des Realitätsprinzips', während die sozialpädagogische Intervention (der privat organisierte Täter-Opfer-Ausgleich) vor allem die Beziehungsebene der in den Vorfall verwickelten Menschen berücksichtigte. Beide Ebenen schienen nun nicht mehr nach dem Entweder/Oder-Muster getrennt werden zu können. sondern wurden als zwei Seiten einer Medaille betrachtet.

Insofern wurde beschlossen, dem Mädchen bzw. der Mutter falls diese es wollten, nicht von einer Anzeige abzuraten und Fritzi gegenüber folgende Argumentation einzunehmen: „Du hast etwas getan, was das Mädchen und Dich betrifft, darüber hinaus aber auch die Familie des Mädchens und unser Heim und unsere beiden Gruppen. Wir wissen, dass Du selbst nicht gut findest, was Du getan hast, deshalb bieten wir Dir die Möglichkeit, die Sache hier zwischen Dir und dem Mädchen und seiner Familie, und hier im Heim wieder in Ordnung zu bringen … Allerdings hat die Angelegenheit noch eine andere, öffentliche Seite: Das Krankenhaus hat die Verletzungen aufgeschrieben. Die Mutter des Mädchens kann jederzeit bei der Polizei eine Anzeige wegen Körperverletzung erstatten. Wir haben keine Kontrolle darüber, ob sie das tut oder nicht. Wir werden sie allerdings nicht davon abhalten. In diesem Falle müsstest Du mit einer Gerichtsverhandlung rechnen, wir werden Dich dabei unterstützen und begleiten, allerdings finden wir auch richtig, dass Du für Deine Handlung von offizieller Seite bestraft wirst."

Soweit die pädagogischen Ideen: Sie wurden allerdings von zwei Seiten durchkreuzt. Erstens fand sich die Mutter des Mädchens nicht bereit, zu dem oben skizzierten Gespräch in die Außenwohngruppe zu kommen. Nach dem Motto ‚Reden bringt ja doch nichts', wollte sie unbedingt eine Anzeige vornehmen, mit dem anderen Teil einer innerinstitutionellen Wiedergutmachung jedoch nichts zu tun haben. Ebenso deutlich weigerte sich Fritzi, zu einem Gespräch in die Außenwohngruppe zu kommen. Sie stand nach wie vor auf dem Standpunkt, dass es die ‚blöde Kuh' verdient hätte, äußerte aber, dass sie mit einer Anzeige einverstanden und damit dann doch auch genug bestraft sei.

Natürlich hätte es die Möglichkeit gegeben, Fritzi mit Zwang in die Außenwohngruppe zu bringen oder ihr Sanktionen für den Fall anzudrohen, dass sie es nicht täte. Dies schien den Pädagoginnen jedoch wenig erfolgversprechend und drohte außerdem, in eine weitere Eskalation, eventuell mit erneuten Gewalthandlungen, zu führen. Tatsächlich wurde folgendes in die Tat umgesetzt: Fritzi bekam von dem für sie zuständigen Team einen Brief (diese Kommunikationsform war für Fritzi positiv besetzt) geschrieben, in dem diese die Erwartung an sie ausdrückten, die Gewalthandlung in Ordnung zu bringen und ihr anboten, innerhalb der nächsten 14 Tage jederzeit mit ihr in die Außenwohngruppe zu gehen, um dies dort zu tun. Dieser Brief wurde von zahlreichen persönlichen Gesprächen flankiert. Von der Außenwohngruppe wiederum erhielt Fritzi einen Brief, dass sie bis zu dem Zeitpunkt einer Wiedergutmachung Haus- und Geländeverbot erhalten würde und sich die Außenwohngruppe bis zu diesem Zeitpunkt weigern würde, Fritzi bei sich zu beherbergen (dies war in zwei oder drei Situationen notwendig geworden, in denen Fritzi sich kurzfristig dazu entschlossen hatte, nicht ihre Mutter zu besuchen, das Heim aber geschlossen hatte). Beide Briefe waren im Sinne von moralischen Appellen geschrieben, die durchaus wissen, dass das angesprochene Gegenüber die Möglichkeit hat, sich ihnen zu entziehen. Eine solche Position der gleichzeitigen Forderung und Ohnmacht schien angesichts der verstockten Haltung von Fritzi das einzig Mögliche. Diese hatte durch ihre Kommentare eine gewisse Einsicht in ihre Schuld zu erkennen gegeben: Die abstrakte Regelverletzung (Körperverletzung) war für sie leichter als Fehlverhalten einzusehen, als die konkrete Handlung gegenüber dem konkreten Mädchen. Diesem gegenüber hielt sie ihre Handlung nach wie vor für gerechtfertigt: Das Mädchen hatte ihrer besten Freundin einen Freund streitig gemacht, dasselbe sei ihr auch schon öfters passiert, und sie wisse, wie schlimm das sei.

14 Tage vergingen, ohne dass Fritzi sich in die Außenwohngruppe begeben hätte (trotz vieler Ermunterungen und Aufforderungen). Nach ca. drei Wochen erschien die Polizei, um Fritzi zu dem Vorfall zu vernehmen. Fritzi entzog sich dem Gespräch nicht, bestätigte den Tatverlauf im Großen und Ganzen, spielte aber ihre Gewalthandlungen herunter.

Die *vierte Gewaltepisode* (Fritzi ohrfeigt das Mädchen aus der Außenwohngruppe in der Schulklasse) überraschte alle Beteiligten. Vor allem die PädagogInnen aus Fritzis Heimgruppe bekamen Angst, dass sich ähnliche Attacken in immer kürzeren Zeitabständen ereignen würden. Zugleich war die Ratlosigkeit groß: Wie könnte man verhindern, dass Fritzi sich immer wieder den Konsequenzen ihres Verhaltens entzog?

Die PädagogInnen beschlossen, von Fritzi zu fordern, sich noch am selben Tag in Begleitung eines Erwachsenen in die Außenwohngruppe zu begeben und dort im Beisein des Mädchens das Versprechen abzulegen, jede weitere körperliche Attacke zu unterlassen. Eine Entschuldigung oder Wiedergutmachung zu verlangen, schien angesichts der Wiederholung des Angriffs vergeblich. Scheinbar hatte Fritzi aus dem letzten Mal nichts gelernt. Außerdem war deutlich geworden, dass sie nichts tun würde, was nicht ihren eigenen Gefühlen und Werten entspräche.

Die Einforderung des Versprechens sollte an Fritzi ohne Wenn und Aber gestellt werden. Würde sie sich weigern oder weglaufen, war als nächster Schritt eine Thematisierung des Vorfalls in der Vollversammlung des Heimes geplant. Die Pädagoginnen waren sich sicher, dass sich eine Mehrzahl der anderen Jugendlichen dazu bewegen lassen würde, das wiederholte Schlagen Fritzis nach dem Motto „Keiner hat das Recht, in dieser Art Angst und Terror zu verbreiten“ zu verurteilen. Auch wenn sich Fritzi diesem Tribunal entziehen würde, so war man sich doch relativ sicher darüber, dass eine Verurteilung durch dieses Gremium für Fritzi einen empfindlichen Prestigeverlust in der Peergroup bedeuten würde: etwas, was sie bisher immer zu vermeiden versucht hatte.

Fritzi fragte tatsächlich nach, was geschehen würde, falls Sie sich weigern sollte, das Versprechen abzulegen: „Schmeißt ihr mich dann raus, ist es das, was ihr wollt, mich rausschmeißen?“ Fritzi war überrascht, dass mit einer solchen Maßnahme nicht gedroht wurde. Allerdings beinhaltete die Möglichkeit, dass ihr Fall vor die Vollversammlung käme, ein ebenso starkes Druckmittel. Sie entschloss sich, wie sie selbst sagte, aber ‚freiwillig‘, in die Außenwohngruppe zu gehen. Mit dem anderen Mädchen konfrontiert, zeigte sie keinerlei Anzeichen von Bedauern oder Schuldgefühle. Allerdings konnte sie das Versprechen relativ deutlich formulieren. In einem Nachsatz formulierte sie dann: „Ich versuch's, aber ich hab ein Problem, dass ich mich schlecht kontrollieren kann …“ Dieser Satz entsprach nach dem Empfinden der Beteiligten weder einer Koketterie noch einem Versuch, das eben getroffene Versprechen wieder zurückzuziehen. Fritzi schien mit diesem Satz so etwas wie ein eigenes Problem einzugestehen, was in den nächsten Tagen und Wochen noch zu einigen mehr oder weniger direkten Gesprächen über das Thema Kontrolle/Kontrollverlust führte.

Zur *fünften Episode*, in der die Erzieherin geschlagen wird: Unmittelbar nach dem Konflikt sprechen sich zwei männliche Pädagogen ab, was zu tun sei. Sie beschließen, Fritzi persönlich zu stellen, um ihr den Ernst der Situation deutlich zu machen: „Du hast eine unserer Kolleginnen geschlagen!“ Fritzi soll selbst entscheiden, ob sie für den Rest des Tages auf ihrem Zimmer bleibt oder sich bis zum Abendessen (18 Uhr) außerhalb des Hauses beschäftigt. „Wir sind fürs erste so schockiert, dass wir jetzt zwei bis drei Stunden brauchen, wo wir mit Dir nichts zu tun haben. Danach überlegen wir gemeinsam weiter. Aber erst einmal brauchen wir eine Auszeit.“

Beide Pädagogen wissen um die Gefahr, dass Fritzi das Wegbleiben vom Heim als Einladung zum ‚Abhauen‘ interpretieren könnte. Sie sehen aber keine praktizierbare Alternative: Schließlich ist Fritzi weder dazu zu zwingen, ins Heim zurückzugehen, noch in ihrem Zimmer zu bleiben. Die ihr angebotene Wahlentscheidung impliziert jedoch ein Angebot: Sie signalisiert gleichzeitig ein befristetes Ende (wir wollen uns nicht um Dich kümmern müssen) wie auch einen Neubeginn (nach dem Abendessen können wir über diesen Vorfall weiterreden).

Fritzi hat sich auf den dem Heim gegenüberliegenden Friedhof zurückgezogen. Als die beiden Pädagogen auf sie zukommen, läuft sie nicht weg. Sie sieht blass aus, wirkt betreten und empfängt die beiden Männer mit dem Satz: „Das hab ich nicht gewollt.“ Spontan antwortet einer der beiden: „Das glaub ich Dir, Fritzi, aber es ist passiert!“ Da Fritzi vom Ernst der Situation selbst betroffen ist, braucht nicht mehr geredet zu werden. Fritzi entscheidet sich für die Auszeit auf ihrem Zimmer. Sie bleibt dort bis zum Abendessen, was für sie eine große Leistung darstellt. Nach dem Abendessen wird Fritzi lediglich mitgeteilt, dass die Gewalttat allen Kinder/Jugendlichen des Hauses bekannt gemacht wurde (weil der interne Informationsfluss sowieso ‚läuft', zogen es die PädagogInnen vor, die Kinder von sich aus sachlich über den Hergang zu informieren) und dass sie mit einer deutlichen Bestrafung rechnen müsse, weil ihre Gewalthandlung eindeutig gegen eine der wichtigsten Basisregeln des Heimes verstößt.

Am nächsten Tag wird Fritzi zum Heimleiter bestellt, der ihr in Anwesenheit des Teams etwa folgendes verkündet: „Was Du getan hast, wiegt sehr schwer, darüber brauchen wir nicht reden, weil Du es selbst weißt. Was wir von Dir verlangen, ist ebenfalls schwer, aber gerecht. Du musst an XY (die geschlagene Pädagogin) einen Entschuldigungsbrief schreiben. Dieser wird heute Abend allen Gruppen des Hauses vorgelesen, damit auch die anderen Kinder/Jugendlichen merken, dass Du selber kapiert hast, dass Du zu weit gegangen bist. Außerdem haben wir Dich zu einem Schmerzensgeld von 50 Mark verurteilt. Dieses Geld soll XY von Dir persönlich überreicht bekommen, damit sie sich als einen ganz kleinen Trost für Deine Gemeinheit wenigstens einen schönen Abend machen kann. Nachdem Du selbst kein Geld hast, musst Du es Dir erarbeiten. Du hast die Möglichkeit, morgen bei YZ (einem Pädagogen einer anderen Gruppe) im Garten zu arbeiten: Du bekommst 7 Mark in der Stunde, das heißt, Du musst dort etwa 7 Stunden arbeiten: Unkraut rupfen, Beete umgraben, Kornpostumsetzen. Es wird keine leichte Arbeit sein. YZ zeigt Dir alles, Du musst allerdings die meiste Zeit dort alleine arbeiten. Diese Strafe wird allen Kindern/Jugendlichen bekanntgegeben. Wenn Du sie nicht einhältst, bringst Du mich und alle anderen Pädagoginnen in eine sehr schwierige Situation: Wir stehen dann vor den anderen als ‚Schwätzer' da. Das wollen wir nicht. Wir haben Deine Mutter und das Jugendamt gefragt, ob sie mit der von uns gewählten Strafe einverstanden sind. Sie haben beide zugestimmt, beide finden die Strafe gerecht."

Fritzi hörte sich diesen langen Monolog wortlos an, unterbrach ihn nur zweimal und sagte: „… aber ich mach's doch …" Am nächsten Tag fand die Gartenarbeit statt. Fritzi musste bei sehr heißem Wetter tatsächlich 7 Stunden lang von 14 bis 21 Uhr arbeiten, mit nur zwei Pausen à ca. 20 Minuten. Über 5 Stunden davon war sie alleine. Sie arbeitete hoch motiviert, verschlang in den Pausen das ihr angebotene Essen und war am Abend sehr stolz über ihre Arbeitsleistung. Sie bekam das Geld sofort ausgehändigt und überreichte noch am selben Abend einen Umschlag mit den 50 Mark der von ihr geschlagenen Pädagogin.

Dass es aufgrund der Anzeige wegen Körperverletzung zu einer Gerichtsverhandlung kam, war alles andere als selbstverständlich. Der zuständige Mitarbeiter der Jugendgerichtshilfe rief eines Tages im Heim an und bot, nach

Rücksprache mit dem zuständigen Richter, die Möglichkeit an, die Gewaltattacke gegen das Mädchen der Außenwohngruppe (Karin) nach einem ‚ernsten Gespräch' mit Fritzi in seinem Büro zu den Akten zu legen. Erst nach genauen Informationen seitens der Pädagoginnen über die Ereignisse des vergangenen Jahres und nachdem er Fritzi und ihre schuldabwehrende Art selbst kennengelernt hatte, war er von der Richtigkeit einer Gerichtsverhandlung überzeugt.

Die Gerichtsverhandlung fällt in eine Zeit, in der Fritzi wieder mal auf Trebe ist. Den Pädagoginnen gelingt es über andere Jugendliche, Fritzi von der Wichtigkeit des Erscheinens vor Gericht zu überzeugen. Tatsächlich kommt Fritzi zwei Tage vor der Verhandlung zurück ins Heim und geht, begleitet von ihrer Betreuungs-Erzieherin, auch dorthin. Schon das Gebäude, ein ehemaliges Wasserschloss mit dicken Mauern und klotzigen Türmen, beeindruckt Fritzi sichtlich. Das geschlagene Mädchen (Karin) wurde vom Richter ausführlich befragt. Ihre Aussagen werden von zwei anderen Jugendlichen der Außenwohngruppe, die Augenzeugen waren, bestätigt. Fritzi wirkt bei ihrer Vernehmung kleinlaut, schildert die Auseinandersetzung sehr viel weniger brutal als die anderen Zeugen, leugnet aber ihre aktive Rolle bei der Auseinandersetzung nicht ab. Auch die zweite Gewaltattacke kommt zur Sprache, ist aber nicht Gegenstand der Verhandlung. Das Urteil lautet auf 40 Arbeitsstunden in einer sozialen Einrichtung. Fritzi hört die Begründung aufmerksam an. Der Richter (ein älterer Herr) bemüht sich keineswegs um eine ‚jugendnahe' Sprache, drückt sich aber verständlich aus. Gefragt, ob sie das Urteil akzeptiere und den Auflagen nachkomme, antwortet Fritzi mit ‚ja'.

Direkt nach der Verhandlung bieten die PädagogInnen Fritzi an, mit ihr eine soziale Einrichtung zu suchen, in der sie die Arbeitsstunden ableisten kann. Fritzi verweist auf die Aussage des Richters, dass ihr das Urteil noch schriftlich zugeschickt werde und möchte diesen Zeitpunkt abwarten. Als das Urteil drei Wochen später eintrifft, wiederholen die PädagogInnen ihre Angebote. Fritzi entscheidet sich für ein Altersheim und leistet dort auch die erste Hälfte ihrer Arbeitsstunden relativ zügig ab. Danach gibt sie an, dorthin gegangen zu sein, vertreibt sich aber die Zeit mit anderen Jugendlichen. Das Altersheim meldet sich auch von sich aus nicht, wenn Fritzi zu den ausgemachten Terminen nicht erscheint. Fritzi muss mehrfach dazu ‚genötigt' werden, um dort neue Termine auszumachen. Nachdem sie sich dabei gar nicht mehr engagiert, schalten die PädagogInnen den Jugendgerichtshelfer ein. Dieser ruft Fritzi an und erkundigt sich nach der Zahl der abgeleisteten Stunden. Er fordert sie auf, den Rest innerhalb einer bestimmten Frist abzuarbeiten. Als Fritzi diese Frist zu versäumen droht, informieren die PädagogInnen ihn wiederum vorher. Er schreibt Fritzi einen Brief, in dem er sie auf die Konsequenzen ihres Verhaltens aufmerksam macht (3 Tage Jugendarrest). Erst auf diesen Brief hin setzt sich Fritzi aufs Neue in Bewegung und leistet innerhalb von zwei Wochen den Rest der Stunden ab. Am letzten Tag kommt Fritzi strahlend zurück und sagt:

„So, das hab ich jetzt geschafft und jetzt ist Schluss mit der Gewalt, ich glaub', ich kann mich jetzt kontrollieren!"

Was ist an diesem Fall typisch, womit muss man als Pädagogin in der Zusammenarbeit mit solchen Kindern/Jugendlichen rechnen?

1. Die Kinder/Jugendlichen haben in ihre Biographie selbst Gewalterfahrungen erlitten (Jungjohann 1991) und beginnen zu einem bestimmten Zeitpunkt ihrer Entwicklung, mit Gewaltverhalten zu experimentieren. Auch wenn das fast alle Jugendlichen episodenhaft tun, gewinnen die Gewalthandlungen bei jenen Kindern/Jugendlichen eine Dynamik und Intensität, die sie für andere so bedrohlich werden lassen, dass sie ihrerseits mit Ausstoßung/Ausschluss aus ihrem jeweiligen Lebensfeld bedroht werden.

2. Diese Kinder/Jugendlichen zeigen zunächst kein oder zumindest kein sichtbares Problembewusstsein und/oder Schuldgefühl hinsichtlich ihrer Gewalthandlungen. Auch wenn sie ‚wissen', dass diese nicht richtig sind, scheinen sie auf einer anderen Ebene überzeugt, im Recht zu sein und so und nicht anders handeln zu können.

3. Die Gewalthandlungen geschehen immer wieder in Kontexten, die ihre pädagogische Bearbeitung erschweren oder unmöglich machen: eine Schule, die lieber ausschließt als mit dem Gewaltvorfall zu arbeiten; eine Schlägerei in der Öffentlichkeit (Kirmes), deren Verlauf sich später weder rekonstruieren noch an namentlich bekannten Personen festmachen lässt; Eltern, die gemeinsame Gespräche mit dem Täter oder einen ‚Täter-Opfer-Ausgleich' ablehnen. Hier wird wiederum jene bereits beschriebene Haltung deutlich, die die Grenzverletzungen der Kinder/Jugendlichen ins Leere laufen lässt.

4. Eine häufig erst auf den zweiten Blick wahrnehmbare Eskalation der Gewaltvorfälle, die immer häufiger, immer heftiger oder immer neue Personenkreise (z. B. Erwachsene und nicht nur Gleichaltrige) betreffen.

5. Versuche seitens der Pädagoginnen, über die Beziehungsebene das Kind/den Jugendlichen für Entschuldigungen und Wiedergutmachungsleistungen zu gewinnen, werden von diesem abgelehnt. Institutionelle Sanktionen oder Auflagen werden umgangen. Die Einschaltung staatlicher Instanzen (Polizei, Gericht) macht wenig Eindruck.

6. Die drei Interventionsebenen (Beziehungsebene, institutionelle, öffentlichrechtliche Ebene) und die jeweiligen Interventionsformen (persönliche Gespräche, Vorschläge zum Aushandeln des Konflikts und der Wiedergutmachung

zwischen allen Beteiligten, offiziell verhängte Sanktionen/Auflagen, polizeiliche Anzeige, Gerichtsverfahren etc.) werden von den Pädagoginnen aus der Situation heraus und aus der Kenntnis der vorangegangenen Episoden entwickelt und umgesetzt. So entsteht eine Kette zunächst vereinzelter, jeweils versuchsweise eingebrachter Interventionen mit jeweils vorläufigem Bastelcharakter. Sie werden vor allem in pragmatischer Hinsicht reflektiert (was nützt es?).

7. Nach einer gewissen Zeit machen sich Ohnmachtsgefühle, Selbstzweifel und Resignation bei den Pädagoginnen breit. Der Wunsch, das Kind/den Jugendlichen an eine andere (kompetentere) Institution abgeben zu können, entsteht und wird mehr oder weniger offen thematisiert (vgl. die Phasen 5 und 6 des Verlaufes ‚Institutioneller Eskalationen' in Kapitel II). Noch besteht Hoffnung und Verlangen, das Kind/den Jugendlichen mit irgendetwas zu erreichen und zu beeindrucken.

8. Auf einen erneuten Vorfall (oder auf einen weiteren Höhepunkt in einer ganzen Kette von Ereignissen) reagieren die Pädagoginnen mit einer Intervention, die in besonderem Maße eindeutig, klar und konsequent erscheint. Dieses Mal ist ihnen Erfolg beschieden. Das Kind/der Jugendliche nimmt die Strafe an und leistet Wiedergutmachung. Letztlich bleibt unentscheidbar, ob die Konstellation des Ereignisses besonders günstig war, ob die PädagogInnen anders/besser gehandelt haben oder ob die vorangegangenen Interventionen das Kind/den Jugendlichen für die aktuelle pädagogische Bearbeitung (im Sinne einer kumulativen Wirkung) empfänglich gemacht haben.

9. Trotz dieser Unterscheidungsunsicherheit lohnt sich ein Blick auf die innere Zusammensetzung der Intervention, die ankam: Die Pädagoginnen reagierten rasch, (innerhalb der ersten 15 Minuten; innerhalb von 54 Stunden war die Wiedergutmachung vollzogen) gönnten sich und Fritzi aber auch Zeit zum Nachdenken. Sie gingen mit der Intervention ein gewisses Risiko ein (was tun, wenn Fritzi sich weigern würde?) und legten dieses gegenüber Fritzi offen. Sie stellten den Vorfall in einen Kontext (Institution Heim, andere Kinder/Jugendliche) und bezogen sich in ihrer Intervention auch ausdrücklich auf diesen (Entschuldigungsbrief, der öffentlich vorgelesen wurde). Sie schalteten vor der Verkündigung ihrer Wiedergutmachung andere wichtige Personen ein (Mutter, Jugendamt). Sie wählten eine offizielle, gerichtsähnliche Form (das ‚Urteil' wird öffentlich bekanntgegeben), betteten diese aber auch in Beziehungen ein (so war z. B. der Pädagoge, der Fritzi anbot, in seinem Garten zu arbeiten, jemand, zu dem sie Vertrauen besaß).

10. Auch wenn der Erfolg von allen Beteiligten als Fortschritt erlebt wird, bleiben weitere Probleme nicht aus: Das Kind/der Jugendliche ist weiter darauf

angewiesen, dass die Pädagoginnen in engagierter Weise die Realität an ihn herantragen, ihn mit (möglichen) Auswirkungen seiner Handlungen konfrontieren und es/ihn für deren Konsequenzen zur Verantwortung ziehen.

3. Vermittlung zwischen Lebenswelt, Institution und Rechtsstaat als Aufgabe der Jugendhilfe

Im zweiten Teil haben wir den Fall einer Jugendlichen und die pädagogischen Interventionen auf deren Gewalthandlungen nachgezeichnet. Nach einer Zeit scheinbarer Wirkungslosigkeit und ausgehaltener Ohnmachtsgefühle stellen sich Erfolge ein: nicht im Sinne eines spektakulären Durchbruchs (vom Saulus zu Paulus), die jegliche pädagogische Bemühungen in Zukunft überflüssig machen, aber doch eine deutliche Wende im Verhalten des Mädchens, das mehr und mehr Verantwortung für sein Verhalten übernimmt und ein Bewusstsein darüber erlangt, dass sie etwas zu lernen hat.

Wie lässt sich das, was die Pädagoginnen getan bzw. gelassen haben, auf einer reflexiven Ebene fassen? Nach welchen pädagogischen Überlegungen und Haltungen haben sie gehandelt (auch wenn ihnen diese nicht in aller Deutlichkeit vor Augen standen)? Besaßen ihre ‚vereinzelten' und ‚zusammengebastelt' wirkenden Handlungen eine innere Logik und wenn ja, welche? Und wie hielten sie das Spannungsfeld von Lebensweltorientierung (was will, denkt das Mädchen?) und öffentlichem Auftrag (institutionelle und öffentlich-rechtliche Ebene) zusammen? Und nicht zuletzt: Wie steht es dabei mit den eingangs benutzten Kategorien von Eindeutigkeit und Entschlossenheit?

Zu diesen Fragen die folgenden 11 Thesen. Sie beginnen relativ konkret und fallbezogen, entwickeln aber zunehmend allgemeinen Charakter, ohne dadurch weniger praxisrelevant zu werden. Sie verstehen sich als Beitrag zu einer „moralisch inspirierten Kasuistik in der Sozialen Arbeit" wie sie Thiersch eingefordert hat (Thiersch 1995, S. 23 ff.):

1. Die Pädagoginnen des beschriebenen Teams waren sich bei dem beschriebenen Fall von vornherein relativ und in weiterem Verlauf immer entschiedener einig, auf alle erklärenden psychodynamischen Herleitungen der Gewaltvorfälle aus der Biographie des Mädchens zu verzichten. Anknüpfungspunkte für eine solche Motivsuche hätte es genügend gegeben: die Gewalthandlungen, denen Fritzi in ihrer Kindheit ausgesetzt war, welche nur allzu verständlich erscheinen lassen, warum sie eines Tages vom unterworfenen Opfer zur Täterin werden konnte ... Die denkwürdige Tatsache, dass alle Opfer von Fritzis Gewaltattacken weiblich waren, was auf einen immensen Hass gegenüber dem eigenen

Geschlecht (schlägt Fritzi nicht auch auf einen Teil, den weiblichen Teil des eigenen Selbst ein?), aber auch der eigenen Mutter, verwies?

Diese und viele andere psychologisch relevante Gesichtspunkte wurden zwar durchaus aufmerksam registriert, sie wurden aber nicht handlungsrelevant (Versuche, Fritzi an ein beraterisches bzw. therapeutisches Setting zu vermitteln, hatte es in der Vergangenheit viele gegeben. Fritzi hatte sie nicht als hilfreich erlebt und verweigert).

2. Ebenso einig war sich das Team darin, dass Fritzi mit ihren Gewaltattacken Normen verletzt hatte, die für das Zusammenleben innerhalb und außerhalb der Einrichtung von grundlegender Bedeutung sind: Kein Kind/Jugendlicher hat das Recht, einen Erwachsenen zu schlagen, sofern ihm dieser nicht selbst physische Gewalt antut. Keiner darf bei Handgreiflichkeiten mit Gleichaltrigen so brutal zuschlagen, dass der andere ernsthaft verletzt wird. Damit werden nicht generell alle Formen von körperlicher Auseinandersetzung verurteilt, aber die geschehenen Gewaltepisoden ganz eindeutig.

Gewalt in diesem Ausmaß wurde von niemandem als Phänomen einer anderen, mit Mittelschicht-Werten nicht erfassbaren (Sub-)Kultur oder als „authentischer Ausdruck einer gequälten Seele" (zwei Formulierungen, die auf einer Podiumsdiskussion zum Thema ‚Jugendgewalt' fielen) verstanden. Niemand war von diesen Formen der Gewalt fasziniert, kein/e MitarbeiterIn musste einer Delegation eigener aggressiver Anteile verdächtigt werden.

Fritzis Gewaltattacken wurden als Verletzung einer sowohl zwischenmenschlich als auch gesellschaftlich relevanten Norm und Ausdruck eines persönlichen Problems (mangelnde Impulskontrolle, Fehlen von Identifikation und Empathie) gewertet. Bei aller klarer Verurteilung, gab es jedoch keine moralische Entrüstung und keinen Versuch, ihrer Person generell etwas ‚Bösartiges' zu unterstellen.

3. Bei aller psychologischer und normenkritischer Abstinenz in Bezug auf die Erklärung der Gewalt der Ereignisse wurde ein Ausschnitt aus Fritzis Lebenswelt doch möglichst genau beobachtet und ausgeweitet: ihr persönlicher Umgang mit Betroffenheit und Schuld, unmittelbar nach den jeweiligen Vorfällen und in den nächsten Tagen. Auf dieser gegenwartsorientierten Ebene sind vor allem folgende Fragen relevant:

- Wie viel oder wie wenig persönliche Betroffenheit und/oder Schuldgefühle sind bei dem/der Jugendlichen zu erkennen?
- Wie schnell drängt er/sie das Geschehene weg bzw. wie lange kann er/sie es (in Erinnerung) halten?
- Hat der Vorfall für ihn/sie selbst eine Bedeutung bzw. warum erhält er nicht den Status eines bedeutungsvollen Ereignisses?

- Auf welche Interventionsebene ist am ehesten so etwas wie Akzeptanz/Einsicht zu entdecken (Beziehungs-, institutionelle, öffentlich-rechtliche Ebene)?
- Wie weit wurde das von den Pädagogen Auferlegte als äußerlicher Zwang erlebt, wie weit kam die externe Sanktion einem inneren Sühne- bzw. Wiedergutmachungsbedürfnis entgegen?

Die Erforschung dieser Fragen dient dem Ziel, eine Art ‚Karte der inneren moralischen Landschaft' des/der Jugendlichen zu erstellen. Dabei geht man davon aus, dass bei aller vom Jugendlichen selbst so empfundenen oder zur Schau getragenen Abwesenheit von Betroffenheit („ist mir doch egal …") doch Bruchstücke, Rudimente oder sehr individuelle Fassungen von Moralvorstellungen in Bezug auf den Gebrauch von Gewalt existieren. Konkret will man dadurch mögliche Anknüpfungspunkte für nachvollziehbare und in diesem Fall z. B. von Fritzi als ‚gerecht' empfundene Konsequenzen entdecken.

4. Allerdings wurde im oben beschriebenen Fall immer wieder klar, dass sich die Handlungen der PädagogInnen nicht nur an dieser inneren Landkarte orientieren könnten. Erstens fallen die, auf die oben formulierten Fragen gefundenen Antworten selten eindeutig aus, und zwingen zu Spekulationen. Zweitens werden Teile dieser moralischen Landschaft erst im Nachhinein sichtbar, das heißt, nachdem bestimmte Konsequenzen beschlossen und durchgeführt worden waren (so war für alle überraschend, dass Fritzi die Anzeige bei der Polizei als ‚gutes Recht' des Mädchens bzw. der PädagogInnen empfand, nicht aber eine persönliche Wiedergutmachung bei dieser). Drittens wollten die Pädagoginnen mit ihren Interventionen diese ‚innere moralische Landschaft' auch verändern und mitgestalten. Dazu mussten sie auch Forderungen stellen, von denen vorher nicht absehbar war, ob sie eine (unmittelbare oder spätere) Resonanz bei Fritzi finden würden. Viertens gab es äußere Gesichtspunkte (die Eltern des Mädchens hatten das Entscheidungsrecht, eine Anzeige zu erstatten oder nicht etc.) und anderen Verantwortlichkeiten (wie verhindern wir, dass diese Gewalt auf die anderen Kinder/Jugendlichen überschwappt?), an denen sich die Pädagoginnen orientieren wollten und mussten, weswegen Fritzi auch mit Maßnahmen konfrontiert wurde, die quasi objektive Folgen ihrer Handlungen waren, völlig unabhängig vom Zustand ihrer ‚inneren moralischen Landschaft'.

5. Überblicken wir die letzten zwei Thesen, so werden in ihnen drei verschiedene Formen von Gesetzesorientierung deutlich:

a. Die unsystematische, in der Lebenswelt verankerte Privatmoral der Jugendlichen (das, was wir als ‚innere moralische Landschaft' bezeichnet haben). Sie ist an eigenen individuellen Interessen orientiert („… ist meine Freundin“, „… ist mir auch schon passiert“), legitimiert nicht selten die eigenen Handlungen nachträglich („sie hat es verdient …“), enthält aber durchaus auch selbstkritische Wendungen und Einsprüche gegen aktuelle Präferenzen („Ich kann mich halt schlecht kontrollieren …“).

b. die von den Pädagoginnen vertretene, an der Pragmatik des institutionellen Zusammenlebens von Einzelnen und Gruppen orientierte Ethik („es darf nicht sein, dass …“). Sie sucht den Kontakt und die Vermittlung zur Privatmoral, will diese aber mit argumentativen Mitteln und pädagogischen Interventionen vervollständigen und festigen.

c. die formalisierte staatliche Gesetzgebung, die von allen individuellen Besonderheiten abzusehen verspricht und über institutionalisierte Verfahren der Rechtsfindung und Durchsetzung ihrer Rechtsauffassung ausgestattet ist.

Das Besondere und – wie ich meine – wirksame an den Interventionen der Pädagoginnen im geschilderten Fall ist, diese drei Rechts-Orientierungen miteinander in Kontakt gebracht zu haben, so dass diese in einen Prozess der gegenseitigen Kenntnisnahme, Reibung und Vermittlung gekommen sind. Dabei wurde keine der drei Auffassungen absolutiert, noch willkürlich ausgeblendet.

So wurde Fritzi zum ersten Mal in ihrem Leben damit konfrontiert, dass ihre Handlungen über den Horizont der eigenen Lebenswelt hinaus Bedeutung besitzen und von gesellschaftlichen Instanzen bewertet und sanktioniert werden können. Sie machte dabei die Erfahrung eines Staatsapparates, der zwar langsam, aber nachdrücklich reagiert. Für die Pädagoginnen war es überraschend zu erleben, dass Fritzi eher bereit war, sich mit der anonymen Staatsmacht auseinanderzusetzen als mit ihren Forderungen. Dennoch war es wichtig, diese Basis-Ethik immer wieder an Fritzi heranzutragen und dafür auch institutionelle Machtmittel aufzuwenden. Für die Pädagoginnen war es ebenfalls überraschend, den Rechtsstaat in Form von Polizei und Gericht so ‚vorsichtig‘ und ‚weich‘ reagieren zu sehen, dass sie ihrerseits deren Vertreter bitten mussten, die Gewalt-Episoden doch ernster zu nehmen und strenger zu verfolgen. Alle drei Systeme gewannen auf diese Weise Informationen und Erfahrungen übereinander, die sie so vorher noch nicht besaßen.

Aufgabe der PädagogInnen war es, den Kontakt zwischen den drei Gesetzesorientierungen zu organisieren, den Überblick über die dadurch angestoßenen Prozesse zu behalten und wo möglich und nötig korrigierend einzugreifen. Dabei handelt es sich, wie wir gleich sehen werden, allerdings nur um einen Sonderfall einer weit umfassenderen Vermittlungsaufgabe.

6. Das Team reagierte auf Fritzis Gewaltattacken mit Interventionen auf drei verschiedenen Systemebenen:

a. auf einer Beziehungsebene, auf der die Jugendliche als Person angesprochen wurde, die von den sie betreuenden PädagogInnen gemocht und respektiert, aber auch gefordert wird (persönliche Gespräche; Absehen von Wiedergutmachungsforderungen in Situationen, in denen Fritzi keinerlei Schuldgefühle zeigt; Zusicherung von Hilfe und Unterstützung im Gerichtsverfahren; Konfrontation mit der eigenen, persönlichen Betroffenheit beim Geschlagen-Werden der Kollegin; Eingeständnis von Ohnmacht und Bitte um eine ‚Auszeit'; persönliche Begleitung beim Gerichtsverfahren; Arbeitsstunden im Garten eines Betreuers, zu dem Fritzi eine persönliche Beziehung unterhält usw.).
b. Auf einer institutionellen Ebene, auf der die Jugendliebe als Mitglied einer Jugendhilfe-Einrichtung angesprochen wurde, die für das Wohlergehen und den Schutz der dort lebenden und dort arbeitenden Personen (Kinder und Mitarbeiterinnen) verantwortlich ist und deswegen auf die Einhaltung von Regeln und Grenzen zu achten hat (Idee eines Täter-Opfer-Ausgleiches, Brief des Teams nach der Weigerung, auf dieses einzugehen; Brief der Außenwohngruppe und dortiges Hausverbot; Forderung nach dem persönlich gegebenen Versprechen; Androhung der Verurteilung von Fritzis Übergriffen durch die Vollversammlung; Wiedergutmachungsforderung durch Heimleiter und Team; öffentliches Verlesen eines Entschuldigungsbriefes von Fritzi usw.).
c. auf einer öffentlich-rechtlichen Ebene, auf der die Jugendliche als Bürgerin eines Rechtsstaates angesprochen wurde, der gewaltförmige Konfliktlösungen monopolisiert hat und in allen übrigen Fällen unter Sanktionsandrohung stellt (freiwilliges Sich-Stellen bei der Polizei nach dem Kirmesvorfall; Anzeige bei der Polizei und Vernehmung durch diese; Kontakt mit der Jugendgerichtshilfe, Gerichtsverhandlung; schriftliches Urteil; Androhung von Arrest bei Nichterfüllung der Arbeitsstunden usw.).

7. Diese drei Interventionsebenen sind einerseits klar voneinander zu unterscheiden und können andererseits zumindest im Rahmen der stationären Jugendhilfe nicht voneinander getrennt werden. Unterscheidbar sind sie, weil sich der Jugendliche auf ihnen jeweils mit einem anderen Aspekt seiner sozialen Identität konfrontiert sieht (vgl. Luhmann/Schorr 1982, S. 224 ff.): als Person im Kontext von Beziehungen, Mitglied einer Institution im Kontext deren Aufträge und als Bürgerin im Kontext des Rechtsstaates.

Diese drei unterschiedlichen Systeme existieren an und für sich, kommen für das Kind/den Jugendlichen als unterschiedliche Formen seiner Identität aber erst nach und nach zum Tragen. Während institutionelle Systeme bereits das Kindergarten- und Schul-Kind erfassen, beginnt die Existenz als Bürgerin frühestens mit der Konstitution als Rechtssubjekt im Rahmen der Strafmündigkeit (mit 14 Jahren).

Gerade um dieses Alter herum erleben Kinder/Jugendliche, wie unterschiedlich, ja zum Teil widersprüchlich die Anforderungen aus den drei Systemen an sie sind: Das gilt auf der Ebene der Beziehungen z. B. für Familie und Peer-Group; für die Schule, die einen regelmäßigen Besuch erzwingt, aber weder Ausbildung noch Arbeitsplatz garantieren kann; für das öffentliche Leben, in dem man zwar für jedes Schwarzfahren zur Rechenschaft gezogen wird, aber z. B. mit 16 Jahren weder wählen noch für sich selbst eine Jugendhilfeform beantragen kann.

Die prekäre Entwicklungsaufgabe besteht in diesem Alter darin, Systemzusammenhänge bzw. ‚gute Übergänge' zwischen den verschiedenen Bereichen (Lebenswelt/Beziehungen, Institution, Rechtsstaat) zu entwickeln, ohne den Eigencharakter und die besonderen Möglichkeiten der jeweiligen Systeme aus dem Blick zu verlieren. Weder kann man in der Schule/Ausbildung völlig anders sein als in der Clique, noch umstandslos das Cliquenverhalten zum Maßstab für alle anderen Systeme machen; keine Identität ohne das selbständige Ausbalancieren von Widersprüchen, aber auch keine Identität ohne Spielräume für abweichendes Verhalten (in Bezug auf die jeweils systemeigenen Standards).

Für viele, fast alle Kinder/Jugendliche, die in die Jugendhilfe geraten, sind die Systemzusammenhänge zerrissen bzw. noch gar nicht entwickelt: Einigen wenigen Lebensweltbezügen stehen viele abgebrochene bzw. brüchige Beziehungen als repressiv erachtete Institutionen und eine in der Ferne drohende Staatsmacht gegenüber. Fast nichts hat hier mit nichts anderem zu tun.

Aber in dieser Situation bietet sich Jugendhilfe geradezu an, denn in ihr sind die unterschiedlichen Systeme von vornherein miteinander verzahnt und ist die Konstruktion von Systemübergängen zumindest formal angelegt: Die Person ist in Beziehungen zu professionellen Pädagoginnen eingebunden, die im Rahmen des öffentlichen Auftrages ‚Hilfe zur Erziehung' innerhalb einer spezifischen Institution tätig sind. Nicht, dass es nicht auch hier ein Meer an Widersprüchen gäbe: ‚Beziehungsarbeit' (?), öffentlicher Auftrag zur Integration in Einrichtungen, die ausgrenzen(d) (wirken), ungesicherte Rechtsposition der Kinder/Jugendlichen, finanzielle Rahmenbedingungen etc. Aber die drei Systeme kommen immer wieder zwangsläufig miteinander in Kontakt, erfordern ihre Ergänzung und Korrektur durch das jeweils andere System.

Trotz dieser strukturellen Verankerung wird diese Dialektik, Unterschiedenheit und Nicht-Trennbarkeit der drei Systeme (Beziehungen/Lebenswelt, Institution, Rechtsstaat) in der Jugendhilfe wenig reflektiert und häufig ausgeblendet: Viele PädagogInnen sehen die Kinder/Jugendlichen nur als Personen, sich selbst als hauptsächlich in Beziehung mit ihnen bzw. als Parteigänger ihrer Lebenswelt. Schon die Einschaltung innerinstitutioneller Hierarchien, gar der Polizei, kommt ihnen als Verrat am Kind vor. Alles soll auf einer zwischenmenschlichen Ebene abgehandelt werden. Damit vernachlässigen sie die Ebene der Institution und die der Rechtsstaatlichkeit. Wenn die Beziehungsarbeit im

Konfliktfall nicht mehr trägt, fällt das Kind nicht selten ganz heraus, weil es versäumt wurde, rechtzeitig ein zweites und drittes Netz hinter bzw. unter der Beziehungsebene zu spannen.

Andere Pädagoginnen sehen sich hauptsächlich als Vertreterinnen einer Institution und erwarten von den Kindern/Jugendlichen, dass diese sich an die Gesetze und Regeln in den vorgefundenen Settings möglichst reibungsfrei anpassen. Sie übersehen, dass die Kinder/Jugendlichen, sowohl aufgrund der in ihrer Lebenswelt erfahrenen Eigenheiten als auch als Adressat einer öffentlichen Dienstleistung das Recht haben, dass ihre Fähigkeiten und Wünsche bei der Gestaltung eben dieser Settings berücksichtigt werden.

8. Wenn man sich darüber verständigen kann, dass pädagogische Handlungen auf allen drei Systemebenen für die Etablierung einer sozialen Identität unverzichtbar sind, stellt sich noch immer die Frage nach der in einem gegebenen Konfliktfall angemessenen Interventionsebene. Auf welcher soll zunächst begonnen werden? Wann ist der Wechsel auf eine andere sinnvoll? Sicherlich erfolgte die Beantwortung dieser Fragen im Falle Fritzis intuitiv und nicht im Bewusstsein, sich innerhalb einer dreigliedrigen Struktur (Beziehung/Lebenswelt, Institution, Rechtsstaat) zu bewegen. Es gab allerdings ein Gefühl für die Notwendigkeit, zwischen den verschiedenen Ebenen hin und her zu springen bzw. zu pendeln. Das macht den Bastelcharakter und die Zickzack-Linie der pädagogischen Bemühungen aus. Die jeweils aus der Situation heraus stattfindende Neubestimmung des für den Moment Richtigen entspricht den Geboten einer reflexiven Pädagogik: Folgen wir Luhmann/Schorr in ihren Überlegungen zum Technologie-Defizit in der Erziehung, so ist es weder möglich, eindeutig zu wissen, auf welcher Ebene anzusetzen ist, noch wie dort eine jeweils bedeutungsvolle Intervention gelingen kann. Jugendhilfe muss hier wie alle Pädagogik „… auf die Garantie der einfachen ‚Jederzeitigkeit' des Ablaufs verzichten" (Luhmann/Schorr 1982, S. 129) und kann „nur dann zugreifen, wenn sich geeignete Konstellationen ergeben" (ebd.). Dabei muss sie sich vor allem „… bewahren, was man Sensibilität für Zufall und Chancen nennen könnte" (ebd.). Aufgabe der PädagogInnen ist, aus dem Fluss von Ereignissen bestimmte auszuwählen und mit anderen so zu verknüpfen, dass es möglich wird, „… die Tragweite des Faktums (hier: der Gewaltvorfälle, der Autor) zeitlich, sachlich und sozial zu generalisieren. Es muss eine länger anhaltende, eine auch für andere Sinnzusammenhänge relevante und eine auch andere Personen interessierende Deutung erhalten" (ebd., S. 29). Nur so kann soziales Lernen stattfinden.

9. Was aber bedeutet die Offenheit der Pädagoginnen für die unterschiedlichen Interventionsebenen (Beziehung/Lebenswelt, Institution, Rechtsstaat) für das Kind/den Jugendlichen? Betrachten wir das noch einmal für den Kontakt mit

der Polizei: Es wäre naiv zu meinen, polizeiliche Ermittlungen und das, was daraus werden kann, von pädagogischer Seite aus kontrollieren zu können. Die Polizei ist, genauso wie die Heimeinrichtung, aber auch die Lebenswelt des Kindes/Jugendlichen selbst ein eigenes System, das eigenen Gesetzmäßigkeiten folgt. Dass Fritzi von der Polizei als ‚gewalttätig' etikettiert, fragwürdigen Vernehmungspraktiken unterworfen und unversehens noch wegen ganz anderer Delikte, die zufällig zur Sprache kommen, belangt werden kann, stellt ein tatsächliches Risiko dar (Stigmatisierung). Der Einfluss auf diese Prozesse ist nach unserer Erfahrung jedoch umso größer, je deutlich er die PägagogInnen eine kooperative Haltung zu den staatlichen Instanzen einnehmen. Fühlen sich die VertreterInnen dieser Institution en in ihrer Rollendefinition und in ihrem Kompetenzbereich ernst genommen und wird anerkannt, dass sie eine gesellschaftlich relevante Funktion innehaben, sind sie häufig in erstaunlichem Maße bereit, eigene Verhaltensunsicherheit en zu thematisieren und eine große Flexibilität hinsichtlich ihrer Aufgaben zu zeigen. Umgekehrt haben wir erlebt, wie rigide Abgrenzungen im Namen einer strikten Lebensweltorientierung und einer ‚parteilichen Jugendarbeit' erst die Unerbittlichkeit der Justiz hervorrufen, die sie anschließend beklagen.

Und trotzdem bleibt ein Risiko: Sich auf ein fremdes System einzulassen, egal, ob es die Lebenswelt eines Kindes, die eigene Institution mit ihren Subsystemen und Hierarchien oder das Rechtswesen ist, bleibt ein Schritt in fremdes Terrain. Die Gefahr dort missverstanden, absorbiert oder von unverständlichen Praktiken überwältigt zu werden, ist nicht wegzudiskutieren. Aber wenn es darum geht, Systemzusammenhänge in Form ‚guter Übergänge' herzustellen und die soziale Identität des Kindes in ihren zentralen Aspekten (als Person, Mitglied einer Institution und Bürgerin) zu fördern, bleibt kein anderer Weg. In der Pädagogik wirkt – wie in anderen Bereichen auch – nichts ohne Risiken und Nebenwirkungen. Das gilt für den Sonderfall Gewalt genauso wie für alle anderen Bereiche des ganz und gar nicht banalen Alltags in der Jugendhilfe.

10. Nach allem bisher Gesagten kann Jugendhilfe als permanenter Versuch beschrieben werden, brüchige, zerrissene oder noch gar nicht geknüpfte Systemzusammenhänge so (wieder)herzustellen, dass sich die sozialen Teilnahmechancen eines jungen Menschen erhöhen: Konkret, dass sein Leben als Person, Mitglied einer Institution und Bürger in der Gesellschaft sich zunehmend mit Wahlmöglichkeiten und größerer Autonomie verbindet und nicht durch Einschränkungen und Abhängigkeiten bestimmt wird.

Die Rolle von Jugendhilfemitarbeiterinnen besteht deswegen in Bezug auf die unterschiedlichen Systeme (Lebenswelt, Institution, Rechtsstaat) in einer Querschnitts- und Vermittlungsfunktion: Querschnittsfunktion insofern, als sie in Bezug auf alle drei Systeme entsprechendes Wissen besitzen sollten, an ihnen aktiv partizipieren können sollten und die jeweiligen Systemlogiken nachvollziehen können müssen. Dazu gehört ebenso Vertrautheit und praktische Fähigkeit im Umgang mit Schnittstellen dieser Systeme zu den jeweils anderen (Lebenswelt/Schule, Heim/Familie, Clique/Polizei etc.).

Vermittlungsfunktion insofern, als Jugendhilfe-Mitarbeiterinnen Inhalte und Positionen zwischen den verschiedenen Systemen hin und her zu transportieren haben. Und zwar in alle Richtungen:

- Wichtige Inhalte der kindlichen/jugendlichen Lebenswelt (Wichtigkeit der Clique, Kleidungsrituale, Bedürfnis nach nicht beaufsichtigten Räumen etc.) müssen an die Institution ‚Heim' vermittelt und dort berücksichtigt werden.
- Institutionelle Regelungen (Hausordnung etc.) und Verfahren (Hilfeplanverfahren etc.) müssen an die kindliche/jugendliche Lebenswelt vermittelt und für diese transparent und nachvollziehbar gemacht werden.
- Lebensweltthemen müssen in geeigneter Form (Reportagen, von Jugendlichen selbst verfasste Berichte) der Öffentlichkeit bzw. den Vertretern von Polizei und Justiz zugänglich gemacht werden, damit diese nachvollziehen können, was Kindheit/Jugend unter diesen oder jenen konkreten sozialräumlichen Bedingungen heißt.
- Rechtsstaatliche Ver- und Gebote (Gewalt, Drogen, Sozialrecht, Ausländerrecht, Jugendhilferecht) müssen an die Kinder vermittelt werden, damit diese wissen, welche Risiken mit welchen Handlungen verbunden sind, aber auch welche Rechte sie besitzen und wie diese einzuklagen sind.

Sicherlich ist es nicht einfach, sich im Dschungel dieser verschiedenen Vermittlungsakte zurechtzufinden: Man muss als Pädagogin wissen, an welcher Schnittstelle der Systeme man sich gerade befindet und welche Inhalte man von wo nach wohin vermitteln möchte. Dabei müssen verschiedene Perspektiven jeweils für einen gewissen Zeitraum übernommen, dann aber auch verändert werden. Loyalitäten gibt es grundsätzlich nicht in eine Richtung, sondern beziehen sich auf ‚wechselnde Parteilichkeiten'. Die eigene Identifikation fluktuiert: mal bei den Kids, mal bei der Institution, mal bei rechtsstaatlichen Positionen. Eine Berufsrolle quer zu den Systemen und als Vermittlerin unterschiedlicher Positionen: das ist eine Jugendhilfe, die in der Lage ist, auf Gewaltvorfälle angemessen zu antworten, die aber auch andere Konfliktfelder nicht zu scheuen braucht.

11. Ich bin mir im Klaren darüber, dass die Definition von Jugendhilfe als Querschnittsfunktion und Vermittlerin zwischen den Systemen Lebenswelt, Institution und Rechtsstaat viele engagierte Mitarbeiterinnen vor den Kopf stößt, werden doch die Konzepte einer strikten Lebensweltorientierung und das der Parteilichkeit kritisiert und zurückgewiesen; und wird doch von den Mitarbeiterinnen ausdrücklich verlangt, die eigene Eingebundenheit in institutionelle

und staatliche Zusammenhänge nicht nur zu reflektieren, sondern auch zur Grundlage ihres pädagogischen Verhaltens zu machen. Das klingt für viele nach ‚Establishment', ‚Agent des Staates' und ‚Verrat am Jugendlichen'.

Tatsächlich sind die Konzepte Lebensweltorientierung und Parteilichkeit in ihrer Reinform für einen Teil der Jugendhilfe-Adressatinnen richtig und wichtig: Bei diesem kleinen Teil (ich schätze ca. 10 % und denke dabei vor allem an Jugendliche, die in Form von Intensiver Sozialpädagogischer Einzelbetreuung – ISE (§ 35 KJHG), Erziehungsbeistandschaft (§ 30 KJHG) bzw. Mobiler Jugendarbeit betreut werden), die bereits mehrfach wegen Gewaltdelikten verurteilt wurden, die bereits delinquent und/oder drogenabhängig geworden sind und die sich bereits aus den Institutionen verabschiedet und auf prekäre Ghetto-Situationen (Straße, Bahnhof, Beschaffungsprostitution) zurückgezogen haben, gibt es nur eine Chance in Beziehung zu kommen: wenn man auf institutionelle und rechtsstaatliche Ansprüche und Positionen verzichtet. ISE mit jugendlichen Junkies, Akzeptierende Drogenarbeit, Akzeptierende Jugendarbeit mit rechten Jugendcliquen etc. kann nur gelingen, ohne den Jugendlichen die aktuelle praktizierte Gewalt, rechtsradikale Einstellung, den Drogenkonsum, die Beschaffungskriminalität bzw. -prostitution etc. ausreden zu wollen (Kohaus/Gladder-Micus 1995; Krafeld 1992; Kraußlach/Düwer/Fellberg 1975).

- Aber erstens handelt es sich hier um einen kleinen Teil der Jugendhilfe-AdressatInnen: Nicht für alle ‚Kids' stellt es die adäquate Förderung dar, wenn sich Erwachsene so weitgehend auf ihre Definitionen und ihre Lebensweltpraxis einlassen. Für die meisten der Kinder und Jugendlichen, die nach§ 34 KJHG (Heimerziehung, Betreutes Jugendwohnen, Erziehungsstelle), § 33 KJHG (Pflegefamilie) oder in Tagesgruppen (§ 32 KJHG) betreut werden (und das sind fast 80 % der Jugendhilfe-Adressatinnen) würde eine solche uni-polare Haltung zur weiteren Verfestigung von abweichendem Verhalten und damit auch zur Infantilisierung und sozialer Ghettobildung führen. Sie würden häufig schnell aus den gemeinschaftlichen Bezügen, wie sie z. B. Heimgruppen bieten, herauskippen; unbequemen Anforderungen von Schule und Ausbildung, sofern diesen nicht von wichtigen erwachsenen Bezugspersonen Resonanz gegeben wird, den Laufpass geben; sich noch stärker auf Positionen von Selbstmitleid und weinerlichem ‚Ich-will-aber-jetzt-und-alles' zurückziehen. Diese Kinder/Jugendlichen sind prinzipiell zur Integration in bestehenden Systemen (Heimgruppe, Schule, Ausbildung etc.) bereit, brauchen aber eine engagierte Unterstützung, die sie situationsbezogen fordert und entlastet, aber auf jeden Fall innerhalb des Spannungsfeldes von Lebensfeld, Institution und Rechtsstaat hält.
- Zweitens bleiben auch bei parteilicher und radikaler Lebensweltorientierung die anderen Systemebenen (Lebenswelt, Institution, Rechtsstaat) nicht außen vor: Der Träger der ISE bzw. der ‚Mobilen Jugendarbeit' etc. organisiert

die jeweilige Betreuung in Rückbindung an die kommunale Jugendhilfeplanung bzw. -verwaltung und richtet sich dabei nach spezifischen Paragraphen. Rechtskenntnisse und -beratung sollten zur Grundausstattung dieser Mitarbeiterinnen gehören, damit sie sich nicht unversehens wegen Begünstigung oder Beihilfe angeklagt sehen. Und nur bei guter Kooperation mit lokalen Agenten der Staatsmacht (z. B. Streifenpolizei) können sie für ihre Klienten den Alltag etwas repressionsarmer gestalten.

- Drittens, und das ist vielleicht das wichtigste, definieren auch diese Mitarbeiterinnen die radikale Lebensweltorientierung als Anfang: Auch sie wünschen für viele ihrer Klienten ein autonomeres Leben, d. h. Verzicht auf selbstzerstörerischen Drogenkonsum, die Bereitschaft, sich den Mühen einer Ausbildung oder kontinuierlichen Arbeit zu unterziehen, damit man eine Wohnung bzw. Konsumgüter selbst bezahlen kann, eine legale Existenz ohne dauernde Angst vor Polizei und Inhaftierung. Jugendhilfe bleibt auch hier ein Versuch der Integration, auch wenn er am extremen Rand und ohne alle Integrationsbemühungen beginnt.

Aus allen drei Gründen schlage ich vor, die Begriffe Parteilichkeit und Lebenswelt etwas vorsichtiger zu gebrauchen. Wir gebärden uns mit ihnen progressiver(?), als wir überhaupt sein können. Sicherlich gibt es innerhalb der Jugendhilfe große Unterschiede in der Art und Weise, wie die konkrete Querschnitts- und Vermittlungsarbeit aussieht, welcher Methoden sie sich bedient und wo sie ihren anfänglichen Schwerpunkt setzt. An den zentralen gesellschaftlichen Bezügen jedoch – Lebenswelt, Institution und Rechtsstaat – kommt keiner, auch nicht die Jugendhilfemitarbeiterinnen vorbei. Das ‚doppelte Mandat' bleibt in dieser Gesellschaft unaufhebbar. „Das erste macht den Sozialarbeiter zum Anwalt des Individuums gegenüber der Gesellschaft; das zweite macht ihn zum Vertreter, universaler, normativer Geltungsansprüche gegenüber dem Individuum" (Mahrzahn 1992, S. 27; vgl. auch Böhnisch 1992 und Birtsch 1995).

4. Nachwort

Betrachten wir noch einmal den Anfang dieses Aufsatzes: den Text über die Notwendigkeit von Eindeutigkeit und Mut, die Führung zu übernehmen. Wie lesen Sie ihn jetzt? Was hat sich für Sie verändert? Alles, nichts, ein wenig? Dies wäre mir wichtig: Falls Sie beim ersten Lesen jener Zeilen sofort abgewinkt haben, würde größere Nachdenklichkeit die Preisgabe von Vorurteilen anzeigen. Falls Sie die Sätze anfangs umstandslos unterschrieben hätten, wiese ein merkliches Zögern beim Zustimmen auf ein komplexer gewordenes Denken hin. Beide Male hätten Sie sich – was die Definition Ihrer Berufsrolle betrifft – ein wenig bewegt. Und was kann das Lesen von Texten schon mehr bewirken?

P.S.: Fritzi hat sich bis zur Beendigung dieses Artikels (10/96) keiner weiteren Gewalthandlung schuldig gemacht.

P.P.S.: Nach ihrer Entlassung aus der Heimgruppe, auf die Fritzi mit 16 Jahren vehement gedrängt hatte, wurde sie im Rahmen einer ISE nach § 35 KJHG betreut. In dieser Zeit ereigneten sich zwei weitere Gewaltattacken ihrerseits gegenüber Mitschülerinnen. Noch ein Jahr später wurde Fritzi (mit 18 Jahren) von der Vergangenheit eingeholt: Wie schon ihre Mutter, fand sie einen Partner, der sie misshandelte. Trotz verschieden er Distanzierungsanläufe kehrte sie immer wieder zu diesem Mann zurück. Als ihre Mutter sich ihrerseits von ihrem misshandelnden Partner trennte, schien dies auch für Fritzi eine Chance. Sie setzte die Beziehung (inzwischen 19 Jahre) dann aber doch wieder fort. Im Rückblick wird deutlich, wie das zur Täterin-Werden (in der frühen Jugend) den ursprünglichen Opfer-Status (Kindheitserlebnisse), zunächst in den Hintergrund drängte; aber auch wie das biographische Muster (Misshandlungen erleben an sich und der Mutter) wiederkehrt. Die Verweigerung jeglicher Therapie in der frühen Jugendzeit bzw. der Umstand, dass es uns nicht gelungen war Fritzi zu einer Therapie zu motivieren, rächt sich im jungen Erwachsenenalter.

VI Transformation von aggressiven Impulsen im Entwicklungs- und Zivilisationsprozess, oder: Warum es gut ist, wenn Kinder ‚Mord und Totschlag' spielen lernen

Zusammenfassung

Statt Gewalttendenzen bei Kindern und Jugendlichen verbieten und unterdrücken zu wollen, werden in diesem Kapitel Möglichkeiten aufgezeigt, Gewaltimpulse in sozial verträglicher Weise zu gestalten. Ausgehend von spontanen Gewaltspielen bei Kindern werden Entwicklungsetappen der aggressiven Impulskontrolle für unterschiedliche Altersstufen beschrieben Verschiedene Formen des Ineinanderklinkens individueller Impulse mit kulturell vorgegebenen Transformationsangeboten (freies Rollenspiel, Medien, Sport, Wettkämpfe) werden diskutiert. Der psychoanalytische Spielbegriff Winnicotts und die ethnografische Theorie des ‚deep play' (Clifford Geertz) dienen als Leitgedanken. Ein besonderer Schwerpunkt liegt bei den praktischen Konsequenzen für die Sozialpädagogik, insbesondere die Jugendhilfe.

1. Zur aktuellen Situation: Moralisierung und Abspaltung von Gewaltimpulsen

Gewalt, die von Kindern und Jugendlichen ausgeht und wie man ihrer Herr werden kann, ist ein Thema, das viele Pädagoginnen bewegt. Zwei Haupt-Verantwortliche für die angebliche Zunahme von Gewalthandlungen sind bereits ausgemacht: die Medien und die Eltern. Die einen, weil sie die Kinder mit Gewaltszenen überschwemmen und damit zu solchen Taten ‚aufstacheln'. Die anderen, weil sie scheinbar nicht in der Lage sind. ihren Kindern eindeutige Werthaltungen zu vermitteln und Grenzen zu setzen, die Gewalthandlungen verhindern. Die pädagogischen Konsequenzen liegen nahe: Gewalthandlungen sollen bereits im Kinderzimmer bekämpft und schon die Jüngsten in gewaltfreien Formen der Konfliktlösung unterwiesen werden. Gefordert werden von den Eltern und PädagogInnen klare Missfallensäußerungen angesichts kindlicher Gewaltimpulse und ein konsequentes Konsumverbot in Bezug auf mediale Gewaltdarstellungen für Kinder (Filme, Video-Games, Computerspiele etc.).

Obwohl das alles sicher gut gemeint ist, entsteht durch solche Vereinfachungen[2] (siehe Anmerkungen ab Seite 187) ein Anti-Gewalt-Klima, das selbst gewalttätige Züge zu entwickeln droht. Denn in vielen Fällen führt eine solche Verbots-Pädagogik zu einer Tabuisierung und Unterdrückung von kindlichen Gewaltimpulsen. Statt zu lernen, mit ihnen zu rechnen und umzugehen, werden sie als ‚böse' definiert und geraten dadurch in die Gefahr abgespalten, d. h. als etwas nicht zum eigenen Selbst dazugehöriges erklärt zu werden. Derart zum psychischen Ausland geworden, verlieren die Gewaltimpulse jedoch den

2 Statistisch lässt sich eine Zunahme von Gewalttaten unter Kindern und Jugendlichen nicht belegen (siehe dazu: TAZ vom 18.12.1993. S. 18). Auch der Zusammenhang von Medienkonsum von Gewalthandlungen mit erhöhter reaktiver Gewaltbereitschaft lässt sich nicht belegen (siehe dazu die Studie von J. Grimm: Techniken zur Entbrutalisierung der Medien, 1994). Ein Blick nach Japan deutet sogar auf das Gegenteil hin: Das japanische Kinderzimmer beeindruckt durch „... eine Fülle von für westliche Augen ausgesprochen grausamem Spielzeug, das sich vor allem an Jungen wendet, aber natürlich auch unter den Mädchen Beachtung findet: Puppen-Ungeheuer, schreckenserregende Wesen von anderen Planeten, Roboter, Waffen und ähnliches. Die Vorbilder dafür liefern meist die Zeichentrickfilme im Fernsehen, die oft ebenfalls sehr grausam sind und schon von Kindern im zartesten Alter mit großer Ausdauer und Faszination konsumiert werden" (Linhard 1992, S. 82). „Jüngst wurden die Fernsehgewohnheiten der 5 bis 24 Monate alten Kinder (1) erhoben, mit Ergebnissen, bei denen westlichen Pädagogen sich die Haare sträuben: 18 Monate alte Kinder sehen täglich 2 Stunden fern und Zweijährige können selbständig Video-Kassetten einlegen" (Elschenbroich 1992. S. 68; vgl. Kodaira/Akiyama 1989). Interessant werden diese beiden Informationen jedoch erst dadurch, dass Japan weitaus die niedrigste Rate aller Industrienationen bei Tötungsdelikten besitzt und Tokio die einzige Weltstadt sein dürfte, in der sich Frauen auch nachts frei bewegen können. ohne Angst haben zu müssen. körperlich angegriffen zu werden.

Zusammenhang mit der allgemeinen emotionalen und kognitiven Entwicklung des Kindes. Sie bleiben primitiv und ihre Kontrolle ungeübt. Deshalb brechen sie dann auch überraschend (auch für das Subjekt der Gewalttaten selbst) aus dem Inneren hervor und werden im Nachhinein als eine ‚fremde Macht' erlebt, für die persönliche Verantwortung zu übernehmen schwerfällt.

Noch ein anderer Nachteil dieser Verbots-Pädagogik muss genannt werden: weil Aggressionen zur (primären) Triebausstattung des Menschen gehören und aggressive Handlungen mit ‚Muskel-Erotik' verbunden sind (Winnicott 1974, S. 21), geht mit ihrer Unterdrückung immer auch ein gewisses Maß an Lebendigkeit bzw. Lebensenergie beim Einzelnen verloren. Zu dieser Überlegung passen die blassen, verstockten Täter aus Mölln oder Solingen, die so gar nicht dem Klischee des aggressiven Barbaren entsprechen (vgl. S. Freud: Das Unbehagen in der Kultur). Wenn sie von Gewaltimpulsen überschwemmt werden und diesen nachgeben, kehrt damit auch ein abgespaltener Aspekt der eigenen Vitalität zurück. Deswegen sind die Gesten und Handlungen, die Gewalt transportieren, häufig mit einer euphorischen Stimmung verbunden: ‚Gewalt ist geil'. Der Einbruch der Gewalt ins eigene Ich wird nicht selten als Durchbruch zur eigenen Lebendigkeit empfunden.

Adorno formuliert deswegen das grundlegende Dilemma repressiver Erziehung wie folgt: „Zivilisation mißlang bisher, weil ihre repressiven Mittel, der Aufhebung des Gewaltzusammenhangs verpflichtet, selbst in Gewalt verstrickt waren und dadurch die dunkle Naturgewalt verlängern helfen." (Adorno 1974, S. 64).

Gibt es Alternativen zum repressiven Umgang mit Gewaltimpulsen, der zwar das ‚Gute' meint, aber eventuell noch tiefer in den Bann des Bösen führt? Eine nicht-repressive Pazifizierung der Individuen gelingt m. E. umso eher und in dem Maße (nie vollständig, vor dieser Illusion sollte man sich von vornherein hüten), wie diese Spielräume entdecken und Möglichkeiten entwickeln, Gewaltimpulse wahrzunehmen und zuzulassen, ohne dass diese im Realen agiert werden müssen. Wie können solche Möglichkeiten aussehen? Ein Zitat Bruno Bettelheims weist den Weg:

> „Das kindliche Spiel hängt eng mit Tagträumen und Traumphantasien zusammen. Indem wir das aggressive Phantasiespiel der Kinder behindern. verhalten wir uns, als ob es schon verwerflich wäre, von Gewalt zu träumen oder an sie zu denken. Durch diese Einstellung hindern wir unsere Kinder, den riesigen Unterschied zu erkennen, der Gewaltphantasien von gewalttätigem Verhalten in der Wirklichkeit trennt. Wenn das Kind keine Gelegenheit bekommt, frühzeitig zu lernen, worin dieser Unterschied im Hinblick auf die Gewalt besteht (um mit Warshaw zu sprechen, wenn es keine Chance erhält, annehmbare Verhaltensweisen im Hinblick auf Gewalt zu entwickeln), ist es zumindest fraglich, ob es später eine klare Trennlinie

zwischen aggressiven Phantasien und aggressivem Handeln ziehen kann" (Bettelheim 1982, S. 210).

Im ersten Teil dieses Kapitels sollen zwei Spielepisoden von Kindern vorgestellt werden, in denen sich die Transformation von Gewaltimpulsen in imaginären Handlungen und Phantasien beobachten lässt (2.). Im zweiten Teil werden die Ursprünge und der Zusammenhang weiterführender kultureller Institutionen der Gewalttransformation (Theater, Medien, Sport) im bzw. mit dem spontanen Spielen von Kindern dargestellt (3. und 4.). Im letzten Teil wird die (Un-) Fähigkeit zur Transformation eigener Gewaltimpulse mittels der dafür geeigneten kulturellen Institution en aus der (Un-)Fähigkeit zu spielen abgeleitet und pädagogische Konsequenzen gezogen (5).

2. Die Dialektik von Inszenierung und Kontrolle von Gewaltimpulsen im Spiel

2.1 Der Mordimpuls gegenüber dem Brüderchen

These 1: Spielen und Phantasieren ermöglichen symbolische Realisierungen jenseits der Realität und besitzen dennoch entlastende Auswirkungen für die Realität.

Szene 1: Aus einer Kinderspiel-Therapie

Der 7-jährige Karl wurde auf Anraten des Hausarztes in eine psychoanalytisch orientierte Spieltherapie überwiesen, nachdem er seinen kleinen Bruder (4 Jahre jünger) mehrfach in gefährliche Situationen gebracht hatte (Herunterfallen lassen von der Wickelkommode, Verlieren auf dem Spielplatz etc.). Eine Absicht konnte ihm dabei nicht nachgewiesen werden. Häufig zeigte er sich sogar besonders zärtlich gegenüber seinem kleinen Bruder. Verschiedene Personen hatten jedoch beobachtet, wie er im Kontakt mit dem jüngeren Bruder häufig ein hasserfülltes Gesicht bekam. In solchen Situationen brach das kleinere Brüderchen immer wieder in Tränen aus.

Bericht aus der 47. Sitzung: „Heute hat Karl wieder ausgiebig Tiere geschlachtet: Kälbchen und Schweinchen wurden in Fallen gelockt und mit Lanzen erstochen. Nägel wurden ins Futter gemischt, sodass diese Blut spuckten und tot zusammenbrachen. Die Mama-Kuh oder das Mama-Schwein waren jedes Mal sehr traurig und mussten ausführlich weinen." Das Töten bzw. Sterbenlassen der Kälbchen und Schweinchen tauchte ab der 30. Sitzung der Therapie als Thema auf und wurde etwa 20 Stunden lang in verschiedenen Variationen durchgespielt. Parallel dazu besserte sich die häusliche Atmosphäre kontinuierlich. Die Therapie konnte nach 1 Jahr abgeschlossen werden.

Was ist in dieser Kinderspiel-Therapie geschehen? Zunächst einmal wurden die anfangs zaghaft geäußerten aggressiven und sadistischen Impulse des Jungen anerkannt und nicht moralisch verurteilt. Er wurde ermuntert, sie im Spiel darzustellen. Anfangs tat er dies noch mit großen Schuldgefühlen, später immer selbstverständlicher und lustvoller. Begleitet wurde diese Entwicklung von den Hinweisen des Therapeuten auf den grundlegenden Unterschied von Spiel und Wirklichkeit. ‚Im Spiel ist alles erlaubt'. Genauso viel Augenmerk legte der Therapeut allerdings auch auf die Wirklichkeit: Aufräumen des Spiel-Zimmers, pünktliches Ende der Sitzung, Einhalten von Absprachen etc. Was diese äußeren Grenzen betraf, scheute der Therapeut keinerlei Auseinandersetzung mit dem Jungen. Ansonsten wurden keine Deutungen gemacht.

Stellen die Schweinchen und Kälbchen einen Ersatz für den kleinen Bruder dar? Konnte Karl sein Agieren von Gewaltimpulsen auf das Spielzeug verschieben und sich stellvertretend an diesen abreagieren? Oder handelte es sich bei diesen Spielen um eine Kompromissbildung (vgl. Freud, S. G W XIII), da er auf das ursprüngliche Objekt seines Hasses (den kleinen Bruder) verzichtete, nicht aber auf die Äußerung seines Hasses in Bezug auf kleine, süße Babys? Alle diese Überlegungen treffen etwas Wahres, gehen aber doch am Kern vorbei. Dass die symbolischen Spielhandlungen tatsächlich ein neues Verhältnis zum abgelehnten Brüderchen eröffnen konnten, kann doch nur heißen, dass in ihnen Gefühle wirksam zum Ausdruck kamen. *Die Spielhandlungen realisieren den Gewaltimpuls des Jungen in einer Art und Weise, in der diese sich zwar real anfühlen, d. h. erlebbar sind, aber doch nicht real werden.* Vor der Therapie scheint es dagegen umgekehrt gewesen zu sein: Die Hassgefühle gegenüber dem Brüderchen hatte Karl gar nicht empfinden und als eigene Impulse erleben können. Sie waren verdrängt und abgespalten, aber durchaus wirksam. Deswegen fiel ihm das Baby ‚aus Versehen' herunter oder ging ihm der vierjährige Bruder auf dem Spielplatz ‚zufällig' verloren. Deswegen verzog sich sein Gesicht, ohne dass er es selbst bemerkte, zu einer ‚bösen Fratze'.

Wenn das so ist, muss man die oben angesprochene Ersatzperspektive geradezu auf den Kopf stellen: Problematische Verhaltensweisen, die auf reale Dinge oder Personen abzielen, scheinen häufig die Konsequenz dessen zu sein, dass es dem Kind in sich selbst und/oder seiner sozialen Umwelt an einem Spielraum mangelt, in dem es seine spontanen (Hass-, Neid-, Gewalt-)Impulse ausphantasieren kann. Existiert dieser Spielraum jedoch nicht, gibt es scheinbar keine Chance, sich den gefährlichen Impulsen auf ungefährliche Weise anzunähern. Dann werden sie als etwas besonders Zerstörerisches erlebt und abgespalten, also nicht mehr spür- und erlebbar gemacht. Das heißt wiederum, dass die symbolischen Spielhandlungen keinen Ersatz für reale Gewalttaten darstellen, *sondern die realen Handlungen häufig als nicht ausphantasierte, ungespielte und deswegen an den falschen Ort (die Realität) geleitete Spielhandlungen betrachtet werden können.* Nur solche destruktiven Impulse und Wünsche, die nicht ausphantasiert und ausgespielt werden können, müssen ausagiert werden. Oder anders: Agieren beweist einen Mangel im Bereich des Phantasierens.

Das eigentliche Ziel der Therapie, dessen Erreichen eine Verhaltensänderung nach sich zog, war also der nachträgliche Auf- bzw. Ausbau eines ‚Spielraumes' (Schäfer 1989). Dieser wurde in der Beziehung vom Kind zum Therapeuten entwickelt. Er basiert aufklaren Grenzziehungen einerseits (hier Spiel – dort Wirklichkeit) und der Entdeckung neuer Möglichkeiten andererseits (‚im Spiel ist alles erlaubt').

2.2 Lust an der Gewalt und Disziplinierung der Körper

These 2: Spielen erfordert und fordert Kontrolle und Disziplin in Bezug auf archaische Triebimpulse und ihre körperliche Umsetzung. Der Lohn der erfolgreichen Körperbeherrschung ist das Erleben von Spannung und Intensität in einem sozialen Kontext.

Szene 2

Eingerahmt von fünfstöckigen Häusern des Sozialen Wohnungsbaus ein Spielplatz: Auf dem großzügig angelegten Sandareal ein Fort. Um es herum drei Jungen zwischen ca. 8 und 12 Jahren. Sie inszenieren eine Art Kung-Fu-Spiel mit Schlägen und Tritten in die Luft. Trotz der Entfernung, die sie dabei vom Körper des Gegners einhalten, sind die fiktiven Angriffe klar adressiert. Definiert sich einer als getroffen, fällt er um und gibt dabei einen Laut von sich, der schmerzhaftes Aufstöhnen verkörpern soll. Fällt ein Kind besonders gekonnt oder wirkt ein Tritt besonders echt, fallen bewundernde Kommentare wie: „Voll in die Fresse", „jetzt wär er aber hin", „der steht so schnell nicht wieder auf". Andererseits ermahnen sich die Jungen gegenseitig, wenn einer zwar getroffen ist, aber nicht umfallen will: „He, du musst jetzt auch mal umfallen" oder „das macht kein Bock, wenn Du immer der King sein willst, den's nie erwischt ..." Zwischen den rein fiktiven Schlägen ereignen sich immer wieder auch Szenen mit realem Körperkontakt: Mal wird ein Schlag, ohne allzu schmerzhaft zu sein, direkt an den Körper des Gegners geführt. Mal fasst einer den zum Tritt erhobenen Fuß des Angreifers tatsächlich an und hält ihn fest, so dass der andere das Gleichgewicht verliert und wirklich umfällt. Von dieser Art des realeren Angriffsverhaltens kehrt das Spiel dann wieder zu den rein fiktiven Tritten und Schlägen zurück.

Einmal trifft ein Kind das andere mit dem Fuß am Rücken: Ob es ein rein fiktiver Angriff war, der aus Versehen doch getroffen hat, oder ein leichter Treffer hätte sein sollen, der jedoch zu fest geraten ist, lässt sich nicht entscheiden. Das getroffene Kind ist jedenfalls wütend und weint. Dann bückt es sich und wirft dem Übeltäter eine Handvoll Sand ins Gesicht. Dieser lässt sich umfallen und wälzt sich theatralisch im Sand. Das dritte Kind tritt ihn fiktiv in den Bauch (oder die Genitalien), er krümmt sich besonders dramatisch und stöhnt dabei laut auf. Inzwischen scheint das tatsächlich getretene Kind seinen Schmerz überwunden zu haben: Es führt einen fiktiven Schlag gegen das dritte Kind aus, welches darauf eingeht. Der Übeltäter wischt sich inzwischen den Sand aus den Haaren und schaltet sich wieder ins Spiel ein. Eine Weile kämpfen sie zu Dritt weiter. Rein fiktive und realere Körperkontakte gehen ineinander über. Nach ca. 10 Minuten lassen sich alle drei in den Sand fallen. Sie liegen da und erzählen sich etwas.

In dieser Spielepisode lassen sich 4 Kategorien von gewalttätigen Handlungen unterscheiden:

1. Rein fiktive Handlungen ohne Körperkontakt. Real ausgeführt wären sie sehr schmerzhaft (z. B. Tritte in das Gesicht, die Genitalien etc.). Sie gehören zum und verbleiben im Kontext des ‚Spiels'.
2. Fiktive Handlungen mit Körperkontakt. Sie werden so kontrolliert, dass sie zwar spürbar sind, eine gewisse Schmerzgrenze jedoch nicht übersteigen. Auch sie werden dem Kontext des Spiels zugerechnet.
3. Reale Handlungen. die zwar als fiktive Schläge (mit oder ohne Körperkontakt) gedacht waren, deren Kontrolle jedoch misslingt. Sie treffen den Mitspieler härter als dieser erwarten konnte. Sie ereignen sich im Kontext des Spiels, fallen aber aus diesem heraus und stellen die grundlegende Einigung (das ist ein Spiel) in Frage.
4. Reale Handlungen, deren Kontrolle nicht beabsichtigt ist bzw. war. Sie sollen dem anderen weh tun. Sie sind ‚ernst' gemeint, d. h., gehören nicht mehr dem Kontext des Spiels an.

Welchen Sinn macht die Gewaltinszenierung dieser Kinder? Ich deute ihr Spiel als den Versuch, einen Spielraum für aggressive und gewalttätige Impulse auf- und auszubauen. Die triebhaften Gewaltimpulse werden einerseits herausgefordert und zugelassen, andererseits jedoch kontrolliert. Quantität und Qualität dieser Kontrolle variieren dabei: Die rein fiktiven Schläge (Kategorie 1) bewegen sich in der maximalen Entfernung des Gegners, weshalb ihre Kontrolle relativ leicht fällt. Allerdings muss auch bei dieser Form ein komplexes Verhältnis von Nähe und Distanz geübt werden: So soll die Entfernung zwischen Fuß (des Treters) zum Gesicht des fiktiv Getretenen so groß sein, dass unvorhergesehene Bewegungen des Gegners nicht dazu führen, dass dieser real getroffen wird. Die Entfernung zum Gesicht muss aber andererseits so klein sein, dass sich das andere Kind überhaupt als Adressat des fiktiven Tritts gemeint fühlt und auf diesen antwortet. Bei zu großer Entfernung verliert der fiktive Tritt an Realitätswert: der in ihn investierte Gewaltimpuls fühlt sich weder für den Angegriffenen noch für den Angreifer genügend ‚echt' an, wenn jede Möglichkeit, den Gegner zu treffen, von vornherein ausgeschlossen ist. Auch hier bestätigt sich Winnicotts Diktum, dass Spielen immer mit ‚Erregung' und ‚Wagnis' verbunden sei (Winnicott 1974, S. 64).

Wenn das rein fiktive Spiel die Spannung zu verlieren droht, wechseln die Kinder zu einer anderen Form des Wagnisses bzw. der Kontrolle über: Schläge werden dichter an den Körper herangeführt und berühren diesen sogar (Kategorie 2): Dabei dürfen sie nicht so weh tun, dass sich das andere Kind aufgrund des Schmerzes tatsächlich angegriffen fühlt und weint bzw. wütend wird. Sie müssen aber auch so gezielt und kräftig sein, dass sich das andere Kind herausgefordert fühlt, darauf zu antworten. Ein ‚Streichler' wäre zu wenig, ein realer Schlag zu viel. Während es beim rein fiktiven Gewaltspiel (Kategorie 1) vor allem um das optische Austarieren eines richtigen Verhältnisses von Nähe und Distanz ankommt, bedürfen die realeren Körperkontakte (Kategorie 2) einer zusätzlichen taktilen Dosierung. Die Kontrolle über solche realeren Schläge ist schwerer aufrecht zu erhalten, dafür versprechen sie ein höheres Maß an ‚Spannung' und ‚Angstlust' (Thrill), welche dem Spiel große Intensität verleihen (Balint 1972).

Kontrolle lässt sich nur erlernen, wenn man Erfahrungen mit ihrem Misslingen besitzt. Auch dieses Moment lässt sich in der geschilderten Spielszene beobachten: Ob aus Ungeübtheit oder Heftigkeit des Impulses, ein Tritt trifft schmerzvoller als es beabsichtigt war (Kategorie 3). Das getroffene Kind fühlt körperliche Schmerzen, aber es ist zugleich auch schockiert: Das Vertrauen in den Fiktionscharakter aller im ‚Spielraum' stattfindenden Handlungen ist die Grundlage dafür, sich auf die eigenen und fremden heftigen Impulse einzulassen. Dieses Vertrauen ist nun erschüttert. Ein unausgesprochener, aber basaler Vertrag ist gebrochen. Die Reaktion darauf ist das wütende Sandwerfen, das auf eine Schädigung des Gegenübers zielt (Kategorie 4). „Brichst Du den Vertrag, brech' ich ihn auch", lautet die emotionale Botschaft, „dann agieren wir eben beide im Realen."

Interessant ist, wie der Übeltäter darauf reagiert: Er behandelt das reale Sandwerfen (Kategorie 4) als einen fiktiven Schlag (Kategorie 1), lässt sich umfallen und wälzt sich theatralisch im Sand. Diese Umdefinition des Angriffes beinhaltet ein Angebot an sein verletztes Gegenüber: „Komm, lass uns vom Realen ins Fiktive zurückkehren." Diesem Vorschlag schließt sich auch das dritte Kind an: Es bestraft den Übeltäter für seinen realen Übertritt (Kategorie 3) mit einem besonders brutalen imaginären Tritt in den Bauch bzw. die Genitalien (Kategorie 1). Der Übeltäter akzeptiert beide Bestrafungen. Dadurch fühlt sich das wirklich getretene Kind soweit befriedigt, dass es auf weiteres Agieren im Realen verzichten kann und durch sein Verhalten zeigt, dass es bereit ist, in den Spielraum zurückzukehren. Dadurch kann das Spiel fortgesetzt werden.

Alle drei Mitspieler haben in dieser Krisensituation nicht nur erfahren, wie leicht eine Entgleisung im Spiel passieren kann und wie wichtig deswegen Disziplin und Kontrolle über die Körperbewegungen sind. Sie haben auch gelernt, wie man mit dem bereits erfolgten Misslingen von Kontrolle konstruktiv umgehen kann, so dass weitere Eskalationen von realer Gewalt verhindert werden können. Mit solchen Spielen, die Kinder spontan inszenieren, sozialisieren sie ihre Gewaltimpulse (zunächst ganz ohne die Einwirkung eines Pädagogen/einer Pädagogin, falls dieser/diese nicht auf die Idee kommen, solche Spiele zu verbieten):

1. Gewaltimpulse werden als emotionale Wirklichkeit akzeptiert und zugelassen.
2. Sie werden als potentielle Gewalttätigkeit so kontrolliert, dass sie im Imaginären verbleiben bzw. immer nur soweit real werden, dass sie nicht weh tun. Beides beinhaltet ein hohes Maß an Körperbeherrschung.
3. Alle Formen der Kontrolle gehorchen nicht einer Moral (Du sollst nicht wehtun etc.), sondern dem gemeinsamen Interesse die Spannung und Intensität des Spiels fortsetzen zu können.
4. Gewaltspiele kommen in der Regel an ein natürliches Ende: Wenn die Intensität der Gewaltspannungen nachlassen und hinreichend in soziales Miteinander transformiert worden sind, können sich die Kinder anderen Formen der Interaktion und Kommunikation zuwenden (sich etwas erzählen, Brettspiele, gemeinsames Fernsehen, sportliche Wettkämpfe etc.). Gleichzeitig bereiten diese anderen Formen des sozialen Miteinanders auf die hohen Kooperationsleistungen der Gewaltspiele vor. Zwischen gewaltfreien und gewalt-inszenierenden Kooperationsleistungen besteht demnach ein innerer Zusammenhang der wechselseitigen Verstärkung.
5. Spiele wie die oben geschilderten beinhalten ein Modell gelungener Zivilisation: Gewaltimpulse, die in den Bereich des Imaginären und der kontrollierten Heftigkeit transformiert werden, können in sozialen Zusammenhängen geteilt und genossen werden, ohne dass irgendjemand leiden muss.

3. Kulturelle Institutionen und Rituale der Gewalttransformation

These 3: Gewalt zu inszenieren, ohne dass Gewalt real werden muss, ist das Ziel vieler zivilisatorischer Institutionen: Deren wichtigste sind das bürgerliche Theater (aus dem alle anderen Formen der medialen Repräsentation von Gewalt im

Laufe der Technikgeschichte hervorgegangen sind) und der Sport (in der Form des medial en Konsums durch ein Massenpublikum).[3]

Beide Formen beinhalten in verschiedener Weise und in unterschiedlichem Verhältnis:

- *die Unterscheidung des Realen vom Imaginären und die Transformation von Gewaltimpulsen in fiktive Handlungen,*
- *die Transformation von spontaner, unkontrollierter Heftigkeit in den Bereich ritualisierter Körperlichkeit.*

3.1 ‚Ein blutrünstiges Bühnenlauben'

Mit dieser Überschrift beginnt ein Artikel in der Stuttgarter Zeitung vom 16. Oktober 1993:

> „Sie scheut nicht Mord noch Totschlag. Mal meuchelt sie ein unschuldiges Kleinkind, mal liquidiert sie nach gehabter Liebesnacht den verhassten Beischläfer. Bisweilen verlegt sie sich aufs Randalieren und wirft mit massiven Stahltischen um sich …"

Die Rede ist nicht etwa von einer weiblichen Psychopatin, die von der Polizei verhaftet wurde, sondern von einer Schauspielerin am Staatstheater Stuttgart. In unterschiedlichen Bühnenstücken spielt sie Variationen (weiblicher) Gewalttätigkeit. Das Publikum im Parkett nimmt an diesen fiktiven Handlungen klar zuschauend teil. Kein Mensch kommt auf die Idee, dass diese Frau oder die Zuschauer nach der Theatervorstellung nach Hause gehen und ähnliche Handlungen real vollziehen würden. Im Gegenteil: Die gesamte klassische Theatertheorie von Aristoteles über Schiller bis zur heutigen Rezeptionsästhetik ist sich darin einig (Frye 1964), dass gelungenes Spielen und ergriffenes Zuschauen, beides beruht auf Identifikation, im Raum des Theaters zur Entlastung (Katharsis), also zur Bewältigung der auf der Bühne dargestellten Affekte (Liebe, Schmerz, Gewalt, Eifersucht etc.) beitragen. Theater leistet demnach eine Transformation von (potentiellen oder historisch tatsächlich realisierten) Gewaltimpulsen in imaginäre Handlungen. Erst dadurch, dass diese fiktiv sind und bleiben, können sie mit Engagement gespielt und betrachtet werden. Und zwar umso mehr, je ‚echter' das Spiel gestaltet wird, d. h. je glaubhafter es dem Schauspieler auf der Bühne gelingt, die gewalttätige Person mit ihren Handlun-

3 Beide Institutionen haben nicht umsonst im 18. Jahrhundert eine praktische und theoretische Renaissance erfahren. die ihre heutige Form geprägt hat. Es ist das Jahrhundert, in dem das Töten und die Grausamkeit endgültig zum Monopol des Staates werden und damit den Bürgern ein weiterer Zivilisationsschub ‚zugemutet‹ wird (Elias 1981).

gen und Motiven zu verkörpern. Und je mehr das Publikum die dargestellte Bühnengeschichte als sie selbst betreffende Möglichkeit, als Potentialität des eigenen Lebens, aufzufassen vermag. Theater lebt von dem grundlegenden Paradoxon, dass das Dargestellte fiktiv sein muss, damit es in der Distanz genossen werden kann, aber zugleich echt wirken muss, damit es bewegt. Somit stellt das Theater ein Modell für einen nicht-repressiven, akzeptierenden und dennoch ethisch vertretbaren Umgang mit Gewaltimpulsen dar.

Was für das Theater formuliert werden kann, gilt auch für alle anderen medialen Inszenierungen von Gewalt, die im Laufe der Technikgeschichte aus dem Theater hervorgegangen sind: Fernsehen, Kinofilme, Video-Games, Computer-Simulationen, 3-D-Produktionen, Experimente mit virtueller Realität etc. Gerade wegen ihrer Unterschiede (sowohl untereinander als auch zum Urmedium Theater[4]) können sie als verschiedene Variationsformen der Gewalttransformation betrachtet werden. Dies sei im folgendem für das Medium Fernsehen skizziert:

Es unterscheidet sich von der Theaterbühne durch das Nebeneinander fiktiver (Spielfilme) und realer (Nachrichten, Dokumentationen) Inhalte, sowie durch die Angleichung der Darstellungsformen in Bezug auf fiktive und reale Inhalte (Nachrichten werden spielfilmmäßig dramatisiert, Dokumentarfilme wie Spielfilme inszeniert, Spielfilme können sich den Anstrich des Dokumentarischen geben etc.). Dieses Nebeneinander und die ständig sich verfeinernden Angleichungen stellen eine besondere Herausforderung an die Frage ‚real oder imaginär' dar. Diese zentrale Differenz kann im Theater und im Kino an stabilen, räumlichen Grenzen (im Innenraum: imaginäre Welt, draußen: reale Welt) und Ritualen (Kauf einer Eintrittskarte, erst die Wochenschau, dann der Film) festgemacht werden. Vor dem Fernsehen müssen die instabilen, weil wechselnden Aggregatszustände der anströmenden Bilder dagegen von Situation zu Situation neu sortiert werden. Prinzipiell sehen alle Bilder dort gleich aus. Und doch kann ein und dieselbe medial vermittelte Handlung (z. B. das Erschießen eines Menschen) zugleich Abscheu und Distanzierung (reale Handlung) oder Befriedigung und Identifikation (imaginäre Handlung) hervorrufen. Trotz der technisch zumindest potentiell möglichen Identität der Bilder können die Zuschauer durch Zuhilfenahme des situativen Kontextes, der verschiedenen technischen Qualitäten von Dokumentar- bzw. Spielfilmen und vieler anderer Nu-

4 Ob das Theater als Urmedium der Gewaltdarstellung betrachtet werden darf, ist allerdings fraglich. Lange vorher haben Gewaltdarstellungen zum Teil grausamster Art die Wände der christlichen Kirchen gefüllt. Unter dem Vorzeichen, die Leiden heiliger Märtyrer darzustellen, wurden Bildwerke geschaffen, Figuren geschnitzt und lichtdurchflutete Glaswände errichtet. Ihre Detailtreue bei der Darstellung von Martern und Qualen stellte für die mittelalterlichen Kirchenbesucher ein Faszinosum dar, das sie mit Angst und Lust betrachteten (vgl. Hartwig 1986).

ancen mehr den verschiedenen ‚Duft' des realen bzw. imaginären Bildes herausfinden. Mit jeder neuen Vermischung der basalen Differenz (imaginär/real) entstehen zugleich neue Differenzierungen der Wahrnehmung, so dass aus der Verwischung und der dennoch gelingenden Unterscheidung ein eigenes ‚Spiel' geworden ist: eine Art fernsehspezifisches Meta-Spiel gegenüber dem eindeutigen Spiel des Theaters bzw. Kinos (eines der letzten Filmkunstwerke, das sich mit diesem Thema beschäftigt hat, war der Film *Mann beißt Hund …*).

3.2 Kämpfe auf der grünen Wiese

Kommen wir auf ein zweites zivilisatorisches Transformationsritual zu sprechen: den Sport. Er beruht auf der Idee eines ritualisierten Kampfes unter Aufbietung aller verfügbaren Körperkräfte: Ort (Spielfeld) und Dauer (Spielzeit) des Kampfes sind klar begrenzt. Ebenso der Einsatz der kämpferischen Mittel: Nur bestimmte Körperglieder und Bewegungsarten sind je nach Sportart zugelassen, wie z. B. Rennen und Treten beim Fußball, Handkontakt und Aufprallenlassen des Balles beim Basketball etc. Jeweils spezifische, für Gewaltimpulse grundsätzlich empfängliche und deshalb gefährliche Körperteile werden als Kampfmittel ausgeschlossen und sanktioniert (z. B. die Hand beim Fußball bzw. der Fuß beim Handball etc.). Ein neutraler Dritter(Schiedsrichter) achtet darauf, dass sich die gegnerischen Mannschaften den Bedingungen des Kampfrituals unterwerfen und bestraft etwaige Übertretungen.

So lebt der Sport von dem grundlegenden Paradoxon, dass alle Körperkräfte aufgeboten werden sollen, den Gegner zu schlagen, dieses Ziel aber nur dann erreicht werden kann, wenn man sich zahlreiche Einschränkungen auferlegt und zu seinen Gegnern so fair wie möglich sich verhält. Ein ‚sportsman' ist jemand, der zugleich kämpft und rücksichtsvoll ist. Ein Maximum an Körpereinsatz wird beim Sport mit einem Maximum an Kontrolle in Bezug auf körperliche Heftigkeit kombiniert. Gewaltimpulse fließen in das Spiel ein und werden zugleich vom Regelwerk des Spieles kanalisiert und transformiert.

Mit der Institution Theater teilt der Sport die imaginäre Gegnerschaft: So sehr der Gegner und die Niederlage gefürchtet bzw. der Sieg als Triumph erscheint und gefeiert wird, so klar bleibt es doch bei einer Gegnerschaft auf Zeit: wie ein Theateropfer nach der Vorstellung mit seinem Theatermörder gemütlich zusammensitzen und ein Bier trinken kann, so kann und muss der gewinnende bzw. verlierende Sportler in der Lage sein, dem anderen die Hand zu schütteln, das Trikot zu tauschen oder andere Gesten zu machen, die das Ende der Feindschaft und die prinzipielle Nichtigkeit des momentan errungenen Sieges dokumentieren sollen.

4. Entwicklungslinien vom Spiel zur kulturellen Transformation von Gewaltimpulsen – Brüche in dieser Entwicklung und negative Folgen

In diesem Abschnitt wollen wir den Zusammenhang der dargestellten kollektiven Formen der Gewalttransformation mit dem Spielen von Kindern behandeln bzw. den Ursprung und die Entwicklung jener aus diesen betrachten. Dies geschieht zunächst in idealtypischer Weise. Auf die (möglichen) Probleme, die dieser Prozess birgt und wie ihnen entgegenzusteuern ist, gehen wir im Anschluss ein.

4.1 Zehn Thesen zum Zusammenhang von Spiel und Aggressionskultur einer Gesellschaft

1. Kultur stellt den Individuen Orte, Rituale und Medien zur Verfügung, in denen sie ihre Gewaltimpulse erleben und teilweise ausagieren können, ohne dass andere Menschen dadurch leiden müssen. Das gilt für die unmittelbar Handelnden (die Protagonisten des Sports, des Theaters, der medialen Gewaltinszenierungen etc.) ebenso, wie für die aktiven Konsumenten dieser Veranstaltungen, die mittels Identifikation Teil am Geschehen haben (siehe auch die Institution des Hahnenkampfes auf Bali bzw. des Stierkampfes in Spanien, vgl. Geertz 1994, S. 202 ff.)[5]

2. Viele Formen der kulturellen Transformation von Gewaltimpulsen basieren auf der Anerkennung von Unterschieden (real-imaginär, Spielanfang-Spielende, Bühne-Leben, Spiel-Ernst etc.) und der Kontrolle körperlicher Spontaneität (‚Fuß ja, Hand nein,‘; ‚mit dem Schläger den Ball treffen, nicht aber den Körper des anderen‘). Diese beiden Variablen (Unterscheidungen, Kontrolle) ermöglichen eine Dialektik von Trieb und Kontrolle, innerhalb derer Gewaltimpulse in einem sozialen Rahmen geteilt und genossen werden können.

5 „Wie schon das Sprichwort sagt, liebt jedes Volk seine eigene Art der Gewalttätigkeit. Der Hahnenkampf gibt die balinesische Form der Gewalttätigkeit wieder: ihre Erscheinungsform, ihre Anwendung, ihre Macht, ihre Faszination. In ihm werden fast alle Erfahrungsebenen der Balinesen angesprochen, werden Themen wie tierische Wildheit, männlicher Narzißmus. Wettspiele. Statusrivalität. Massenerregung und Blutopfer zusammengebracht. die hauptsächlich durch ihre Beziehung zur Raserei und der Furcht davor zusammenhängen. Der Hahnenkampf bindet all diese Themen in eine Reihe ein, die sowohl zügeln als auch freies Spiel lassen, wobei er eine symbolische Struktur aufbaut, in deren Rahmen solche inneren Zusammenhänge immer wieder zur Wahrnehmung und Einsicht gebracht werden“ (Geertz 1994, S. 255).

3. Der Ursprung und der zentrale Ort, an dem diese grundlegenden Unterscheidungen und Kontrollleistungen eingeführt, geübt, ausgestaltet und variiert werden, ist das Spielen von Kindern.

4. Spielen findet in einem intermediären Raum statt (Winnicott 1974): Dieser grenzt einerseits an die äußere Realität an und ermöglicht spielerische Umgangsformen mit der eigenen Körperkraft im Kontakt zu realen Personen; Spielen grenzt andererseits an die innere Realität an und ermöglicht eine spielerische Umgangsweise mit den eigenen sadistischen und den anti-sozialen Impulsen (Winnicott 1976).

5. Die Spiele der Kindheit und die in ihnen enthaltenen Gewaltimpulse finden in der normalen Entwicklung Anschluss an kollektive Rituale, die regional und gruppenspezifisch ausgeformt sind: Pfadfinder organisieren z. B. Überfälle auf andere Lager, innerhalb derer Personen geraubt und ‚gefoltert' werden; die dörfliche Jugend sägt den Maibaum des Nachbardorfes um; Motorrad-Cliquen jagen sich gegenseitig ihre Club-Jacken (‚Kutten') ab etc.

Diese jugendlichen Formen der Gewaltinszenierung enthalten mehr reale Elemente als das Spiel von Kindern. Sie balancieren ständig an der Grenze zwischen Realem und Imaginärem und rutschen regelmäßig in den einen oder anderen Bereich ab: im Imaginären droht die juvenile Psychose (das Abrutschen in den Wahnsinn), im Realen die Polizei. Dennoch gelingt es verschiedenen Jugendsubkulturen in allen Teilen der Welt immer wieder, reale Gewalthandlungen mit Hilfe von ‚fair play'-Regeln zu begrenzen und mit Hilfe von (Versöhnungs-)Ritualen vor weiterer Eskalation zu bewahren. Auch den betroffenen Gemeinwesen gelingt es immer wieder, sich von einzelnen Gesetzesübertretungen nicht zu pauschalierten Verurteilungen und Rachefeldzügen hinreißen zu lassen und trotzdem Recht und Ordnung aufrecht zu erhalten. Etliche Delikte werden als Jugendsünden verständnisvoll bestraft. Diese Kombination aus Verständnis und Strafe entspricht der gesellschaftlichen Einsicht, dass beim Erlernen einer ausreichenden Kontrolle über Gewaltimpulse gelegentlich ‚über die Stränge geschlagen wird' bzw. Fehler unterlaufen können.

6. Parallel zu diesen regional- und gruppenspezifischen Ritualen entwickelt sich im Verlauf der späteren Kindheit und des Jugendalters eine immer stärker werdende Einbindung in die kollektiven Formen der Gewalttransformation: Medienkonsum, aktive Beteiligung am Sport, Integration realer Gefahrenelemente in das Alltagsleben etc.).

7. Individuen, die die grundlegende Differenz (imaginär/real) und ein Mindestmaß an Körperbeherrschung im Spiel erlernt haben, werden die medialen Gewaltinszenierungen bzw. die ritualisierten Kämpfe der Sportarenen so erle-

ben können, dass sie ihnen Entlastung von ihren Gewaltimpulsen verschaffen. Dabei können sie diese nicht nur in ritualisierter Form mit einbringen bzw. in der Identifikation miterleben, sondern finden durch sie zugleich Anschluss an soziale Zusammenhänge, die dieselbe Form des Wagnisses bzw. der Angst-Lust bevorzugen. Gewaltimpulse werden auf diese Weise transformiert und sozialisiert.

8. Individuen, welche die grundlegende Differenz (imaginär/real) und ein Mindestmaß von Körperbeherrschung nicht im Spiel erlernt haben, werden die medialen Gewaltinszenierungen bzw. die ritualisierten Kämpfe der Sportarenen als erregend und als Herausforderung zum unmittelbaren Agieren erleben. Ihr vom Ansturm der Gewaltimpulse geschwächtes Ich wird auf die kollektiven Ekstasen mit weiterer Enthemmung reagieren: Ausschreitungen in Gruppen, unsinnige Gewalttaten einzelner mit oder ohne politische Verbrämung, provokantes Verhalten gegenüber Passanten oder Polizei etc. werden die Folge davon sein.

9. Reale Gewalttaten, wie sie sich nach Medienkonsum oder Besuch von Sportveranstaltungen ereignen, dürfen nicht den Institutionen angelastet werden, die die Chance zur Inszenierung und Kontrolle von Gewaltimpulsen organisieren. Diese Transformation bleibt immer mit einem Risiko behaftet, das zum Wesen der Gewalttransformation dazugehört. Ohne das Angebot solcher Institutionen, müsste mit einer beträchtlicher Zunahme real agierter Gewalthandlungen gerechnet werden.[6]

10. Stattdessen müssen die individuellen Defizite und kollektiven Defekte und deren gesellschaftliche Ursachen untersucht werden, die es einer Anzahl von Individuen (sind es tatsächlich immer mehr?) unmöglich machen, an den ge-

---

6 Das Problem der Entgleisung von gesellschaftlichen Transformationsritualen scheint es zu allen Zeiten gegeben zu haben. So schreibt Günter: „Neben dem Alltag spiegelten viele Feste auch die Feindschaften der Alltagsgemeinschaften untereinander, vor allem der Stadtviertel (z. B. Siena). Zunächst kleideten sie sich in Spielformen, die so elementar, emotional und wenig gebremst waren, dass sie leicht wieder zum Ernstfall zurückkehrten und bis zum Bürgerkrieg eskalierten. So z. B. die Faust-Kämpfe, die von Hunderter-Mannschaften der Stadtteile gegeneinander ausgetragen wurden Dazu gehörte auch das Spiel des ‚Steinregens‹, das ebenso wie der Faustkampf, erst nach langer Zeit verboten wurde (in Florenz 1629), weil es oft Verletzte und Tote gab (vgl. Rugby, Eishockey, die Schlachten der Fußball-Fans). Die brutalen Spiele wurden allmählich durch andere ersetzt, in denen der Kampf durch Rituale gelenkt, entschärft, kultiviert und zugleich lustvoll erlebbar wurde. Im Bereich bäuerlichen Lebens sind es Geschicklichkeitsspiele wie das Rodeo mit Büffeln (einst in Siena) und der Wettlauf mit großen Weinfässern (in vielen Orten erhalten)" (Günter 1986, S. 105 f.)

sellschaftlich organisierten Ritualen der Gewalttransformation mit Gewinn teilzunehmen.

5. Die Unfähigkeit zu spielen – oder: Wie eine sinnvolle Gewaltprophylaxe aussehen kann

Alexander Mitscherlichs Buch *Die Unfähigkeit zu trauern* kann als sozialpsychologische Untersuchung über die Kriegs- und Nachkriegsgeneration gelesen werden, da es detaillierte biographische Analysen und soziologische Kategorien miteinander in Verbindung bringt (siehe dazu auch Adorno *Zum Verhältnis von Soziologie und Psychologie* 1984). Für die Unfähigkeit zu spielen müsste eine solche Analyse für die Generation der heute unter 30-jährigen geleistet werden. Offensichtlich mangelt es im Heranwachsen dieser Generation von Kindern und Jugendlichen heute an dreierlei:

1. an frühen Beziehungen mit Erwachsenen, in denen ein Spielraum aufgebaut wird, in welches das Kind die ganze Bandbreite seiner emotionalen Impulse (von Liebe bis Hass) einbringen kann,
2. an regional- und gruppenspezifischen Ritualen der Gewalttransformation im Übergang vom Kindes- zum Jugendalter, in denen Gewaltimpulse inszeniert, aber auch kontrolliert werden können,
3. an Erwachsenen, die bereit sind, sich dem Thema Aggression und Gewalt in konfrontierender bzw. legitimierender Form zu stellen. Diese Aufgabe kann nur von solchen Personen geleistet werden, die ein lebendiges Verhältnis zu ihren eigenen Gewaltimpulsen aber auch zu deren Bezähmung besitzen.

Alle drei Mangelerscheinungen können mit gesellschaftlichen Veränderungen der letzten 30 Jahre in Verbindung gebracht werden. Weil man sich aber vor Vereinfachungen hüten sollte, muss dieses wichtige sozialpolitische Thema an dieser Stelle unbearbeitet bleiben. Stattdessen möchte ich aus der Erfahrung eines praktisch tätigen Pädagogen einige Anregungen geben, wie eine Gewaltprävention, die allen daran Beteiligten Spaß macht, im Bereich der Jugendarbeit und der Jugendhilfe (Tagesgruppen, Heime, soziale Gruppenarbeit, Schulsozialarbeit etc.) aussehen kann.[7]

---

7 Meine Erfahrungen beziehen sich dabei vor allem auf Jungen und männliche Jugendliche. Obwohl es ja viel Literatur zu Frauenfragen gibt, habe ich kein einschlägiges Werk gefunden, das sich mit der geschlechtsspezifischen Form weiblicher Aggression und weiblicher Brutalität auseinandersetzt. Frauen lieben es, sich als das ›friedliche‹ Geschlecht darzustellen. Ob diese Selbststilisierung dem Nach denken über das eigene Geschlecht und den

5.1 Spielgruppen

Wenn man immer wieder erlebt, wie begeistert und ergriffen Kinder von Fernsehfilmen berichten, in denen Banken überfallen, Schießereien stattfinden oder Menschen zusammengeschlagen werden, dann kommt man irgendwann an den Punkt, diese Themen ernstzunehmen. Das heißt, dass man die Gewaltfaszination nicht mehr (nur) auf gewalttätige Familienverhältnisse, Übermacht der Medien und strukturelle Gewaltverhältnisse in modernen Gesellschaften zurückführen kann. Diese Begeisterung und Ergriffenheit rührt daher, dass die Kinder im Fernsehen eigene authentische Impulse (wenn auch in gesellschaftlich deformierten Klischeegeschichten) aufgegriffen sehen, über die Medien einen Kontakt zu diesen Angeboten bekommen, der gleichzeitig Nähe (Identifikation) und Distanz (real-imaginär) zu diesen bewirkt. Statt über das Fernsehen zu jammern, können Pädagoginnen diese Begeisterung aufgreifen und im Spiel ein Medium (und auch das Spiel ist ein Medium) anbieten, das diese Nähe und Distanz noch hautnah und intensiver zu verwirklichen erlaubt als dies beim Fernsehschauen möglich ist. Dies setzt die Bereitschaft der Pädagoginnen voraus, sich selbst auf das Thema Aggressionen einzulassen, ebenso die Fähigkeit, sicher begrenzend damit umzugehen. Beides kann im Rahmen einer Spielgruppenarbeit mit Kindern geübt und gelernt werden. Konkrete Episoden sehen etwa wie folgt aus:

> Aus dem Protokollbuch einer Tagesgruppe an einer Schule für Erziehungshilfe:
>
> „5. Spiele-Treff. Heute waren Karl-Heinz, Ralph, Mike und Martina da. Sie wollten ‚Rocker' spielen. Im Anfangsteil verteilten wir die Rollen, dann ging es los. Ich musste einen Kneipen-Besitzer spielen, den sich die Rockerbande ‚Totenkopf' als Ziel eines Angriffs ausgesucht hatte. Sie kamen herein, stießen Stühle und Tische um und provozierten mich. Ich versuchte sie mit Demut und Beflissenheit bei Laune zu halten. Schließlich schüttete mir einer sein Bier ins Gesicht. Ich werde wütend und drohe mit der Polizei. Darauf wurde ich von allen vieren zusammengeschlagen. Interessant waren dabei die verschiedenen Phantasien der einzelnen: Mike trat mir immer wieder in die Genitalien und lachte laut auf, wenn ich mich theatralisch krümmte. Ralph machte seinen Ring glühend und stempelte damit meine Haut. Martina wollte mich auf einem runden Tisch festnageln und dann auf die Straße rollen. Karl-Heinz spielte eher einen coolen Folter-Chef, der mir die Lampe ins Gesicht drehte und dann die anderen heranwinkte, um mich fertig zu machen.

Mädchen in der Jugendhilfe, die oft auch zu erstaunlichen Aggressionsentladungen in der Lage sind, weiterhilft, muss jedoch hinterfragt werden.

Wie gut die Gruppe inzwischen ist, merkte ich daran, dass es trotz der massiven Gewaltphantasien, die im Raum standen, keinen einzigen realen Übergriff oder Ausrutscher gab ..."

(mehr darüber bei: Schäfer J 986, S. 94 ff. und Schwabe 1994 c, S. 217 ff.)

5.2 Kampfspiele

„Kämpfst Du mit mir?", lautet eine vielfach gestellte Frage (nicht nur) an männliche Pädagogen. Konkret wünschen die Kinder sich, dass man mit ihnen in den Tobe-Raum oder auf das Matratzenlager geht und dort mit ihnen Kampfspiele macht. Darunter stellt sich jedes Kind meist etwas Anderes vor. Als grobe Unterscheidungskriterien können reale und imaginäre Kämpfe gelten. Die ersteren funktionieren als körperliche Auseinandersetzungen, in denen sich das Kind mit der zwar überlegenen, aber begrenzt eingesetzten Kraft des Erwachsenen messen will. Die zweiten finden ohne Berührung des Gegners statt, sind also Showkämpfe und setzen ein hohes Maß an Körperkontrolle voraus (siehe 2.2).

Vier Miniaturen (aus meiner eigenen pädagogischen Praxis) sollen die verschiedenen Bedürfnisse der Kinder am Kämpfen deutlich machen:

Matthias, 12 Jahre
Matthias ist der Stärkste in der Kindergruppe. Er strotzt vor Kraft. Er hat niemanden, der ihm ebenbürtig wäre. Deswegen wendet er sich an die PädagogInnen. Er kämpft mit aller Kraft. Trotzdem ist er froh, wenn ich ihm eindeutig überlegen bin. Es ist als habe er Angst vor seiner eigenen Körperkraft bzw. dem Überlegenheitsgefühl, das sich mit ihr verbindet. Wenn ich mit Matthias kämpfe, muss ich aufpassen, dass ich ihn nicht zu schnell besiege. Dann wird es für ihn langweilig. Er möchte lange ringen und dann besiegt werden. Manchmal lege ich ihn ganz schnell um, damit er die Realität nicht aus dem Auge verliert. Neulich sagte er zu mir: „Gell, kämpfen macht Dir auch nur Spaß, wenn Du was weglasst von Deiner Kraft." Ich hatte das Gefühl, dass das auch sein Thema ist: Wie kann ich trotz überlegener Körperkräfte auch noch mit Gleichaltrigen Freude an körperlichem Kräftemessen haben. Was Matthias fehlt, was ich in der nächsten Zeit mit ihm entwickeln möchte, sind Phantasien als Möglichkeit mit eigener aggressiver Spannung umzugehen.

Markus, 10 Jahre
Markus möchte real kämpfen. Er stürzt sich jedes Mal mit aller Kraft auf mich. Er rammt mir seine spitzen Ellbogen und Knie gnadenlos in Bauch und Rippen. Ich muss sehr aufpassen, dass er mir nicht weh tut. Er ist von einer eckigen Heftigkeit. Allerdings reichen seine Kräfte nie lange aus. Außerdem kann er es kaum ertragen, wenn ich ihn besiege. Zweimal ist er schon weinend weggelaufen. Aber er kommt immer wieder. Er will es wissen. Ich muss ihn ganz langsam an das reale Kräfteverhältnis gewöhnen und ihm viele Möglichkeiten zum Siegen geben. Nach 5 Minu-

ten realem Ringen, biete ich ihm 5 Minuten imaginäres Kämpfen an. Dort lasse ich mich von ihm zusammenschlagen. Allerdings muss er die Kontrolle auch in diesem Feld noch besser üben. Neulich hat er mich in den Bauch geschlagen.

Hans, 12 Jahre
Hans macht nur Schaukampf. Dabei soll ich ständig umfallen. Kaum bin ich wieder oben, bekomme ich einen neuen Tritt. Hans weiß genau, dass ich stärker bin als er. Vom Zuschauen weiß er auch, dass ich meine Kraft nur begrenzt einsetze und z. B. Matthias oder Markus öfters gewinnen lasse. Trotzdem will er immer nur Schaukampf. Er hat Angst vor seiner realen Unterlegenheit und macht sie durch phantastische Überlegenheit wett. Deshalb verlange ich beim Schaukampf von ihm, dass er sich zumindest auch getroffen fühlen und umfallen muss. Ich dehne die Zeiten vorsichtig aus, in denen ich ihm meine Überlegenheitsphantasien zumute und er imaginäre Niederlagen einstecken muss.

Anna, 10 Jahre
Anna will Schaukämpfe machen. Die direkten körperlichen Berührungen sind ihr nicht angenehm. Aber kämpfen will sie auf jeden Fall. Für Anna, die klein und zierlich ist, scheint es eine ganz neue Entdeckung zu sein, im Spiel jemanden besiegen zu können. Wenn sie mich ‚umhaut', hüpft sie, lacht und schlenkert mit den Armen, als könnte sie es gar nicht glauben. Sie nutzt den neu entdeckten Spielraum aber zunehmend mehr für eigene aggressive Phantasien: Neulich musste ich einen bösen Hund spielen, dem sie Glasscherben unters Futter mischte. Sie freute sich, als ich würgte und Blut brach. Oder sie hatte eine Art Laserkanone, mit der sie mich von weit weg beschießen konnte und freute sich über meine gespielte Verwirrung, nicht zu wissen, woher der Angriff kam.

Wenn man mit Kindern über längere Zeit solche Kampfspiele macht (alle 2 bis 3 Tage etwa 10 Minuten), dann ergeben sich daraus wertvolle Aufschlüsse über das Verhältnis des Kindes

- zum Realen bzw. Imaginären,
- zu seinem eigenen Körper (rund, eckig),
- zu Unterlegenheits- bzw. Überlegenheitsphantasien,
- zur Art seiner Aggressivität (direkt, indirekt, sadistisch etc.).

Aus dieser basalen Körperimpuls-Diagnostik lassen sich pädagogische Ziele ableiten, die mit diesem Kind in einem individuellen ‚Kampftraining' realisiert werden können. Allerdings sollte man sich davor hüten, dieses Training allzu offiziell und pädagogisch gestalten zu wollen. Die besten ‚Übungsstunden' finden quasi nebenbei und unter der Hand statt.

5.3 (Sportliche) Wettkämpfe

Statt hier auf ähnlich praktische Erfahrungen einzugehen wie bei 5.1 und 5.2 möchte ich auf eine allgemeine Entwicklung hinweisen. In fast allen Gruppen und Einrichtungen der Jugendarbeit und Jugendhilfe herrschte noch vor 10 bis 15 Jahren eine lebendige Sport- und Wettkampfkultur: Offizielle Fußballturniere zwischen Gruppen und Heimen, spontane Wettkämpfe auf der Wiese oder im Schwimmbad, Lager-Olympiaden und Geschicklichkeitswettbewerbe auf Freizeiten, regelmäßige Angebote im Boxen oder Ringen nach Regeln (mit Anleitung von Leuten, die diese Sportarten selbst erlernt hatten). Von einer Wettkampf-‚Kultur' spreche ich, weil/wenn diese Spiele Rituale und Symbole enthielten, die einen allgemeinverbindlichen Code bildeten, weil/wenn Kinder/Jugendliche und Erwachsene in diese Aktivitäten häufig gleichermaßen einbezogen waren und eine aufmerksame Organisation dafür sorgte, dass der Wettkampf in einer Balance von Ernst (keine Ironie, gewinnen wollen, Tränen der Enttäuschung, stolz geschwellte Brust) und Spaß (Lachen über sich und andere, Freude an der raumergreifenden Körperlichkeit, Schadenfreude, Teamgeist etc.) gehalten wurde.

Ein Heim, das heute (noch oder wieder) für seine Jugendlichen regelmäßige Boxstunden anbietet und Zeltlager organisiert, bei denen ‚Nachtwachen' abgehalten werden, um den Diebstahl der Heimfahne bei einem Überfall zu verhindern, würde in Fachkreisen zunächst einmal Kopfschütteln hervorrufen und nach seinem Konzept gefragt werden. Dies liegt m. E. nicht in erster Linie an der veränderten Jugendkultur, sondern an der nicht mehr vorhandenen Begeisterungsfähigkeit der Pädagoginnen für das Thema ‚Wettkampf'. Als Spätwirkung der 68er-Polemik gegen die Leistungsgesellschaft und im Gefolge der Kritik an Militarismus (Friedensbewegung) und der patriarchalischen Gesellschaft (Frauenbewegung) wurden die körperbetonten Wettkampfspiele innerhalb der Jugendarbeit und Jugendhilfe mehr und mehr abgeschafft bzw. nur noch verschämt praktiziert.

Obwohl vielen politischen Inhalten jener Kritik auch heute noch umstandslos zugestimmt werden kann, sollte deren rigorose Anwendung auf den pädagogischen Bereich doch hinterfragt werden. Fast scheint es, als habe die Erfolglosigkeit jener Kritik auf der makrosozialen Ebene (Staat, Ökonomie, Verteidigung) dazu geführt, dass deren vermeintliche Reflexe im mikrosozialen Bereich (Gruppe, Schulklasse, Zweierbeziehung) umso heftiger bekämpft wurden. Dies gilt insbesondere für alle Formen offen demonstrierter Konkurrenz für Siegerposen, Schadenfreude und Männlichkeitsgebaren (z. B. Muskeln zeigen etc.). Werden diese von den Pädagoginnen immer nur abgewertet und/oder ironisiert und kommt man diesen aggressiv-spielerischen Bedürfnissen nicht auch mit angemessenen Angeboten entgegen, laufen die ‚Kids' mit ihren Kräften und der Lust, diese (auch gegeneinander) auszuprobieren, ins Leere und fühlen sich damit zu Recht alleingelassen. So ist man dann in der Gefahr, eine ganze Generation, männliche Kinder und Jugendliche zwischen 8 und 16 Jahren (rund 70 % des Jugendhilfe-Klientels) auszugrenzen bzw. gar nicht mehr zu erreichen.

Weil man das inzwischen auch in der Jugendhilfe gemerkt hat, darf aggressive Körperlichkeit und Wettkampfgeist heute wieder im Rahmen von Outdoor-Aktivitäten und während erlebnispädagogischer Projekte empfunden und inszeniert werden. Es ist jedoch fraglich, ob aus diesen Ansätzen eine neue Aggressionskultur auf breiter Basis entstehen kann. Im Vergleich mit der traditionellen Wettkampfkultur gestatten die modernen Formen dem Jugendlichen nämlich die körperliche Erfahrung eines leibhaften Gegners und persönlichen Gegenübers nicht. Stattdessen wird ihm die Natur als Aktionsfeld zum Abarbeiten seiner überschießenden Kräfte angeboten. Die Formen dieser Auseinandersetzung finden meistens außerhalb des eigenen Lebensfeldes statt und geraten dabei häufig recht künstlich: eine ‚Landratte' soll aufs Schiff, ein Flugtransfer in Kanadas Wildnis, Ziegen hüten in Südfrankreich. Die alte Wettkampfkultur war dagegen relativ umstandslos zu organisieren und knüpfte unmittelbar an gemeinsame Traditionen an: Zwischen einem HJ-erfahrenen Vater und seinem Pfadfindersohn gab es in den 1960er und 1970er Jahren noch eine gemeinsame Erfahrungsbasis, da zwischen beiden Lagern trotz aller politischer Unterschiede eine erstaunliche Kontinuität in den sozialpädagogischen Methoden, mit denen Freizeit gestaltet und Abenteuer erlebt wurden, bestand. Am bedeutsamsten scheint mir aber die Ausblendung der alten Konkurrenzsituation zugunsten des neuen Teamgeistes zu sein: Zweifellos führt das gemeinsame Meistern einer Schlauchboot-Fahrt auf dem Wildwasser zu einem tiefen Verbundenheitsgefühl bei der Mannschaft, vielleicht sogar zu anhaltenden Solidarisierungseffekten. Ist damit aber die Lust an konkurrenzhaften Rangeleien aus der Welt oder nur pädagogisch weg-arrangiert? Kann man denn ein multideterminiertes Phänomen wie Konkurrenzverhalten, für das strukturelle, entwicklungspsychologische und anthropologische (‚archaische') Momente verantwortlich sind, abschaffen oder ‚heilen'? Oder ist es nicht sinnvoller, ein spielerisches und ritualisiertes Verhältnis zur Konkurrenz und ihren aggressiven Äußerungsformen zu erlernen?

Anders gefragt: Ist die Konkurrenzsituation eigentlich mehr das Problem der Sozialpädagoginnen oder der Jugendlichen? Letztere scheinen die lustvollen Aspekte daran nicht missen zu wollen, auch wenn sie sich immer wieder als Verlierer der gesellschaftlich organisierten Konkurrenz erfahren müssen. Sozialpädagoginnen, die zumindest in den letzten Jahren einiges an gesellschaftlichem Status verloren haben und sich in ihren Einrichtungen häufig genug von Psychologinnen, Ärztinnen und Verwaltungsfachleuten Vorschriften machen lassen müssen, scheinen dagegen eigenen Konkurrenzgefühlen oft mehr ausgeliefert zu sein als ihnen lieb ist. Insofern wäre ernsthaft zu prüfen, ob die Ausblendung konkurrenzhafter Elemente in der modernen Sozialpädagogik (der heutige Sozialpädagoge macht lieber Tai-Chi statt Ringen und Boxen) sich tatsächlich einem rationalen Diskurs verdankt oder einer ‚deformation professionelle' entspricht, die den Blick auf den eigenen Schatten (das vermeintliche Schattendasein) vermeidet.

Natürlich lassen sich die alten Formen der traditionellen Wettkampfkultur nicht einfach restaurieren. Vieles war ja auch damals eine pädagogische Verlegenheitslösung und noch lange keine Wettkampf-‚Kultur'. Trotzdem gibt es in jeder Einrichtung verschüttete Traditionen und Dokumente anderer Tage. Gedreht und gewendet (sowohl praktisch als auch in der Reflexion) könnten diese sich in Ressourcen für die Zukunft verwandeln lassen. Drei Beispiele sollen diesen Gedanken erläutern:

1. Bei einer Fortbildung in Leipzig erzählten die TeilnehmerInnen, dass die Kinder und Jugendlichen in den Jugendhilfeeinrichtungen immer wieder Rituale aus vergangenen DDR-Zeiten einklagen würden, von denen sich die Pädagoginnen anfangs zögerlich, inzwischen aber weitgehend distanziert hätten: Solche Rituale betrafen z. B. den gemeinsamen morgendlichen Frühsport mit oder ohne Würdigung des Sportlichsten oder das wöchentliche Abnehmen eines ‚Ordnungsappells' mit Prämierung der bestaufgeräumten Zimmer.
2. Bei einem Rundgespräch über Ökologie in der Jugendhilfe erzählte ein Heimleiter wehmütig von der vor-ökologischen Zeit (1970), in der er als junger Pädagoge gemeinsam mit seiner Jungengruppe an einem schnellfließenden Bach entlang gewandert wäre: In diesen hätten sie leere Flaschen geworfen, die dann mit Hilfe von gezielte Steinwürfen versenkt worden wären. Wer am meisten Flaschen getroffen hätte, bekam danach einen Preis in Form von Süßigkeiten. Diese ‚Konkurrenz- und Zerstörungs-Orgie' hätte allen sehr viel Spaß gemacht und die Gruppe sei anschließend immer besonders locker und entspannt gewesen. Das einzige Problem war, dass die Jungen anfingen, in der Nachbarschaft des Heimes leere Flaschen zu stehlen, um dieses Spiel jedes Mal länger fortsetzen zu können.
3. Zu meinen schönsten Wettkampferlebnissen gehört der ‚Rülps-Wettbewerb', den wir mit unterschiedlichsten Kindergruppen aus Jugendhilfe und Kinder- und Jugendpsychiatrien anlässlich der Abschlussfeier von Ferienlagern durchgeführt haben: Jedes Kind bekam ein Glas Sprudel zu trinken und hatte danach 2 Minuten Zeit, seinen Rülpser loszulassen. Eine Jury, bestehend aus Kindern, bewertete Volumen und Originalität des jeweiligen Rülpsers. Häufig gewannen bei diesem Wettbewerb relativ kleine, unscheinbare Kinder, die es aber zu einem besonders beeindruckenden Rülpser brachten.

6. Schluss

Wenn gewalttätige Impulse zur psycho-physiologischen Grundausstattung des Tieres ‚Mensch' gehören, und aggressive Potentiale deshalb sogar in den friedlichsten Gemeinschaften erwartet werden können (vgl. Geertz 1994), so kann man diese nicht wegleugnen, sondern muss alles daran setzen, diese irrationalen, aggressiven Regungen zu kanalisieren und zu transformieren: mit den Mitteln der Simulation in das Spiel, mit den Mitteln der diskriminatorischen Identifikation in die Fiktion, mit den Mitteln der Regel in den Sport, mit den Mitteln der Ritualisierung und des Symbols in den Wettkampf. Um diese eminent (sozial-)pädagogischen Aufgaben herum gibt es noch viel zu denken und noch mehr zu tun. Dass sich nicht alle Gewalt auf diese spielerische Weise transformieren lassen wird und es auch weiterhin deutlicher Grenzziehungen, ausgehaltener Konflikte und angemessener Bestrafungen für Gewalttaten bedarf, muss klar sein (siehe dazu Kapitel III). Begrenzungen werden jedoch am besten solchen Pädagoginnen gelingen, die auch ein spielerisches Verhältnis zur Aggression und Gewalt besitzen oder wie Bettelheim schreibt:

> „Indem wir die Gewaltphantasien des Kindes ächten. setzen wir uns über eine Tatsache hinweg, die sogar schon Platon erkannt hatte, dass nämlich der Unterschied zwischen einem guten und einem schlechten Menschen darin besteht. dass der erstere nur von schlechten Taten träumt. während der letztere sie ausführt" (Bettelheim 1982. S. 210).

VII Konflikteskalation als Form der Machtpolitik Eine Diskussion von Klaus Wolfs Machtprozesse in der Heimerziehung (1999) nebst eines Vorschlages zu einem systemtheoretischen Konzept der Machtverarbeitung

Zusammenfassung

Das Buch von Klaus Wolf stellt einen theoretischen Rahmen zur Verfügung, in dem Eskalationsprozesse als Versuche verstanden werden können, eine als unbefriedigend erlebte Machtbalance zwischen Pädagoginnen und Kindern/Jugendlichen zu verändern. Dieser neue Blick auf die Bedeutung von Macht eröffnet viele wichtige Perspektiven auf das Setting Heimerziehung. Allerdings bleiben andere praktische und theoretische Aspekte von Macht- und Eskalationsprozessen in seinem Buch unterthematisiert. Der folgende Artikel versucht deshalb in engem Kontakt mit dem Buch den Ansatz von Wolf so umzuformulieren, dass er auch für andere sozialpädagogische Perspektiven auf das Thema ‚Macht' in der Erziehungshilfe aufgeschlossen werden kann.

1. Macht: Eine lange vergessene Perspektive kehrt zurück

Machtprozesse in der Heimerziehung wird, so meine Prophezeiung, zu einem modernen Klassiker der Erziehungshilfe wie beispielsweise *Verlegen und Abschieben* (Freigang 1986), *Lebenserfahrungen im Erziehungsheim* (Landenberger/Trost 1986), *Heimerziehung und soziale Teilnahmechancen* (Bürger 1991), *Formenvielfalt in der Heimerziehung* (Niederberger/Bühler-Niederberger 1988) und andere. Ob man das diesem äußerst anregungsreichen und sorgfältig recherchierten Buch wünschen soll. ist allerdings fraglich, denn ‚moderne Klassiker' stehen zwar in vielen Bücherregalen, werden häufig zitiert und entwickeln durchaus eine diskursive Macht, werden aber selten sorgfältig gelesen, auf ihre internen Spannungsmomente hin ausgelotet und leidenschaftlich diskutiert. Im Gegenteil: Sie werden rasch eingemeindet, d. h. mit gängigen Deutungsmustern erfasst und vom sozialpädagogischen ‚mainstream' für eigene Zwecke instrumentalisiert.

Worum geht es? Klaus Wolf untersucht mit Hilfe figurationssoziologischer Begrifflichkeiten von Norbert Elias (Elias 1976, 1977, 1986 etc.) eine Heimgruppe hinsichtlich der Machtbalancen zwischen Pädagoginnen auf der einen und Kindern/Jugendlichen auf der anderen Seite. Mit dem Thema ‚Macht' rückt erneut eine Dimension in den Blick, die man eine Zeitlang intensiv, wenn auch einseitig, diskutiert hatte (Stichworte der früheren Machtdebatte ‚Totale Institution', ‚Heimerziehung als Teil des staatlichen Repressionsapparates', ‚Strukturelle Gewalt', ‚Hilfe im Schatten von Kontrolle'), die aber seit Jahren aus dem theoretischen Diskurs über Erziehung(shilfen) verschwunden war. Nachträglich wirkt es beinahe wie ein Schock, dass diese zentrale Kategorie so lange Zeit so unausgeleuchtet bleiben konnte. Der mögliche Gewinn des Buches für das Thema ‚Eskalation und De-Eskalation' liegt auf der Hand: Mit Hilfe einer soziologischen Theorie der Macht könnte es gelingen, Eskalationen als (je nachdem ge- oder missglückte) Versuche zur Erweiterung der (eigenen) Macht oder Beschränkung der (fremden) Macht zu verstehen. Die gelungene De-Eskalation eines Konflikts käme in dieser Perspektive einer für beide Konfliktpartner befriedigenden Ausbalancierung der in Frage stehenden Machtverhältnisse auf der Mikroebene (vgl. Kapitel II) gleich.

Anders als in der Theorie der ‚Totalen Institution' (Goffman 1972), die von vorneherein einen institutionellen Machtüberhang von Professionellen über ‚Insassen' unterstellt, entwickelt Klaus Wolf aus dem empirischen Material, dass in Erziehungshilfesettings Pädagoginnen und Kinder/Jugendliche über gleiche und unterschiedliche Machtmittel verfügen, mit deren Hilfe sie die jeweils andere Gruppe ‚steuern' (Willke 1997). Die Machtmittel resultieren aus sieben von Wolf thematisierten Machtquellen: Materielle Leistungen und Versorgung, Zuwendung und Zuwendungsentzug, Sinnkonstruktion und Sinnentzug, Orientierungsmittel, körperliche Stärke, Teilhabe am System staatlicher Erziehung und gesellschaftliche Deutungsmuster. Einige dieser Machtquellen stehen Pädagoginnen und Kindern/Jugendlichen zur Verfügung (so können z. B. Zuwendung und Zuwendungsentzug sowohl von den Erwachsenen gegenüber den Kindern als auch von diesen gegenüber den Erwachsenen eingesetzt werden), andere nur den Pädagoginnen (z. B. verfügen bei Wolf nur Pädagoginnen über machtrelevante Orientierungsmittel wie z. B. Wissen über und Zugang zu statusrelevanten Institutionen wie Schule, Ausbildung, Arbeitsmarkt etc.), wieder andere sind beiden Gruppen entzogen, ‚regieren' aber in ihre Beziehung hinein (wie z. B. gesellschaftliche Deutungsmuster, wozu z. B. die unterschiedliche Bewertung einer unfreiwilligen Verlegung bzw. eines ‚Rausschmisses' gehört, der z. B. in Deutschland zumindest in der Fachöffentlichkeit verpönt ist, in der Schweiz dagegen als ein legitimes und rationelles Erziehungsmittel eingeschätzt wird) (vgl. Wolf 1999, S. 207–208, S. 252 u. S. 357 ff.). Aus dem Zugang zu den jeweiligen Machtquellen und dem Gebrauch von spezifischen Machtmitteln entsteht eine komplexe Machtbalance (nicht im Sinne einer normativ wünschenswerten Ausgewogenheit, sondern im Sinne eines je spezifischen Macht/Ohnmacht-Gefüges), die in beinahe jeder Einrichtung, in jedem Erziehungshilfesetting und in jeder Gruppe oder Betreuungsbeziehung einzigartig sein dürfte.

Zudem darf man sich diese Machtbalance nicht statisch vorstellen, sondern als ein dynamisches Geflecht, das schon durch geringe Änderungen der Machtchancen der einen wie der anderen Seite (z. B. dadurch, dass ein Jugendlicher sich eine Anlaufstation in der heimexternen Welt eröffnet. durch die er weniger abhängig von heiminternen Beziehungen wird; ebd., S. 70) labil werden kann. Betrachtet man die sieben Machtquellen als Achsen/Ebenen der Artikulation von Machtansprüchen und Demonstration von Machtmitteln, dann wird deutlich, dass jede (Gesamt-)Machtbilanz von zahlreichen (Unter-)Machtbalancen abhängig ist: So kann z. B. in einer Gruppe ein Machtüberhang der Pädagoginnen auf der Ebene ‚materielle Leistungen/Versorgung' bestehen; aufseiten der Jugendlichen aber z. B. eine Dominanz auf der Ebene ‚körperliche Stärke', die sie z. B. in Form von Drohungen und körperlichen Angriffen gegenüber den Pädagoginnen zum Einsatz bringen; so würden sich beide Machtquellen gegenseitig ‚neutralisieren' (ebd., S. 307) und könnte man bei der Gesamt-Machtbilanz dieser Gruppe (zumindest anhand dieser beiden Machtquellen) nicht von einem Machtdifferential ausgehen, wohl aber von einer hohen gegenseitigen Abhängigkeit. Unterschiedliche Machtebenen können sich bezüglich sich herausbildender Machtdifferenzen gegenseitig verstärken oder einschränken, so dass eine bilanzierende Einschätzung der Machtverhältnisse in einer Gruppe bzw. einer Betreuungsbeziehung sehr genau auf die Verteilung der Macht auf den einzelnen Ebenen und das Zusammenspiel dieser Ebenen achten muss.

Verweigerungen, Konflikte und daraus resultierende Eskalationen lassen sich in dieser Perspektive als (meist unreflektierte, im Handeln inszenierte) Versuche der PädagogInnen oder Kinder/Jugendlichen verstehen, eine momentane (als unbefriedigend erlebte) Machtverteilung in Frage zu stellen und zu verändern. Damit wäre noch besser verstehbar, warum häufig beide Seiten (PädagogInnen und Kinder/Jugendliche) auch wegen scheinbarer Kleinigkeiten (Zimmer aufräumen, Tisch abdecken etc.) so erbittert miteinander kämpfen: In den je konkreten Situationen geht es eben nicht nur um den konkreten Konfliktanlass und nicht nur um eine biographisch vermittelte Reizbarkeit/Gewaltneigung, sondern auch um das situative Ausgleichen einer für einen der beiden Konfliktpartner aus dem Lot geratenen Machtbalance: „Den habe ich in seiner Machtfülle begrenzt“ oder „Dem habe ich eine empfindliche Schlappe bereitet“ würde demnach als Leitsatz in den Alltagskonflikten mitschwingen und würde erklären, warum manchmal eine oder beide Seiten selbst den Einsatz von Gewalt für gerechtfertigt halten. Legitim wäre diese nicht nur als Gegengewalt gegen als Gewalt empfundene Handlungen („schließlich hat der andere ja auch ...“), sondern auch als Gegenwehr bezüglich eines als unerträglich empfundenen Machtüberhangs der anderen Seite.

So erwartbar vom theoretischen Ansatz her für die von Wolf untersuchte Heimgruppe ein dialektisches Gespinst von Schachzügen der Machtpolitik und Gegenpolitik aufseiten der Pädagoginnen und der Kinder/Jugendlichen gewesen wäre, so enttäuschend eindeutig fällt das Ergebnis der Studie aus: Wolf meint aus dem Interview-Material einen deutlichen Machtüberhang der PädagogInnen auf sechs von sieben Ebenen herauslesen zu können. Exemplarisch sei für jede der Machtebenen jeweils ein Satz aus der sehr viel differenzierteren Analyse herausgenommen (ebd., S. 139–317):

- „Die Kinder waren wesentlich stärker abhängig von den Erzieherinnen hinsichtlich ihres Zugangs zu den materiellen Leistungen des Heimes und der Organisation ihrer Versorgung als die Erzieherinnen von ihnen“ (ebd., S. 155).
- „Die Kinder nahmen die Zuwendung der Erzieherinnen umfassend so wahr, daß sie an ihr eigenes Wohlverhalten geknüpft war. Sie erlebten eine Bereitschaft der Erzieherinnen, die Zuwendung ggf. radikal zu entziehen“ (ebd., S. 190).
- „Der Einfluß der Erzieherinnen auf die Beziehungen zu Gleichaltrigen war groß, sie waren nur sehr begrenzt eine Alternative zur Bedürfnisbefriedigung in der Heimgruppe“ (ebd., S. 191).
- „Die Erzieherinnen waren bei der Sinnkonstruktion auf die Mitwirkung der Kinder angewiesen, es entstand eine spezifische Abhängigkeit von den Kin-

dern. Eine Instrumentalisierung dieser Machtquelle war für die Kinder kaum möglich. Als der Sinn durch das Verhalten eines Jugendlichen stark bedroht wurde, kam es zu seinem Ausschluß" (ebd., S. 214).

- „Die Kinder nahmen einen erheblichen Überhang der Erzieherinnen in der Verfügung über Orientierungsmittel wahr. Dieser bezog sich auf zentrale Deutungsmuster, Informationen, erfolgreiche Strategien und Muster der Selbstregulierung" (ebd., S. 233).
- „Die Bedeutung von körperlicher Stärke als Machtmittel ist in dieser Gruppe nicht relevant: Weder setzen Pädagoginnen noch Kinder/Jugendliche (weder untereinander noch gegenüber den Erzieherinnen) Körperkraft als Machtmittel ein. Die negative Bewertung von physischer Gewalt teilen Betreuer und Betreute" (vgl. ebd., S. 248 f.).
- Die Bedeutung des Heims als Teil des staatlichen Erziehungs- und Sanktionssystems lässt sich daran erkennen, dass dieses „von den offiziellen Stellungnahmen der Erzieherinnen bei existentiellen Entscheidungen – etwa über die Verlängerung der Heimerziehung – abhängig …" war (ebd., S. 277).
- Pädagoginnen und Kinder/Jugendliche stützten sich bei der Fremd- und Selbsteinschätzung der Kinder/Jugendlichen auf das gesellschaftlich anerkannte „Umerziehungs-Deutungsmuster", das zu „… einer Wertschätzung für die relativ straff organisierte Lebensführung in der Heimgruppe, die Interpretation ihrer Probleme als Folge noch fehlender Gewöhnung, die Selbstdefinition als besserungsbedürftig und die Attribuierung von Besserungsfort schritten auf die Kontrolle durch die Erzieherinnen …" einlädt (ebd., S. 297).

Die Einschätzung eines deutlichen Machtüberhangs der Pädagoginnen bezüglich der Kinder und Jugendlichen in dieser Heimgruppe geht durchaus mit der von Wolf bei den Kindern/Jugendlichen erhobenen (und von ihm geteilten) Einschätzung einher, dass diese in dieser spezifischen Heimgruppe ein hohes Maß an personeller Kontinuität und persönlicher Sicherheit erleben, ein überdurchschnittliches Engagement der PädagogInnen für sich erfahren und sie deshalb das ‚angenehme' Leben in der Gruppe überwiegend schätzten und auf keinen Fall aufs Spiel setzen wollten. Wolf macht aber keinen Hehl aus seiner Auffassung, dass er die Pädagogik auf dieser Gruppe nur für halb gelungen hält: Vor allem die mangelnde Partizipation der Kinder/Jugendlichen bezüglich der sie betreffenden Entscheidungen, die (möglicherweise) Unselbständigkeit und Zukunftsängste zementierende Vollversorgung durch die Pädagoginnen, der Ausschluss der Eltern aus dem Gruppenleben und die überwiegend defizitorientierte und auf Kontrolle setzende Pädagogik erwecken seine Kritik (ebd., S. 371 f.). Dass es in dieser Gruppe kaum zu heftigen Konflikten geschweige denn zu Eskalationen mit dem Einsatz von Gewalt kommt, hält Wolf nicht weiter für erwähnenswert. Für mich wäre das ein weiterer Hinweis darauf, dass die Kinder/Jugendlichen mit der Machtverteilung in der Gruppe weitgehend einverstanden sind und diese über den Weg von Konflikteskalationen nicht in Frage stellen müssen.

Alles klar also? Machtlose Heimkinder und zu allem Überfluss, wie so viele Unterdrückte in dieser Welt, auch noch einverstanden mit ihren ‚Herren'? („Die meisten Jugendlichen empfanden die Fremdkontrolle nicht primär als vorenthaltene Chance oder gar Unterdrückung, sondern als Entlastung und gute Organisation", ebd., S. 227). Ich fürchte, dass das eine Rezeptionsschiene sein wird, auf die man dieses Buch setzen wird, nicht zuletzt, weil die Interpretation dieser einen Gruppe (notwendigerweise) einen großen Raum in dem Buch einnimmt (über 160 Seiten) und (das muss allerdings dem Autor angelastet werden) in dem „Zusammenfassung …" genannten Kapitel 7 gegenüber anderen im Buch gewonnenen Erkenntnissen eine zu große Gewichtung erhalten hat. Allerdings gibt es, in erster Linie von Wolf selbst aufgeworfene, praktische und theoretische Erwägungen, die eine derart generalisierende Lesart bezüglich der (Wirkung von) Machtkonstellationen in Erziehungshilfen verbieten:

2. Machtkampf und drohende Anomie: Ein praktischer Einwand

Auch Wolf weiß, dass die im Buch hauptsächlich zur Interpretation gekommene Gruppe kaum als typisch, selbst für eine als äußerst heterogen anzunehmende Heimlandschaft, unterstellt werden kann (ebd., S. 350). Ausgehend von meiner dreizehnjährigen Praxis im vollstationären Bereich erzieherischer Hilfen und von zahlreichen Fortbildungen und Supervisionsprozessen, behaupte ich, dass mindestens in der Hälfte aller Heimgruppen die PädagogInnen nicht von einem stabilen Machtdifferential auf ihrer Seite ausgehen können, sondern im Gegenteil täglich mühsam darum ringen müssen, basale Alltagsregeln (Schulbesuch, Mithilfe auf der Gruppe, Einschränkung von Alkohol und Drogenkonsum) und Sicherheitsstandards (Schutz vor aggressiven und sexuellen Übergriffen, Unterbinden von Erpressungen, Drohungen und verbalen Beleidigungen etc.) etablieren und aufrechterhalten zu können. Das gilt auch, aber nicht nur, für Gruppen, in denen aufgrund des eng bemessenen Personalschlüssels einzelne Pädagoginnen über viele Stunden am Tag einer Gruppe von 6, 8 oder 10 Kindern und Jugendlichen mit z. T. erheblichen Verhaltensauffälligkeiten gegenüberstehen und dieser nicht viel mehr als Verwahrung und Reglementierung anzubieten haben. In vielen dieser Gruppen drohen immer wieder, manchmal sogar ständig Anomie- und De-Zivilisierungs-Prozesse (das sieht auch Wolf, vgl. ebd., S. 68 und S. 314). Die PädagogInnen kommen vor lauter Krisenmanagement in diesen Gruppen gar nicht zum notwendigen Beziehungsaufbau, Regeln und Grenzen werden immer wieder in Frage gestellt und ausgetestet, die Pädagoginnen ‚brennen' dort rasch aus, die Fluktuation ist hoch, die Arbeitsfähigkeit ganzer Teams immer wieder gefährdet (vgl. ebd., S. 327 u. 339).

Klaus Wolf ist deshalb gegen die Anti-Pädagogen jeder Couleur unbedingt zuzustimmen, wenn er davon ausgeht, dass ein gewisses Machtdifferential für alle Erziehungsprozesse unentbehrlich ist (ebd., S. 216 u. 235; vgl. auch Winkler 1982). Genau dieses gewisse Machtdifferential (über dessen Ausmaß gestritten werden müsste) und die daran gekoppelte ‚Stabilität' (die auch Wolf für eine Grundlage sinnvollen erzieherischen Handelns hält, vgl. Wolf 1999, S. 325 u. S. 338 ff.) fehlen in vielen Gruppen. Nicht zuletzt deswegen sind dort häufig zähe und kraftaufwendige ‚Machtkämpfe' mit den für sie typischen Eskalationsphänomenen zu beobachten: Konflikte, in denen die PädagogInnen versuchen, gewisse Normen und Verhaltensstandards mit Hilfe von Appellen, Belohnungen und Sanktionen durchzusetzen und sich die Kinder/Jugendlichen über diese immer wieder hinwegsetzen; nicht, dass es dafür einen kollektiven Aufstand gegen die Regeln bräuchte: Es reicht, dass abwechselnd immer wieder ein anderer Jugendlicher in demonstrativer Weise vor der Gruppe die Regel bricht und den anderen ‚vorführt', wie ohnmächtig die PädagogInnen bezüglich wirkungsvoller Reaktionen sind, um ein diffuses Klima von Regelunsicherheit entstehen zu lassen. In der Terminologie von Wolf ist eine solche Atmosphäre Ausdruck eines geringen Machtdifferentials, das bald auf der einen, bald auf der anderen Seite zu finden, also überwiegend instabil ist. An diese Analyse knüpfen sich zwei Fragen:

- Wie, d. h. mit Einsatz welcher Machtmittel gelingt es den Kindern/Jugendlichen, die Macht der Erwachsenen zu schwächen bzw. die eigene Machtposition aufzubauen?
- Wie kommt es dazu, dass sich manche Gruppen mit einem Machtüberhang aufseiten der Erwachsenen arrangieren können und andere nicht?

Die in den von mir geschilderten Heimgruppen beobachtbare Machtverschiebung ‚zugunsten' (sie hilft ihnen ja nicht wirklich) der Kinder/Jugendlichen erreichen diese durch den Einsatz folgender Machtmittel:

- ‚Menge' und Lautstärke, d. h. jederzeit gegenüber dem einzelnen oder den beiden anwesenden PädagogInnen aktivierbare zahlenmäßige Überlegenheit der Kinder-/Jugendlichen-Gruppe
- Offene und subtile Androhung und/oder tatsächlicher Einsatz von körperlicher Gewalt gegenüber PädagogInnen und schwächeren Kindern/Jugendlichen im Zuge von Konflikteskalationen, aber auch in Form instrumenteller Aggressivität

- Gebrauch herabwürdigender Schimpfworte gegenüber PädagogInnen und Kindern/Jugendlichen, häufig auch auf der ‚Bühne der Gruppe', um den anderen (Pädagogen oder Jugendlichen) vor den Augen der anderen zu brüskieren. ‚Schwachstellen' des Gegenübers werden z. T. gezielt ins Korngenommen.
- Kontaktabbruch, vor allem in Forderungs- und Konfliktsituationen durch Stehenlassen, Weglaufen, ‚Rückzug' auf heimexterne Stützpunkte u. U. für mehrere Tage
- Aufwiegeln und Instrumentalisierung der Gruppe gegen die PädagogInnen z. T. unter Einsatz von Einschüchterung oder Belohnungen (in Form von Zigaretten, sexuellen Kontakten etc.) gegenüber den anderen Kindern/Jugendlichen
- Agieren als oppositionelle (Unter-)Gruppe, die sich aktiv oder passiv den Anforderungen des Pädagogen widersetzt oder seine Energie durch viele kleine ‚Gefechte' bindet bzw. erschöpft
- Beschwerden oder Androhung von Beschwerden gegenüber Eltern und Jugendamt, z. T. unter Einsatz bewusst verfälschter Situationsbeschreibungen oder erfundener Vorwürfe
- Widersprüchliche und z. T. paradoxe Kommunikation, die Verwirrung und Verunsicherung bei Pädagoginnen erreicht
- Manipulativer Einsatz bzw. sekundäre Funktionalisierung von Symptomen wie Kontrollverlust, Krankheiten, Suizidhandlungen etc. (vgl. Wolf 1999, S. 275).

Nicht alle diese Machtmittel werden bewusst und gezielt eingesetzt. Aber zumindest im Erleben der Pädagoginnen stellen sie häufig Formen der ‚gegnerischen' Machtpolitik dar, denen die Pädagoginnen wiederum ihre Machtstrategien entgegensetzen. Dabei sind die Pädagoginnen nach meiner Beobachtung sehr häufig in einer prekären Situation. Sie können den Machtkampf weder einseitig beenden, weil ihnen das von den Kindern/Jugendlichen als Kapitulation und Schwäche ausgelegt werden kann, worauf mit einer Verschärfung von Anomie- und Dezivilisierungsprozessen zu rechnen wäre; sie können ihn aber auch nicht ungebremst fortsetzen, weil ihnen dazu einerseits die Kraft und andererseits die Mittel fehlen: Viele Sanktionsmöglichkeiten sind wie z. B. Taschengeldentzug weder juristisch abgesichert noch wie z. B. bei angeordneten Arbeitsstunden fachlich-pädagogisch voll legitimiert (vgl. Schwabe 1998); das Mittel der Entlassung ist auch für PädagogInnen nur opportun, wenn der Heimplatz rasch wieder belegt werden kann; in Zeiten eines Überangebots an Heimplätzen stellt es dagegen u. U. eine Gefährdung des eigenen Arbeitsplatzes dar; andererseits ist den PädagogInnen (hoffentlich jeden falls) klar, dass ihr eigenes Handeln den Machtkampf verlängert, ja zu seiner weiteren Eskalation beiträgt (vgl. Kapitel II). Kompromisse und Verhandlungen mit den Kindern/

Jugendlichen sind dann oft die Konsequenz, die tatsächlich zu einer (vorübergehenden) Entspannung der Lage beitragen kann; entgegen anderslautenden Verkündigungen stellen sie aber kein ‚Allheilmittel' dar (vgl. Freigang 1998, S. 246 ff.), sondern können die allgemeine Verunsicherung auch vertiefen, beispielsweise wenn die Verhandlungsangebote der Erwachsenen von den Kindern/Jugendlichen als ‚halbherzig' oder ‚zu wenig' abgelehnt bzw. nicht mit entsprechenden Entgegenkommen beantwortet werden, was zu gegenseitiger Enttäuschung und damit zu einer erneuten Verschärfung des Machtkampfes führt.

Der Einsatz der oben beschriebenen Machtmittel wird bei Wolf gelegentlich beschrieben (ebd., S. 183, S. 233 mit Fußnote 22 5, S. 27 5, S. 306, S. 314, S. 326), aber die von ihm vorgeschlagenen für die Erziehungshilfen ‚zentralen' Machtquellen scheinen doch überwiegend mit Blick auf die Erwachsenen konstruiert. Die für Kinder/Jugendlichen typischen Machtmittel (Schimpfworte, Kontaktabbrüche, aktive oder passive Verweigerung etc.) müssen deshalb etwas mühsam in die von ihm angebotenen Machtquellen ‚hineingepresst' werden und erscheinen dort (z. B. Schimpfworte der Jugendlichen als Angriff auf die Sinn- oder Zuwendungsbedürfnisse der Erwachsenen) überwiegend als bloß reaktives Tun. Macht, das ist bei Wolf primär die Macht der Erwachsenen und der Institution. Gegenüber aller theoretischen Behauptung (auch die Kinder/Jugendlichen verfügen über Machtmittel) bleiben die empirischen Kinder/Jugendlichen (nicht nur der untersuchten Gruppe) bei Wolf überwiegend ‚saft- und kraftlos', eher Opfer der Machtpolitik der Erwachsenen als ihrer Eigenmacht bewussten Akteure, die sich aufgrund biographischer Verstrickungen immer wieder auch vehement (fast reflexhaft) und (vordergründig) lustvoll in Machtkämpfe und sich daraus entwickelnde Konflikteskalationen stürzen. Dass sich Jugendliche auch bei freundlicher Annäherung und dem Angebot mitreden zu können, extrem herausfordernd verhalten können, dass sie Freiräume strapazieren und immer weiter auszudehnen versuchen, mit der Gruppe vereinbarte Regeln brechen, wenn sie ‚lästig' werden etc., das weiß man beim Lesen des Buches besser schon aus eigener Erfahrung. Zumindest ich habe nie Machiavellisten in größerer Reinkultur (inklusive aller psychischer Deformation) kennengelernt als unter Jugendlichen im Heim. Das ist auch durch aus nachvollziehbar, weil mindestens die Hälfte aller 13- bis 16-Jährigen (zumindest phasenweise) nicht freiwillig in der Gruppe lebt, sondern auf Wunsch bzw. Druck der Eltern, und/oder diese ‚Jugendlichen' keine Alternative zum Gruppensetting haben. BJW- und ISE-Betreuungen, also ein individuellerer und zugleich lockerer Rahmen, würde bei vielen dieser Jugendlichen, zumindest nach Einschätzung der Pädagoginnen und der Eltern, zu noch gravierenderen Schwierigkeiten für sie selbst und/oder das Gemeinwesen führen als die periodisch sich entladende Unzufriedenheit innerhalb des ‚kampferprobten' Settings Heim.

Trotzdem ist es bei allen Machtkämpfen nie klar, ob sich die Kids wirklich einen Triumph über die Pädagoginnen wünschen (z. B. Erzieherin bricht weinend zusammen) oder ob die ständigen ‚Härtetests', denen sie die PädagogInnen unterwerfen, nicht das Ziel haben, eine stabile, begrenzte aber auch begrenzende Gegenmacht herauszufordern und aufrechtzuerhalten, die ‚Halt' zu geben vermag (Winnicott 1974, S. 56 ff., 317). Dass sie gegenüber diesem Machtdifferential überwiegend ambivalent eingestellt sein dürften, liegt auf der Hand.

Aber die Frage, wie es bezüglich der ‚Machtverteilung' in Heimgruppen aussieht und welche unterschiedlich en Formen von Machtpolitik und Beziehungsdynamik (z. B. Machtkampf) dadurch angestoßen werden, führt zu einer theoretischen Frage: Bisher habe ich den Zugang zu Machtquellen, den Gebrauch von Machtmitteln und die Einschätzung der eigenen wie der fremden Macht als eine Verknüpfung beschrieben, deren einzelne Glieder unmittelbar aneinander anschließen und ‚automatisch' ineinander übergehen. Aber das ist nicht der Fall! Das Verhältnis zwischen diesen Ebenen ist in vielen Fällen weit mehr von Brüchen bestimmt als von festen Kopplungen (Baecker 1995).

3. Was bildet Macht? Unschärfen der Machttheorie bei Wolf, Beispiele kindlicher Machtpolitik und ein Ordnungsvorschlag

So klar die von Elias entlehnte Machttheorie bei Wolf auf den ersten Blick erscheint, so mehrdeutig wird sie doch bei eingehender Betrachtung: Beim Lesen geriet ich immer wieder in Zweifel, welche der vier Faktoren für den Aufbau eines Machtdifferentials bzw. die Realität (das Leben in) einer spezifischen Machtfiguration entscheidender sind:

a) der Zugang zu bzw. das Fehlen von spezifischen Machtquellen und -mitteln?
b) die subjektive Wahrnehmung bzw. Nicht-Wahrnehmung der Machtquellen und -mittel als Abhängigkeiten begründende Faktoren?
c) Formen der Machtpolitik, die z. B. im Unterlaufen bzw. der Abwehr von (wahrgenommenen) Abhängigkeitsverhältnissen bestehen und somit die Machtdifferentiale des anderen (partiell) neutralisieren oder sogar umkehren können?
d) das ‚subjektive (Ohn-)Macht(s)gefühl' eines einzelnen oder einer Gruppe, das sich sicherlich auf die aktuellen Faktoren (a), (b) und (c) bezieht, aber darüber hinaus auch Machtbeziehungen und (Ohn-)Machtserlebnisse der Vergangenheit, gleichsam im Individuum oder der Gruppe sedimentierte Erfahrungen im Umgang mit Macht, miteinbezieht. die in die reale Situation mitgebracht bzw. auf diese projiziert werden?

Diese vier relevanten Faktoren tauchen im Text teilweise explizit auf (a und b), bleiben teilweise implizit (c) oder unerwähnt (d). Eine eigene Theorie von Machtfaktoren und ihrem Zusammenspiel bleibt bei Wolf nur angedeutet (siehe S. 109, dritter Abschnitt). Zumindest mir haben die vier ‚relevanten Faktoren' geholfen Wolf ‚besser' zu begreifen, auch wenn sie andererseits neue Fragen aufwerfen:

Zu (a): Der Zugang zu spezifischen Machtquellen und die potentielle Verfügung über spezifische Machtmittel lässt sich scheinbar relativ objektiv beschreiben: Die Pädagoginnen z. B. besitzen den Schlüssel zur Küche. Verwahren das Taschengeld, schreiben Berichte für die Akten; die Kinder/Jugendlichen wenden verbale Bedrohungen und körperliche Kraft zur Einschüchterung des pädagogischen Personals an, können die für Pädagoginnen bedeutsamen Sinnkonstruktionen bezüglich der Bedeutsamkeit ihres pädagogischen Handelns empfindlich stören, einen unliebsamen oder ungeschickten Pädagogen kollektiv mit Zuwendungsentzug bestrafen etc. Aber ist nicht der Schlüssel. den ein Pädagoge bei sich trägt und der ihm Zugang zu allen Räumen sichert, die Kinder dagegen vom selbstverständlichen Gebrauch von Versorgung (Küche) und Logistik (Telefon) ausschließt ein Machtmittel von anderer Qualität als z. B. die Verfügung über den wöchentlichen Speiseplan, auch wenn beide Machtmittel der Machtquelle ‚Materielle Leistung/Versorgung' (S. 142 – S. 155) zugeordnet werden können? Und erschließt nicht die Machtquelle ‚Sinnkonstruktion/Sinnentzug' eine andere Form von Macht wie die Machtquelle ‚Materielle Leistung/Versorgung' oder der ‚Einsatz der physischen Überlegenheit bzw. von körperlicher Gewalt'? Sicher bestünde hier ein Differenzierungsbedarf, der über die Bildung von analytischen Kategorien, z. B. ‚explizite' Machtquellen versus ‚implizite' (vgl. Wolf 1999, S. 235), ‚harte' Machtquellen versus ‚weiche' und ‚kommunikative' versus ‚materielle', aufgearbeitet werden könnte. Ob und wie Machtquellen und -mittel aus unterschiedlichen Kategorien hinsichtlich der sich aus ihnen ergebenden Machtbalance gegeneinander aufgerechnet werden können und welche daraus als ‚dominante Machtquelle' resultiert, stellen offene Frage dar (der ‚Kasten' auf S. 307 erhellt zwar Inhalte und die Dynamik der Figuration, nicht aber die Spezifität und das Verhältnis der sieben Machtquellen).

Zu (b): Wolf wird die Klärung dieser Frage für nicht allzu dringlich halten, weil er eine zweite Reflexionsebene für entscheidender hält: Der bloße Zugang bzw. Nicht-Zugang zu Machtmitteln (a) sagt noch nichts darüber aus, ob dieser zum Aufbau von Machtdifferentialen genutzt werden kann. Hier interveniert eine erste subjektive Verarbeitungsform, die Wahrnehmung bzw. Nicht-Wahrnehmung (Leugnung) eines Machtmittels als Abhängigkeiten begründendes Faktum: So schreibt Wolf anlässlich der Machtquelle ‚Orientierungsmittel' hinsichtlich der untersuchten Gruppe:

„Die primäre Untersuchungsebene ist – wie an vielen Stellen dieser Arbeit – die Wahrnehmung der Kinder und die der Erwachsenen, denn für die Machtbalance sind die wahrgenommenen Machtchancen wirksam. Es geht also etwa darum auszuwerten, in welchen Feldern die Kinder einen Überhang an Orientierungsmitteln oder einen eigenen Überhang wahrnehmen. wie die Erwachsenen heimspezifische Orientierungsmittel nutzen etc.“ (ebd., S. 222). Und in einer das Zitat erläuternden Fußnote heißt es: „Dabei ist die Wahrnehmung nicht auf die bewusste, möglicherweise gar per Befragung reproduzierbare Form der Wahrnehmung beschränkt. Wahrnehmungen können unbewusst oder vorbewusst bleiben, es kann (gute) Gründe geben, soziale Tatsachen nicht wahrnehmen zu wollen, und etablierte und stabile Machtdifferentiale werden leicht als so selbstverständlich wahrgenommen, dass sie als naturgegeben erscheinen und deswegen nicht in den Blick alltäglicher Wahrnehmung geraten“ (ebd., S. 396).

Die Zitate klären und verwirren zugleich: Einerseits wird der ‚subjektiven Wahrnehmung‘ ein hoher Stellenwert eingeräumt, was nach der bedeutungsgebenden Konstruktion von Subjekten klingt. Andererseits wird von ‚sozialen Tatsachen‘ (z. B. der Machtüberhang der Pädagoginnen über die Kinder/Jugendlichen oder der Schlüssel als einer ‚zentralen Determinante der Lebensbedingungen‘; ebd., S. 331) gesprochen, die offensichtlich objektiv festgestellt werden können, aber vom Subjekt entweder erkannt und anerkannt oder gleichsam unter die bewusste Wahrnehmungsschwelle ‚gedrückt‘ werden können. Das Problem ist, dass Wolf hier wie an anderen Stellen zwischen einer konstruktivistischen Philosophie (nach der es keine Realität, nur beobachterabhängige und kontextgebundene Konstruktionen, d. h. Bedeutungsgebungen gibt) und einem tiefenpsychologischen Paradigma schwankt (nach dem es eine objektiv erkennbare Realität gibt, von der aus man beurteilen kann, ob eine Wahrnehmung realitätsgerecht erkannt, verleugnet, verzerrt wahrgenommen etc. wird) oder beide Paradigmata nebeneinanderstellt, ohne sie zu vermitteln:

„Die hier skizzierte Machttheorie untersucht auch die von den Menschen wahrgenommenen Abhängigkeiten, nicht nur die objektiv vorhandenen“ (ebd., S. 130) (Das Wort Wahrnehmung ermöglicht ihm dieses Schwanken, weil es in seinen Bedeutungshorizont von sinnlicher Erkenntnis einer so seienden Realität bis zu einer überwiegend von subjektinternen Prozessen bestimmten Bedeutungsgebung reicht. Deswegen ersetze ich es durch das Begriffspaar ‚Beobachten‘ und ‚Bedeutungsgebung‘, vgl. Abb. 5).

Abb. 5: Systeminterne Transformation von machtrelevanten (Selbst-)Beobachtungen und Handlungen (= Output) in Machtpolitik

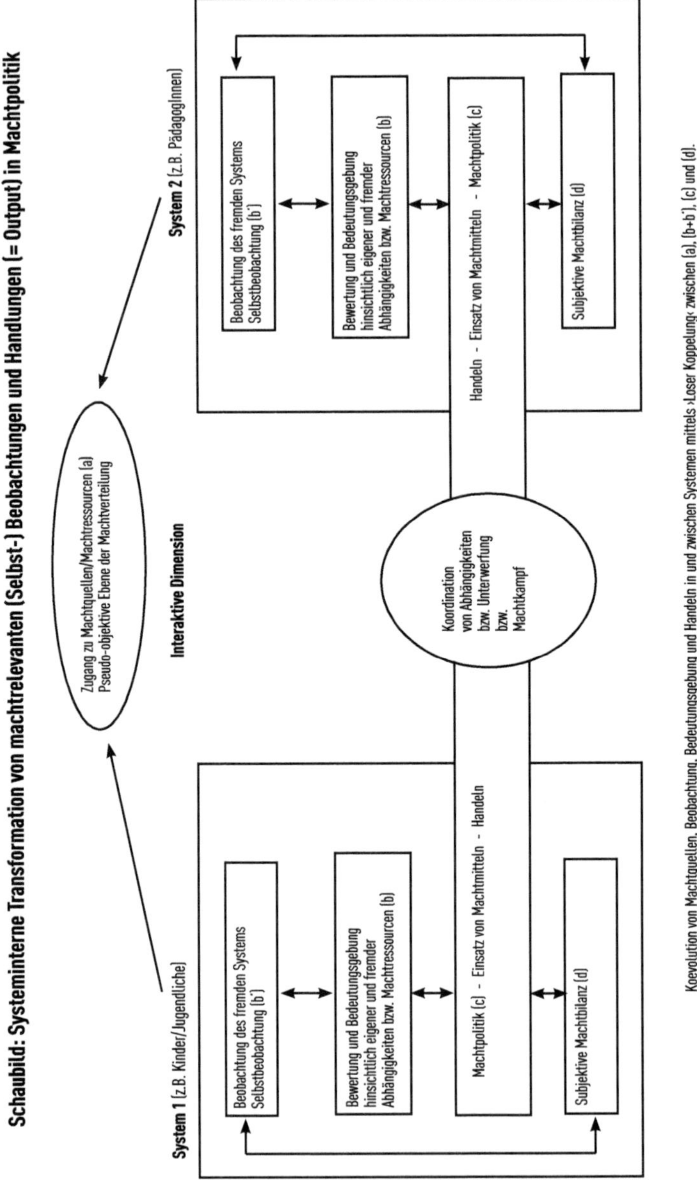

Problematisch wird diese Unklarheit bei der Interpretation von Fallbeispielen: So skizziert Wolf beispielsweise zwei Gruppen, die objektiv betrachtet gleich abhängig von der Versorgung (Essen, Kleidung etc.) durch die PädagogInnen sind. Aber während diese Abhängigkeit in der einen Gruppe von den Kindern wahrgenommen und in der Form von Anpassung an die als mächtig erlebten Pädagoginnen verarbeitet wird (ebd., S. 146 ff.), transformiert die andere Gruppe (ebd., S. 326) (deren Gedanken und Vorgehen ich anhand paralleler Erfahrungen ausschmücke) sie in Form aggressiv vorgetragener Forderungen nach dem Motto „Es ist unser Recht, dass wir hier gut versorgt werden (was unserer Auffassung nach übrigens nicht funktioniert: Das Essen ist Scheiße!) und damit Eure Pflicht, dem ordentlich nach zukommen." Mit dieser Strategie, einer Mischung aus Einfordern und Anklagen. die von den Kindern/Jugendlichen auf Dauer gestellt werden kann und somit den Pädagoginnen durchaus das Gefühl vermittelt, es den ‚Herrschaften' nie rechtmachen zu können, haben sich die Machtverhältnisse umgekehrt: Hier sind nicht mehr die Kinder/Jugendlichen von den PädagogInnen abhängig, sondern die Erwachsenen von der Anerkennung ihrer Leistungen durch die Kinder/Jugendlichen. Aber, so wäre zu fragen: Ist das das Ergebnis einer anderen Wahrnehmung der Abhängigkeit von der Machtquelle ‚materielle Versorgung') Haben die Jugendlichen der zweiten Gruppe nicht ‚kapiert', dass sie abhängig sind oder sehr wohl verstanden, sich aber damit nicht einverstanden erklärt. oder haben sie zwar unbewusst richtig wahrgenommen. diese Wahrnehmung aber zensiert und im Zuge der Bewusstwerdung völlig verzerrt? Viel eher ist es doch das Ergebnis einer ‚geschickten Politik', die aus einem Nachteil (Abhängigkeit) einen Vorteil (Recht auf…, Beschwerdemöglichkeit etc.) macht. Das entsprechende Zwischenglied zwischen Wahrnehmung von Abhängigkeit (b) und Macht-Politik (c) liegt meiner Meinung nach auf der Ebene der ‚Bedeutungsgebung', womit man sich allerdings auch gegen jeden Empirismus und für den Konstruktivismus entschieden hätte. Man kann wie die erste Gruppe die gute Versorgung schätzen und Erwachsenen. die man auch sonst für wohlwollend und gut hält, dafür dankbar sein. Man kann aber auch wie die zweite Gruppe die Gefahr wittern, die in einer möglichen Abhängigkeit von als böswillig unterstellten Erwachsenen besteht und deshalb das vermeintlich ‚Gute' (Versorgung) schlecht machen und sich damit sowohl die Erwachsenen als auch die Abhängigkeit von ihnen ‚vom Hals halten' (vgl. Bettelheim 1971, S. 173). Wie man sieht, besitzen die Kinder/Jugendlichen einen beträchtlichen Spielraum bezüglich der Bedeutung, die sie jeweils den von den Erwachsenen und den von ihnen selbst besetzten Machtquellen und Machtmitteln verleihen. Wie solche Bedeutungsgebungen jeweils zustande kommen. ob sie in erster Linie biographisch oder gruppendynamisch motiviert sind. was sie kollektiv werden lässt und wie sie jeweils in spezifische Formen der Machtpolitik überführt werden, sind offene Fragen. die meiner Kenntnis nach weder bei Elias noch bei Wolf systematisch beantwortet werden.

Zu (c): Die Machtpolitik einer Gruppe stellt eine kreative Verarbeitung der wahrgenommenen Abhängigkeitsverhältnisse auf der Grundlage von Bedeutungsgebungen dar und ist auf der Ebene von Strategien und Handlungen angesiedelt: Anpassung und Brav-Sein ist eine Strategie, Leugnung der Abhängigkeit und Umwandlung des Gewährten in ein einklagbares Recht eine andere. Eine Strategie, schon fast ein tägliches Ritual der Abhängigkeitsverleugnung und Demonstration von Unabhängigkeit, das ich z. B. immer wieder erlebt habe, war, dass die Kinder bei der Ankunft in der Gruppe den Deckel des auf dem Herd stehenden Essens hoben und völlig unabhängig vom Inhalt kommentierten „Was gibt's denn heut für 'n Fraß?", was sie nicht davon abhielt später beim Essen tüchtig ‚reinzuhauen'.

Ich glaube nicht, dass sie das Essen generell als schlecht bewerteten. aber es wäre gerade für diejenigen, in deren Leben bis vor kurzem das regelmäßige Mittagessen keine Selbstverständlichkeit war, zu schmerzlich gewesen, ihre Freude und ihr Angewiesen-Sein auf ‚unser' Essen einzuräumen.

Ein anderes Anwendungsfeld dieser Strategie bestand in der konsequenten Verweigerung des Tragens von Hausschuhen; für manche Kinder/Jugendliche wäre das Tragen von Hausschuhen dem Eingeständnis gleichgekommen, dass sie in der Gruppe ‚zu Hause' sind. was sie ängstlich vermeiden; das Tragen von Straßenschuhen dagegen signalisiert für sie und andere, dass sie die Gruppe einem ‚öffentlichen Raum' zuordnen wie z. B. ein Jugendzentrum. Wo ja auch keiner auf die Idee käme, Hausschuhe für die ‚Besucher' einzuführen. Die Verteidigung des ‚Besucher'-Status (nicht umsonst ein wichtiger Kliententyp bei: de Shazer 1986) war ein Ziel der Machtstrategie ‚Hausschuhverweigerung'. Es ist klar, warum es an diesem Symbol immer wieder zu Eskalationen kam: Die PädagogInnen spürten diffus, dass es bei dieser Verweigerung um mehr ging als um eine lästige Pflicht; die Kinder/Jugendlichen kämpften gegen eine Regel. deren Befolgung für sie eine gefährliche Eingemeindung oder Selbst -definition bedeuten würde.

Sicher ist die Wahl der jeweiligen Strategie (Anpassung bzw. Unterwerfung unter den Machtüberhang, Verleugnung der Abhängigkeit und Verteidigung der Autonomie bis hin zu Eskalationen) nicht jedem Individuum freigestellt: Aufgrund seiner Biographie wird ihm die eine oder andere Bedeutungsgebung und Strategie näherliegen; für alle Strategien von Kindern/Jugendlichen dürfte zudem eine Mischung aus Unbewusstheit und Zielstrebigkeit bei hoher Treffsicherheit, was machtrelevante Knotenpunkte und Symbole an betrifft, charakteristisch sein.

Allerdings dürfte das Zusammenspiel von PädagogInnen-Team und Kinder-/Jugendlichen-Gruppe und wie die andere Gruppe jeweils erlebt wird, noch wichtiger für die Machtpolitik der jeweiligen Gruppe sein wie die ‚nur' individuellen Bedeutungs- und Strategievorräte: Darauf verweist z. B. auch eine Untersuchung von Windisch, der im Kontext von Behinderteneinrichtungen nachweisen konnte, dass das Schlagen von Betreuten überwiegend in bestimmten Gruppen auftritt, in denen es als eine legitime Form der Machtpolitik begriffen wird; das spontane Schlagen einzelner aus der akuten Überforderung heraus kam dagegen seltener vor als erwartet (Windisch 1998, S. 60).

Zu (d): Aber noch auf einer vierten Ebene müssen Machtfigurationen reflektiert werden: Für die tägliche Machtpolitik von Gruppen wie Pädagoginnen und Kindern/Jugendlichen spielt nicht nur der Zugang zu Machtquellen und -mitteln (a) eine Rolle, und nicht nur mit welchen Bedeutungen die jeweiligen Abhängigkeiten/Machtverhältnisse ausgestattet werden und in welche Politikstrategien sie transformiert werden (c), sondern ist immer auch eine subjektive Bilanzierung der eigenen wie der fremden Macht (d) verantwortlich: So scheint es z. B. für die untersuchte Gruppe im Einzelnen zwar durchaus wahrgenommene und anerkannte Abhängigkeiten zu geben, ohne aber, dass ein genereller Machtüberschub der Erwachsenen reflektiert würde (vgl. Wolf 1999, S. 179 u. S. 227); im Gegensatz dazu stehen die von mir geschilderten Gruppen am Rande von Anomie und Dezivilisierung: In ihnen fühlen sich die Kinder/Jugendlichen oftmals von als anspruchsvoll empfundenen Erwachsenen gegängelt und bevormundet und erleben sich die ‚Kids' überwiegend als ohnmächtig und ausgeliefert; paradoxerweise geht es den PädagogInnen mit den diesen gegängelten ‚Kids' nicht anders: Auch sie erleben in erster Linie die andere Seite ‚als übermächtig', ‚schwer beeinflussbar', ‚ansprüchlich' und sich selbst als ‚bemüht', ‚kooperativ', aber immer wieder von Machtdemonstrationen überrollt und in die Ecke gedrückt.

Statt dass sich beide Gruppen bezüglich der ‚Steuerung' der jeweils anderen als gleichermaßen ohnmächtig erleben, konstruiert man das Gegenüber als so mächtig, dass man sich zur Etablierung einer konsequenten Gegenmacht aufgerufen sieht. Offensichtlich ist es leichter dem anderen einen Machtüberhang zu unterstellen, den man abtragen muss, als nüchtern festzustellen, dass in Bezug auf die Machtbalance eine Pattsituation besteht, die bestenfalls zu einem kurzfristigen und äußerst instabilen Machtüberhang der einen oder anderen Seite transformiert werden kann. So kann es, von außen betrachtet, immer wieder Vor- und Rückschläge geben, aber keine ‚letzte Schlacht', nach der die Machtverhältnisse dauerhaft verändert wären. Aber genau diese Wahrnehmung herrscht bei den Vertretern beider antagonistischen Gruppen vor; jeder von ihnen denkt mehr oder weniger, dass es jetzt und hier um alles geht und kämpft deswegen entsprechend verbissen.

Wie kommt es zu dieser Verblendung, bei der man sich schwächer und den anderen stärker macht? Sicher wird die Ebene der ‚subjektiven Bilanzierung' von den anderen Machtfaktoren (a = objektive Zugriffsmöglichkeit auf Machtquellen und -mittel und b = Wahrnehmung und subjektive Verarbeitung einzelner Machtmittel zu spezifischen Formen der Machtpolitik bzw. Anpassung) beeinflusst, aber nicht festgelegt. Ganz sicher kommen hier Elemente aus der Biographie zum Tragen: aufgrund von Überwältigungserlebnissen entwickelte

Abwehrsysteme, Phantasien von bösen ‚machtgeilen' Gegenübern, ‚blinde Flecken' in der Wahrnehmung etc. Die davon betroffenen Kinder/Jugendlichen agieren oft wie Traumatisierte unter ‚Wiederholungszwang': Sie provozieren und schlagen solange um sich, bis die Erwachsenen ihnen mit der Mischung aus Missmut und Machtmitteleinsatz kommen, die die Kinder aus ihrer Geschichte nur allzu gut kennen: Willkommen ‚daheim', aber eben nicht ‚zuhause'. Umgekehrt spielen bei den Pädagoginnen sicherlich Abspaltungen eigener ‚Begehrlichkeiten' eine Rolle: Man wollte doch in erster Linie ‚gut' sein und ‚verkorksten' Kindern helfen Freude am Leben zu finden; aber vielleicht wollte man auch nur überwiegend Abhängige ‚lieben' und dabei die eigene Macht genießen. So konstellierten beide Gruppen am Ende das, was sie zugleich immer wollten und befürchtet hatten.

Wenn mit den vier vorgeschlagenen, für das Zustandekommen von Machtfigurationen bedeutsamen Machtfaktoren etwas Strukturierendes gewonnen ist, wie kann man sich ihr Zusammenspiel vorstellen? Geeignet scheint, was Dirk Baecker (1995) in Anlehnung an den Begriff der ‚losen Kopplung' bei Weick (1995, S. 102 ff., 143 ff.) so beschreibt: „Lose Kopplung bedeutet, daß Elemente [hier: a, b, c, d; M.S.] eines Systemzusammenhangs [hier: Machtverhältnisse, M.S.] … aufeinander eher plötzlich als dauerhaft, eher unscheinbar als überdeutlich, eher indirekt als direkt und eher verzögert als sofort Einfluß nehmen. Die Unkalkulierbarkeit und Unvorhersehbarkeit dieser wechselseitigen Einflüsse hat den Nachteil, daß Durchgriffe von einem Element auf ein anderes nahezu ausgeschlossen sind, zugleich jedes einzelne Element freigestellt ist, sich mögliche Determinationen durch ein anderes Element selbst zu suchen …" (Baecker 1995, S. 24).

Damit wären die Grundlagen eines systemtheoretisch inspirierten Modells von Machtbeziehungen skizziert, das man so veranschaulichen könnte: (siehe Abb. 5). System 1 (hier: die Kinder/Jugendliche) und System 2 (hier: die Pädagoginnen), die man sich freilich selbst wiederum eingebettet in andere Systemkontexte (Erziehungshilfeinstitution, regionales Jugendhilfesystem, gesellschaftliche Anforderungen etc.) denken muss, besäßen gleiche und unterschiedliche Zugänge zu gleichen und unterschiedlichen Machtquellen; mit diesen ist aber nur ein erster ‚pseudo-objektiver' Machtfaktor (a) vorgegeben, der durch systeminterne Verarbeitungen (b) (ich denke an ‚operational geschlossene' Systeme, vgl. Willke 1996, S. 29 ff.) in spezifische Formen der Machtpolitik (c) transformiert wird. Für die systeminterne Verarbeitung stelle ich mir drei miteinander ‚lose gekoppelte' Prozesse als relevant vor: Die Beobachtung des fremden Systems (b) (wobei Form und Inhalt der Beobachtung als strukturdeterminiert gelten müssen), deren Bewertung und Bedeutungsgebung auf dem Hintergrund eigener Deutungsmuster und Wertpräferenzen (b), wofür auch sedimentierte Erfahrungen (als biographisch relevant festgehaltene Erlebnisse, un- bzw. vorbewusste Phantasien etc.), die in die (oben geschilderte)

‚subjektive Machtbilanz' (d) einfließen, bedeutsam sein dürften. Aufgrund dieser komplexen systeminternen Verarbeitung und Konstruktion der machtrelevanten Informationen kommt es dann zur Auswahl und Realisierung von Machtstrategien, die sich in ganz konkreten Handlungen äußern; durch sie entsteht ein Interaktionsfeld zwischen den Systemen. Das sich daraufhin beobachten lässt, ob in ihm gegenseitige Abhängigkeiten überwiegend koordiniert und in Formen der ‚friedlichen' Koexistenz organisiert werden oder ob in ihm aktuell der Machtkampf in Form von ‚heißen' oder ‚kalten' Konflikten dominiert (Glasl 1994, S. 64 f.). Das Spektrum der ‚Koordination von Abhängigkeiten' reicht dabei von einseitiger Unterwerfung bis zu als ausgehandelt wahrgenommenen Kompromissen: das Spektrum beim ‚Machtkampf' kann auf Unterwerfung des ‚Gegners' ebenso abzielen wie auf die Hoffnung, dieser möge sich als der ‚Stärkere' (oder ‚Klügere') erweisen und das eigene anarchische Treiben beenden.

Mit einer solchen Machttheorie wäre klar, dass es keine direkte Eingriffsmöglichkeit in das Denken und Verhalten des jeweils anderen Systems gibt; eigene Machtmittel, die das System, das über sie verfügt, für hoch potent hält, brauchen die andere Seite überhaupt nicht beeindrucken, sondern können im Gegenteil die Kreativität des Systems herausfordern, diese zu unterlaufen bzw. ‚umzudrehen'. Die Macht der Gummiknüppel und Wasserwerfer, ja selbst die von Gewehren, kann beispielsweise unterlegen bleiben, wenn es der Gegenseite z. B. gelingt, die (Welt-)Öffentlichkeit von der Legitimität der Ansprüche zu überzeugen, die Polizei und Armee auf den Plan rufen. Allerdings gilt auch das Gegenteil: Gesten des Wohlwollens, die man selbst nicht in den Kontext von Macht stellen wollte, können vom Gegenüber als Demonstrationen von Machtmitteln gewertet werden, die ihn zu Anpassungsleistungen oder zu Widerstand bringen, die nicht intendiert waren. Überhaupt wären Intentionen (Selbstverstehen) und deren Interpretation durch das andere System (Fremdverstehen) immer zu trennen und man müsste eher mit ‚Überraschungen' rechnen wie mit ‚Wir haben verstanden'.

4. Pädagogische Konsequenzen: Warum die schnellen Lösungen der Kinderrechte-Fraktion falsch sind ...

Was folgt aus einer solchen systemtheoretisch aufgeklärten Machttheorie? Führt sie überhaupt zu Konsequenzen in der Praxis? Zwei von vielen möglichen will ich thematisieren: Folgen für den Umgang mit Konflikteskalationen und Folgen für die Ideen von ‚Kinderrechten und Machtverzicht', die zurzeit in der Jugendhilfe modern sind.

Wenn man davon ausgeht, dass das Anzetteln von Konflikten und das Riskieren von Eskalationen aufseiten der Kinder/Jugendlichen eine Form ihrer Machtpolitik darstellt, dann kann es eine Strategie sein, sie als Machtpolitik mit einer eigenen Form derselben zu beantworten; d. h., man muss sich in solchen

Situationen fragen, ob es dem Gegenüber darum geht, einen als (er)drückend erlebten Machtüberhang seitens der Erwachsenen ein ‚kleines bisschen zurückzubauen' (1) oder es ob es um eine gezielte Schwächung der Erwachsenenmacht oder den Ausbau der eigenen Machtfülle (2) geht. Der Witz an dieser Alternative ist, dass sie lediglich eine Frage der Formulierung ist; jeder Pädagoge entscheidet darüber mit seiner eigenen Wahrnehmung und Bedeutungsgebung eben dieser Situation. Nimmt man die vermeintliche Ohnmacht des Kindes/Jugendlichen wahr, kann man mit ihm verhandeln, um ihm das ‚kleine bisschen' zu geben, was er zu brauchen glaubt (1.1). Oder mit ihm in eine Auseinandersetzung über seine Wahrnehmung treten, d. h. ihn aktiv mit dem Dilemma konfrontieren, dass man sich durchs Nachgeben so ohnmächtig fühlen würde wie er durchs Gehorchen (1.2). Konstruiert man das Gegenüber als jemanden, der einen schwächen will, kann man ihm wiederstehen, auch wenn das zu einer weiteren Eskalation führt (2.1). Nur die mögliche Gewalt am Ende sollte man vermeiden, indem man rechtzeitig eine andere Art von Höhepunkt setzt. Oder man kann ihn in eine Diskussion um Macht verwickeln: ihn konfrontier en mit seiner Politik der gezielten Schwächung und damit, dass man ‚den Braten gerochen hat' (2.2).

Beide Male wird das Gegenüber uns zu verstehen geben, ob wir ihn so verstanden haben, wie er sich selbst verstanden hat (vielleicht ohne das selbst ausdrücklich zu reflektieren): Er wird dankbar sein für die Verhandlung und den Willen zum Kompromiss (1) oder unverschämt werden, indem er das wenige zurückweist und mehr fordert (2). Bei der Diskussion um die Machtfrage werden wir im günstigen Fall ein verschämtes Lächeln um seine Lippen huschen sehen (2.2), leugnen wird er sein Begehren allemal. Wenn wir ihm widerstehen, wird er wütend werden und müssen wir ihm die Möglichkeit geben, uns zu verwünschen und einen guten Abgang zu machen (2.1); trotzdem kann er sich ‚gut behandelt' fühlen. Bei der ‚Dilemma-Geschichte' müssen wir aufpassen, ihn intellektuell nicht zu überfordern (1.2). Besser ist es ‚trotziges Kind' zu spielen als eine umständliche Rede zu halten. Wenn wir miteskalieren, aber einen guten Höhepunkt setzen, bevor jeder meint nicht mehr gehen zu können (2.1), wird er wütend sein, uns aber im Nachhinein vielleicht auch als geschicktem Machtpolitiker Respekt zollen.

Insgesamt betrachtet ergeben sich aus der Beobachtung der Häufigkeit und Intensität von Konflikteskalationen Aufschlüsse über die von beiden Seiten eingeschätzten Machtverhältnisse: Je weniger Eskalationen, umso akzeptierter und stabiler der Machtüberhang. Je mehr Eskalationen, umso instabiler die Machtbalance und umso überzeugter beide Parteien von der eigenen Ohnmacht und der Übermacht der anderen. PädagogInnen, die in dieser Situation begrenzt und gezielt auf Machtdemonstrationen verzichten und stattdessen Gelegenheiten inszenieren, in denen Macht mit den Kindern/Jugendlichen geteilt und/oder mit ihnen gemeinsam wahrgenommen wird, zeigen Souveränität und beschwichtigen die Ohnmachtsängste der anderen Seite. Durch begrenzten Machtverzicht könnten sie auf diese Weise, wenn keinen Machtgewinn, so doch wenigstens eine Pause im ständigen Machtkampf erwirken und wenn das nicht gelingt, noch immer diesen fortsetzen. Also sollen und können Pädagoginnen auch geschickte Machtpolitiker sein? Meine Antwort lautet: Ja, auf jeden Fall. Aber damit kann man in der Jugendhilfeszene keinen ‚Blumentopf gewinnen'. Dort lautet der Trend ganz klar: Abbau der Machtdifferentiale zugunsten der Kinder/Jugendlichen durch Demokratisierung von Entscheidungsprozessen, durch die Ermöglichung von mehr Partizipation bezüglich aller Fragen, die das (Zusammen-)Leben im Heim betreffen, durch den Aufbau und die Erweiterung einer ‚Kultur der Aushandlung' und wie die Vorschläge von ‚Kinder haben Rechte' sonst noch lauten (vgl. Blandow u. a. 1999).

Wolf bleibt bei diesen auch für ihn naheliegenden Perspektiven vorsichtig und skeptisch: Bezüglich der untersuchten Heimgruppe „... sind Stärken und Probleme deutlich geworden. Vielleicht könnte man die Hoffnung haben, daß – etwa durch eine Beratung der Erzieherinnen – die positiven Aspekte erhalten und die negativen beseitigt werden könnten und auf diese Weise vermeidbare Leiden auch tatsächlich vermieden werden könnten. Dies ist sicherlich partiell möglich. Insgesamt bin ich aber skeptisch. Denn Stärken und Probleme hängen auf komplexe Weise miteinander zusammen. Veränderungen der einen Seite können dann leicht zu unerwünschten Veränderungen an anderer führen. So erscheint mir fraglich, ob man die problematischen Abhängigkeiten der Jugendlichen von den Erzieherinnen verringern könnte, ohne daß dies die Motivation der Erzieherinnen und damit ihr besonderes Engagement beeinflussen würde" (Wolf 1999, S. 109).

Wolf formuliert nicht durchgängig so umsichtig wie an dieser Stelle. Auch er kämpft mit der Spannung von theoretischer Distanzierung als soziologisch inspirierter Forscher und persönlichem Engagement für die betroffenen Kinder/Jugendlichen (ebd., S. 374 f.). Aber für seine Skepsis gibt es meiner Auffassung nach mindestens zwei ‚gute Gründe': Wie wir schon gesehen haben (ebd., S. 216 u. 235), ist ein gesichertes Machtdifferential auf seilen der Erwachsenen die Voraussetzung für ‚Stabilität' in der Heimgruppe und damit für gelingende ‚erzieherische Prozesse' überhaupt. Das gilt, zumindest im guten Fall, auch für die pädagogische Förderung von Partizipation und Selbstbestimmung. Diese können und sollen entwickelt werden, aber sie bedürfen paradoxerweise einer klaren Vormachtstellung akzeptierter(!) Erwachsener, die in der Lage sind, zentrale zivilisatorische Standards (Schutz, Ordnung etc.) durchzusetzen, wozu sie auch Sanktionsmöglichkeiten bedürfen. Das scheint bei der noch zu begründenden supranationalen Weltpolizei nicht anders zu sein als in der Heimgruppe (vgl. Semler, C. in der TAZ vom 19./20.6.99, S. 12).

Auffallend ist, dass einige Reformen (in) der Heimerziehung in den letzten Jahren gefordert und gefördert wurden, aber hinsichtlich der mit ihnen einhergehenden Verschiebungen der Machtbalancen nicht oder nur ‚naiv' (je weniger Macht für die Pädagoginnen, umso besser für die Kinder) reflektiert wurden (z. B. Blandow u. a. 1999): Die Öffnung der Heime hin zur Lebenswelt schafft neben wichtigen Kontakten zur heimexternen Welt (Freunde, Vereine etc.) und der Reduzierung von Abhängigkeiten von PädagogInnen und Gruppenmitgliedern eben auch ‚Fluchtpunkte' für Jugendliche, mittels derer sie sich den Verbindlichkeiten der Heimgruppe entziehen können, was zur Aushöhlung aller Gruppenregeln beitragen kann und die Motivation zur Aushandlung derselben senkt; dasselbe gilt für den Ausbau der Elternkontakte: Sie können dazu genutzt werden Versöhnungen anzubahnen und Loyalitätskonflikte zu klären; aber man darf sich nichts vormachen; die häufig im Heim präsenten Eltern entwickeln mitunter auch (Macht-)Ansprüche (z. B. rigide Vorstellungen von Disziplin), die sie z. T. gegen ihre Kinder oder die Pädagoginnen durchzudrücken versuchen; die offeneren Systemgrenzen zwischen Heim und Familie erleichtern, dass familiäre Machtspiele im neuen Milieu reinszeniert werden und familiäre Konflikte unmittelbar ins Heim ‚hinüberschwappen', so dass mancher Eltern-erfahrener Pädagoge sich Zustände der Elternferne wie auf der von Wolf geschilderten Gruppe herbeiwünscht. Die Sensibilität für ‚Kinderrechte' hat dazu geführt, dass Kinder/Jugendliche selbstverständlicher an Entscheidungen partizipieren und selbstbewusster ihre Rechte einklagen, aber auch dazu, dass Pädagoginnen immer unsicherer werden, welche Sanktionsmittel ihnen legitimerweise noch zur Verfügung stehen und die Kinder/Jugendlichen in manchen Gruppen zwar auf ihre Rechte pochen, aber die Persönlichkeitsrechte der Pädagoginnen mit ‚Füßen treten'.

Ich möchte keine der Entwicklungen zurückgenommen wissen; aber es ist für mich offensichtlich, dass sich kein Mensch vor Realisierung dieser Reformen Gedanken darüber gemacht hat, welche unbeabsichtigten und unerwünschten Risiken und Nebenwirkungen (Spranger 1964) damit verbunden sind, auch und insbesondere für die eingespielten Machtbalancen; diese beinhalteten (wie von Wolf geschildert) sicher manche Härten und einige bittere Ohnmachtserfahrungen für die Kinder/Jugendlichen, aber vielerorts auch Kontinuität und Wohlwollen auf der Basis eines klaren Machtdifferentials auf Seiten der Erwachsenen. Eben das scheint mir in der hauptsächlich untersuchten Heimgruppe der Fall zu sein. Wolf sieht das, schreibt das auch (ebd., S. 148), aber manchmal hört sich dieses Eingeständnis so gequält an, dass es in den Ohren der dort arbeitenden Mitarbeiterinnen peinlich klingen muss: „Hier wurden einige Entwicklungschancen hervorgebracht, die bei gänzlich [!, M.S.] anderen Verhältnissen vorenthalten geblieben wären" (ebd., S. 370). Nein! Die MitarbeiterInnen dort haben angesichts der besonderen Betreuungsbedürfnisse dieser Kinder und Jugendlichen (ganzjährige Betreuung. keine Rückkehroption ins Elternhaus, schwerwiegende Mangelerfahrungen in früher Kindheit etc.) überwiegend gute Arbeit mit hohem Engagement geleistet. Zweifellos haben sie nicht alles gut und richtig gemacht und an einigen Stellen auch gravierend versagt (siehe den zumindest bei Wolf unnachvollziehbar geschilderten Hinauswurf von Erich; ebd., S. 208 u. S. 266). Aber kann man in solch ‚dichten' Settings wie einer Heimgruppe alles richtig und keine Fehler machen? Lädt man in ihnen nicht bei allem individuellen und organisatorischen Gelingen immer auch die Schuld von partiellem Misslingen und Ausblendungen auf sich? Betrachten wir nur die Schweizer Gruppe, die z. B. bei sehr ‚permissivem' Miteinander von Jugendlichen und Pädagoginnen (was bei Wolf anerkennend klingt) vom ‚Rausschmiss-Recht' viel häufiger Gebrauch gemacht hat als die untersuchte Heimgruppe in den neuen Bundesländern (ebd., S. 357). Auch wenn es angesichts der aktuell beliebten Qualitätsdiskussionen schwerfällt: Erziehung ist etwas, das sich den Idealen des ‚immer schneller, höher, weiter', der beliebigen, kontinuierlichen Perfektibilität entzieht. Man kann nicht immer noch einen fachlichen Anspruch oben draufsetzen. Alle Kontakt und Erziehung ermöglichenden ‚Öffnungen' sind immer auch mit ‚Schließungen' anderer Bereiche und Möglichkeiten verbunden, und beinahe immer beruhen die erziehungswirksamen Chancen einer bestimmten Gruppe auf dem (un-)reflektierten Verzicht auf andere Aspekte des pädagogischen Bezugs. Mir persönlich sind PädagogInnen, die sich für ‚ihre' Kinder engagieren, indem sie ihnen ein freundliches und sicheres Zuhause bieten und sie ‚im Griff' haben, lieber als PädagogInnen, die tausend fachlichen Ansprüche von Partizipation, Bedürfnis-, Sozialraum- und Geschlechterorientierung hinterherhetzen, dafür aber noch nicht einmal die basalen Bedürfnisse nach ‚Sicherheit und Zuverlässigkeit' auf der Wohngruppe zu realisieren verstehen. Der Wolfsche Zwiespalt von Anerkennung und Kritik von Stabilität begründenden Machtdifferentialen scheint mir für weite Teile der sozialpädagogischen Zunft typisch zu sein und bedarf dringend einer Diskussion.

Selbstverständlich darf und muss gefragt werden, was einen ‚guten', pädagogisch legitimierbaren Machtgebrauch von Machtmissbrauch unterscheidet. Allerdings darf man sich die Beantwortung dieser Frage nicht zu einfach vorstellen. Die von Staub-Bernasconi vorgeschlagene Differenzierung in eine ‚gute' Begrenzungs-Macht und eine ‚böse' Behinderungsmacht beispielsweise scheint mir nicht weiterzuhelfen, weil das, was von den Pädagoginnen als legitime Eingrenzung von Übergriffen auf andere verstanden wird, von dem Eingegrenzten als Angriff und existenzielle Bedrohung, d. h. als Behinderungsmacht erlebt werden kann (Staub-Bernasconi 1994, S. 24 ff.) Macht bleibt in der pädagogischen Interaktion eventuell immer ein ambivalentes Phänomen, das sich kontrollieren lassen muss, aber u. U. nur selten eine ungeteilte Legitimation erwarten darf, auch nicht im Nachhinein (vgl. Brumlik 1992, S. 185 ff.). Macht in pädagogischen Beziehungen muss von selbstkritischen Erwachsenen verantwortet werden (Schwabe 1997).

Deswegen scheint mir eine reflektiert pragmatische Diskussion des Phänomens ‚Machtgebrauch' ergiebiger zu sein als die Diskussion um ihre ethische Legitimation. Für diese Diskussion könnten zwei Hypothesen von Heiland und Lüdemann von Bedeutung sein, auf die Wolf aufmerksam macht: Die erste lautet: „Je größer die Machtdifferentiale zwischen Akteuren sind, desto eher stimmen die Handlungsergebnisse mit den Intentionen des mächtigen Akteurs überein und desto weniger stimmen die Handlungsergebnisse mit den Intentionen des schwächeren Akteurs überein" (Heiland/Lüdemann 1992, S. 37, in: Wolf, S. 135). Die zweite Hypothese lautet: „Je geringer die Machtdifferentiale zwischen den Akteuren sind, desto weniger stimmen die Handlungsergebnisse mit den Intentionen irgendeines der Akteure überein" (Heiland/Lüdemann 1992, S. 38; in: Wolf, S. 135). Weder mit denen der Erwachsenen noch mit denen der Kinder/Jugendlichen. Im Modell, das der zweiten Hypothese entspricht, würden demnach beide verlieren (‚loose-loose'-Ergebnis), im ersten Modell ‚gewinnen' zunächst die Mächtigeren (‚win-loose'-Ergebnis), aber es ist die Frage, ob deren Macht nicht unter gewissen Bedingungen auch zu Gewinnen für die andere Seite führt (‚win-win'-Ergebnis)? Demnach wären Kinder und Jugendliche am besten in einer Kombination von ausgeprägtem Machtdifferential auf seilen der Erwachsenen und Wohlwollen gegenüber den Wünschen und Nöten von Kindern/Jugendlichen aufgehoben (zum Wohlwollen müsste noch das Vermögen treten, eigene Formen des Machtmissbrauchs erkennen und reflektieren zu können). Freilich ist kein direkter oder gar automatischer Zusammenhang von ‚Machtsicherheit' und ‚Wohlwollen' zu unterstellen: Die Beispiele von Erwachsenen, die ihren Machtüberhang dazu nutzen, die ihnen ausgelieferten Kinder auszubeuten und zu malträtieren, sind Legion. Diese Situationen sind auch heute noch so häufig zu finden wie die anderen, nicht minder ungünstigen: Sie beruhen auf einer Kombination von geringem Machtdifferential, ständigen Machtkämpfen, sich häufenden Übergriffen der einen Seite auf die andere im Zuge von Eskalationsprozessen mit schwindendem Wohlwollen bzw. wachsendem Unmut. Auch das wäre sicher kein ‚guter Ort' zum Leben, weder für die Kinder/Jugendlichen, noch für die Erwachsenen. Ganz sicher kann sich ‚gute' Erziehung nicht nur auf Macht stützen, aber sie scheint für gelingende Erziehung ‚grund-legender' zu sein als wir bisher wahrhaben wollten.

Eine ganz andere Frage ist, ob die Notwendigkeit eines Machtüberhangs auf Seiten der Erwachsenen nicht Heim- d. h. Setting-spezifisch verstanden werden muss; und ob nicht Jugendhilfe-Settings etabliert werden können, die nicht (so stark) auf ‚Macht' bzw. Erziehung setzen müssen. Sicher ist das bei abnehmender Abhängigkeit der Pädagoginnen von den Kindern/Jugendlichen und dieser von jenen möglich und wünschenswert. Dann geht es aber auch nicht mehr um ‚Erziehung', sondern um ‚Begleitung', was eine andere sozialpädagogische ‚Strategie' in einem anderen sozialen Kontext darstellt: Bei einem Jugendlichen, den man im Rahmen von Betreutem (Jugend-)Wohnen (§ 34 KJHG) oder ISE (§ 35 KJHG) betreut, ist von vornherein eine größere Unabhängigkeit gegeben, die zu einer Reduzierung von Machtansprüchen führen kann und muss: Hier hat der Betreuer eben nur vermittelt und indirekt ‚mitzuleiden', wenn der Jugendliche aufgrund von Beschwerden der Nachbarn aus der Wohnung ‚fliegt'; hier hängt an der Entscheidung ein eigensinniger Einzelnen, aber ist nicht sofort eine ganze Gruppe mitbetroffen; deswegen kann er sich auch darauf beschränken, dem Jugendlichen Tipps für ein gutes nachbarschaftliches Verhältnis zu geben; ob dieser sie umsetzt, kann ‚seine Sache' bleiben, aufgrund der geringeren Involviertheit kann man dem Jugendlichen relativ ‚locker' helfen eine neue Wohnung zu finden, auch wenn er die Tipps nicht befolgt hat. Das ist in der Heimgruppe, in der z. B. die Wohnung von den Nachbarn mit den PädagogInnen identifiziert wird und auf denen ein ganz anderer Druck des Wohnungserhaltes lastet, etwas gänzlich anderes: Aufgrund der sehr viel größeren Abhängigkeit von den einzelnen Jugendlichen, die eventuell sogar darauf warten demnächst auszuziehen, müssen die Erwachsenen hier darauf bestehen, bestimmte Verhaltensweisen, die den Wohnungserhalt oder ein gutes nachbarschaftliches Klima garantieren, durchsetzen zu können.

Insofern gilt: Je größer die gegenseitige Abhängigkeit, je mehr das Verhalten der Kinder/Jugendlichen sich direkt und unmittelbar auf die PädagogInnen und deren Belastung und Arbeitsaufwände (zu denen auch der Schutz und die Sicherheit der Gruppe gehören) auswirkt, umso mehr ist ein ‚stabiles Machtdifferential' zu ihren Gunsten. das möglichst auf einem Überhang an Orientierungsmitteln, der Anerkennung einer gesicherten Versorgung und der Etablierung von Sicherheit und Schutz im Inneren der Heimgruppe beruht (vgl. Wolf 1999, S. 325), wünschenswerte und bei ausreichender fachlicher Kontrolle von außen auch pädagogisch sinnvoll. Es darf und muss offener gefragt werden, wie Pädagoginnen auf fachlich ‚korrekte' Weise zu eben dem Machtdifferential kommen, das sie benötigen, um Erziehungsprozesse, die von ihnen erwartet werden, leisten zu können; welche gesellschaftliche ‚Deckung' sie dafür benötigen und wie sich ein verantwortungsvoller Gebrauch dieses Machtdifferentials von Machtmissbrauch unterscheiden lässt?

Eine weit großzügiger bemessene (Personal-)Ausstattung (um über das Alltags- und Krisenmanagement hinaus mit Ruhe und Lust für die Kinder/Jugendlichen da sein zu können), eine hohe fachliche Qualifikation (um über das relevante Orientierungswissen zu verfügen, auf das Kinder/Jugendliche zurückgreifen können, um in einer hochkomplexen Gesellschaft zurechtzukommen), eine größere gesellschaftliche und innerinstitutionelle Akzeptanz für die Besonderheiten und Grenzen ihrer Arbeit, die auch ‚faire' und transparente Sanktionierungsmöglichkeiten abdeckt (Schwabe 1997), gehören ganz sicher dazu. Nur wenig davon ist derzeit in Sicht.

Literatur

Adorno, T.W.: Soziologische Schriften 1. Frankfurt a. M. 1972.
Albrecht, P.-A./Backes, O.: Verdeckte Gewalt. Frankfurt a. M. 1990.
Arend, D./Hekele, K./Rudolph, M.: Sich am Jugendlichen orientieren. Frankfurt a. M., 4. Auflage. 1995.
Baecker, D.: Auf dem Rücken des Wals: Das Spiel mit der Kultur – die Kultur als Spiel. In: Lettre international, Heft 29, 1995, S. 24–28.
Balint, M.: Therapeutische Aspekte der Regression. Reinbek 1973.
ders.: Angstlust und Regression. Reinbek 1972.
Bandler, R./Grinder, J.: Metasprache und Psychotherapie. Struktur der Magie 1. Paderborn 1981.
Bateson, G.: Ökologie des Geistes. Frankfurt a. M. 1981.
Bauch, J.: Selbstbefähigung oder Manipulation? Eine Contraposition zur Peer-Education. In: Pro Jugend, Heft 4, 1999, S. 8–10.
Behn, S./Koch, J: Gewaltbereite Jugendkulturen. Weinheim/Basel 1997.
Beck, U.: Risikogesellschaft. Frankfurt a. M. 1986.
Bettelheim, B.: Erziehung zum Überleben. München 1982.
ders.: Liebe allein genügt nicht – Die Erziehung emotional gestörter Kinder. Stuttgart 1971.
Bion, W.: Lernen aus Erfahrung. Frankfurt a. M. 1981.
Birtsch, V./Kluge, C./Trede, W. (Hg.): Autocrashing, S-Bahn-Surfen, Drogenkonsum. Analysen jugendlichen Risikoverhaltens. Frankfurt a. M. 1993.
Birtsch, V.: Hilfe und Kontrolle bleiben in der Sozialarbeit nicht aufhebbare Widersprüche. In: Blätter der Wohlfahrtspflege Heft 9/1995, S. 214.
Bittner, G.: Psychoanalyse und soziale Erziehung. München 1972.
ders.: Gewalt, Hass und Rache. In: Schöpf, A. (Hg.), Aggression und Gewalt, psychoanalytische Thesen zur Aggression. Würzburg 1985.
Blandow, J./Gintzel, U./Hansbauer, P.: Partizipation als Qualitätsmerkmal der Heimerziehung – Eine Diskussionsgrundlage. Münster 1999.
Böhnisch. L: Sozialpädagogik des Kindes- und Jugendalters. Weinheim und München 1992.
Bolz, A./Günther, E.: Makarenko heute. Berlin 1973.
Böttger, A.: Gewalt und Biographie. Baden-Baden 1998.
bsj-Marburg (Hg.): Abenteuer – ein Weg zur Jugend. Tagungsdokumentation der 2. bundesweiten Fachtagung zur Erlebnispädagogik in Marburg. Frankfurt a. M. 1993.
Brumlik, M.: Advokatorische Ethik – Zur Legitimation pädagogischer Eingriffe. Bielefeld 1992.
Bürger, U.: Heimerziehung und soziale Teilnahmechancen. Pfaffenweiler 1990.
Büttner, C./Trescher, G.: Chancen der Gruppe. Mainz 1987.
Button, L.: Gruppenarbeit mit Jugendlichen. München 1976.
Foucault, M.: Mikrophysik der Macht – Über Strafjustiz, Psychiatrie und Medizin. Berlin 1976.
Cirillo, S./de Blasio, A.: Familiengewalt. München 1993.
Clarke, J. u. a.: Jugendkultur als Widerstand. Frankfurt a. M. 1979.
Conen, M.-L.: Sexueller Missbrauch durch Mitarbeiter in stationären Einrichtungen für Kinder und Jugendliche. In: Praxis der Kinderpsychologie und Kinderpsychiatrie. Heft 4/1995.
de Shazer, S.: Der Dreh – Erfolgreiche Lösungen in der Kurzzeittherapie. Heidelberg 1992.
ders.: Der Dreh. Heidelberg 1992.
Dietz, G.: Soziusmiezen, Halbstarke Mädchen. In: Elefantenpress (Hg.), Perlonzeit: Wie Frauen ihr Wirtschaftswunder erlebten. Berlin 1985.
Dutschmann, A.: Entwicklung eines Programms für den Umgang mit Aggressionen von Kindern und Jugendlichen. Dissertation: Universität Leipzig 1999 b.
ders.: Aggressivität und Gewalt bei Kindern und Jugendlichen – Steuerung fremdgefährdenden Verhaltens. Tübingen 1999a.
Eastman, M.: Gewalt an alten Menschen. Freiburg i.B. 1985.
Elias, N.: Über den Prozeß der Zivilisation. Frankfurt a. M. 1981.
ders.: Über den Prozeß der Zivilisation 2 Bde., Frankfurt a. M. 1976.
ders.: Zur Grundlegung einer Theorie sozialer Prozesse. In: Zeitschrift für Soziologie, 1977, Nr. 3, S. 127–149.
ders.: Was ist Soziologie? München 1986, 5. Aufl.
Elschenbroich, D.: Kindheit in Japan. In: Japan – eine andere Moderne. Tübingen 1992, S. 64–80.
Engler, W.: Die ungewollte Moderne. Frankfurt a. M. 1995.
Farin, K./Seidel-Pielen, E.: Skinheads. München 1993.
dies.: Krieg in den Städten. Jugendgangs in Deutschland. Berlin 1992.

Foerster, H. v.: Entdecken oder Erfinden, wie lässt sich Verstehen verstehen? In: Rotthaus W. (Hg.), Erziehung und Therapie in systemischer Sicht. Dortmund 1987, S. 22-60.

Foucault, M.: Mikrophysik der Macht. Frankfurt a. M., 1976.

Freigang, W.: Verlegen und Abschieben. Zur Erziehungspraxis im Heim. Weinheim, München 1986

ders.: Heim und Gewalt. Institutionelle Bedingungen und pädagogische Handlungsmöglichkeiten. In: Materialien zu Heimerziehung, Heft 3/1994, S. 2-5.

ders.: Wissen, für wen wir etwas tun … Erwiderung auf den Beitrag von M. Schwabe. In: Forum Erziehungshilfen, Nr. 4, 1998. S. 245-247.

Freud, S.: Jenseits des Lustprinzips, G.W. XIII. Frankfurt a. M. 1969.

Froese, L. (Hg.): Makarenko in Deutschland. Braunschweig 1967.

Frye, N.: The Educated Imagination. Bloomington 1964.

Geertz, C.: Dichte Beschreibung. Frankfurt a. M. 1994.

Glasl, F.: Konfliktmanagement. Bern/Stuttgart 1994, 4. Aufl.

ders.: Konfliktmanagement. Stuttgart, 4. Auflage 1994.

Goffman, E.: Asyle. Über die soziale Situation psychiatrischer Patienten und anderer Insassen. Frankfurt a. M. 1972.

Goll, D.: Soziale Gruppenarbeit. Evangelische Fachhochschule Berlin 1997.

Greszik, B./Hering, F./Euler, H.: Gewalt in den Schulen. Ergebnisse einer Befragung in Kassel. In: Zeitschrift für Pädagogik, Heft 2/1995.

Grüner, T./Hilt, F: Die Kirche im Dorf lassen - Vorteile, Grenzen und Konsequenzen der Peer-Mediation an Schulen. In: Pro Jugend, Heft 4, 1999, S. 15-18.

Günter, R.: Toscana - ein historisches Lesebuch. Hannover 1987.

Hagedorn, O.: Konfliktlotsen. Stuttgart/Leipzig 1996.

Hansen, E.: Qualitätsaspekte sozialer Dienstleistungen zwischen Professionalisierung und Konsumentenorientierung. in: Zeitschrift für Sozialreform, Jg. 43, Heft 1, 1997, S. 1-28.

Hartwig, H.: Die Grausamkeit der Bilder. Horror und Faszination in alten und neuen Medien. Weinheim und Berlin 1986.

Heiland, H.-G./Lüdemann, C.: Machtdifferentiale in Figurationen einfacher und höherer Komplexität. In: Kölner Zeitschrift für Soziologie und Sozialpsychologie 1992, S. 35-54.

Heinemann, E./Rauchfleisch, U./Grüttner, T.: Gewalttätige Kinder. Frankfurt a. M. 1992.

Heiner, M.: Ziel- und Kriterienbezogenes Qualitätsmanagement in der Sozialen Arbeit. in: Merchel, J./Schrapper, C. (Hg.): Neue Steuerung, Münster 1996, S. 210-230.

Heitmann, H./Kloße, A./Schneider, T.: Fußballfans - mehr als nur ein Sicherheitsproblem. In: Becker, G./Simon, T. (Hg.), Handbuch Aufsuchende Jugend- und Sozialarbeit. Weinheim und München 1995.

Heitmeyer, W./Peter, J.: Jugendliche Fußballfans. Weinheim und München 1988.

Heitmeyer, W. u. a.: Die Bielefelder Rechtsextremismus-Studie. Weinheim und München 1992.

Hennicke, K.: Kontexte von Gewalt und Gegengewalt - systemische Aspekte. In: GEW ALT-ige Herausforderung, Tagungsbericht, 9.-12. November 1999, Verband katholischer Einrichtungen und Dienste für lern- und geistigbehinderte Menschen (Hg.), Freiburg 1999.

Herriger, N.: Präventives Handeln und soziale Praxis. Weinheim und München 1986.

Holzkamp, C./Rommelspacher, B.: Frauen und Rechtsextremismus. Wie sind Frauen und Mädchen verstrickt? In: Päd. Extra, Heft 1/1991.

Honig, M.S.: Verhäuslichte Gewalt. Frankfurt a. M., 2. Auflage, 1992.

Horkheimer, M./Adorno, T.W.: Die Dialektik der Aufklärung. Frankfurt a. M. 1974.

Hörster, R./Müller, B.: in: Combe, A. (Hg.), Pädagogische Professionalität. Frankfurt a. M. 1996.

dies.: Zur Struktur sozialpädagogischer Kompetenz. Oder: Wo bleibt das Pädagogische der Sozialpädagogik? In: Combe, A./Helsper, W., Pädagogische Professionalität, Frankfurt a. M. 1996, S. 614-648.

IGfH - Internationale Gesellschaft für erzieherische Hilfen (Hg.): Kinderrechte. Themenschwerpunkt von Forum Erziehungshilfen, Heft 1/1995.

ISS/IFFJ (Hg.): 2 Jahre AGAG. Erfahrungen aus der praktischen Arbeit mit gewaltbereiten Jugendlichen. Frankfurt a. M. 1994.

Janzen, B. u. a.: Krisen und Gewalt. Ursache, Konzepte und Handlungsstrategien in der Jugendhilfe. Münster 1994.

Jungjohann, E.: Kinder klagen an: Angst, Leid und Gewalt. Frankfurt a. M. 1991.

Keeny, B.: Ästhetik des Wandels. Dortmund 1988.

Koch, J./Vieth, J.: Erlebnispädagogik und Heimerziehung. In: Päd Extra, Heft 3/1993.

Kodaira, S./Akiyama, T.: TV-Yiewing By lnfants age 4-35 months. Tokyo (NHK) 1989.

Kohaus, H./Cladder-Micus, A.: Integrative Arbeit mit gewalttätigen Jugendlichen und ambulantes Anti-Aggressivitätstraining in Nottuln. In: Nachrichtendienst des Deutschen Vereins, Heft 3/1995.

Kohout, H.: Die Zukunft der Psychoanalyse. Frankfurt a. M. 1985.

Krafeld, F.J. (Hg.): Akzeptierende Jugendarbeit mit rechten Cliquen. Bremen 1992.
Kraußlach, J./Düwer, F.W./Fellberg, G.: Aggressive Jugendliche. Jugendarbeit zwischen Kneipe und Knast. München 1976.
Kraußlach, J.: Aggression im Jugendhaus. Konfliktorientierte Pädagogik in der Jugendsozialarbeit. Wuppertal 1981.
ders.: Straßenarbeit in der Bundesrepublik. 2 Bände, Frankfurt a. M. 1978.
Kreuzer, A.: Nehmen Jugendkriminalität, Anspruchsdenken und Gewalt zu? In: Unsere Jugend, Heft 4/1995.
Kuhn, H.: Kampfkunst in der Jugendarbeit. In: Deutsche Jugend. Heft/1994.
Landenberger, G./Trost, R.: Lebenserfahrungen im Erziehungsheim – Identität und Kultur im institutionellen Alltag. Frankfurt a. M. 1988.
Langhanky, M.: ‚Ich – Baghira' – oder der deklassierte Odysseus. Zur Situation männlicher Jugendlicher auf der Straße. in: Unsere Jugend, 5, 1998.
Lempp, R.: Jugendliche Mörder. Göttingen 1987.
Linhard, S.: Arbeite wie ein Präsident ... In: Japan: eine andere Moderne. Tübingen 1992, S. 81–96.
Linke, J.: Familien-Beziehungsarbeit in der Heimerziehung. In: Sozialpädagogik 25 (1983), S. 173–181
Luhmann, N./Schorr, K.E.: Zwischen Technologie und Selbstreferenz. Frankfurt a. M. 1982.
Luhmann, N./Schorr, K.E.: Das Technologie-Defizit in der Pädagogik. Bielefeld 1983.
dies.: Reflexionsprobleme im Erziehungssystem. Stuttgart 1978.
Mahrzahn, C.: Professionalität und Verantwortlichkeit in der sozialen Arbeit. In: Zeitzeichen Sozialer Arbeit. Neuwied 1992, S. 25–31.
Makarenko, A.S.: Der Weg ins Leben. Berlin 1953.
Mc Robby, A./Garber, J.: Mädchen in Subkulturen. In: Clarke, J. (Hg.): Jugendkultur als Widerstand. Frankfurt a. M. 1979.
Meinhold, M.: Die Arbeit am Handbuch zum Qualitätsmanagement. in: Soziale Arbeit, Heft 9, 1999, S. 290–295.
dies.: Qualitätssicherung als soziales Steuerungsmodell. in: Blätter der freien Wohlfahrtspflege, Heft 11/12, 1998, S. 241–248.
dies.: Qualitätssicherung und Qualitätsmanagement in der sozialen Arbeit. Freiburg 1996.
Mosebach, B.: Risiken und Nebenwirkungen. TV-Gewalt und der Grundkonflikt um den Wandel eines Kulturträgers. In: Die neue Gesellschaft – Frankfurter Hefte, 11, 1993.
Müller, B.: Sozialpädagogisches Können. Freiburg 1993.
ders.: Qualitätsprodukt Jugendhilfe – Kritische Thesen und praktische Vorschläge. Freiburg im Breisgau 1996.
Niederberger, J.M./Bühier-Niederberger, D.: Formenvielfalt in der Heimerziehung. Zwischen Anlehnung und Konstruktion. Stuttgart 1988.
Papenberg, W.: Professionell handeln in Gewaltsituationen. in: EREV Schriftenreihe, Heft I, 1999, S. 77–89.
Pelz, M.: Nicht mich will ich retten. Die Lebensgeschichte des Janus Korczak. Weinheim u. Basel 1994, 3. Aufl.
Petermann, F./Petermann, U.: Training mit aggressiven Kindern. Weinheim und München 1988.
Petri. H.: Erziehungsgewalt. Frankfurt a. M. 1989.
Petzold, H.: Überlastung, Überforderung, Burnout, Gewaltprobleme in Heimen. in: Behinderte, Heft 4, 1989, S. 17–44.
Pfeiffer, C./Brettfeid, K./Deizer, I.: Kriminalität in Niedersachsen 1985–1996. Kriminologisches Institut, Hannover 1997.
Pilz, G.: Gewalterfahrungen in den Lebenswelten junger Menschen. In: Evangelische Jugendhilfe, Heft 1/1995.
Pro Jugend: Themenheft ‚Peergroup-Education'. Heft 4, München, 1999.
Rau, H./Schwabe, M./Wengenroth, M.: Quantität und Qualität aggressiver Interaktionen im stationären Kontext einer Kinder- u. Jugendpsychiatrie. Unveröffentlichtes Manuskript, Wuppertal/Stuttgart 1994.
Redl, F./Wineman, D.: Steuerung des aggressiven Verhaltens beim Kind. München 1976.
Redl, F.: Erziehung schwieriger Kinder. München 1978.
Rommelspacher, B.: Frauen – typografischer Entwurf eines Beitrages. In: Cohn-Bendit, D./ Beielfeld, U. (Hg.), Fremdenfeindlichkeit. Frankfurt a. M. 1994.
Rose, B.: Qualität muss unterschieden werden. in: Widersprüche, Heft 61, 1996, S. 51–63.
Rost, A. (Hg.): Bilder der Gewalt. München 1994.
Rotthaus, W.: Stationäre systemische Kinder- und Jugendpsychiatrie. Dortmund 1990.
Schäfer, G.E.: Spiel, Spielraum und Vergegenständlichung. Weinheim und München 1986.

Schneider, H.D.: Bewohner und Personal als Quellen und Ziele von Gewalttätigkeit in Altersheimen. In: ZGerontol 23, 1990, S. 186–196.
Schröder, B.: Rechte Kerle. Faschos, Hooligans. Reinbek 1992.
Schwabe, M.: Erste Erfahrungen mit dem Hilfeplan. In: Evangelische Jugendhilfe, Heft 4/1992, S. 5–12.
ders.: „... und plötzlich gab's ein Handgemenge". Eskalation und DeEskalation in Einrichtungen der Jugendhilfe. In: Materialien zur Heimerziehung, Heft 3/1994 (a).
ders.: Was leistet der Pädagoge/die Pädagogin im Heim. Pädagogik als ‚professionelles Spiel' mit komplexen Realitäten. In: Unsere Jugend, Heft 8/1994 (b).
ders.: Selbst und Maschine – Technikphantasien im Kindesalter. Würzburg 1994 (c).
ders.: Wer sind unsere Kunden, wie definieren sich unsere Aufträge, wie bestimmen sich unsere Leistungen? In: Widersprüche, Heft 59, 1996 (a).
ders.: Thesen zum Begriff ‚Lebenswelt-Orientierung'. In: Forum Erziehungshilfen, Heft 3/1996 (b).
ders.: Das Hilfeplangespräch: eine ‚bescheidene Übung' zwischen Ideologieverdacht und strukturellen Widersprüchen. In: Forum Erziehungshilfen, Heft 4/1996 (c).
ders.: Konfrontieren, Kontrollieren, Grenzen-Setzen: ‚Dirty Work' oder unverzichtbare Elemente einer alltagsorientierten Erziehungshilfe. In: Forum Erziehungshilfen, Nr. 4, 1998, S. 135–245.
Schwabe, M./Trede, W.: Gewalt in Einrichtungen der Jugendhilfe. Einführung in den Themenschwerpunkt der IGfH-Materialien zur Heimerziehung, Heft 3/1994.
Schweitzer, J.: Therapie dissozialer Jugendlicher. Weinheim 1992.
Schwind, H.-D./Baumann, J. (Hg.): Ursachen, Prävention und Kontrolle von Gewalt, Bd. 1–4. Berlin 1990.
Selvini, M. u. a.: Paradoxon und Gegenparadoxon. Stuttgart 1983.
Smith, u. a.: Professional Aussault Response Training Revisited. ohne Ort/ohne Jahr.
Spranger, E.: Das Gesetz der unerwünschten Nebenwirkungen. Heidelberg 1964.
Streeck-Fischer, A.: Gewaltbereitschaft bei Jugendlichen in: Prax. Kinderpsychol. Kinderpsychiat., 44, 1995, S. 209–215.
Sturzenhecker, B.: Grenzen setzen, Schutz geben, Konflikte führen. In: Schacht, U./Leif, T./ Janssen, H. (Hg.), Hilflos gegen Rechtsextremismus? Köln 1995.
Theunert, W.: Gewalt in den Medien – Gewalt in der Realität. Opladen 1987.
Thiersch, H.: Moral, Gesellschaft, Sozialpolitik – Überlegungen zu einer moralisch inspirierten Kasuistik in der ‚Sozialen Arbeit'. In: Lebenswelt und Moral. Weinheim und München 1995.
ders.: Gewalt – Jugendgewalt. In: Lebenswelt und Moral. Weinheim und München 1995.
Thimm, K.-H.: Schule des Lebens – so können Schulverweigerer und Schulverweigerinnen lernen. In: Unsere Jugend, Heft 12/1994.
Watzlawick, P.: Die erfundene Wirklichkeit. München 1985.
Weick, K.E.: Der Prozess des Organisierens. Frankfurt a. M. 1995.
Weidner, J.: Anti-Aggressivitäts-Training für Gewalttäter. Bonn 1995.
Weidner, J./Kilb, R./Kreft, D., Gewalt im Griff – Neue Formen des Anti-Aggressivitäts-Trainings. Weinheim und Basel 1998.
Willke, H.: Systemtheorie II. Interventionstheorie. Stuttgart 1996.
ders.: Systemtheorie III, Steuerungstheorie – Grundzüge einer Theorie der Steuerung komplexer Systeme. Stuttgart 1996.
Windisch, P.: Gewalt in der Betreuung geistig behinderter Menschen in Institutionen Diplom-Arbeit im Fach Psychologie an der Eberhards-Karl-Universität Tübingen 1998.
ders.: Gewalt in der Betreuungsarbeit geistig behinderter Menschen in Institutionen. Diplom-Arbeit im Fach Psychologie an der Univ. Tübingen, 1998.
Winkler, M.: Stichworte zur Antipädagogik: Elemente einer historisch-systematischen Kritik. Stuttgart 1982.
Winnicott, D.W.: Aggression. Versagen der Umwelt und antisoziale Tendenz. München 1988.
ders.: Reifungsprozesse und fördernde Umwelt. Stuttgart 1974.
ders.: Vom Spiel zur Kreativität. München 1973.
Wolf, K.: Machtprozesse in der Heimerziehung. Münster 1999
ders.: Ausgrenzung forcierende und legitimierende Alltagstheorien in der Jugendhilfe. In: Forum Erziehungshilfen. Heft 2, 1996, S. 86–90.
Wolters, J.-M.: Sporttherapie mit gewalttätigen Jugendlichen. In: Sozialmagazin, Heft 2/1993.
ders.: Kampfkunst als Therapie. Frankfurt/Bern/New York/Paris 1992.
Ziegenspeck, J.: Erlebnispädagogik. Lüneburg 1992.

Adressen

Berghof Forschungszentrum für konstruktive Kontfiktbearbeitung
Was: Fortbildungen, Beratung
Altensteinstr. 48 a
14195 Berlin

bsj – Verein zur Förderung bewegungs- und
sportorientierter Jugendsozialarbeit e.V.
Dipl.-Soz.Päd. Jürgen Vieth
Was: Adventure Based Counseling, ViDeT, und vieles mehr
Biegenstr. 40
35037 Marburg

Dipl-Psych. Dr. Andreas Dutschmann
Was: Aggressions-Coping-Programm, Supervision, andere Fortbildungen
Danzigerstr. 22
47533 Kleve

Internationale Gesellschaft für Erzieherische Hilfen (IGfH)
Was: organisiert Fortbildungen zum Thema, auch hausinterne Fortbildungen,
ViDeT und vieles mehr.
Schaumainkai 101–103
60596 Frankfurt a. M.

Dipl. Päd. Wolfgang Papenberg
Was: PART-Fortbildungen (auch mit Nick Smiar)
Birkenweg 5
59425 Unna

Prof. Dr. Mathias Schwabe
Was: ViDeT, maßgeschneiderte Fortbildungen für Institutionen, Supervision
Evangelische Fachhochschule Berlin
Teltower Damm 118–122
14167 Berlin